國家社科基金重大項目（10&ZD104）成果

宋代筆記研究叢書

宋代筆記國際學術研討會論文集

戴建國 主編

戴建國 編

中原出版傳媒集團
中原傳媒股份公司
大象出版社
·鄭州·

圖書在版編目(CIP)數據

宋代筆記國際學術研討會論文集 / 戴建國編.— 鄭州：大象出版社，2020.6
(宋代筆記研究叢書 / 戴建國主編)
ISBN 978-7-5711-0010-0

Ⅰ.①宋… Ⅱ.①戴… Ⅲ.①中國歷史-筆記-中國-宋代-國際學術會議-文集 Ⅳ.①K244.066-53

中國版本圖書館 CIP 數據核字(2019)第 000754 號

宋代筆記國際學術研討會論文集

SONGDAI BIJI GUOJI XUESHU YANTAOHUI LUNWENJI

戴建國 編

出 版 人 王劉純
責任編輯 負曉娜
責任校對 牛志遠 李婧慧
裝幀設計 王莉娟

出版發行 大象出版社(鄭州市鄭東新區祥盛街 27 號 郵政編碼 450016)
發行科 0371-63863551 總編室 0371-65597936
網　　址 www.daxiang.cn
印　　刷 河南省環發印務有限公司
經　　銷 各地新華書店經銷
開　　本 720 mm×1020 mm 1/16
印　　張 21.75
字　　數 374 千字
版　　次 2020 年 6 月第 1 版 2020 年 6 月第 1 次印刷
定　　價 79.00 元
若發現印、裝質量問題，影響閱讀，請與承印廠聯繫調换。
印廠地址 河南省新鄉市新鄉縣七里營鎮 107 國道與胡韋綫交叉口中原興業產業園 A12-2
郵政編碼 453800 電話 13683815169

序

戴建國

“宋代筆記研究叢書”係國家社科基金重大項目“《全宋筆記》整理與研究”的重要成果。

在中國古代，筆記作爲一種文體乃隨筆記事而非刻意著作之文，其以質樸、不事雕琢的特色生動呈現了古代社會生活的場景。筆記既有對社會重大事件的記録，也有對微觀生活的叙述，藴含着豐富的社會文化，是中國傳統文化寶庫中一顆璀璨的明珠。筆記文獻在文化史、社會史、學術史、科技史等領域的研究價值是其他文獻無法替代的。

宋代是中華民族燦爛文化創造的高峰期。陳寅恪先生云：“華夏民族之文化，歷數千載之演進，造極於趙宋之世。”宋代人文昌盛，經濟發達，對外交流極爲頻繁，儒、釋、道相容并包。有學者指出：筆記作爲獨具一格、隨筆記事的文體，長短不拘，輕鬆活潑，是古代文體解放的重要標志。這種文體在宋代文學史上占有一席之地，值得將其作爲獨立的文體門類進行學科性的探究。文體的解放與環境、寫作者意識的開放相關聯，不拘一格的筆記是精神環境相對寬鬆、士人文化勃興氛圍下發展的結果。

宋代的這些時代特色，在筆記中都有具體的記載和生動的反映。如北宋的《夢溪筆談》，記載了人類發展史上最早發明活字印刷術的畢昇，并記述了二百多條有關自然科學方面的内容，涉及數學、天文學、氣象學、地質和礦物學、物理學、灌溉和水利工程學、農藝學、醫藥和製藥學等。指南針發明後，我們的祖先將其運用於航海，大大便利了海上航行。朱彧的《萍洲可談》是現存最早記録這一活動的宋人筆記，書中記載：“舟師識地理，夜則觀星，晝則觀日，陰晦觀指南針。”

宋代處於海上絲綢之路的興盛時期，對此，宋人筆記亦多有記載。例如：周去非《嶺外代答》，保存有南海、南亞、西亞、東非、北非等地古國及交通方面的寶貴資料。成書於1225年的《諸蕃志》,記述了海外諸國的物産資源,其範圍東自日本,西極東非索馬里、北非摩洛哥及地中海東岸,内容詳贍,記載明晰。因相關不少國家地區尚處於無文字時代,故此書記録尤顯珍貴,是研究中古時期中西交通、海上絲綢之路及東南亞、南亞、西亞、北非等地歷史風土的重要文獻。

中華民族是一個多民族組成的大家庭,宋人筆記也爲我們記述了多民族共同生活、共同書寫歷史的活動。如范成大《桂海虞衡志》生動真切地記載了宋代西南、海南各少數民族聚居地區的民俗風情及氣象地貌、礦産土物、民族特色、中外交通,乃至政治、經濟、文化、軍事等社會狀況,是極爲可貴的實録,給後人留下了以桂林爲中心的西南地區的歷史地理、社會學、人類學、民族學、民族史、中外關係史、中外貿易史、經濟史、生物學、農學、地質學等衆多領域的珍貴史料。

《夢溪筆談》《東京夢華録》《萍洲可談》《容齋隨筆》……這一部部鮮活的筆記,記録了我們先人的偉大發明創造,記録了我們民族認識世界、改造世界的活動,構成了我們民族記憶的瑰麗寶典。

“宋代筆記研究叢書”共計七部研究成果,從文史結合的角度多方位地探討了宋代筆記的文獻價值及所藴含的豐富的社會文化價值,將微觀考釋與宏觀論述相結合,探求唐宋時期社會文化繁榮和發展的歷史軌迹。

研究成果之一《全宋筆記書目提要》,是爲《全宋筆記》收録的宋人筆記逐一撰寫的學術提要。對相關筆記的作者、筆記内容、版本流傳、學術價值等詳加考訂,并吸收采納最新的研究成果,糾正文獻流傳過程中的訛誤,言簡意賅地反映了《全宋筆記》的基本面貌和學術研究成果,揭示出這些筆記的史料價值和學術意義。

研究成果之二《兩宋筆記研究》,通過對宋代筆記史料的全面搜集、梳理和辨析考訂,對筆記的源流和筆記概念的界定、筆記的數量及分類、筆記中之僞書問題、宋代筆記興盛的社會文化背景、筆記的撰寫體裁與史料來源、筆記的刊印傳布、筆記作者等諸多問題作了詳盡的論述。此成果在學界已有研究的基礎上,對宋人筆記作了更爲深入的研究,提出了一些新的見解。

研究成果之三《宋人筆記視域下的唐五代社會》,深入探討了筆記所反映的唐五代時期的社會生活。在傳世的宋代筆記中,有一部分保存有唐後期至五代社會生活的資料,具有獨特的史料價值,記録了中唐以降至五代社會的深刻變化。這些變化顯著地體現在人們的飲食、住居、交通、婚姻、家庭、教育等方面。社會生活的變化是社會進步的標志,所有這些變化爲其後宋代社會經濟和文化的進一步繁榮打下了基礎。

研究成果之四《筆記語境下的宋代信仰風俗》,認爲經歷了唐宋之際政治、經濟、社會、文化的重大變革,宋人的宗教觀念和信仰習俗也展現出前所未有的新特點。首先,人們的社會生活更趨豐富,與之相應,信仰習俗也更加複雜。其次,宋王朝“佛、道并重”的政策使佛、道二教獲得發展良機,從而在民間廣泛傳播。再次,原始崇拜所具有的神秘虚妄色彩至宋代有所淡化,諸多信仰活動和崇奉儀式中已增添了不少俗世情趣和生活氣息。

研究成果之五《宋代的仕女與庶民女性——筆記内外所見婦女生活》,以社會性别理論作爲分析的主要工具,以筆記爲主要資料,揭示了宋代婦女生活的面貌。選取社會下層婦女這一群體進行探討,以乳母群體爲例,進行個案的分析論述,探究宋代庶民婦女的生活,認爲乳母本爲婢女的一種,也具有由下層向上層流動的特點,與妾具有某些共通點。

研究成果之六《宋代筆記語言概論》,對筆記史料進行了文字學、詞彙學、訓詁學、語音學、語法學等多視角的全面考察,并深入探討了筆記中的一批新詞新義、詞義演變、常用詞、方言俗語、行話隱語與外來詞語,總結了筆記中蘊含的因聲求義、求證方言、追求語源、排比歸納、鈎沉古注、探求理據、古今對比等訓詁方法,從古今語音演變、南北方音差异、實際語言與韵書記録差异等多個角度對語言進行了深入研究。

研究成果之七《宋代筆記國際學術研討會論文集》,是課題組 2015 年主辦的學術研討會會議成果,收録了 20 位學者的論文。這些論文運用筆記材料,對宋代社會文化史、政治經濟史及文學史諸領域作了多維度的研究,或運用新理論、新方法從文本、空間等新視角切入,深入解讀宋人筆記文獻;或考證梳理兩宋興衰治亂之由,進一步拓展了文史研究的新領域。

本叢書的出版,是參與子課題研究工作的各位學者同心協力、多年辛勤耕耘的結果。這些成果爲我們認識有血有肉、豐富多彩的宋代社會提供了一個多方位的視角。這套叢書是我們對宋人筆記進行初步探討的階段性的研究成果。我們深知這些研究還有諸多不足,在此敬請讀者批評指正。

2019 年 7 月 20 日

目録

宋徽宗的權謀術
——從《曾公遺録》看建中靖國權力鬥争

香港大學中文學院　梁思樂

［**摘　要**］《曾公遺録》是曾布的私人日記，今本僅載元符二年至三年(1099—1100)史事，其中元符三年二月至七月部分反映了徽宗登位之初的政治取向，爲《續資治通鑑長編》所闕，能够補其不足。儘管史家懷疑其書有假托撰造之詞，復經曾氏子孫剪輯，但只要小心辨析，仍能發揮此書的史料價值。從書中所見，徽宗即位時須解决前朝政治鬥争遺留的問題。徽宗、向太后與曾布一方面同情舊黨的遭遇，平反受到誣害的官員，另一方面仍肯定紹述的方向，不滿司馬光等人廢除新法。在這種背景下，新揀選的宰執大多支持新法。言路官雖不乏敢言之士，但只是徽宗爲排擠其政敵章惇、蔡卞而安插的棋子。所謂"參用元祐人才"，其實有很大限制。建中之政在很大程度上偏向新黨，故徽宗日後進一步改元崇寧，取意崇尚熙寧，并非意外。此外，《曾公遺録》還反映徽宗、曾布在貶逐蔡京一事上産生分歧，并揭示曾布、蔡京與内臣的關係，預示日後曾布被蔡京取而代之的結局。

［**關鍵詞**］《曾公遺録》　曾布　宋徽宗　新、舊黨争　建中之政

導　論

南宋初年，曾目睹靖康之難的高宗君臣，將北宋滅亡歸咎於王安石、蔡京等人的亂政。[1] 神、哲兩朝實録之重修，以及徽、欽二宗實録之編撰，即在這種背景下開展的。唯南渡之初，官方文獻不全，高宗遂呼籲臣民獻書。北宋宰臣曾布之子曾紆剪輯曾布日記，撰成《三朝正論》上進，是書遂成爲范冲修史的重要依據。時至今日，北宋官修的國史、實録業已散佚，而曾布日録殘卷尚以《曾公

1　近藤一成：《南宋初期の王安石評価について》，《東洋史研究》38 卷 3 號，1979 年，第 26~51 頁；李華瑞：《王安石變法研究史》，人民出版社，2004 年，第 3~5 頁。

遺録》的名目傳世。是書爲一手史料，詳盡記録了君臣對話。今人據之治史，屢有創獲。劉子健便利用《曾公遺録》替曾布翻案，指出他不應被列入《宋史·奸臣傳》。[1]

《曾公遺録》卷九記載了徽宗即位首七個月的史事。其時徽宗沿用元符年號，翌年纔改元建中靖國，但他在元符末年的施政已表現出"建中"的色彩。宋人多認爲年號"建中"反映了徽宗君臣欲平息政治鬥争的思想趨向，例如蔡京之子蔡絛認爲徽宗"患熙豐、元祐之臣爲黨"，欲取諸中道，消弭黨争，"故曰建中靖國"。[2] 南宋朱熹亦指曾布"有意調停，不主元祐，亦不主元豐，遂有建中靖國年號"[3]。儘管徽宗對北宋之滅亡負有一定的責任，但後世學者仍贊賞其建中靖國之政績，如王夫之稱揚"徽宗之初政，粲然可觀"。[4] 然而建中靖國的年號只用了一年，徽宗便改元崇寧，取意崇尚熙寧，紹述新政，[5]放弃"建中"，并且罷免曾布，拜蔡京爲相。朱熹認爲曾布不爲他自己引薦的士大夫所服，反而被他們攻擊，遂陷入難堪的境地。左相韓忠彦則爲排擠曾布而推舉蔡京。韓、曾相争，遂使蔡京漁人得利。[6] 建中之政亦因而流産。此説後爲劉子健采用。[7]

前人論述宋代黨争，往往强調官僚之間勾心鬬角，君主角色或較模糊。而今本《續資治通鑑長編》記事止於元符三年正月，更爲今人研究徽宗一朝歷史增添困難。所幸《曾公遺録》尚有同年二月至七月的記載，詳述徽宗君臣的對話，可補前者不足，至少足以反映徽宗登基之初的動向，史料價值彌足珍貴。近人張邦煒依據《曾公遺録》及其他史料，重新研究建中之政，認爲徽宗、向太后共

1 劉子健：《王安石、曾布與北宋晚期官僚的類型》，《清華學報》，1960 年第 1 期，第 111～117 頁。參看熊鳴琴、張其凡：《曾布"奸臣論"辨析——立足於北宋中後期黨争的考察》，《暨南學報（哲學社會科學版）》2009 年第 6 期，第 167～174 頁。

2 另一方面，蔡絛又指哲宗、徽宗兄終弟及，其事與太祖、太宗相似，故"建中靖國"亦是仿效太宗的首個年號"太平興國"。見〔宋〕蔡絛撰：《鐵圍山叢談》卷一，中華書局，1983 年，第 12 頁。

3 〔宋〕黎靖德編，王星賢點校：《朱子語類》卷一三〇《本朝四·自熙寧至靖康用人》，中華書局，1986 年，第 3106 頁。

4 〔清〕王夫之著，舒士彦點校：《宋論》卷八《徽宗·一》，中華書局，1964 年，第 145 頁。

5 〔宋〕蔡絛：《鐵圍山叢談》卷一，第 12 頁。

6 〔宋〕黎靖德編，王星賢點校：《朱子語類》卷一三〇《本朝四·自熙寧至靖康用人》，第 3098～3099 頁。

7 劉子健：《王安石、曾布與北宋晚期官僚的類型》，第 116 頁。

政，韓忠彦、曾布并相，使新、舊兩黨勢均力敵。徽宗下詔求言，重用言官，也不失爲善政。可是徽宗早有紹述之志，在向太后去世後，韓忠彦失勢，新、舊兩黨失去平衡，無復"建中"。徽宗最後罷逐言官，改元崇寧，使建中之政曇花一現。總括而言，張氏認爲建中之政雖"可觀"而不"粲然"，王夫之的説法稍嫌誇大。[1] 是説打破成見，改變了今人對徽宗初政的認識，對後學極具啓發性。

筆者立足於張氏的基礎之上，對建中之政的看法，比張氏更爲負面。建中之政雖不無"可觀"之處，然而流於表面，只是徽宗鞏固皇位、包裝權力鬥争的政治手段。徽宗對朝臣之間的鬥争，并非袖手旁觀，而是積極掌握鬥争的主導權，得益最大。而在一連串政治事件之中，徽宗逐漸猜忌曾布，君臣之間失去信任。反觀蔡京積極逢迎，日後遂取代曾布拜相，執掌朝政。本文將根據《曾公遺録》，輔以其他史料，抛磚引玉，略陳拙見，祈請方家賜正。

一、《曾公遺録》其書

《曾公遺録》是曾布私撰的朝政日記。早在唐代，武則天時期的宰臣便開始撰寫時政記，記録當時政事，以供史館采用，[2] 這種做法到了北宋太平興國八年(983)更演變成常制。[3] 時政記是史官編纂日曆進而修撰實録的重要史源。[4] 初時只有參知政事、樞密副使負責編寫時政記，[5] 其後"凡執政，人人皆自爲書，而所記益廣"[6]。除了官修的時政記，大臣又各有私修的日録，[7] 學者多認爲日録是由時政記催生而成的。[8] 燕永成指出，時政記須經皇帝過目，日録則無此限

1 張邦煒：《關於建中之政》，《四川師範大學學報(社會科學版)》2002 年第 6 期，第 99~108 頁。

2 〔後晋〕劉昫等：《舊唐書》卷八九《姚璹傳》，中華書局，1975 年，第 2902 頁。參看何錫光：《唐朝〈時政記〉的修撰》，《史學史研究》2004 年第 2 期，第 42~45 頁。

3 蔡崇榜：《宋修時政記考》，《史學史研究》1988 年第 2 期，第 51 頁。

4 〔宋〕王明清：《史官記事所因者有四》《揮麈録後録卷一》，中華書局，1961 年，第 68 頁。

5 〔宋〕錢若水修，范學輝校注：《宋太宗皇帝實録校注》卷二六"太平興國八年八月辛亥"，中華書局，2012 年，第 40 頁。

6 〔宋〕費衮撰，金圓校點：《梁谿漫志》卷一《時政記》，上海古籍出版社，1985 年，第 10 頁。

7 參看燕永成：《北宋宰輔朝政筆記研究》，《文獻》2001 年第 3 期，第 105~119 頁。

8 燕永成：《北宋宰輔朝政筆記研究》，第 105~107 頁；蔡崇榜：《宋修時政記考》，第 53 頁；平田茂樹：《宋代政治史料解析法——"時政記"と"日記"を手掛かりとして——》，《東洋史研究》59 卷 4 號，2001 年，第 144~157 頁。

制,可以暢所欲言地記載政治鬥争。[1] 而自神宗以來,黨争激烈,司馬光、王安石等人均有日記、日録。周煇提及的"元祐諸公皆有日記,凡榻前奏對語,及朝廷政事、所歷官簿、一時人才賢否,書之唯詳"[2],反映出日記數量之多、記事之廣。遺憾的是大部分日記、日録均已散佚,幸而《曾公遺録》尚有殘卷留存,載及哲宗、徽宗朝事,從而爲後人留下了珍貴的史料。

曾布日記的今傳本題作《曾公遺録》,共三卷。考諸南宋史籍與書目,可知此書版本衆多,書名不一。南宋初年,朝論以舊黨爲是,故不滿新黨所編的《神宗實録》與《哲宗實録》,要求重修。[3] 然而不少官方史料早被蔡京焚毁,[4] 高宗朝的修史工作便在頗大程度上依靠私家見聞與撰述。[5] 紹興五年(1135),曾布之子曾紆"以布熙寧記市易本末,及紹聖以來奏對要語",整理成《三朝正論》兩卷上進,[6] 此即《宋史·藝文志》所載《三朝正論》的來歷,[7] 也是曾布日記初次面世的形式。王明清指士大夫家往往收藏《三朝正論》,[8] 足證此書影響力之大。晁公武《郡齋讀書志》著録《曾相手記》三卷,[9] 尤袤《遂初堂書目》有《曾子宣手記節略》,[10] 朱熹亦曾提到曾布《手記》。[11] 誠如裴汝誠、顧宏義所言,《三朝

1 燕永成:《北宋宰輔朝政筆記研究》,第 107 頁。

2 〔宋〕周煇撰,劉永翔校注:《清波雜志校注》卷六《元祐諸公日記》,中華書局,1994 年,第 238 頁。

3 有關神、哲兩朝實録的編修問題,主要參看蔡崇榜:《宋代修史制度研究》,文津出版社,1991 年,第 82~101 頁;謝貴安:《宋實録研究》,上海古籍出版社,2013 年,第 47~81 頁;黄漢超:《宋神宗實録前後改修之分析》,《新亞學報》1965 年第 1 期,第 363~409 頁;1966 年第 2 期,第 157~195 頁;吴振清:《北宋〈神宗實録〉五修始末》,《史學史研究》1995 年第 2 期,第 31~37 頁;平田茂樹:《〈哲宗實録〉編纂始末考》,載宋代史研究會編:《宋代の規範と習俗》,汲古書院,1995 年,第 29~66 頁。

4 〔宋〕汪應辰:《黄君墓志》,載曾棗莊、劉琳主編:《全宋文》第 215 册,上海辭書出版社、安徽教育出版社,2006 年,第 261 頁;〔宋〕李心傳:《建炎以來繫年要録》卷七六"紹興四年五月庚申",中華書局,1956 年,第 1253~1254 頁。

5 〔宋〕李心傳:《建炎以來繫年要録》卷七六"紹興四年五月庚申",第 1254 頁。

6 同上書,卷八八"紹興五年四月庚午",第 1475 頁。

7 〔元〕脱脱等:《宋史》卷二〇三《藝文二》,中華書局,1977 年,第 5107 頁。

8 〔宋〕王明清:《曾空清辯謗録》,《揮麈録·第三録卷之三》,第 256 頁。

9 〔宋〕晁公武撰,孫猛校證:《郡齋讀書志校證》卷六《雜史類·曾相手記三卷》,上海古籍出版社,1990 年,第 269 頁。

10 〔宋〕尤袤:《遂初堂書目·本朝雜史》,清《海山仙館叢書》本,第 12 葉下。

11 〔宋〕黎靖德編,王星賢點校:《朱子語類》卷一三〇《本朝四·自熙寧至靖康用人》,第 3124 頁。

正論》與《手記》均應是曾布日録的節本。[1] 除了《三朝正論》《手記》,曾紆外孫王明清又提及曾布的《奏對録》,[2] 這也許是日録的另一名目。李燾《續資治通鑑長編》紹聖四年至元符三年(1096—1100)部分多處引述曾布的日録。[3] 其後陳振孫《直齋書録解題》有《紹聖甲戌日録》一卷、《元符庚辰日録》一卷,[4] 所載當爲紹聖元年、元符三年之事,仍是節本。而《曾公遺録》這一書名,始見於明代書目。[5] 清末繆荃孫從《永樂大典》輯出《曾公遺録》卷七至卷九,而現存《永樂大典》"録"字下尚有卷八,[6] 今人因之得以一窺曾布日録的片段。

書目	題名	卷數
《郡齋讀書志》	《曾相手記》	三卷
《遂初堂書目》	《曾子宣手記節略》	/
《直齋書録解題》	《紹聖甲戌日録》 《元符庚辰日録》	各一卷
《宋史・藝文志》	《三朝正論》	二卷

曾布日録原書卷數無從稽考。各種書目著録的也僅爲節本,而非完帙。周煇提到日録"數巨帙",但亦未明言卷數。[7] 有學者根據《郡齋讀書志》袁

1 裴汝誠、顧宏義:《宋哲宗親政時期的曾布》,載漆俠、王天順主編:《宋史研究論文集》,寧夏人民出版社,1999 年,第 57~58 頁。

2 〔宋〕王明清:《曾布等議復瑶華本末》,《揮麈録・後録卷之一》,第 56 頁。

3 熊鳴琴:《黨争視野下的〈曾布日録〉》,《東華理工大學學報(社會科學版)》2012 年第 3 期,第 201 頁。

4 〔宋〕陳振孫著,徐小蠻、顧美華點校:《直齋書録解題》卷七《傳記類・韓莊敏遺事一卷》,上海古籍出版社,1987 年,第 211 頁。

5 程郁:《〈曾公遺録〉考略》,《文獻》2004 年第 1 期,第 79~80 頁。

6 〔明〕解縉等纂修,〔明〕姚廣孝等監修:《永樂大典》卷一九七三五,中華書局,1986 年,第 1 葉上~30 葉下(總第 7327A~7341D 頁)。

7 〔宋〕周煇撰,劉永翔校注:《清波雜志校注》卷六《元祐諸公日記》,第 238 頁。

本，推斷日録原有三十四卷，其説難以成立。[1] 殘本記事起于元符二年三月，終于元符三年七月。從《續資治通鑑長編》的引文，以及《直齋書録解題》的著録來看，《日録》原本至少上起紹聖元年（1094），下迄元符三年。考曾布自紹聖元年任同知樞密院事，晋升爲執政，元符三年拜右僕射，至崇寧元年（1102）罷相，[2] 故學者相信日録記事止於崇寧元年。[3] 如果將上述《三朝正論》中"熙寧記市易本末"的部分計算在内，則其記事當涵蓋神、哲、徽三朝。

繆荃孫根據《曾公遺録》，認爲曾布"欲以大公至正消釋黨禍"，"天良未昧"。[4] 然而在南宋之世，曾布日録可謂備受争議。爲迎合高宗修史的需求，曾紆進獻《三朝正論》，應有所剪輯。事實上，此書也確實深得統治者認可。高宗認爲所載"皆是當時所聞，必不妄"，宰相趙鼎亦認定此書是曾布手筆，但變法派重臣韓縝之孫韓璜却指此書是曾紆僞作。[5] 不少南宋學者也質疑曾布記事的可信性。如晁公武指"曾布知公論所在，故對上之語多持兩端，又輒增損以著此書云"[6]，表明曾布故意作僞，以合"公論"。李燾亦提到"或者疑布所録多假托撰造之詞，固亦不可知"[7]，表示懷疑。大抵因爲曾布支持新法，形象不佳，致令日

1 程郁根據王先謙校本《郡齋讀書志》在《曾相手記》三卷下的按語"袁本三十四"，認爲原書三十四卷。今考袁本與衢本同作三卷，其實王氏是指《曾相手記》爲袁本雜史類第三十四種書。見程郁：《〈曾公遺録〉考略》，第 79 頁；〔宋〕晁公武：《昭德先生郡齋讀書志》卷二上，宋淳祐十年袁州刊本，《萬有文庫》第二集，商務印書館影印，1937 年，第 138 頁。有關《郡齋讀書志》的版本問題，參看孫猛：《〈郡齋讀書志〉衢袁二本的比較研究——兼論〈郡齋讀書志〉的成書過程》，載中華書局編輯部編：《文史》第二十輯，中華書局，1983 年，第 97～120 頁。

2 〔宋〕徐自明撰，王瑞來校補：《宋宰輔編年録校補》卷一〇、卷一一，中華書局，1986 年，第 626、677、698 頁。

3 繆荃孫：《跋》，載〔宋〕曾布撰，程郁整理：《曾公遺録》，收入朱易安、傅璇琮等主編：《全宋筆記》第 1 編第 8 册，大象出版社，2003 年，第 322 頁。

4 同上。

5 〔宋〕李心傳：《建炎以來繫年要録》卷八八"紹興五年四月庚午"，第 1475 頁。按韓璜之父韓宗武撰《韓莊敏遺事》，認爲韓縝於册立哲宗一事上有功，也許所載與曾布日録抵牾，故韓璜以日録爲僞作。見〔宋〕陳振孫：《直齋書録解題》卷七《傳記類・韓莊敏遺事》，第 209 頁；〔宋〕李燾撰，上海師範大學古籍整理研究所、華東師範大學古籍整理研究所點校：《續資治通鑑長編》卷三五一"元豐八年二月癸巳"，中華書局，2004 年，第 8414 頁。

6 〔宋〕晁公武撰，孫猛校證：《郡齋讀書志校證》卷六《雜史類・曾相手記三卷》，第 269 頁。

7 〔宋〕李燾：《續資治通鑑長編》卷四八六"紹聖四年四月丁未"，第 11554 頁。

録啓人疑竇。朱熹則指《手記》只載曾布子孫摘録的正面事迹,而他親見完整的日記,發現"其間邪惡之論甚多"[1]。

筆者認爲,若日録全書都爲曾氏子孫僞作,似乎欠缺明證,否則以李燾之博洽、嚴謹,斷不會不辨其僞。不過曾布生前目睹王安石日録是修史的材料,不難預見自己的日記有獲得史官采用的一天,故在撰述之時加以删潤,美化自己,也不足爲奇。而其後人在整理日録之時,也可能會刊削較爲敏感、不合"正論"的史料,藉此淡化曾布的負面形象。裴汝誠、顧宏義認爲日録所載爲曾布片面之詞,并提醒學者慎重辨析,[2]當爲不易之論。不過,衆所周知,文獻史料向來難以絶對客觀,隱惡揚善者可謂比比皆是。如果認爲日録不可信,南宋以後的史著大多偏袒舊黨,又是否可取?其實皆一家之言而已。總之,學者閱讀《曾公遺録》,不妨秉持審慎、批判的態度,有所保留,但不宜因爲曾布名列《宋史·奸臣傳》,便以人廢言,抹煞此書的價值。

二、徽宗即位時的政治形勢

《曾公遺録》卷九記載了元符三年正月至七月的歷史,包括哲宗駕崩、徽宗繼位、韓忠彦還朝、蔡卞罷職、向太后撤簾等事。時間雖僅約半年,但足以反映徽宗即位之初的情形,有助史家分析他當時的心態與取向,其價值爲他書所無。

哲宗英年早逝,并無子嗣,亦未册立儲君。他駕崩以後,諸弟便成爲角逐皇位的最有力人選。宰相章惇早與哲宗生母朱太妃及内臣梁從政、藍從熙等人交結,建議讓哲宗同母弟簡王趙似即位。[3] 向太后則支持時爲端王的徽宗。她雖非哲宗、徽宗生母,却是神宗正室,地位尊崇,加以曾布支持,徽宗遂成功登基。何冠環推斷徽宗在藩邸之時,眼見哲宗多病無子,便已覬覦皇位,於是苦心經營,結交駙馬都尉王詵等人,從而博取向太后及曾布的歡心,[4]其説極具卓識。

1 〔宋〕黎靖德編,王星賢點校:《朱子語類》卷一三〇《本朝四·自熙寧至靖康用人》,第3124頁。

2 裴汝誠、顧宏義:《宋哲宗親政時期的曾布》,第59頁。

3 〔宋〕曾布:《曾公遺録》卷九"元符三年正月己卯、二月己酉、三月辛巳",第212、247~248、259頁。

4 何冠環:《〈水滸傳〉第一反派高俅(?—1126)事迹新考》,《北宋武將研究》,中華書局(香港)出版有限公司,2008年,第523~525頁。并參楊小敏:《蔡京、蔡卞與北宋晚期政局研究》,中國社會科學出版社,2012年,第106~108頁。

徽宗即位以後，便要肅清當日妨礙他登基的政敵。據《曾公遺録》所言，章惇、梁從政因擁立簡王失敗，"皆懷家族之憂，惇爲首相，從政握親兵，内懷反側"[1]，成爲徽宗的眼中釘。爲了穩坐皇位，徽宗必須争取各方支持。因此，徽宗即位後便果斷地請求向太后聽政，這樣既報答了向太后的擁立之恩，同時又可借重向太后與向敏中家族的力量、聲望，以鞏固帝位。此舉足以反映徽宗的政治智慧。

徽宗亦須處理官闕問題。哲宗自元祐八年（1093）親政，次年改元紹聖，起用新黨。他以章惇爲相，并先後委任李清臣、鄧温伯、安燾、曾布、許將、蔡卞、林希、黄履爲執政。其後鄧温伯去世，其餘八人有半數因故被罷免。[2] 徽宗登基時，宰執集團只餘下章惇、蔡卞、許將、曾布四人。《曾公遺録》便提到執政"本是八員，今止有其半"，尚書、侍從官亦是闕人。[3] 紹聖以來，政治紛争此起彼落，官員動輒受牽連，是官闕的重要原因。即便一致推崇新法的宰執集團，内部也充滿裂痕。《曾公遺録》提及曾布自言"先朝與惇、卞論議無一事同"[4]，儘管言過其實，却足以反映當時的派系鬥争。

有學者認爲章惇與曾布交惡始於熙寧七年（1074）的"市易違法案"，[5] 當時曾布向神宗報告市易法推行不善。參知政事吕惠卿與曾布不和，便委派章惇、曾孝寬重新調查市易務。結果曾布被指報告失實，遭貶出京。[6] 其實，在"市易違法案"發生前，曾布已與章惇結怨，[7] 吕惠卿纔故意派章惇處理事件，此事更進一步加深了二人之間的仇恨。章惇、曾布在元祐年間均被舊黨排擠，至紹聖元年獲哲宗召還，本來不無合作機會。其時章惇拜相，曾布爲翰林學士，向哲宗

---

1 ［宋］曾布：《曾公遺録》卷九"元符三年三月辛巳"，第260頁。

2 ［宋］徐自明撰，王瑞來校補：《宋宰輔編年録校補》，卷一〇，第609~657頁。

3 ［宋］曾布：《曾公遺録》卷九"元符三年正月乙未"，第233頁。

4 同上書卷九"元符三年四月丁未"，第279頁。

5 汪天順：《章惇與曾布、蔡卞交惡及其對紹述政治的影響》，《中國史研究》2009年第1期，第84頁。

6 有關"市易違法案"，主要參看梁庚堯：《市易法述》，《臺灣大學歷史學系學報》第10、11期合刊，1984年，第195~203頁；裴汝誠：《曾布三題》，載鄧廣銘、漆俠主編：《中日宋史研討會——中方論文選編》，河北大學出版社，1991年，第277~283頁；燕永成：《北宋變法派首次分裂問題試探》，《文史哲》2011年第2期，第95~103頁；蔡哲修：《北宋"市易之獄"淺探——熙寧政争研究之二》，《中興史學》第13期，2007年，第27~44頁。

7 ［宋］李燾：《續資治通鑑長編》卷二五三"熙寧七年五月辛酉"，第6199頁。

進言讓章惇遷官,他草擬的拜相制詞亦極其稱美。曾布本來希望章惇投桃報李,推薦他爲同省執政,却爲章惇所忌,止拜同知樞密院。章惇一日不除,曾布勢難拜相。哲宗駕崩,章惇謀立簡王失敗,便給予曾布奪取相位的良機。[1] 二人的争權奪利,在《曾公遺録》中表現無遺。

再者,時爲尚書左丞的蔡卞亦與章惇、曾布不和。紹聖元年,章惇拜相,推舉蔡卞爲尚書右丞,[2] 共同推行新法,此時兩人應當友好。其後兩人失和,主要是由於他們對王安石評價不一。蔡卞爲王安石之婿,自居爲王安石的繼承人,[3] 且奉王安石爲聖人,章惇却表示不敢以王安石爲聖人。[4] 有常立者,使人爲其父常秩撰行狀,在文中譏諷神宗罷免王安石,爲不善用人,藉此希合蔡卞,遂於紹聖三年獲蔡卞推薦。[5] 曾布以蔡卞爲章惇同黨,趁機向哲宗告發常立詆毁神宗。章惇受到連累,與蔡卞一起被哲宗痛斥,章惇因而不滿蔡卞。次年,章惇得悉太學博士林自曾經依照蔡卞之意,倡言"神考知王荆公不盡,尚不及滕文公之知孟子也",於是怒駡林自,觸動到蔡卞的神經,二人由此失歡。[6] 《曾公遺録》指"卞本與惇爲死黨,今相失",[7] 就揭示了當時情狀。

哲宗親政以來,政治鬥争并不限於宰執集團,更瀰漫整個士大夫階層。章惇得勢以後,便對元祐黨人大舉報復,誓將舊黨斬草除根,趕盡殺絶。他聲稱元

1 〔宋〕楊仲良:《皇宋通鑑長編紀事本末》,宛委别藏清抄本,收入《續修四庫全書》,第 386~387 册,上海古籍出版社,1995 年影印,卷一二〇《逐惇卞黨人》,第 1 葉上(第 387 册,總第 293C 頁);卷一三〇,《久任曾布》,第 9 葉上~9 葉下(第 387 册,總第 381C~381D 頁)。有關章惇、曾布之間的關係,主要參看裴汝誠、顧宏義:《宋哲宗親政時期的曾布》,第 49~55 頁;汪天順:《章惇與曾布、蔡卞交惡及其對紹述政治的影響》,第 84~94 頁。

2 〔宋〕李燾:《續資治通鑑長編》卷四〇三"元祐二年七月乙卯",第 9803 頁。

3 陳瓘:《論蔡卞奏》《又論蔡卞奏》《六論蔡卞奏》,載曾棗莊、劉琳主編:《全宋文》第 129 册,第 8、16、21~22 頁;〔宋〕徐自明撰,王瑞來校補:《宋宰輔編年録校補》卷一一,第 666 頁。

4 〔宋〕徐自明撰,王瑞來校補:《宋宰輔編年録校補》卷一一,第 675 頁。

5 〔宋〕李燾:《續資治通鑑長編》卷四八五"紹聖四年四月乙未",第 11529~11530 頁;〔宋〕楊仲良:《皇宋通鑑長編紀事本末》,卷一〇六《常立以誣詆貶責》,第 8 葉下~9 葉下(第 387 册,總第 223D~224B 頁)。

6 〔宋〕李燾:《續資治通鑑長編》卷四八五"紹聖四年四月乙未",第 11529~11530 頁。參看汪天順:《章惇與曾布、蔡卞交惡及其對紹述政治的影響》,第 94~98 頁;楊小敏:《蔡京、蔡卞與北宋晚期政局研究》,第 76~89 頁。

7 〔宋〕曾布:《曾公遺録》卷九"元符三年二月庚戌",第 250~251 頁。

祐黨人欲與高太后合謀廢黜哲宗,結果司馬光、吕公著等死者遭到追貶,在生者如蘇軾、劉安世則被流放到嶺南,劉摯、梁燾、范祖禹等人均在貶所逝世,高太后更是幾乎被追廢。[1] 此外,章惇贊成哲宗廢孟皇后、立劉皇后,也掀起一場風雨。[2] 在此期間,持异議者屢遭打擊,常安民、孫諤、董敦逸、陳次升、鄒浩等人都因直言而被貶官。如陳瓘所言,"紹聖以來,七年之間,五逐言者"[3],予人言路阻塞之感。當曾布提醒章惇注意士論時,章惇强硬地表示"士論亦不足聽"[4]。凡此足以反映紹聖、元符年間的種種舉措不受士大夫歡迎,朝臣遂希望徽宗的即位能使政令一新。如何處理元祐以來的政治糾紛,收拾殘局,明定國是,凝聚人心,是徽宗登位時的又一問題。

三、徽宗、向太后與曾布對哲宗朝政治鬥争的態度

神宗駕崩以來的政治糾紛源自朝臣對新法的態度。徽宗改元建中靖國,學者一般理解其意義爲"不主元祐,亦不主元豐",求諸中道,避免極端。問題是在新、舊兩極之間,所謂的"中庸之道"仍甚具彈性。各派官員總會稍有偏頗,不可能絶對中立。學者往往認爲曾布代表新黨,韓忠彦代表舊黨;徽宗傾向紹述,而向太后較同情元祐,由是達到勢力平衡。[5] 然而,根據《曾公遺録》的記載,不論徽宗、曾布還是向太后,縱使在某種程度上有些同情舊黨,但仍傾向於肯定熙豐變法,否定元祐更化。

---

1 參看拙著:《"女中堯舜"——論高后地位的演變與"宣仁誣謗"》,載許振興等編:《研宋二集》,香港研宋學會,2014 年,第 72~80 頁。

2 事見〔宋〕楊仲良:《皇宋通鑑長編紀事本末》卷一一三《立后》,第 3 葉下~10 葉下(第 387 册,總第 287D~291B 頁)。《宋史·孟皇后傳》云:"初,章惇誣宣仁后有廢立計,以后逮事宣仁,惇又陰附劉賢妃,欲請建爲后,遂與郝隨構成是獄。"同書《章惇傳》云:"惇又以皇后孟氏,元祐中宣仁后所立,迎合郝隨,勸哲宗起掖庭秘獄。"按廢后事在紹聖三年,而新黨直至紹聖四年方指控舊黨企圖廢黜哲宗。故孟皇后此次被廢,雖與新、舊黨争不無關係,但并非受高太后廢立事牽連。《宋史》將二事混爲一談,并非事實。見〔元〕脱脱等:《宋史》卷二四三《孟皇后傳》,第 8634 頁;卷四七一《章惇傳》,第 13712 頁。

3 〔宋〕陳瓘:《乞留龔夬奏》,載曾棗莊、劉琳主編:《全宋文》第 129 册,第 13 頁。

4 〔宋〕李燾:《續資治通鑑長編》卷四八五"紹聖四年四月乙未",第 11532 頁。

5 張邦煒:《關於建中之政》,第 101~102 頁。并參楊小敏:《蔡京、蔡卞與北宋晚期政局研究》,第 117~119 頁。

從《曾公遺録》所見,相對于章惇、蔡卞對舊黨的敵意而言,曾布對舊黨的態度比較寬大,這與他們在元祐時的際遇有關。章惇在元祐年間不但被投閑置散,而且"七八年間,數爲言者彈治"[1],因而懷恨在心。據邵伯温所言,蔡卞元祐時被逐離京師,到偏遠的廣州任知州,認爲舊黨欲置他於死地,而其岳父王安石的遭遇也使他憤憤不平。[2] 反觀曾布獲"除龍圖閣學士,知太原府,歷真定、河陽、青州、瀛州"[3],待遇較好,他對舊黨的敵意也較弱。例如章惇等人炮製高太后欲廢哲宗的傳言,藉此逼害元祐黨人,曾布便不以爲然。他對向太后指出,章惇等人爲了激怒哲宗,而誣罔高太后與元祐黨人"有傾摇廢立之意",使哲宗"切齒元祐之人"。[4] 他又向徽宗表示章惇等人排斥元祐黨,以黨人詆毁神宗爲藉口,只是公報私仇,而且貶責過重。如王珪在定議册立哲宗之時,無不正之語,只是稍有遲疑,便被誣陷爲懷有貳心,"自宰相師臣降爲司户參軍。豈不太過?"[5] 可見曾布認爲黨人遭到陷害,且處罰太重,并不恰當。

徽宗與向太后亦不同意章惇等人的舉措。向太后嘗對曾布澄清高太后無意廢黜哲宗。[6] 徽宗也指責"蔡卞陰狡害政,紹聖以來,傷害人物多出於卞,其罪更大於惇"[7]。對於哲宗廢孟皇后一事,徽宗等人亦感不妥。曾布認爲孟皇后遭殃源於劉皇后起争端,[8] 徽宗則指"瑶華(孟皇后)獄本亦無事"[9]。徽宗起用當日反對册封劉皇后的鄒浩,遭到御史中丞安惇反對,徽宗便表示"朝廷大事,御史中丞猶且不言,而浩敢言"[10],使安惇羞愧而退。向太后亦指哲宗被支

---

1 〔元〕脱脱等:《宋史》卷四七一《章惇傳》,第 13711 頁。并參〔宋〕徐自明撰,王瑞來校補:《宋宰輔編年録校補》卷九,第 549~550 頁。

2 〔宋〕李燾:《續資治通鑑長編》卷四〇三"元祐二年七月乙卯",第 9803 頁。

3 〔宋〕王稱:《東都事略》,宋紹熙間眉山程舍人宅刊本,臺北圖書館,1991 年影印,第 4 葉下(總第 1476 頁)。

4 〔宋〕曾布:《曾公遺録》卷九"元符三年三月丙子",第 258 頁。

5 同上書,卷九"元符三年二月戊午",第 252~253 頁。

6 同上書,卷九"元符三年三月丙子",第 258 頁。

7 同上書,卷九"元符三年四月丁未",第 279 頁。

8 同上書,卷九"元符三年四月戊申",第 278 頁。

9 同上書,卷九"元符三年二月庚戌",第 250 頁。

10 同上書,卷九"元符三年二月甲子",第 257 頁。

持廢孟立劉的内臣郝隨、劉友端等人所誤。[1] 徽宗君臣在平反孟皇后事上取得共識，可是劉皇后已獲哲宗册立，又當如何處置？向太后認爲“自古帝王一帝一后”，故建議廢劉復孟。曾布贊成復孟，但反對廢劉，認爲此舉“彰先帝之短，而陛下以叔廢嫂，恐未順”。經反復開陳，衆人最後决定恢復孟皇后爲元祐皇后，[2] 與元符皇后（劉皇后）相對。儘管二后均未直接參與外廷黨争，但孟皇后爲元祐時期高太后揀選，劉皇后爲哲宗親政所立，兩者并存，罕有地打破了“一帝一后”的傳統，未嘗不可視爲“建中”的標志。

爲了維護先帝的形象，一切過錯便由章惇、蔡卞等人承擔。曾布反對廢黜元符皇后，正是爲了避免“彰先帝之短”。他聲言哲宗“内則爲隨（郝隨）等所誤，外則爲惇、卞所誤，如行遣元祐人過當，失天下之人心，皆惇、卞之罪”[3]。向太后亦指“惇等誤先帝處多”，又稱“神宗聖明，豈近世人主可比，只是晚年不免錯用却人，不免致天下論議”。[4] 後來南宋君臣將靖康之難的責任推卸給王安石、蔡京，可謂如出一轍。

綜上所述可知，徽宗、向太后、曾布多少有些同情孟皇后與元祐黨人。可是他們認爲章惇陷害政敵，處罰不公，并不等同于他們肯定舊黨。曾布認爲新黨宰相蔡確被舊黨遠貶到新州，在當地去世，故後來舊黨宰臣劉摯得到同一下場，死於新州，是應有此報。[5] 可見曾布在批評章惇等人“行遣元祐人過當”的同時，亦不滿元祐黨人當年斥逐新黨。徽宗對舊黨亦無好感，且一心紹述新政，認爲神宗推行的茶馬、免役、常平等法絶不可廢。[6] 群臣討論如何爲司馬光平反，曾布爲試探徽宗對新、舊黨争的態度，便詢問徽宗認爲司馬光是否有罪，當時對話清楚地反映出他們的立場：

> 上云：“莫須是有罪。”余（曾布）云：“聖意如此，臣乃敢盡言。紹聖中以光等有反逆心，謀廢立事，天下皆以爲冤。至於詆毁神宗，變亂

1 〔宋〕曾布：《曾公遺録》卷九“元符三年四月庚戌”，第 280 頁。
2 同上書，卷九“元符三年五月癸酉、乙亥”，第 290~294 頁。
3 同上書，卷九“元符三年四月辛丑”，第 274 頁。
4 同上書，卷九“元符三年三月丙子”，第 258 頁。
5 同上書，卷九“元符三年四月己亥”，第 272 頁。
6 同上書，卷九“元符三年六月癸卯”，第 309~310 頁。

法度，則事迹具存，豈得爲無罪？如光論免役法，以先朝爲剥膚椎髓，豈不是詆毁？而免役之法，天下百姓以爲便，而光以爲不便，必須毁廢而後已。又如蘇轍章疏云：'鹿臺之財聚而商亡，洛口之倉積而隋滅。'是以神宗方紂及煬帝，可以爲無罪乎？紹聖中，邢恕嘗謂臣言，'司馬光以人臣挾怨，與神宗爲敵，方元祐秉政事，神宗所行法度，不問是非，一切更改；所用人材，不問邪正，一切斥逐。此其罪已不可勝誅，若言他有反逆心，則是冤枉'。……若如此言，則論光之罪可謂當矣。"上深然之，令具以此意諭三省。[1]

所謂"莫須是有罪"，即肯定司馬光等人有罪。[2] 曾布一方面力言司馬光無意反逆，"天下皆以爲冤"，另一方面却指責司馬光、蘇轍等人反對新法，"詆毁神宗"。徽宗"深然之"，更命曾布"以此意諭三省"，藉此明定國是。後來臺諫官員豐稷、張舜民被驅逐，主因是徽宗認爲"詆毁神考第一是豐稷，其次張舜民"。舊黨士大夫最初還以爲此等論調出自曾布，"本非上意"。[3] 其實徽宗自登位之初，紹述之志已經堅定不移。他不接受反對意見，視之爲"詆毁神考"。他改元建中靖國，只爲塑造中正不偏的明君形象，欺騙世人，藉此收買人心。由是觀之，建中靖國一變而爲崇寧，可謂早見端倪。

史籍將向太后描寫成對權力不感興趣的婦人，其實不然。根據《曾公遺録》，徽宗曾向曾布表示"皇太后聰明，自神宗時已與聞政事"[4]。《東都事略》亦指出向太后"平居無玩好，閲祖宗實録、寶訓，遂以通知故事"[5]。此等記載均説

1 〔宋〕曾布：《曾公遺録》卷九"元符三年六月甲辰"，第 311~312 頁。

2 歷來學者對秦檜"莫須有"三字的解釋聚訟紛紜，王瑞來認爲"莫須有"即"難道没有嗎"，意思跟"一定有"没有分别。見王瑞來：《"莫須有"新解》，《人民日報》1988 年 10 月 17 日第 8 版。并參王瑞明：《"莫須有"辨》，《文史知識》1982 年第 11 期，第 106~107 頁；王曾瑜：《岳飛新傳》，上海人民出版社，1983 年，第 309 頁。徽宗説"莫須是有罪"，亦當作"必定有罪"解，否則曾布便不會表示"臣乃敢盡言"，然後盡道司馬光之非。

3 〔宋〕陳均編，許沛藻等點校：《皇朝編年綱目備要》卷二六"建中靖國元年九月"，中華書局，2006 年，第 656 頁，引"曾布自叙"。

4 〔宋〕曾布：《曾公遺録》卷九"元符三年正月辛巳"，第 219 頁。

5 〔宋〕王稱：《東都事略》卷一四《向皇后世家》，第 2 葉下（總第 266 頁）。

明向太后對政事充滿興趣,學者甚至認爲她在垂簾時意圖攬權不放。[1] 史籍記載她約束向氏族人,[2] 這固然可以視爲美德,但從另一角度觀察,亦是爲了避免招人閑言,表現出她的政治智慧。問題是,她到底是擁護熙豐變法還是支持元祐更化?

論者認爲向太后不像高太后那般激烈反對新法,比較中立,但傾向元祐,偏愛舊黨。[3] 例如她曾指責章惇等人"誤先帝處多"。駙馬都尉張敦禮曾經批評神宗政事而受罰,向太后認爲懲罰過重。[4] 及後章惇等人企圖追廢高太后,向太后亦竭力制止。[5] 可是這些事例并不能證明向太后支持舊黨。如上所述,"同情"不等於"認同",向太后充其量只是同情舊黨的不幸遭遇,而從未認同舊黨的政治主張。宋人對曹太后、高太后向神宗哭訴王安石變亂天下一事大書特書,却不提及向太后有否參與此事。[6] 如果向太后對政治深感興趣,同時反對新法,何不趁此良機,連同兩宮太后向神宗進諫?

筆者認爲各種文獻對向太后的政治立場語焉不詳,一則因爲宫禁之事并非衆所周知,二則有所隱諱。南宋朝廷否定新法,并以建中靖國爲"小元祐"。[7] 元祐時有高太后垂簾,徽宗之初也有向太后聽政。高太后去世,哲宗馬上開始紹述;向太后離世,徽宗便重用蔡京。"女主"彷彿是抵抗新法的力量,向太后便獲尊爲賢后,[8] 各種記載遂不得不避重就輕,有所取捨。幸而《曾公遺録》提供了一些片段,讓今人一睹向太后的真面目。

據《曾公遺録》,向太后在册立新君一事上與章惇互不相讓,但雙方論及新、

1 張林:《向太后攬權及其與徽宗之政争——立足於蔡京去留問題之考察》,載姜錫東、李華瑞主編:《宋史研究論叢》第十輯,河北大學出版社,2009年,第37~50頁。

2 〔宋〕王稱:《東都事略》卷一四《向皇后世家》,第2葉下(總第266頁)。

3 張邦煒:《關於建中之政》,第100頁。

4 〔宋〕曾布:《曾公遺録》卷九"元符三年正月乙未",第235頁。

5 〔宋〕李燾:《續資治通鑑長編》卷四九五"元符元年三月戊午",第11774~11775頁;〔宋〕朱弁撰,孔凡禮點校:《曲洧舊聞》卷六《邢和叔平地生丘墟》,中華書局,2002年,第165~166頁。

6 〔宋〕邵伯温撰:《邵氏聞見録》卷三,中華書局,1983年,第25頁。

7 〔元〕脱脱等:《宋史》卷三七八《胡交修傳》,第11679頁。

8 〔宋〕王稱:《東都事略》卷一四《世家二》,第7葉(總第275~276頁);吕中撰,張其凡、白曉霞整理:《類編皇朝大事記講義》卷一八《廢罷新法等事皆從中出》,上海人民出版社,2014年,第324頁。

舊之争時,却是一唱一和,并無分歧。章惇對向太后指責"司馬光聚集不樂神宗之人,毁廢法度",向太后表示"神宗政事,豈可專欲毁廢"。[1] 另一段記載亦明確反映向太后的立場:

> 夔(章惇)云:"神宗留意政事,更張法度,爲萬世之利,此福報也。"卞(蔡卞)云:"臣等皆神宗拔擢,唯謹守神宗法度,所以報德。皇太后必盡知神宗政事本末。"夔又云:"神宗政事如此,中間遭變亂,可爲切齒。"太后亦歎息。余(曾布)云:"臣首被神宗識拔,於政事、法度無所不與,所擢人材,今日用之者皆是。"太后云:"相公等皆神宗舊臣,且更與輔佐官家。"[2]

向太后聞言歎息,流露出對元祐時新法"遭變亂"的惋惜之情。她最後囑咐"神宗舊臣""輔佐官家",也是對紹述的肯定。

《曾公遺録》尚有少許零碎片段也反映了向太后對新、舊兩黨的態度。例如内臣李偁遷官時,向太后强調他"雖是元祐人,然與衆人别。自先帝幼小,已在左右,極有補"[3]。細味此語,不難察知向太后對元祐"衆人"的否定。又如安燾於元豐年間執政,至哲宗即位,蔡確、章惇等先朝宰執均被驅逐,安燾却能留任。徽宗考慮召用舊臣之時,向太后表示"元豐末衆人皆去,唯安燾不去,是不正當"[4]。换言之,只有忠實推行新法,貫徹始終,與元祐黨人誓不兩立,纔是"正當";若於元祐時期繼續執政,不被罷去,便是"不正當"。這不但充分揭示向太后的政治立場,同時亦能讓今人重新思考,徽宗早年以"建中靖國"爲口號,但掌權者能否理性地"允執厥中"。

紹聖以後,新黨屢興大獄,司馬光等已故的元老重臣被追貶。徽宗即位後爲他們平反,但此事亦不代表他認同舊黨,反而顯示他對新法的肯定。首先,徽宗於正月即位,遲至五月,方接受韓忠彦、曾肇奏請,"復司馬光、吕公著、文彦博、韓維等官職"[5]。其次,文彦博、王珪、韓維獲發還先前得到的所有官爵,其

1 〔宋〕曾布:《曾公遺録》卷九"元符三年二月壬戌",第256頁。

2 同上書,卷九"元符三年正月辛巳",第221頁。

3 同上書,卷九"元符三年四月己亥",第271頁。

4 同上書,卷九"元符三年正月丁亥",第228頁。

5 同上書,卷九"元符三年五月癸未",第301、305頁。

餘司馬光、吕公著等人却只獲恢復階官。[1] 這反映出徽宗只是同情他們被章惇誣以謀逆之罪,而減輕對他們的懲罰。與此同時,徽宗仍然認爲他們"詆毀神宗,變亂法度",不值得盡復官爵。王珪位居元豐末年的首相,輔佐神宗,并未反對新法,只是遭到章惇誣陷,纔得到徹底追復。這是朝中大事,恐怕不是徽宗一人獨斷,而是帝后、君臣共議的結果,反映朝廷在看待新、舊之争的問題上,并未變更紹聖以來的方針。所謂"建中靖國",并非盡如朱熹所言,"不主元祐,亦不主元豐",不偏不倚,而是明顯地傾向新法。

上文提及曾布本人或其子孫很可能竄改日録。既然如此,其書所載是否可信?筆者認爲,曾紆整理、進獻日録,意在迎合輿論。而高宗君臣一意推崇舊黨,貶抑新黨,讓王安石與蔡京負上罪責。曾紆或會美化曾布,删削其擁護新法的言論,藉此回護,而不可能忤逆高宗的意思,惡意詆稱徽宗、向太后崇尚新法,讓他們承擔部分責任。在高宗否定新黨的背景下,曾紆進獻的日録仍然揭示徽宗與向太后支持新法,更顯得可信。有賴《曾公遺録》保留這些綫索,今人遂能明白徽宗的取向,以及建中靖國變爲崇寧的原因。

四、"參用元祐人才"考辨

徽宗改元建中靖國,取意依循中道。舊黨代表韓忠彦、新黨代表曾布并相,是"建中"最具體的表現。一些官員希望朝廷能够用人唯才,不問新、舊。如韓忠彦建議"用人之際,無分熙、豐、元祐,唯是之從,唯材之用"[2]。《宋史·陸佃傳》亦云"佃執政與曾布比,而持論多近恕。每欲參用元祐人才"[3]。《朱子語

---

1 〔宋〕曾布:《曾公遺録》卷九"元符三年五月己丑",第305頁。例如王珪生前的階官爲金紫光録大夫,差遣爲守尚書左僕射兼門下侍郎,封岐國公,去世後獲贈太師,謚文恭,後來被奪去一切封賜,降爲萬安軍司户參軍,至是獲歸還所有官爵、謚號。司馬光去世前爲正議大夫、守尚書左僕射兼門下侍郎,病逝後獲贈太師、温國公,後來也被奪去一切封賜,降爲朱崖軍司户參軍,至是僅獲追復爲太子太保,地位低於本來追贈的太師,而封爵、差遣等更未獲歸還。見〔宋〕李燾:《續資治通鑑長編》卷三五六"元豐八年五月庚戌",第8517頁;卷三八七"元祐元年九月丙辰",第9415頁;〔清〕徐松輯:《職官76之60~61》,《宋會要輯稿》,前北平圖書館影印本,中華書局,1957年影印,第4125D~4126B頁。

2 〔宋〕畢仲游:《丞相儀國韓公行狀》,載曾棗莊、劉琳主編:《全宋文》第111册,第111頁。

3 〔元〕脱脱等:《宋史》卷三四三《陸佃傳》,第10920頁。《東都事略》但稱"佃執政,薦拔人材,多恬退者"。見王稱:《東都事略》卷九七《陸佃傳》,第4葉上(總第1499頁)。

類》提到曾布等人計劃"左除却軾(蘇軾)轍(蘇轍),右除却京(蔡京)卞(蔡卞)"[1]。《曾公遺録》更引述曾布的一段話:

> 元祐之人憤嫉熙寧、元豐之人,一切屏斥,已失之偏;紹聖用事者,又深怨元祐之人,故竄斥廢黜無不過當,其偏則又甚矣。今日陛下方欲以大中至正之道,調一兩黨,則但當區别邪正是非,處之各得其所,則天下孰敢以爲非者。若今日但知收復元祐之人,退黜紹聖之人,則不免又偏矣。如此,則與元祐、紹聖何以异?非陛下所欲扶偏救敝、持平近厚之意也。兼臣累聞聖諭,及皇太后亦曾宣諭,以謂有甚熙寧、元豐、元祐、紹聖,但是者則用,不是者則不用,更不必分别此時彼時。[2]

由是觀之,當時的領導人物似乎都同意參用新、舊兩黨人才,共襄國是。然則所謂"賢材""人才"應當如何界定?而"參用元祐人才"只是粗略的方針,并未規定具體員額,"參用"之際便可能出現兩黨人數不均的問題。《曾公遺録》便記載議者擔憂元祐之人不分好壞均獲收用,而紹聖年間的小官都被逐去,失諸偏頗。[3] 朱熹提及當時"元祐人漸多"。[4] 近人亦認爲"貶黜者多是新黨中人,升遷者多是舊黨中人"[5]。筆者認爲,所謂多少,恐怕要仔細統計,方能有確實答案。相對於人數而言,更重要的是權力分配是否均衡。另一值得探討的問題是誰人掌握權力分配的主導權,這牽涉到徽宗、向太后、韓忠彦、曾布之間的權力關係,以及人事任命的决策過程。本節將以《曾公遺録》爲基礎,探討徽宗登基後的人事調動,從而解答上述問題。

如上所述,紹聖以來,多名宰執因故罷去。至徽宗即位,半數職位仍然懸空。徽宗的當務之急,便是填補空缺,組織新的政府團隊。他在登上皇位的第八天,尚未正式聽政,便命三省、樞密院草擬前任執政及"可充從官者二十人"的

1 黎靖德編,王星賢點校:《朱子語類》卷一三〇《本朝四·自熙寧至靖康用人》,第3098頁。

2 〔宋〕曾布:《曾公遺録》卷九"元符三年六月甲辰",第312頁。

3 同上書,卷九"元符三年五月辛卯",第306頁。并參〔元〕脱脱等:《宋史》卷三四六《張庭堅傳》,第10981頁。

4 黎靖德編,王星賢點校:《朱子語類》卷一三〇《本朝四·自熙寧至靖康用人》,第3098頁。

5 張邦煒:《關於建中之政》,第106頁。

姓名。[1] 次日，曾布等人進呈名單，徽宗從中選出韓忠彦、李清臣、黄履、蔣之奇等人，而以吕惠卿、吕嘉問、蹇序辰等爲不可用。[2] 韓忠彦等四人不久晋升爲宰執，加上本已在位的曾布、許將，撇除即將被貶的章惇、蔡卞，徽宗的新團隊基本上成形。

曾布、韓忠彦分别是新、舊兩黨的代表人物，自不待言，其餘四人的背景則須細考。兹表列四人在徽宗登基前的經歷如下：

人物	官歷	事迹
李清臣	元豐六年(1083)爲尚書右丞，元祐元年(1086)遷左丞，被罷免。紹聖元年爲中書侍郎	元祐時反對廢除新法，被罷免。哲宗親政後最早獲得擢用，擬進士策題，是元豐而非元祐，昭示紹述之意
黄履	元豐年間官至御史中丞，元祐元年被罷免。紹聖四年(1097)遷尚書右丞	素與蔡確、章惇等交結，故元祐時被罷。紹聖年間抨擊司馬光、吕大防、劉摯等，參與章惇陷害舊黨的計劃，聲稱王珪在神宗彌留之際陰懷异志
蔣之奇	元豐時爲江淮荆浙發運副使，元祐初年被派知廣州，紹聖年間官至翰林學士兼侍讀	爲歐陽修所厚，後誣陷歐陽修。神宗時在福建推行免役法。元祐時被指爲小人而遭排斥
許將	神宗時嘗爲兵部侍郎，元祐四年(1089)拜尚書右丞，後被罷免。紹聖復用，官至中書侍郎	深受神宗賞識而獲超遷。元祐五年(1090)因議論反覆、出賣同僚而被罷免。紹聖年間，嘗制止章惇等人發司馬光墓

從上表可見，李清臣、黄履、蔣之奇都在舊黨得勢後馬上被排斥，可説是元祐更化的"受害者"，唯有許將比較特殊，但四人都在紹聖年間輔佐哲宗推行新法，其中李清臣、黄履的政治傾向尤其明確。蔣之奇頗擅理財，政治立場則不及李、黄二人清晰，但似乎也是新法的支持者。許將在熙豐、元祐、紹聖、元符年間均曾受到重用，比較中立，也許是投機分子，但至少不算元祐黨人。總之，截至元符三年四月，撇除章惇、蔡卞，共有六位宰執，當中只有韓忠彦一人較接近舊黨，其餘五人若非擁戴新法，便是中立。在此層面而言，所謂"升遷者多是舊黨中人"

1 〔宋〕曾布：《曾公遺録》卷九"元符三年正月丙戌"，第 227 頁。

2 同上書，卷九"元符三年正月丁亥"，第 227~228 頁。

并非事實。宰執集團傾向新法，顯而易見。這些人選雖由宰執提名，却是徽宗親自揀拔，足以反映徽宗的政治取向。

徽宗對新黨也不是無條件地進用，其準則值得進一步探討。他既以“建中靖國”爲口號，“中正”應是條件之一，但實情又非如此。例如王珪得到平反，當年陷害王珪的黄履却獲召用。[1] 其實徽宗意欲清除章惇、蔡卞的勢力，便專門任用與章、蔡不協之人。曾布、許將在哲宗末年已任執政，姑且不論。李清臣在紹聖元年比章惇更早獲得哲宗提拔，本來有望拜相，却被章惇後來居上，取得相位，自此敵視章惇。[2] 章惇、邢恕一黨慫恿故相蔡確之母明氏告發舊黨謀反，李清臣心知其誣，封起奏狀，不與其合作。[3] 黄履本與章惇交結，[4] 後來章惇支持哲宗册立劉皇后，鄒浩上書反對而被貶，黄履爲鄒浩求情，蔣之奇則有書信與鄒浩道别，二人因而受到牽連，[5] 可見他們與章惇异趣。

至於徽宗此時摒弃不用的新黨官員，如吕嘉問、蹇序辰，《曾公遺録》稱之爲蔡卞門下之士。[6] 既然蔡卞失勢，他們不獲擢用，實屬理所當然。另一類則是反覆無常之人，如安燾、邢恕、楊畏等。安燾在元豐年間執政，元祐時未有去位，被徽宗稱爲“不堪”，[7] 後來雖復知樞密院，不足一年又被撤職。[8] 許將的情況與安燾相似，但比安燾幸運，直至崇寧三年(1104)纔被彈劾爲投機分子而罷去。[9] 史稱邢恕“爲司馬光客即陷光，附章惇即背惇”[10]，《曾公遺録》提到徽宗“知其反

1 〔宋〕李燾：《續資治通鑑長編》卷四八六“紹聖四年四月丁未”，第 11549 頁。

2 〔宋〕楊仲良：《皇宋通鑑長編紀事本末》卷一〇六《錢勰罷内翰》，第 5 葉下(第 387 册，總第 222B 頁)。

3 〔宋〕李燾：《續資治通鑑長編》卷五〇〇“元符元年七月庚午”，第 11919 頁。

4 〔元〕脱脱等：《宋史》卷三二八《黄履傳》，第 10573 頁。

5 〔宋〕李燾：《續資治通鑑長編》卷五一六“元符二年閏九月辛巳”，第 12275～12277 頁；卷五一八“元符二年十一月乙亥”，第 12323 頁。

6 〔宋〕曾布：《曾公遺録》卷九“元符三年四月戊申”，第 277 頁。

7 同上書，卷九“元符三年正月乙未”，第 233 頁。

8 〔宋〕徐自明撰，王瑞來校補：《宋宰輔編年録校補》卷一一，第 679～686 頁。

9 同上書，卷一一，第 715～716 頁。

10 〔元〕脱脱等：《宋史》卷四七一《邢恕傳》，第 13705 頁。

覆”,[1]在追究他誣害元祐黨人時,更提出將他“重貶”。[2] 又如楊畏擅於依附權貴,適時變節,歷經元豐、元祐、紹聖三次巨變,仍能投機取巧,左右逢源,世號“楊三變”。[3]《曾公遺録》更載章惇稱他爲“楊萬變”,提醒徽宗不可寄以厚望,[4]結果徽宗終生未有重用楊畏。這些人物均在哲宗親政時獲得賞識,却被徽宗冷待,恐怕不只是因爲私德有虧,同時是他們未能貫徹始終地支持新法所致。

在舊黨衆多官員之中,韓琦之子韓忠彦獲得提携,原因有多方面。若依照“唯賢材當用”的原則,被指“琦之所長,一無所有”的韓忠彦恐怕不能脱穎而出。[5] 然而,英宗、神宗、徽宗一系得位,多少得力於韓琦勸仁宗立子。經過韓氏子孫、門生大肆宣傳,韓氏儼然如同英宗一系的恩人,[6]曾布也承認“韓琦定策立英宗,此功豈可忘”[7]。神宗爲答謝韓琦,曾超遷韓忠彦爲禮部尚書,[8]并許諾與韓氏聯姻,後來曹國(後改封唐國)長公主遂下嫁韓嘉彦。[9] 韓忠彦是韓嘉彦之兄,算是皇親國戚,因此深得趙宋皇室(特别是向太后)信任。[10] 他雖親近舊黨,但向來較少偏激之言,也是他得到垂青的原因之一。

史稱韓忠彦性格柔弱,曾布指他“柔順易屈服”[11],“才力雖不足,頗聽人言語爾”[12]。後來韓曾并相,史籍甚至指韓忠彦“柔懦,天下事多决于布”[13]。此語

---

1 〔宋〕曾布:《曾公遺録》卷九“元符三年正月丁亥”,第 228 頁。

2 同上書,卷九“元符三年六月丙午”,第 313 頁。

3 〔宋〕朱弁:《曲洧舊聞》卷六《楊三變薛萬回好屬對》,第 172 頁。

4 〔宋〕曾布:《曾公遺録》卷九“元符三年五月辛卯”,第 306 頁。

5 〔宋〕李燾:《續資治通鑑長編》卷四二九“元祐四年六月丙午”,第 10365 頁。

6 邵伯温批評韓氏子孫、門生“謂英宗非魏公(韓琦)不得立;既立,非魏公不得安”,所載之事“誕妄不恭,非所宜言”,“幾於跋扈”,陷韓琦於不義。見〔宋〕邵伯温:《邵氏聞見録》卷三,第 20~22 頁。

7 〔宋〕曾布:《曾公遺録》卷九“元符三年二月己亥”,第 236 頁。

8 〔宋〕李燾:《續資治通鑑長編》卷三四九“元豐七年十月乙亥”,第 8368 頁;卷四三七“元祐五年正月庚寅”,第 10539~10540 頁。

9 同上書,卷四七〇“元祐七年二月乙亥”,第 11227 頁;〔元〕脱脱等:《宋史》卷二四八《唐國長公主傳》,第 8780 頁。

10 蔡卞指“韓忠彦乃簾中所信”,見〔宋〕曾布:《曾公遺録》卷九“元符三年五月癸酉”,第 292 頁。

11 同上書,卷九“元符三年正月乙未”,第 233 頁。

12 同上書,卷九“元符三年六月甲辰”,第 311 頁。

13 〔宋〕徐自明撰,王瑞來校補:《宋宰輔編年録校補》卷一一,第 679 頁。

或有誇飾,但多少能够反映事實。值得注意的是,韓忠彦畢竟是由徽宗挑選,而非由曾布提拔的。徽宗或許也是看中了韓忠彦的弱點,認爲韓忠彦不會固執己見,處處與他作對,纔以他爲舊黨代表,擢用至左相。

徽宗在元符三年正月决定進用韓忠彦、李清臣等人。次月,曾布便一再提醒徽宗揀選言事官,[1]藉此製造輿論,理直氣壯地辭退章惇、蔡卞。[2] 同月,曾布提議任用董敦逸、陳次升、孫諤、龔夬、葉濤、陳瓘、王涣之、張庭堅,徽宗則主動提及鄒浩。[3] 這些官員大多被安插爲臺諫官,唯鄒浩不久去世,葉濤、王涣之就任其他官職。考索這些人物的背景,可知董敦逸曾在元祐時批評蘇軾兄弟指斥神宗、變亂朝政,因而被貶,至紹聖時復用,"凡論議主元祐者,斥去之",[4]故他可以歸入新黨。其餘人物在元祐時大多官職不高,後於紹述時期獲得提拔,協助哲宗施政,即使不屬新黨,亦較中立,未必可以視作舊黨。例如陳瓘雖同情舊黨,不肯附和章惇論司馬光奸邪,又批評史官以王安石日録修史,但他提出"消朋黨,持中道",繼述神宗之政,并非一面倒支持舊黨。[5] 對於徽宗而言,這些人物并無"詆毀神宗"之"過惡",不妨録用。哲宗親政時,以耿直聞名者尚有常安民。但常安民曾經維護蘇軾、蘇轍,也許因此觸犯了徽宗的大忌,以致在建中靖國時期仍不獲録用。[6] 可見徽宗選用哲宗紹述時期的臣僚,也是有規律可

---

1 〔宋〕曾布:《曾公遺録》卷九"元符三年二月己亥、庚戌",第237、249~250頁。

2 同上書,卷九"元符三年三月辛巳",第260頁。

3 同上書,卷九"元符三年二月庚戌",第250頁。

4 〔元〕脱脱等:《宋史》卷三五五《董敦逸傳》,第11177頁。

5 〔宋〕朱熹編,李偉國校點:《八朝名臣言行録》,收入朱傑人、嚴佐之、劉永翔主編:《朱子全書》第12册,《三朝名臣言行録》卷13之3,上海古籍出版社、安徽教育出版社,2002年,《諫議陳忠肅公》,第823~824、827~828頁;〔宋〕陳瓘:《乞别行删修紹聖神宗實録奏》《進日録辨奏狀》《四明尊堯集序》,載曾棗莊、劉琳主編:《全宋文》第129册,第14、69、115~123頁。張其凡、金强認爲陳瓘主張持中調和,但其潛意識是親元祐、斥熙豐,故漸漸走向元祐黨人的立場,例如抨擊王安石,要求召回鄒浩,貶逐章惇,請留龔夬。但筆者認爲陳瓘針對個别官員,并不等於他否定神宗變法,至少他明言"神宗有爲之叙始於修政事,政事立而財用足,財用足而根本固。此國家萬世之利,而今日所當繼述者也。"參看張其凡、金强:《陳瓘與〈四明尊堯集〉——北宋哲徽之際黨争的一個側面考察》,《浙江大學學報(人文社會科學版)》2004年第3期,第111~119頁;楊仲良:《皇宋通鑑長編紀事本末》卷一二九《陳瓘貶逐》,第3葉上(第387册,總第370B頁)。

6 〔宋〕楊仲良:《皇宋通鑑長編紀事本末》卷一〇六《常安民罷察院》,第3葉上~5葉上(第387册,總第221A~222A頁);〔元〕脱脱等:《宋史》卷三四六《常安民傳》,第10991頁。

循的。可是後來很多臺諫官員因彈劾蔡京而遭報復，不論曾否依附舊黨，一律名列元祐黨籍，纔令人感覺徽宗初年所用者多爲"元祐黨人"。

另外，這些新晋的中層官員在哲宗年間大多與章惇、蔡卞意見不合，不獲重用。如徽宗所言，"近所擢言事官，多紹聖中失職之人"[1]，曾布亦提及王涣之、張庭堅"爲三省所抑"[2]。當中不少人在廢立皇后一事上反對章惇而被貶謫，如曾布所言，"董敦逸、陳次升、孫諤皆京（蔡京）、卞（蔡卞）所逐"[3]。徽宗起用他們，既有助于打擊政敵，又能樹立廣開言路、政令一新的美名，可謂一舉兩得。

徽宗、曾布完成臺諫的部署後，便着手肅清章惇、蔡卞的親黨。三月丙戌，徽宗便對曾布提及"蔡京、張商英、范鏜皆已去，只有安惇、劉拯、王祖道未去"[4]。此語説明徽宗打擊的對象均爲惇、卞黨人。蔡京爲蔡卞之兄，劉拯是蔡卞"門下士""上客"。[5] 范鏜、張商英被視爲章惇"門下士"，[6]後者曾幫助章惇排擊安燾。[7] 安惇則曾協助章惇治同文館獄，[8]二人合稱"二惇"。[9] 後來安惇、劉拯、王祖道均被罷免，章惇、蔡卞亦去位。學者認爲建中時期"貶黜者多是新黨中人"，其實準確而言，徽宗只斥逐惇、卞黨人，但在貶黜他們的同時亦有進用不屬其派系的新黨官員。

這場政治鬥争固然是曾布與章惇、蔡卞之間的角力，但徽宗的角色實不容忽略。在曾布薦舉官員的同時，章惇、蔡卞亦不甘示弱，再三向徽宗力言曾布之弟曾肇不可用，[10]陳瓘爲曾布等人的親信。[11] 御史中丞安惇更彈劾曾布與韓忠

1 〔宋〕曾布：《曾公遺録》卷九"元符三年六月癸卯"，第 310 頁。

2 同上書，卷九"元符三年三月丙子"，第 257 頁。

3 同上書，卷九"元符三年四月辛酉"，第 285 頁。

4 同上書，卷九"元符三年三月丙戌"，第 264 頁。

5 同上書，卷九"元符三年四月戊申"，第 277 頁。

6 同上書，卷九"元符三年二月辛酉"，第 256 頁；〔宋〕楊仲良：《皇宋通鑑長編紀事本末》卷一三〇《久任曾布》，第 19 葉下（第 387 册，總第 386D 頁）。

7 〔元〕脱脱等：《宋史》卷三五一《張商英傳》，第 11096 頁。

8 〔宋〕李燾：《續資治通鑑長編》卷四九〇"紹聖四年八月丁酉"，第 11628 頁。

9 〔宋〕王稱：《東都事略》卷一〇一《蔡卞傳》，第 6 葉上（總第 1561 頁）。

10 〔宋〕曾布：《曾公遺録》卷九"元符三年二月壬戌、四月己亥"，第 256、272 頁。

11 同上書，卷九"元符三年四月戊申"，第 277 頁。

彥等結黨，新除言事官皆其黨人。[1] 然而無論章惇、蔡卞如何進言，徽宗始終支持曾布，不爲所動。曾布認爲徽宗“黜劉拯、用葉濤等皆判然不惑，又知惇、卞奸慝之狀”[2]，表明徽宗極具主見，主導整場鬥争。徽宗任用韓忠彥等人，“市人雕印出賣，謂之快活差除”[3]，貶逐章惇、蔡卞，也合乎士林“公議”，從而成功爲自己贏得人心。

徽宗、曾布在選用官員時，其實不大樂意任命反對變法之人。曾布一度對李清臣表示“元祐人當慎擇，不可輕進，恐傷手不便”[4]。他對徽宗提及“元祐之人雖不可收用，豈可不與量移”[5]，雖然意在施恩，減輕刑罰，但“不可收用”彷彿理所當然。唯韓忠彥獲用之後，便逐漸起用與舊黨相關的人物，以培植自己的勢力，如豐稷爲御史中丞，張舜民爲右諫議大夫，范純禮爲樞密都承旨，韓治爲太僕少卿，均與韓忠彥有關。[6] 這些人物并非最激進的元祐黨人，否則徽宗不會同意任命。此外，舊黨官員并非可以無條件地獲得起用。例如韓忠彥欲用王欽臣知永興軍，曾布馬上阻止，指王欽臣原爲元祐宰相吕大防門客。[7] 後來叙復者漸多，曾布没有充分理由繼續針對王欽臣，便讓他知真定府。但他又向徽宗表示，此等人物只能任地方官，不宜回到中央政府任職。[8] 徽宗默許曾布的做法，故元祐黨人仍然受到相當的限制。

奇怪的是，《曾公遺録》似乎甚少提及蘇軾、蘇轍、劉安世等舊黨骨幹成員。

---

1 〔宋〕曾布：《曾公遺録》卷九“元符三年四月己酉”，第 278 頁。

2 同上書，卷九“元符三年四月己酉”，第 279 頁。

3 同上書，卷九“元符三年二月壬戌”，第 256 頁。

4 同上書，卷九“元符三年四月辛酉”，第 284 頁。

5 同上書，卷九“元符三年二月戊午”，第 252 頁。

6 范純禮是韓忠彥所薦，見同上書，卷九“元符三年四月戊申”，第 277 頁。韓治爲韓忠彥之子。韓忠彥與李清臣聯姻，李清臣嘗舉豐稷自代，韓忠彥又盛稱豐稷之進用，故豐稷除御史中丞當與二人有關。見〔元〕脱脱等：《宋史》卷三二八《李清臣傳》，第 10564 頁；〔宋〕李朴：《豐清敏公遺事》，北京圖書館藏明刻本，收入《續修四庫全書》，第 550 册，第 11 葉（總第 240B 頁）。張舜民與劉摯過從甚密，而劉摯本爲韓琦門客，由此推論，張舜民亦當屬於韓忠彥的勢力。見拙著：《朔黨與元祐朋黨政治新論——以元祐五年以前朔黨與韓忠彥、文彥博、范純仁的關係爲中心》（“10 至 13 世紀中國國家與社會”國際學術研討會暨中國宋史研究會第 16 届年會，杭州師範大學，2014 年 8 月 19 日至 21 日）。

7 〔宋〕曾布：《曾公遺録》卷九“元符三年四月辛酉”，第 283～284 頁。

8 同上書，卷九“元符三年五月辛卯”，第 305～306 頁。

書中僅有一條資料，記載曾布對蔡卞指出"公但安心，蘇軾、轍輩必未便歸也"[1]。筆者認爲，資料較少的原因，可能是徽宗、向太后、曾布從未有意召用他們，故不必討論；或者是曾經討論，但在南宋的政治環境下，有關言論會被視爲"邪惡之論"，不便示人。史稱曾布阻止徽宗重用劉安世、常安民，[2]以及故相吕公著之子吕希哲、吕希純，[3]李清臣亦不使吕希純、劉安世入朝，[4]這些事例均不載於今本《曾公遺録》。其實，觀乎當時政治環境，即使曾布、李清臣没有從中作梗，徽宗也未必願意召用他們，只是後世史家歸咎於"奸臣"蒙蔽主上而已。再者，衆所周知，蘇軾曾在元祐之初公然反對司馬光廢除免役法，[5]實非偏激之徒。只是一旦被扣上指斥神宗的帽子，加上才高易招人妒，便繼續被排斥。[6] 這實在令人質疑當時的統治集團能否平心静氣、大公無私地對待舊黨成員。

總之，能够進入中央政府的元祐黨人對待新法通常比較温和。凡被指"詆毁神宗""變亂朝政"者，不論是本人還是其子孫，大多只能出任地方官，即使入朝也難以擔當要職。相對之下，新法的忠實支持者却能得到重用，即使是誣害王珪的黄履也能晋身執政。這再次説明"建中靖國"之"中"，并非絶對中立，而是偏向新黨。

五、曾布與徽宗、内臣的關係

劉子健認爲曾布爲收拾殘局而延用名士，然而"元祐黨徒"不肯支持曾布，反而力言舊日新法之非。曾布與韓忠彦不和，便爲蔡京製造了機會。[7] 其見解

1 〔宋〕曾布：《曾公遺録》卷九"元符三年正月乙未"，第233~234頁。

2 〔元〕脱脱等：《宋史》卷三四五《劉安世傳》，第10954頁；卷三四六《常安民傳》，第10991頁。

3 〔宋〕李朴：《豐清敏公遺事》，第15葉下（總第242B頁）；〔宋〕陳均編：《皇朝編年綱目備要》卷二六"建中靖國元年"，第646頁。

4 〔元〕脱脱等：《宋史》卷三二八《李清臣傳》，第10564頁。

5 〔宋〕李燾：《續資治通鑑長編》卷三五六"元豐八年五月戊午"，第8524頁；卷三八二"元祐元年七月丁巳"，第9299~9300頁；蔡絛：《鐵圍山叢談》卷三，第59~60頁。

6 《東都事略》記載張庭堅建議起用二蘇而忤旨，《宋史》於其後尚有"曾布因稱其所論不當"一語。姑勿論曾布有否進言，至少可見徽宗確實厭惡二蘇。見〔宋〕王稱：《東都事略》卷一〇〇《張庭堅傳》，第8葉下（總第1548頁）；〔元〕脱脱等：《宋史》卷三四六《張庭堅傳》，第10981頁。

7 劉子健：《王安石、曾布與北宋晚期官僚的類型》，第116頁。

實源自《朱子語類》:

> 子宣(曾布)有意調停,不主元祐,亦不主元豐,遂有建中靖國年號,如豐相之(豐稷)陳瑩中(陳瓘)鄒志完(鄒浩)輩,皆其所引。却又被諸公時攻其短,子宣不堪,有斥之使去國者……後韓忠彦欲擠子宣,遂引蔡京入來。[1]

唯上述見解不無商榷餘地。陳瓘雖爲曾布所引,政見亦與曾布不盡相同,但其奏議未嘗攻擊曾布。而徽宗雖有意起用鄒浩,但鄒浩不久便離開人世。至於豐稷,如上所言,相信是由韓忠彦一派引薦。朱熹以三人爲例,説明曾布被自己薦用的名士攻擊,并不恰當。

筆者關注的問題是:首先,曾布在元符之末似乎深得徽宗信任,不久却被蔡京取而代之,到底是源於元祐黨人的攻擊,還是别有原因;[2] 其次,考諸史實,豐稷嘗試阻止曾布拜相,但他的意見不受重視,[3] 其御史中丞一職更先後由親近曾布的王覿、趙挺之填補。[4] 此時曾布至少在表面上仍受徽宗重視,地位穩固,不會被臺諫動摇。既然如此,他最後罷相,恐怕是因爲失去信任。而曾布、蔡京勢力消長的原因,在《曾公遺録》之中已可見端倪。

徽宗即位之初,羽翼未豐,必須儘量争取各方支持,曾布也是他拉攏的對象。而曾布自支持徽宗即位以來,在政壇發揮出前所未有的影響力,故對徽宗亦頗爲感激。他曾對徽宗表示“臣兄弟孤立,非聖意主張,何以保全”[5]。又云“臣幸會陛下,踐祚之初,受遺定策,預聞大議,在臣遭遇可謂千載一時”[6]。然而這段“蜜月期”維持不久。徽宗與曾布在貶逐蔡京、逼使向太后還政的問題上

---

1 〔宋〕黎靖德編,王星賢點校:《朱子語類》卷一三〇《本朝四・自熙寧至靖康用人》,第3106頁。

2 據曾布後人所言,曾布得悉宫禁放紙鳶,便勸導徽宗勤政,自此漸被疏遠。這固然是曾氏的片面之詞,亦不足以構成曾布罷相的主因。見〔宋〕王明清:《曾布奏事,上深憚服》,《揮麈録・後録卷之一》,第60~61頁。

3 〔元〕脱脱等:《宋史》卷三二一《豐稷傳》,第10425頁。

4 〔宋〕陳次升:《奏彈曾布第四狀》,《全宋文》第102册,第412頁;佚名:《宋史全文》卷十四“建中靖國元年春正月甲戌”,《景印文淵閣四庫全書》第330册,臺灣商務印書館,1983—1986年,第527頁;刁忠民:《兩宋御史中丞考》,巴蜀書社,1995年,第147~150頁。

5 〔宋〕曾布:《曾公遺録》卷九“元符三年四月丁未”,第279頁。

6 同上書,卷九“元符三年六月癸卯”,第310頁。

意見不合,遂預示了日後政局的發展。

蔡京爲蔡卞之兄,曾參與章惇謀害元祐黨人的計劃,推治同文館獄。[1] 舊黨固然對他咬牙切齒,欲除之而後快。至於新黨的曾布等人,則務求拔除章惇、蔡卞的勢力,掌握朝政。蔡京四面受敵,頓成衆矢之的。徽宗本與蔡京非親非故,而且此時正與韓忠彦、曾布處於同一陣綫,并無任何理由袒護蔡京,故接受韓、曾的建議,讓蔡京出知太原府。然而蔡京早在哲宗時期已經結交了向太后的族人。向太后不顧徽宗已經承諾臣下,堅持將蔡京留在京師,使帝后之間産生了分歧。[2]

徽宗不大願意與向太后正面衝突,曾布等人却希望儘快剷除蔡京。四月初,徽宗與曾布一再討論蔡京的問題。曾布向徽宗施壓,"力陳京、卞懷奸害政……善類義不與之并立,若京留臣等必不可安位"。徽宗并無特别反應,只是安撫曾布,讓曾布自行説服向太后。向太后態度强硬,兩次對談,均毫不客氣地指曾布無權干涉。曾布便以致仕脅迫向太后,雙方話不投機,而徽宗仍不願與向太后作對。[3]

與此同時,曾布一派亦懷疑徽宗有意重用蔡京,故再三試探徽宗。四月底,曾布向徽宗表示致仕之意,獲徽宗挽留。[4] 這次表態,其實是呼應先前"若京留臣等必不可安位"之言。至五月,内侍省高品白諤要求向太后提早撤簾還政,[5] 而曾布私下對徽宗贊同此事。[6] 其後陳瓘、曾布、韓忠彦又分别試探徽宗對蔡京的態度。[7] 曾布一方在確認徽宗無意留用蔡京之後,便展開了另一波臺諫攻勢。龔夬、陳瓘先後彈劾蔡京,但徽宗對龔夬表示質疑。至陳瓘入對,徽宗仍堅持己

1 〔宋〕李燾:《續資治通鑑長編》卷四九〇"紹聖四年八月丁酉",第 11628 頁。

2 參看張林:《向太后攬權及其與徽宗之政争——立足於蔡京去留問題之考察》,第 37~50 頁。

3 〔宋〕曾布:《曾公遺録》卷九"元符三年四月戊戌、己亥",第 269~272 頁。

4 同上書,卷九"元符三年四月乙丑",第 287~288 頁。

5 同上書,卷九"元符三年五月癸酉",第 293 頁。

6 同上書,卷九"元符三年五月乙亥",第 294~295 頁。

7 同上書,卷九"元符三年五月丁丑、壬午、癸未",第 298、300~301 頁。

見,後來纔“稍以爲然”。[1] 次日,韓忠彦乘勢向徽宗施壓,[2] 希望他早下决斷。到了六月,曾布第二次向徽宗提及致仕,再度以此進逼。在這次對話之中,曾布稱贊龔夬敢言,間接支持他彈劾蔡京。[3]

面對臣下的壓力,徽宗漸不耐煩,一度面沮龔夬,又直斥孫諤“亂道”。[4] 眼見宰執與臺諫一唱一和,徽宗更加不滿。他要求曾布平息言事官的怨忿,但曾布只搬出“宰執與言事官無由相見”這種官樣文章,徽宗便直指言事官“多卿等所屬”。[5] 他繼而對黄履表示“大臣不可立黨”,[6] 而在一次聽畢龔夬彈劾蔡京之後,更是龍顔大怒,斥責龔夬采用曾布之語。龔夬自請去職,[7] 可見徽宗的指控非同小可。不久,龔原亦警告曾布,指韓忠彦、李清臣“皆上所親擢,尚且退縮”,建議曾布謹言慎行,稍作收斂,切勿意氣用事。[8] 今本《曾公遺録》記事止於七月,未有記載後續發展。而從其他史料所見,曾布一方并未妥協,反而繼續施壓,最後成功驅逐蔡京,逼使向太后交出權力。[9] 雖然結局對徽宗有利,但《曾公遺録》反映出的徽宗與曾布的分歧,仍值得重視。

誠如學者指出的,向太后本已表明在八月哲宗祔廟後撤簾,故徽宗希望静待時機,讓權力和平交接。但曾布等人不同意,屢次抨擊蔡京,甚至希望向太后提早還政。[10] 他們擔心向太后被内臣教唆,屆時食言,攬權不放,[11] 同時亦可能憂慮事久有變,害怕徽宗重用蔡京。無論如何,他們違抗了徽宗之意,影響了雙方關係。而徽宗直言“大臣不可立黨”,恐怕也有提防曾布等人與臺諫結黨,屆

1 〔宋〕曾布:《曾公遺録》卷九“元符三年五月壬辰、乙未”,第 306~307 頁。并參〔宋〕陳瓘:《乞留龔夬奏》,第 12~13 頁。

2 同上書,卷九“元符三年五月癸巳”,第 307 頁。

3 同上書,卷九“元符三年六月癸卯”,第 309~310 頁。

4 同上書,卷九“元符三年六月丙辰”,第 317 頁。

5 同上書,卷九“元符三年六月癸卯”,第 310 頁。

6 同上書,卷九“元符三年六月丙辰”,第 317 頁。

7 同上書,卷九“元符三年六月辛亥”,第 315 頁。

8 同上書,卷九“元符三年六月癸丑”,第 315 頁。

9 張林:《向太后攬權及其與徽宗之政争——立足於蔡京去留問題之考察》,第 37~50 頁。

10 同上文,第 41~42 頁。

11 〔宋〕曾布:《曾公遺録》卷九“元符三年五月乙亥”,第 295 頁。

時出現難以收拾之局面。儘管言事官未必都與曾布結黨,例如陳瓘雖爲曾布推薦,却曾致信直斥其非,[1] 但曾布與龔夬的關係難免令徽宗猜疑。

曾布在元祐年間知瀛州,[2] 而龔夬爲瀛州人,嘗"從曾布於瀛",協助曾布治理當地。[3] 他在徽宗即位後獲曾布薦爲御史,[4] 相信與此不無關係。何況二人在蔡京一事上互爲表裏,難怪會招徽宗的懷疑。《曾公遺録》記述徽宗惱怒龔夬代表曾布發言之事,其下尚有一段話值得深思:

> 然余(曾布)實未嘗與之(龔夬)通聲聞,蓋小人及近習造謗爾,雖上旨令諭言者勿過,余亦未嘗以此語之,蓋素未嘗交通也。[5]

曾布自稱并無勾結臺諫,只是片面之詞,未必足信。筆者無意判斷其言屬實與否,重點是徽宗質疑曾布與言事官的關係。當他要求曾布阻止臺諫進言時,曾布并無任何行動。他仍舊默許臺諫上章,遂令徽宗不滿。於是"小人"乘虚而入,挑撥離間,破壞徽宗與曾布的君臣關係。而這段引文最堪注意者是"近習"的角色。

徽宗在位期間重用多名宦官,宋人便指"本朝宦者之盛,莫盛於宣和間"[6]。當中以名列《宋史·宦者傳》的童貫、梁師成、楊戩等人爲魁首。據《曾公遺録》,徽宗登基當日,便急於升遷曾經侍奉其生母陳貴儀的内臣馮説,由内侍省赴入内内侍省。[7] 十一天後,又下旨赦免在他即位前曾經"隨龍",後涉元祐事而被貶的内臣梁知新、曾燾。[8] 内臣甚得徽宗關顧,其政治影響力可以超乎想象。

曾布自紹聖元年掌理樞密院,而樞密院的職責包括處理差内侍官文書,以

1 〔宋〕岳珂撰,吴企明點校:《桯史》卷一四《陳了翁始末》,中華書局,1981年,第159~161頁。

2 〔宋〕李燾:《續資治通鑑長編》卷四七三"元祐七年五月甲辰",第11285頁。

3 〔元〕脱脱等:《宋史》卷三四六《龔夬傳》,第10982頁。

4 〔宋〕曾布:《曾公遺録》卷九"元符三年二月庚戌",第250頁。

5 同上書,卷九"元符三年六月辛亥",第315頁。

6 〔宋〕蔡絛:《鐵圍山叢談》卷六,第109頁。

7 〔宋〕曾布:《曾公遺録》卷九"元符三年正月己卯",第216頁。

8 同上書,卷九"元符三年正月庚寅",第230頁。

及内侍省、入内内侍省内臣的磨勘、功過、叙復録用。[1] 從《曾公遺録》所見，自哲宗年間，曾布已多次依例遏制内臣的遷轉。元符二年，哲宗欲減内侍省押班閻安兩年磨勘，曾布認爲無此先例而反對，[2] 但最後哲宗仍批准閻安"以句當御藥院、皇城司歲月減殘零年月磨勘"，升遷爲宣政使。[3] 徽宗即位後，更以"中批"任命閻安爲入内押班，以其再任皇城司。[4] 閻安後來晋升至知入内内侍省事，[5] 看來頗受徽宗寵信。但曾布似乎未有刻意巴結，反而試圖制止他破格遷官。

徽宗即位之初，又以内侍省押班及帶御器械皆闕官，令樞密院提名内臣三五人。曾布認爲内臣多粗疏、不平穩之輩，而徽宗吩咐曾布只須具名進入，他自會與執政商議任命。[6] 結果曾布只薦二人，更指名道姓批評四名内臣雖有戰功，但才能、性行難以當選。[7] 他不顧徽宗指示，只提名兩人，讓其他内臣失去升遷機會，實在易招人怨。

事實上，曾布亦不是與所有内臣爲敵，他與内臣閻守懃的關係便招人話柄。[8] 閻守懃儘管在元符之末"方用事，勢傾中外"，[9] 也可能協助曾布拜相，[10] 但他不久便失勢，無力繼續支持曾布。[11] 曾布最大的敗筆，恐怕是看不清時勢，没有討好徽宗即位後的"新貴"。例如御藥李偁乞用減年磨勘比折轉官，於哲宗生前已獲破例批准。曾布認爲不合規例，而與向太后争論，但向太后仍不肯收

1 〔元〕脱脱等：《宋史》卷一六二《職官二》，第 3798～3799 頁。參梁天錫：《宋樞密院制度》，黎明文化事業公司，1981 年，第 709～711 頁；龔延明：《宋代官制辭典》，中華書局，1997 年，第 107 頁。

2 〔宋〕曾布：《曾公遺録》卷七"元符二年五月丙寅"，第 112 頁。

3 同上書，卷八"元符二年九月壬戌、閏九月庚午"，第 166、168 頁。

4 同上書，卷九"元符三年六月甲辰、丙辰"，第 311、316 頁。

5 〔清〕徐松輯：《職官 34 之 32》，《宋會要輯稿》，第 3054C 頁。

6 〔宋〕曾布：《曾公遺録》卷九"元符三年正月癸未"，第 223 頁。

7 同上書，卷九"元符三年正月乙酉"，第 226～227 頁。

8 〔宋〕李攸：《宋朝事實》卷一〇《宰執拜罷》，商務印書館，1935 年，第 177 頁。

9 〔宋〕楊時：《曾文昭公行述》，載曾棗莊、劉琳主編：《全宋文》第 125 册，第 29 頁。

10 王稱指"曾布由内侍進，將拜相"，見〔宋〕王稱：《東都事略》卷九四《豐稷傳》，第 8 葉下（總第 1466 頁）。

11 〔宋〕楊仲良：《皇宋通鑑長編紀事本末》卷一三〇《久任曾布》，第 16 葉下（第 387 册，總第 385B 頁）。

回成命。又有御藥劉瑗請求磨勘,被曾布拒絶,三省却讓他遷轉至觀察使。這自然令人痛恨曾布從中作梗,如曾布所言,“此輩安得不怒”。更爲要者,曾布自言“瑗乃今上隨龍,偁方寵用於長樂”,二人分别深受帝、后寵信,但他仍然“不恤”。[1]

平心而論,曾布按例處理内臣遷轉事宜,不無理據。然而正如他本人所言,他“外則與執政(章惇、蔡卞)立敵,内則裁抑近習,讒毁中傷不易當也”[2]。起初徽宗須與曾布聯手剷除章惇、蔡卞,同仇敵愾,關係尚且融洽。但徽宗本來對蔡京没有太大的反感,而且不願與向太后硬碰。當曾布不顧徽宗的意願,還向徽宗施壓之時,“近習”便攻擊他“無震主之功,而有震主之威”,[3]動摇徽宗對他的信任。無論他是否與龔夬結黨,二人之間的關係都給予了政敵很好的把柄。

反觀蔡京擅於逢迎,這點在他幫助司馬光恢復役法時已可見一斑。[4] 他在元符之末一度能够苟延殘喘,則歸功於他很早已對向太后獻媚。蔡京亦深知徽宗年長,向太后聽政必定不會持久,故在依靠向太后庇蔭的同時,也懂得接近徽宗的“近習”。例如徽宗登基當日馬上起用的内臣馮説,便是蔡京結交的對象之一。蔡京以增損潤色《五朝寶訓》爲藉口留在朝中,請求置局,以馮説爲承受。後來朝廷又以徐勣、何執中同提舉校正寶訓,[5]這不知是不是蔡京的主意,唯“勣與何執中偕事帝於王邸”,蔡京“每曲意事二人”。儘管徐勣深惡蔡京,不肯

1 〔宋〕曾布:《曾公遺録》卷九“元符三年四月戊戌”,第270~271頁。《邵氏聞見録》指曾布“與内臣劉瑗交通,多知禁中事”,於向太后山陵“密諭中丞趙挺之,建議紹述以迎合上意”。這段記載不無可疑之處。首先,從《曾公遺録》所見,曾布與徽宗對話,已知其紹述之意,又何需劉瑗報告?其次,邵伯温非當朝重臣,他的記載應是得諸傳聞。但考諸當時史料,似無其他人物提到曾布、劉瑗之關係。御史陳次升曾經攻擊曾布,另有奏章彈劾劉瑗,亦未言及二人之間的關係。若曾、劉確有交通,而爲時人所知,陳次升豈會坐視不言,放過一網打盡的良機?何况邵氏的記載尚有其他不確之處,如云陳瓘、龔夬雖爲曾布所用,但與曾布不合而去職。但龔夬應是後來受孟皇后第二次被廢之事牽連而貶官。疑邵伯温所言劉瑗,應是閻守懃之誤。見邵伯温:《邵氏聞見録》卷五,第43~44頁;〔元〕脱脱等:《宋史》卷三四六《龔夬傳》,第10983頁。

2 〔宋〕曾布:《曾公遺録》卷九“元符三年四月戊戌”,第271頁。

3 同上書,卷九“元符三年六月癸丑”,第315頁。

4 〔宋〕李燾:《續資治通鑑長編》卷三六七“元祐元年二月丁亥”,第8834~8837頁。

5 〔宋〕曾布:《曾公遺録》卷九“元符三年五月乙酉”,第302~303頁。

與之共事，而辭免校正之職，[1] 何執中却很可能在此時結交蔡京，日後遂能與蔡京并相。[2]

蔡京刻意籠絡徽宗的親信，并未能改變他在元符三年被逐出京師的結局。然而可以想象的是這些"近習"必然會在徽宗面前稱道蔡京，至少令徽宗對蔡京印象不壞，對蔡京日後拜相不無幫助。史家屢言蔡京能够在崇寧年間平步青雲，緣于鄧洵武進《愛莫助之圖》，并且也得力於童貫。事實上，蔡京早在元符之末已經認清時勢，開始巴結徽宗的"近習"。除了童貫，宫中恐怕還有其他"内應"。曾布之孫曾惇指蔡京"先已交結中禁，膠固久矣，雖云去國，而眷柬方濃"，[3] 足爲旁證。

結　論

徽宗一直被視爲貪圖玩樂的昏君、亡國之主，主要是拜靖康之難所賜。《續資治通鑑長編》徽宗朝部分的散佚，也令人無法認清徽宗的真實面貌。《曾公遺録》以曾布爲中心，記載朝政，多有引述徽宗的對話。儘管現存者僅爲原書的一小部分，但已充分反映出徽宗的政治傾向與權謀。其書的史料價值，并不能爲其他文獻取代。

哲宗親政時期，章惇、蔡卞等大舉逼害元祐黨人，廢立皇后的事件亦牽連甚廣，士大夫自然渴望和諧的政局。有學者認爲建中之政是向太后造就，[4] 此説雖不無道理，却大大低估了徽宗的作用。徽宗非嫡非長而登寶位，除了要借助向太后的地位以穩定局勢，還要争取士大夫的支持，方能安寢無憂。爲此，他因勢利導，順應輿論，高舉"建中靖國"的旗幟，下詔求言，標榜新、舊并進，共襄國是，於是擢用韓忠彦，録取鄒浩、陳瓘等名士，藉此收買人心。他與韓忠彦、曾布合作，將前朝失政的罪責推卸給章惇、蔡卞，并肅清他們的勢力。平反孟皇后，予人王政一新之感，因而也爲他赢得不少歡呼喝彩，一時人心備受鼓舞。

1　〔元〕脱脱等：《宋史》卷三四八《徐勣傳》，第 11025 ~ 11026 頁。

2　同上書，卷三五一《何執中傳》，第 11101 ~ 11102 頁。

3　〔宋〕王明清：《曾文肅爲相首末》，《揮麈録・後録卷之六》，第 155 頁。

4　楊小敏：《蔡京、蔡卞與北宋晚期政局研究》，第 126 頁。

然而“建中靖國”不過是徽宗的政治口號而已。當時已有朝臣質疑正邪不能共事。[1] 撇除君子小人的區分法,要讓變法派與反變法派通力合作,亦未必切實。其實早在蔡京進用之前,徽宗已有志紹述。他延續哲宗紹述新法的政治方針,只是審時度勢,略作調整,務求收攬人心。他對元祐黨人的態度,充其量只是同情他們受罰過重。他對司馬光等人“變亂新法”“指斥神宗”的厭惡之情是形於紙上的。由《曾公遺録》觀之,即使是一直被認爲偏向舊黨的向太后,其實未嘗不是新法的支持者。

觀乎徽宗即位之初之進退臣僚,可謂極具主見。他在進用韓忠彦的同時,亦選拔了李清臣、黄履、蔣之奇等擁護新法的官員爲執政。韓曾并相,表面上是新、舊参用,但綜觀整個宰執集團,新黨優勢明顯。至於臺諫等中層官員,如徽宗所言,“多紹聖中失職之人”。這些人曾在紹聖時獲得任用,表明他們不是激進的反變法派,未有隨哲宗紹述新政而被貶逐,只是與章惇、蔡卞异趣而“失職”。徽宗任用他們,旨在打擊章惇、蔡卞,并利用這些朝士的名氣,提升自己的聲望,從而穩固政權。至於當年積極“詆毀神宗,變亂法度”者,無論是本人還是子孫,均難擔任要職。前人認爲徽宗在建中靖國時期貶逐新黨,進用舊黨,頗有商榷餘地。

徽宗改元建中靖國,御札提到“本中和而立政”[2],但徽宗的“中和”并不等同於朱熹所謂“不主元祐,亦不主元豐”。徽宗與曾肇的一段對話可堪玩味:

> 曾肇進對白上:“臣兄傳旨,令草詔戒内外以持大中至正之道。”上曰:“只是神宗法度當固守,人材則無彼此,惟是者用之。”肇對卻云:“政無新舊,惟義理是守;人無彼此,惟賢材當用。”……上頷之而已。[3]

徽宗與曾肇對“大中至正”的界定可謂南轅北轍。徽宗認爲“神宗法度”等於“大中至正”,這與曾肇心目中的“政無新舊”差别很大。在此前提下,變法派肯定比反變法派更受重用,而“人材則無彼此”只是空洞的口號,不切實際。徽宗

---

1 〔宋〕陳均編:《皇朝編年綱目備要》卷二六“建中靖國元年”,第645頁。

2 〔宋〕宋徽宗:《改建中靖國元年御札》,載曾棗莊、劉琳主編:《全宋文》第163册,第221頁。

3 佚名:《宋史全文》卷一四“元符三年十月戊申”,第11葉上~11葉下(第330册,總第526C~526D頁)。

曾指"李清臣論議極偏""黄履論事亦偏",[1]其實他本人對新、舊兩黨何嘗不是有所偏頗?

平心而論,建中之政并非一無是處。比諸章惇、蔡京,曾布實較持平,對待元祐黨人亦較寬容。至少,在其秉政之日,徽宗否定了元祐黨人企圖廢黜哲宗的謡言,并爲牽涉在内的文彦博、王珪等人平反。司馬光等人的"罪過"雖未被完全赦免,也叙復部分官職。至於無辜被廢的孟皇后,也獲恢復后位。比諸紹聖、元符屢興大獄,這種政治氛圍確較融洽,對士大夫來説未嘗不是好事。然而從一開始,所謂"建中"不過是徽宗的權宜之計,也只是他用以製造假象、安定政局的政治把戲。章惇、蔡卞被逐,向太后去世,徽宗眼見政敵與掣肘盡數消失,皇位已經穩固,遂有所作爲。言事官自以爲得勢,不識趣地忤逆徽宗,逐漸不受控制,便被徽宗驅逐。建中靖國一變而爲崇寧,可以如此理解。

史家多言蔡京拜相得力於内臣童貫。其實對於徽宗而言,不管是曾布還是蔡京,只要能够幫助他紹述新法,均可任用。但曾布也許自負爲前朝宰執,執着己見,不肯阿諛奉承徽宗的"近習",甚至試圖制衡帝后親信的内臣。而徽宗也有主見,不會苟同曾布。雙方在處理向太后還政、蔡京去留事宜之際産生分歧,而曾布仍是我行我素,未有屈從徽宗的意旨,無疑會削弱徽宗對他的信任,使政敵有機可乘。反觀蔡京則擅於逢迎,與曾布有很大區别。徽宗不滿由哲宗提拔的曾布難以控制,便另行擢用新晋的蔡京,以建立自己的集團,進一步鞏固皇位。對於北宋士大夫而言,却造成了另一場浩劫。

1 〔宋〕曾布:《曾公遺録》卷九"元符三年六月甲辰",第312頁。

南宋廣南西路少數民族礦冶業生產管窺
——以《嶺外代答》爲中心

河北大學宋史研究中心　李俊芳

［摘　要］　南宋廣南西路少數民族所從事的礦冶業主要包括金、銀、銅、鐵、汞，周去非的《嶺外代答》均有所提及，礦冶業生產對當地少數民族的政治、經濟、社會都産生了一定影響。礦冶業也是當地國家課税的來源之一，當然成色上品的黄金作爲土貢也成爲宫品。靖康之變，人口大量南遷，經濟重心南移，但是對廣南西路礦冶業的生産影響不大。

［關鍵詞］　南宋　廣南西路　少數民族　礦冶業

南宋經濟重心南移，南方經濟獲得發展，但是礦冶業却與其他産業部門不同，處於低迷徘徊階段。王菱菱説："宋徽宗以後直至南宋高宗一朝長期呈現出停滯或徘徊的狀態。宋孝宗以後直至南宋末期，生産經營狀况雖有所回升，却遠不及北宋時期取得的成效。這一局面的形成，是由於宋政府采取的各項政策發生逆轉，導致過度地剥削礦冶業經營者與生産者造成的。"[1] 廣南西路少數民族礦冶業生産具體情況如何，是否受到經濟重心南移的影響，本人不揣淺陋，擬在學界已有研究成果的基礎上，[2] 主要通過對《嶺外代答》一書相關記載的考察，勾勒出南宋廣南西路少數民族礦冶業生産的大致狀况。

一、人口南遷影響有限

靖康之變後，北方人口大量南遷，廣南西路也是人口遷入地之一。移民遷

1　王菱菱：《宋代礦冶業研究》，河北大學出版社，2005 年，第 9 頁。

2　汪聖鐸：《兩宋貨幣史》，社會科學文獻出版社，2003 年；王菱菱：《宋代礦冶業研究》，河北大學出版社，2005 年；葛金芳：《南宋手工業史》，上海古籍出版社，2008 年。

入,人口增加,對當地産生了一定的影響。蔡絛説:"嶺右頃俗淳物賤。吾以靖康歲丙午(1126)遷博白,時虎未始傷人,村落間獨竊人家羊豕,……十年之後,北方流寓者日益衆,風聲日益變,加百物涌貴,而浸傷人。今則與内地勿殊,啖人略不遺毛髮。"[1]《輿地紀勝》卷一〇四載:"容介桂廣間,渡江以來,避地留家者衆,俗化一變,今衣冠禮度并同中州。"[2]由上述記載不難看出,移民對當地自然環境、風俗習慣産生的影響是顯而易見的。但是其開發,一直受自然條件的制約。該地區不僅遠離政治經濟中心,且自然條件惡劣,充滿瘴癘之氣。《宋史》載:"廣南東、西路,蓋《禹貢》荆、揚二州之域,當牽牛、婺女之分。南濱大海,西控夷洞,北限五嶺。……山林翳密,多瘴毒。"[3]北宋遠謫嶺南的蘇軾,在《書海南風土》一文中記載:"嶺南天氣卑濕,地氣蒸溽,……夏秋之交,物無不腐壞者,人非金石,其何能久。"[4]南宋時廣西人們的生存條件并没有得到根本改變,瘴氣肆虐,到過廣南西路的人對瘴氣的感受與蘇軾一致。范成大的《桂海虞衡志》中提及:"瘴,二廣惟桂林無之,自是而南,皆瘴鄉矣。"[5]周去非《嶺外代答》:

> 嶺外毒瘴,不必深廣之地。如海南之瓊管,海北之廉、雷、化,雖曰深廣,而瘴乃稍輕。昭州與湖南、静江接境,士夫指以爲大法場,言殺人之多也。若深廣之地,如横、邕、欽、貴,其瘴殆與昭等,獨不知小法場之名在何州。嘗謂瘴重之州,率水土毒爾,非天時也。昭州有恭城,江水并城而出,其色黯慘,江石皆黑。横、邕、欽、貴皆無石井,唯欽江水有一泉,乃土泉非石泉也。而地産毒藥,其類不一,安得無水毒乎?瘴疾之作,亦有運氣如中州之疫然。大概水毒之地必深廣。廣東以新州爲大法場,英州爲小法場,因并存之。[6]

周去非所載,談瘴色厲溢於言表。瘴氣等惡劣自然條件困擾着南遷的人們,令人望而却步。寧可先生指出,地理環境對社會的作用首先而且主要表現

1 〔宋〕蔡絛:《鐵圍山叢談》,中華書局,1983年,第115頁。

2 〔宋〕王象之:《輿地紀勝》,廣陵古籍刻印社,1991年,第841頁。

3 〔元〕脱脱:《宋史》,中華書局,1977年,第2248頁。

4 〔宋〕蘇軾撰,孔凡禮點校:《蘇軾文集》,中華書局,1986年,第2275頁。

5 〔宋〕范成大撰,孔凡禮點校:《范成大筆記六種・桂海虞衡志》,中華書局,2002年,第128頁。

6 〔宋〕周去非著,楊武泉校注:《嶺外代答校注》,中華書局,1999年,第151頁。

在人類一切活動中最基本的和最具决定性的方面——生産上,它與生産力的發展表現爲一種數量關係,能加速或延緩社會的發展,促使各個地區、各個民族、各個國家的社會發展産生不平衡。同時,地理環境不僅通過生産力間接作用於生産關係乃至上層建築,也直接影響到社會生活的許多方面。[1] 正因此,本來作爲遥遠大後方的廣南西路應是人們避難的首選之地,但是當時南遷廣南西路人口相對江南其他地區少得多,而且對當地經濟發展的影響也較小,斯波義信的《宋代江南經濟史研究》是一部涉及人口遷移對區域經濟影響的著作,可是對嶺南地區經濟并無言及。[2] 實際上正如學者所言,宋元時期的"瘴"依然與"蠻"有着不解之緣,"瘴"的深淺是與"蠻"的生熟聯繫在一起的,反映了中原王朝的勢力在這些地區的進退盛衰;各地區瘴情的輕重差异,反映了此地爲中原文化所涵化的深淺程度。[3] 由此觀之,周去非等人對瘴氣的叙述在一定程度上反映出,南宋的廣南西路依然是"蠻夷"大量存在的蠻荒之地。其原因是,儘管當時遷入了大量的漢族人口,但仍然是雜居下聚居。周去非對這種狀態下人們的生活、生産有詳細的描述:

> 環羈縻溪峒,置寨以臨之,皆吾民也,謂之寨丁。静江府有桑江寨。融州有融江寨、武陽寨與潯江、文村、茶溪、臨溪四堡。宜州有高峰寨、帶溪寨、北遐寨、思立寨、鎮寧寨。邕州有横山寨、温潤寨、太平寨、永平寨、古萬寨、遷隆寨。欽州有如昔寨、抵棹寨。瓊州有寶西寨、西峰寨、延德寨。萬安軍有萬全寨。吉陽軍有通遠寨。凡諸寨之戍,或用官軍,或峒丁,或寨丁。寨官或巡防使臣,或都監,或知寨。或一寨有長貳官屬。是皆係乎寨之大小也。諸寨行事,動關化外,法制不得不少寬,威權不得不稍重。夫諸寨迥居於諸峒之中,寨丁更戍,不下百人。彼寨之境,山谷阻深,异材生之。今邊境晏然,亦未免有采山之役。[4]

1 寧可:《地理環境在社會發展中的作用》,《歷史研究》1986年,第6期。

2 斯波義信著,方健、何忠禮譯:《宋代江南經濟史研究》,江蘇人民出版社,2001年。

3 左鵬:《宋元時期的瘴疾與文化變遷》,《中國社會科學》2004年第1期。

4 〔宋〕周去非著,楊武泉校注:《嶺外代答校注》,中華書局,1999年,第137頁。

當地少數民族不僅世代聚居繁衍生息，而且利用有利的自然條件辛勤勞作，“山谷阻深，异材生之”。因此會有采山之役，礦冶業成爲他們的一個重要的産業部門。

二、生産者的少數民族身份

南宋的廣南西路雖然多爲羈縻之州，但當地不僅有少數民族，也有漢族，廣南西路礦冶業生産，官方記載多從地區着眼，生産者的身份很難厘清，并非廣南西路的礦冶業都是由少數民族獨立生産經營的，早在北宋時就有史料可資證明。

> 公諱定基字守，一用，天禧三年進士……宜州蠻爲寇，乃移廣西兼安撫……明年，邕州甲洞與永平寨將秦玨争銀冶，殺玨反，邊大擾。公曰蠻何敢是，必玨有以致之，問之果然，乃廢銀冶，誅道賊熟户數十人，又移交州，討殺玨者而邊遂定。[1]

> 梁順孫，宣和間監邕州，先是，横山洞金坑儂寇猖獗，州民入峒悉無還者。順孫撫以恩信，不較其金，惟從其便，酋長感服，悉歸州民。[2]

周去非的記載可貴之處在於其較爲具體地告訴了我們當地少數民族從事礦冶業的一些情況。《嶺外代答》提及廣南西路礦産時説：“邕州溪峒及安南境，皆有金坑。”“今峒官之家，以大斛盛金鎮宅，博賽之戲，一擲以金一杓爲注，其豪侈如此，則其以金交結内外，何所不可爲矣。”“嘗聞邕州右江溪峒歸德州大秀墟，有金纏砂大如箭鏃，而上有金綫縷文，乃真仙藥。”“蓋邕州燒水銀，當砂十二三斤，可燒成十斤。其良者，十斤真得十斤。……邕州溪峒砂發之年，中夜望之，隱然火光滿山。嗟夫，稚川知之矣！”“邕州右江溪峒歸德州大秀墟，有一丹穴，真汞出焉。”“今邕州有銅固無幾，而右江溪峒之外，有一蠻峒，銅所自出也，掘地數尺即有礦，故蠻人多用銅器。”[3]周去非上述記載雖仍以礦産地言之，但均已“峒”稱之。峒是宋代少數民族聚居區最小的行政單位，北宋仁宗時期平定

1 〔宋〕王安石：《臨川先生文集》卷八九《尚書工部侍郎蕭公神道碑》，四部叢刊初編。

2 郭楠：《嘉靖南寧府志》卷六《名宦》，天一閣藏明代方志選刊續編。

3 〔宋〕周去非著，楊武泉校注：《嶺外代答校注》，中華書局，1999年，第269、271、273、276頁。

儂智高叛亂後,“因其疆域,參唐制,分析其種落,大者爲州,小者爲縣,又小者爲峒,凡五十餘所”[1]。南宋相沿不變,《朝野類要》卷一《羈縻》:“荊、廣、川峽,溪峒諸蠻及部落藩夷,受本朝官封,而時有進貢者,本朝悉爲羈縻州。”[2]周去非在《嶺外代答》中對峒丁不止一處有所提及:

羈縻州之民,謂之峒丁,强武可用。溪峒之酋,以爲兵衛,謂之田子甲。官欲用其一民,不可得也。唯欽州七峒峒丁,爲官戍邊。蓋七峒權力弱于邕管,故聽命也。舊制,欽峒置巡防使臣一名,以官軍百人戍如昔峒,以備交阯。因官軍虐之,峒酋乞不用官軍,願自以峒丁更戍,以故欽州獨有峒丁之戍。[3]

這裏周去非不僅界定了何爲峒丁,而且着重强調了“强武可用”,字裏行間顯示峒丁職責主要是護衛其首領或戍邊,似乎與其羈縻州之“民”的界定有矛盾,實際上,峒丁除承擔軍事任務外,[4]也是日常生産的主體,且飽受其首領的剥削與摧殘。

邕州左、右江提舉峒丁,與夫經略司買馬幹官兼提舉,皆此職也。熙寧中,係籍峒丁四萬餘人,今其籍不可考矣。官名提舉,實不得管一丁。而生殺予奪,盡出其酋。欽州峒丁,雖不如邕管之已甚,所以奉其酋者,亦類此。嘗聞道家有言,人罪重者,謫爲邊民,罔有藝極。峒丁日各以職,供水陸之産,爲之力作,終歲而不得一飽。爲之效死戰爭,而復加科斂。一有微過,遣所親軍斬之上流,而自於下流閲其屍也。日昏,酋醉酣,杖劍散步,峒丁避不及者,手刃焉。類以此爲服人之威,

1 〔宋〕范成大撰,孔凡禮點校:《范成大筆記六種·桂海虞衡志》,中華書局,2002年,第135頁。

2 趙升:《朝野類要》,中華書局,2007年,第35頁。

3 〔宋〕周去非著,楊武泉校注:《嶺外代答校注》,中華書局,1999年,第133頁。

4 周去非此處只是强調峒丁擅長打仗的特點,并非要説明其是一支純粹的武裝力量,他在下面的記載中亦有提及:“邕州溪峒之民,無不習戰,刀弩槍牌,用之頗精,峒民事讎殺,是以人習於戰鬥,謂之田子甲,言耕其田而爲之甲士也。又朝廷馬政,正在其地,所謂良馬,彼多得之。峒豪頗習驍騎,峒官出入,前驅千人,後騎數十,整整不亂,亦謂之馬前排。靖康之變,峒兵有勤王者,遺老猶能言之,曰:‘峒民素儉,勤王之役,日得券錢,積而不用。比歸,人有二三百緡之積。’至今以爲美談。嘗有官員,自儂峒人夫至欽,所從數人,道間麋興於前,能合而取之;鳶飛於天,能仰而落之。一夕逆旅劫盜,人有懼色,惟峒人整暇以待,盗不敢前。”《嶺外代答校注》,第135頁。

何其酷也！[1]

三、主要從事的礦冶業

礦冶業與其他産業部門比，更受自然條件的制約，尤其在古代。周去非的《嶺外代答》也并非礦冶業專著，而是其任職廣南西路時的以見聞爲主的記述，内容雖然豐富，但礦冶業内容占全書比例不高，因此，我們通過《嶺外代答》爲中心考察廣南西路少數民族所從事礦冶業的情況只能是窺斑見豹，一葉知秋而已。

（一）黄金

南宋廣南西路産金，絶大多數史書語焉不詳。《宋史》："南渡……湖南、廣東、江東西金冶二百六十七，廢者一百四十二。"[2]《宋會要輯稿》食貨三三之一八："金坑，湖南路興發一百二十四處，停閉一百三十七處，廣東路停閉一處，江東路興發一處，江西路停閉一處。"上述記載是從各地礦坑興廢角度記載的，均没有提及廣南西路。這是否表明廣南西路不産黄金，我們的回答是否定的，史有確載北宋廣南西路出産黄金。《續資治通鑑長編》卷二四九神宗熙寧七年（1074）正月乙丑，"廣西經略司言，邕州右江溪峒田州、填乃等峒産金，可治場冶，乞就差知邕州宣化縣鄧辟監金場，從之"。該書卷三一二神宗元豐四年（1081）五月庚寅，廣南路經略安撫使司"用錢興置邕州填乃等洞金坑，每年采買金三千兩上供"。元豐四年，由於金坑産金"微細"，宋神宗下詔"罷歲貢金"。[3]周煇《清波雜志》記京畿轉運司奏："邕州等處産金寶，共收到金二千四十六兩，數内采到生大黄金，不經烹煉者。"[4]《嘉靖南寧府志》卷六《名宦》："梁順孫，宣和間監邕州，先是，横山洞金坑儂寇猖獗，州民入峒悉無還者。順孫撫以恩信，不較其金，惟從其便，酋長感服，悉歸州民。"北宋廣南西路産黄金，而史載兩宋

1 〔宋〕周去非著，楊武泉校注：《嶺外代答校注》，中華書局，1999 年，第 136 頁。

2 〔元〕脱脱：《宋史》，中華書局，1977 年，第 4531 頁。

3 〔宋〕李燾：《續資治通鑑長編》，中華書局，2004 年，第 6076、7573 頁。

4 〔宋〕周煇撰，劉永翔校注：《清波雜志校注》卷八，中華書局，1994 年，第 357 頁。

交替，廣南西路金坑又不存在興廢，南宋廣南西路産金是没有問題的。這從一個側面也可看出，人口南遷，經濟重心南移，對廣南西路黄金生産影響極小。但是如果具體瞭解南宋廣南西路黄金的生産情況，上面的史料就難以盡如人意了，周去非的記載彌補了史料不足的缺陷。

廣西所在産生金，融、宜、昭、藤江濱，與夫山谷皆有之。邕州溪峒及安南境，皆有金坑，其所産多於諸郡。……凡金不自礦出，自然融結於沙土之中，小者如麥麸，大者如豆，更大如指面，皆謂之生金。昔江南遺趙韓王瓜子金，即此物也。亦有大如雞子者，謂之金母。得是者，富固可知。交阯金坑之利，遂買吾民爲奴。今峒官之家，以大斛盛金鎮宅，博賽之戲，一擲以金一杓爲注，其豪侈如此，則其以金交結内外，何所不可爲矣。古人欲使黄金與土同價者，知本之言也。[1]

廣南西路不僅出産黄金，而且成色上品。周密《癸辛雜識·續集》之"金紫銀青"條云：

廣西諸洞産生金，洞丁皆能淘取。其碎粒如蚯蚓泥大者，如甜瓜子，故世名瓜子金。其碎者如麥片，則名麩皮金。金色深紫，比之尋常金色復加二等，此金之絶品也。[2]

因爲成色好，土貢自然不能没有，"故宫品有金紫銀青之目，蓋金至於紫，銀至於青，爲絶品也"[3]。

（二）白銀

與記載黄金生産不同，《嶺外代答》没有提及廣南西路的白銀生産，但是南宋廣南西路又是重要的白銀産地，王菱菱、葛金芳的成果可資參考。[4] 只是南宋廣南西路新開不多，據王菱菱、葛金芳研究，新開只一處，關閉十四處，這就表明廣南西路南宋銀礦多爲北宋開發，下面的史料也證明了這一點，因此，儘管南宋

1 〔宋〕周煇撰，劉永翔校注：《清波雜志校注》卷八，中華書局，1994年，第259~260頁。

2 〔宋〕周密：《癸辛雜識》續集下《金紫銀青》，中華書局，1988年，第210頁。

3 同上。

4 王菱菱：《宋代礦冶業研究》，河北大學出版社，2005年，第22頁；葛金芳：《南宋手工業史》，上海古籍出版社，2008年，第41頁。

史料我們還無法辨别生產者的民族,但是歷史追溯也可窺其端倪。南宋廣南西路宜州産銀,《輿地紀勝》卷一二二《廣南西路宜州景物下》:"富仁監,乾德二年(964)置""寶積監,自河池而西五十里,坑户穴地深五十丈取礦,入爐坯煉成銀。"[1]寶積監的具體情况史籍語焉不詳,但是富仁監還是有史可考的。《宋史》:"觀州初爲富仁監時,有銀冶二,官取其利有常額,熙寧元降條例具在,宜先下經略司,責公晟等依熙寧條例施行。况公晟實公佞弟,理宜掌州事,近雖逃歸,未爲蠻族信服,察其情勢,不得不倚重中國。若乘時授之,彼知恩出朝廷,必深感悦。"從該段史料上下文中不難看出,此處的富仁監銀冶由少數民族生産經營,朝廷派員管理。而此處的富仁監就是《輿地紀勝》中宜州的富仁監,下面這段史料交代非常得清楚,"觀州初爲宜州富仁監,大觀間,……"[2]討論至此,也不難看出,廣南西路銀礦興少廢多,同黄金的生産一樣,人口南遷,經濟重心南移對其影響不大。

(三)銅、鐵、汞、鉛

南宋廣南西路銅礦無興有廢,[3]也無法看出人口南遷,經濟重心南移的影響。廣南西路少數民族生産銅却是没有問題的,周去非記載如下:

> 史稱駱越多銅銀,《交州記》曰:"越人鑄銅爲舶。"《廣州記》曰:"俚獠鑄銅鼓。"聞交阯及占城等國,王所居以銅爲瓦,信知南方多銅矣。今邕州有銅固無幾,而右江溪峒之外,有一蠻峒,銅所自出也,掘地數尺即有礦,故蠻人多用銅器。嘗有獻説於朝,欲與博易,事下本路諸司,謂且生邊釁,奏罷之。[4]

鐵的記載見於他書,但周去非的記載使我們知道了更多的資訊。首先是各地産鐵的情况,"梧州生鐵最良,藤州有黄崗鐵最易。融州人以梧鐵淋銅,以黄崗鐵夾盤毁之,遂成松文,刷絲,工飾,其制劍亦頗銛,然終不可以爲良"。其次

1 〔宋〕王象之:《輿地紀勝》,江蘇廣陵古籍刻印社,1991年,第927頁。

2 〔元〕脱脱:《宋史》,中華書局,1977年,第14212、14210頁。

3 王菱菱:《宋代礦冶業研究》,河北大學出版社,2005年,第22頁;葛金芳:《南宋手工業史》,上海古籍出版社,2008年,第41頁。

4 〔宋〕周去非著,楊武泉校注:《嶺外代答校注》,中華書局,1999年,第276頁。

是冶煉鍛造技術相當發達。以品質優良的梧州生鐵爲例,“梧州生鐵,在鎔則如流水然,以之鑄器,則薄幾類紙,無穿破。凡器既輕,且耐久。諸郡鐵工毀銅,得梧鐵雜淋之,則爲至剛,信天下之美材也”。因爲少數民族尚武,鐵派上了用場,用於制刀,其工藝也非常講究。

> 左、右江峒與界外諸蠻刀相類,刃長四尺,而靶二尺。一鞘而中藏二刃,蓋一大一小焉。靶之端,爲雙圓而相并。峒刀以黑皮爲鞘,黑漆飾靶,黑皮爲帶。蠻刀以褐皮爲鞘,金銀絲飾靶,朱皮爲帶。峒刀以湅州所作爲佳。[1]

廣南西路很多地方産汞,周去非言之甚詳:

> 昔葛稚川爲丹砂求爲勾漏令,以爲仙藥在是故也。勾漏,今容州,則知廣西丹砂,非他地可比。《本草》金石部以湖北辰州所産爲佳,雖今世亦貴之。今辰砂乃出沅州,其色與廣西宜州所産相類,色鮮紅而微紫,與邕砂之深紫微黑者大异,功效亦相懸絶。蓋宜山即辰山之陽故也。雖然,宜、辰丹砂雖良,要非仙藥,葛稚川不求此也。嘗聞邕州右江溪峒歸德州大秀墟,有金纏砂大如箭鏃,而上有金綫縷文,乃真仙藥。得其道者,可用以變化形質,試取以煉水銀,乃見其异。蓋邕州燒水銀,當砂十二三斤,可燒成十斤。其良者,十斤真得十斤。惟金纏砂,八斤可得十斤,不知此砂一經火力,形質乃重何哉?是砂也,取毫末而齒之,色如鮮血,誠非辰、宜可及。邕州溪峒砂發之年,中夜望之,隱然火光滿山。嗟夫,稚川知之矣![2]

關於提煉汞的過程,周去非也有詳載:

> 邕人煉丹砂爲水銀,以鐵爲上下釜,上釜盛砂,隔以細眼鐵板;下釜盛水,埋諸地。合二釜之口於地面而封固之,灼以熾火。丹砂得火,化爲霏霧,得水配合,轉而下墜,遂成水銀。然則水銀即丹砂也。丹砂禀生成之性,有陰陽之用,能以獨體,化爲二體,此其所以爲聖也。然《丹經》乃有真汞,何哉?余以爲丹砂燒成水銀,故已非真汞。邕州右

1 〔宋〕周去非著,楊武泉校注:《嶺外代答校注》,中華書局,1999 年,第 213、216 頁。

2 同上,第 271 頁。

江溪峒歸德州大秀墟,有一丹穴,真汞出焉。穴中有一石壁,人先鑿竅,方二三寸許,以一藥塗之,有頃,真汞自然滴出,每取不過半兩許。所塗之藥,今忘其名矣。是色紅粉,與水銀白青之色殊异,其倍亦重於水銀。嗟夫,學仙得此,其至寶歟![1]

從他的記載可以看出,各地的提煉工藝不同。當地人還進一步對汞进行加工,以提取銀朱。

桂人燒水銀爲銀朱,以鐵爲上下釜,下釜如盤盂,中置水銀;上釜如蓋,頂施竅管,其管上屈曲垂於外。二釜函蓋相得,固濟既密,則别以水浸曲管之口。以火灼下釜之底,水銀得火則飛,遇水則止。火熯體乾,白變而丹矣。其上曰頭朱,次曰次朱,次者不免雜以黄丹也。[2]

南宋廣南西路鉛的生産不見於他書所載,《嶺外代答》記載如下:

西融州有鉛坑,鉛質極美,桂人用以制粉。澄之以桂水之清,故桂粉聲聞天下。桂粉舊皆僧房罨造,僧無不富,邪僻之行多矣。厥後經略司專其利,歲得息錢二萬緡,以資經費,群僧乃往衡嶽造粉,而以下價售之,亦名桂粉,雖其色不若桂,然桂以故發賣少遲。[3]

融州是少數民族聚居區,在南宋時其管轄下有羈縻州縣,但不知道此鉛坑是否由少數民族生産經營。

餘　論

礦冶業作爲南宋廣南西路的重要經濟産業部門,對社會經濟、生活都産生了重要的影響。北宋儂智高的叛亂與黄金有很大關係,儂智高"世爲廣源州酋長","有金坑","廣源州本屬(唐朝)田州……廣源州地産金,一兩直一縑,智高父由是富强,招誘中國及諸洞民,其徒甚盛"[4]。其叛亂直接原因,據宋代滕甫撰《征南録》載,儂智高"乞每南郊貢金千兩,願常于邕管互市,皆不許,至令入

1 〔宋〕周去非著,楊武泉校注:《嶺外代答校注》,中華書局,1999年,第273頁。

2 同上,第275頁。

3 同上,第277~278頁。

4 〔宋〕司馬光撰,鄧廣銘、張希清點校:《涑水記聞》,中華書局,1989年,第376頁。

寇”[1]。其實南宋亦然,那些少數民族首領不僅因黄金生産發財,也成爲其雄踞一方的重要資本。“峒官之家,以大斛盛金鎮宅,博賽之戲,一擲以金一杓爲注,其豪侈如此,則其以金交結内外,何所不可爲矣。”西融州因“鉛質極美”可加工成桂粉,和尚因此也發了大財,由此也不難看出礦冶業對當地經濟的影響。

前面已經提及,黄金因是上品,是必不可少的土貢宫品。廣南西路的礦冶業也是當地國家税課的重要來源之一,具體數額學者已有統計。[2] 從北宋開始,國家就專門設置官員進行管理,《續資治通鑑長編》卷一一七仁宗景祐二年(1035)八月己卯,“初命朝臣爲江浙、荆湖、福建、廣南等路提點銀銅坑冶鑄錢公事,其俸賜恩例并與提點刑獄同”[3]。這些官員不辭勞苦,“冒風波瘴癘而前”,不乏以身殉職者。[4] 對當地財政的影響更是毋庸置疑的,僅以鉛爲例,就可見一斑,“厥後經略司專其利,歲得息錢二萬緡”。

---

1 〔宋〕滕甫:《征南録》,《景印文淵閣四庫全書》第460册,臺灣商務印書館,1983—1986年,第831頁。

2 王菱菱:《宋代礦冶業研究》,河北大學出版社,2005年,第49~61頁。

3 李燾:《續資治通鑑長編》,中華書局,2004年,第2754頁。

4 汪聖鐸:《兩宋貨幣史》,社會科學文獻出版社,2003年,第51頁。

角色轉變與職能沿傳：南宋内藏庫的財政實態
——以《建炎以來朝野雜記》爲中心

成都師範學院　董春林

［**摘　要**］　據《建炎以來朝野雜記》相關記載，南宋内藏庫"以待非常之用"的財政職能一部分被左藏南庫和左藏封樁庫取代，可見内藏庫與這些所謂的朝廷財庫承擔着近乎相同的職能。這種財政職能的讓位與内藏庫賦入的變化存在一定的關係。史傳"天下財賦半入内帑"，只是在紹興末年内藏庫管理過於隱蔽的情况下較爲誇張的一種説法。隨着左藏南庫和左藏封樁庫的出現，内藏庫的賦入有所減少。表面上内藏財政角色的轉變，并不曾掩蓋其財政職能的沿傳與發展。

［**關鍵詞**］　南宋　内藏庫　《建炎以來朝野雜記》

兩宋内藏庫在中央財政中占有重要的地位，以内藏庫爲中心的内藏財政也一度影響到兩宋財政的發展變遷。在傳統認識裏，元豐改制之後，兩宋中央財權被御前、户部、朝廷三方分割，北宋朝廷所管的元豐庫、大觀庫，以及南宋朝廷所管的左藏南庫、左藏封樁庫，一度侵及中央財權，遂使中央財政凸顯出其遭御前、户部及朝廷三方分割的問題。但筆者認爲，南渡以後的左藏南庫、左藏封樁庫在財庫管理上與内藏庫迥异，左藏南庫、左藏封樁庫名義上由朝廷主管，但支助内藏或近乎内藏的財政支出，則突顯出内藏財政的性質。[1] 這樣的認識爲我們初步勾勒了南宋内藏財政的基本情况，但南宋内藏庫的財政運作情况究竟如何，其財權的膨脹或弱勢化是否僅停留在籠統的語言描述上，此前我們并没有一個清晰直觀的認識。值得注意的是，南宋人李心傳編著的《建炎以來朝野雜記》（以下簡稱《雜記》），較爲集中地記載了南宋中央財政的基本情况，但由於

1　見拙文《宋代中央財權的分割及其變遷——以内藏財政爲中心的考察》，《求索》2015 年第 7 期。

所載史實斷限繁亂,其著《建炎以來繫年要録》亦多考辨轉載,以至於此前的研究者對此關注不够。實際而言,《雜記》中記載有關南宋内藏庫的内容,多爲他書所無。筆者即期借助《雜記》中有關内藏庫的文獻記載,縱深探討南宋内藏庫的財政實態,希望更進一步解讀南宋内藏庫的發展情況。所論不當之处,敬請專家指正。

一、收支視域下内藏財政職能的讓位

宋廷南渡以後,内藏庫在支助計司經費方面依然發揮着重要作用,只不過這種職能的一部分被後來的左藏南庫取代了。《雜記》甲集卷一七《三司户部沿革》載:

> 建炎初,以軍興國用不給,始命張誠伯以同知樞密院事提領措置户部財用,黄道州潜厚以京祠副之。其後,孟富文、沈忠敏皆以執政繼領利權,由是少給,然所取大率出於經制之外焉。自罷總制司,版曹但掌經費,歲入僅五千萬緡,出亦稱是。一有不足,即告於朝,或遇軍興,則除禁帑應付外,版曹但能預借民間坊場净利四百萬緡,或科賣度牒六百萬緡而已。乾道初,孝宗嘗計户部歲入之數,較之歲用,但闕三百萬緡。時會子初行,李侍郎因請增印二百萬緡。然上半年尚闕五十萬,上命左藏南庫以銀、會中半與之。自是版曹歲借南庫錢百餘萬緡,因以爲例。淳熙中,韓子師爲户書,始免例借,自後皆守其規約焉。[1]

由此可見,左藏南庫支助計司取代了内藏庫的職能,計司每歲定額支借内藏庫轉移到了左藏南庫,左藏南庫儼然攫取了内藏庫的財政職能。僅就賦入視角而言,我們也只是推斷左藏南庫或左藏封樁庫和内藏庫的關係,而很難區分它們和元豐庫等朝廷財庫的差别。關於元豐庫,文獻中這樣表述:

> 左藏庫、内藏庫外,又有元豐庫,雜儲諸司羨餘錢。自熙寧以前,諸道榷酤場率以酬衙前之陪備官費者,至熙寧行役法,乃收酒場,聽民增直以售,取其價以給衙前,時則有坊場錢。至元豐初,法行既久,儲積贏羨,司農請歲發坊場百萬緡輸中都。三年,遂于寺南作元豐庫貯

1 〔宋〕李心傳:《建炎以來朝野雜記》,中華書局,2000 年,第 380 頁。

之，幾百楹。凡錢帛之隸諸司，非度支所主，輸之，數益廣，又以待非常之用焉。[1]

這裏"雜儲諸司羨餘錢"，事實上和左藏南庫及左藏封樁庫分攤内藏庫賦入没有太大差别，南宋人陳傅良曾云："今之所謂塚宰制國用，于左藏之外别爲南庫者，何也？且其辭曰經費一領于大農，而增羨幣餘之入南庫。"[2]宋孝宗朝設立左藏封樁庫，也謂"以户部經費之餘財於三省置封樁庫，以待軍事"[3]。只不過它們的支出用途略有差异。比如，元豐庫的用途較爲模糊，只云"以待非常之用"，但左藏封樁庫則有明確界定"其法，非奉親、非軍需不支"，"慶元後，每封樁庫取撥錢輒數十萬緡，銀亦數萬兩，黄金亦數千兩，蓋以爲奉神、事親之費云"[4]。而左藏南庫支出方面，初界定爲"户部告乏則予之"，并歸户部後，朝臣王宣子尤云"此皆奉親及内教所須"[5]，也可看出它與元豐庫的區别。

除此之外，我們另要澄清的是，南宋左藏南庫與左藏封樁庫之所以常被理解爲朝廷財庫，主要是從財庫管理角度而言，少有關注它們與内藏庫的關係。李心傳在《雜記》中曾載"南庫移用皆自朝廷，非若左帑直隸版曹爲經費也"，光宗曾"命户部稽考（封樁庫）以聞"。宋代文獻也常云"南庫金銀錢物并係朝廷窠名"[6]，"本庫（封樁庫）係乾道六年内承降指揮，于都省門内起蓋庫屋，專一樁管朝廷錢物"[7]。這些記載直觀地告訴我們，這兩類財庫應該屬於朝廷財庫。當然，我們并不能肯定陳傅良所謂"冢宰制國用"之説是否緣于北宋朝廷財庫之設的沿傳，但至少透露出左藏南庫有别于左藏庫的事實。接下來，我們依據《雜記》中零散的文獻記載，從收支視域進一步理清左藏南庫與左藏封樁庫對内藏財政職能的侵奪或借用，從而也進一步解讀這類財庫與北宋朝廷財庫的區别。

---

1 〔宋〕李燾：《續資治通鑑長編》（以下簡稱《長編》）卷三三三"元豐五年十月壬申"，中華書局，2004年，第7959頁。

2 〔宋〕陳傅良：《止齋先生文集》卷二九《廷對策》，四部叢刊初編本。

3 〔宋〕魏了翁：《鶴山先生大全文集》卷八五《倪公（思）墓志銘》，四部叢刊初編本。

4 《雜記》甲集卷一七《財賦四・左藏封樁庫》，第383頁。

5 《雜記》甲集卷一七《財賦四・左藏南庫》，第382頁。

6 〔清〕徐松輯：《宋會要輯稿》（以下簡稱《宋會要》）食貨五六之六一，上海古籍出版社，2014年，第7316頁。

7 《宋會要》食貨五二之二二，第7181頁。

其一,我們需要説明的是,南宋初所立的御前樁管激賞庫與封樁庫都非名義上和本質上的朝廷財庫。《雜記》清楚記載"左藏南庫者,本御前樁管激賞庫也",紹興三十二年(1162),在禮部侍郎黄通老、諫院袁伯誠乎一再諫議下,"遂改内藏激賞庫爲左藏南庫焉"。御前樁管激賞庫與内藏庫是高宗渡江之後初設的中央財庫,秦檜專政時曾借三宫生辰及春秋内教、冬至、寒食節指使諸局進獻金幣,于此天子私財的性質可見一斑。當然,紹興休兵後,秦檜"取户部窠名之可必者盡入此庫",也表明此庫作爲天子財庫的特殊性。至於封樁庫,設立之初宋孝宗就將其界定爲奉親和軍需之庫,其庫藏錢物甚至在淳熙末年之前"往往以犒軍或造軍器爲名,撥入内庫,或睿思殿,或御前庫,或修内司",這顯然也表明封樁庫具有一定的特殊性,這種特殊性儘管不是天子私財性質的,但一旦與軍需、奉親掛上鈎,也很難撇清與内藏財政的關係。

其二,我們應該清楚,這兩類財庫曾經劃歸户部并謂樁管朝廷錢物,但這兩類財庫與内藏庫的財政職能近乎重叠,這種特徵并没有因財庫名稱的改變或庫藏歸屬問題而受到影響。南庫是在淳熙末年并歸户部的,并歸之後賦入便應付不了支出,朝臣王宣子就曾上奏説:"此皆奉親及内教所須,不可欠闕,計歲終應支凡十五萬,而見在止三十五萬,其應入者又三十九萬有奇,既闕二十一萬緡,而南庫例還户部沙田錢二十三萬緡,又在其外,合之爲欠四十四萬緡,是南庫歸版曹無益而有損也。"僅奉親及内教的用途就表明南庫的財政職能與内藏相同,至於"不可欠闕",實在也是作爲天子私財性質。王宣子覺得南庫歸户部無益,提議將南庫劃歸封樁庫,并没有得到執政者認同,最終只是改庫名。紹熙元年(1190)改稱封樁下庫,但在名義上仍隸屬於户部。至於封樁庫,宋光宗曾在淳熙十六年(1189)答應秘書郎溥之的請求"命户部稽考以聞,然卒不竟也",封樁庫儘管最終也劃歸户部樁管,但其支出方向并未反映出朝廷財庫的特徵。

《雜記》曾載:"(慶元)六年六月,撥封樁庫錢一百萬緡,修奉太上皇后攢宫。七月,撥二十萬緡,入内藏。八月,撥錢十五萬緡,并銀二萬兩,充秋季供奉太皇太后使用。又撥金二千五百兩銀二萬兩,充明堂使用。又撥一百萬緡,修奉太上皇帝攢宫,一季之間,所撥金銀錢計二百五十萬緡,蓋多非泛支用故爾,常年則不及此數焉。"從這些支出方向來看,封樁庫的財政職能幾乎取代了内藏。儘管這些支出屬於特殊情況,"常年則不及此數",但用途的方向并不違背封樁庫設立的初衷,我們只能肯定封樁庫的財政職能與内藏庫如出一轍。南庫在劃歸户部之後,其職能也并没有改變。《雜記》曾載:"孝宗恭儉寡欲,在位近三十年,内帑與南庫之入,專以奉兩宫、備水旱。"[1]這個説法雖然有些不足,但已表明南庫與内藏財政職能的相近。作爲最初的御前激賞庫,南庫并歸户部之後依然承擔着激賞職能,因爲庫藏所屬問題,這種職能一度由幕前轉向了幕後。宋理宗時,真德秀曾説:"先是犒士之費出於左帑南庫,及己巳大閲,宰臣以故例請。上曰:'處分已定,止合内庫支可也。'"[2]實際上,南庫是否直接承擔犒賞職能并不重要,因爲南庫及封樁庫調撥錢物給内藏犒軍已成爲例行公事。紹熙二年(1191),詔令封樁庫,"自紹熙二年爲始,將御前犒軍會子依淳熙十五年例,每年樁辦四十五萬貫,分作四季,各于孟月赴内藏庫供納"[3]。

至此,我們大致可以弄清楚,南宋内藏庫較之北宋時發生了重大變化,這種變化主要體現在由支助計司轉變爲計司樁管財庫支助内藏。即使如此,我們也不能説内藏的主要財政職能有所改變,其作爲國家財政後備庫的職能依然存在,只不過在某些方面讓位給了南庫及封樁庫。我們知道維繫財政職能的是財權,内藏財政的財政職能讓位似乎表明其財權受到了影響,這是因爲我們忽視了兩個問題:一是財政職能的讓位也表明財政性質的同化,内藏財政體系應該是潛在膨脹;二是内藏賦入是否因爲職能讓位而受到影響,這種影響是否能够解釋財權變化問題。内藏賦入問題一直是我們考察其作爲天子私財的關鍵,因爲管理上一直存在的隱蔽性,以至於宋儒屢屢批判的也是這一問題,南宋初期内藏賦入甚至占了國家歲入之半,這和我們前面瞭解的内藏職能的讓位存在一定的矛盾,究竟該如何理解這一問題,接下來筆者將結合《雜記》相關文獻進行粗淺地解讀。

二、財權落寞與内藏財政衰微之假象

南宋内藏庫財政職能的讓位,一定程度上使内藏財政在國家財政事務中處

1 《雜記》乙集卷三《上德・孝宗恭儉至貫朽》,第546頁。

2 〔宋〕真德秀:《西山先生真文忠公文集》卷一四《後殿奏已見札子》,"叢書集成初編"本。

3 《宋會要》食貨五二之一八,第7179頁。

於劣勢，但這并不能説明它的財政地位受到了影響，更不能預示内藏財政在某種程度上的衰微。我們討論内藏財政的地位時往往會提到它在賦入上的特殊地位，以及它在宋儒視域中的財政面相，實際上，内藏庫在賦入上的優享地位較之宋儒的批評言辭更能説明它的財政地位。據黄純艷先生總結，南宋内藏財賦主要來源有坊場正名錢、絹帛和銅錢三類上供窠名，以及調撥朝廷、户部、總領所財賦。[1] 這幾類内藏賦入究竟占了南宋歲賦多大的比例，這是我們解讀南宋内藏財政發展情况的關鍵。《雜記》甲集卷一四《財賦一・國初至紹熙天下歲收數》概述了南渡以後歲收的具體情况：

> 渡江之初，東南歲入不滿千萬，逮淳熙末，遂增六千五百三十餘萬焉。今東南歲入之數，獨上供錢二百萬緡，此祖宗正賦也；其六百六十餘萬緡，號經制，蓋吕元直在户部時復之；七百八十餘萬緡，號總制，蓋孟富文秉政時創之；四百餘萬緡，號月樁錢，蓋朱藏一當國時取之。自經制以下錢，皆增賦也。合茶、鹽、酒、算、坑冶、榷貨、糴本、和買之入，又四千四百九十餘萬緡，宜民力之困矣。[2]

按此論可知，淳熙末歲入是 6530 萬貫，我們無法獲悉具體内藏庫賦入情况。有意思的是，李心傳在《建炎以來繫年要録》裏關於這些資料另有記載：

> 渡江之初，東南歲入猶不滿千萬，上供纔二百萬緡，此祖宗正賦也。吕頤浩在户部，始創經制錢六百六十餘萬緡。孟庾爲執政，又增總製錢七百八十餘萬緡。朱勝非當國，又增月樁錢四百餘萬緡。紹興末年，合茶鹽酒算、坑冶、榷貨、糴本、和買之錢，凡六千餘萬緡，而半歸内藏。[3]

通過這兩則材料，我們大致可以弄清楚，紹興末年内藏歲入大致三千餘萬貫。但紹興末年，殿中侍御史吴芾曾言："大農之財，一歲所入，幾五千萬，而内藏、激賞不與焉。"時任禮部侍郎的黄中也曾上言："足食之計在於量入爲出，今

---

1 黄純艷：《宋代財政史》，雲南大學出版社，2013 年，第 103 頁。

2 《雜記》甲集卷十四《財賦一・國初至紹熙天下歲收數》，第 289 頁。

3 〔宋〕李心傳：《建炎以來繫年要録》（以下簡稱《要録》）卷一九三，紹興三十一年冬十月癸丑，中華書局，2013 年，第 3759 頁。

天下財賦半入内帑,有司莫能計其虚盈,請悉以歸左藏。"[1] 顯然,這個半入内藏庫的資料有些模糊,應該是種誇張的説法。究竟南宋内藏賦入多少,史料記載并不清楚,甚至多數時候統計到的歲入資料還多不包括内藏賦入。葉適《水心集》卷四《實謀》載:

今天下之財,其爲緡錢者,茶鹽榷貨以二千四百萬矣,經總制以千五百萬矣,上供和買折帛以千餘萬矣。又别計四川之錢引以三千三百餘萬矣。[2]

按同書載淳熙十四年(1187)葉適《上殿札子》云:"天下之錢,歲入於官者八千萬緡,而支費常不足。"這裏歲入八千萬緡的資料顯然包括了四川三千三百餘萬的錢引,汪聖鐸先生即據此推斷南宋文獻裏有關記載歲入的資料可能都包括了錢引和楮幣[3]。不過,令人疑惑的是,錢引有時并不計入歲入,歲入中是否一定包括楮幣收入就不得而知了。《宋會要》載:

紹熙元年十月二十一日,左諫議大夫何澹、權户部侍郎趙彦逾、殿中侍御史林大中言:"……今總天下財賦,除内藏出入之數已降指揮自行稽考外,所有四川錢引一千六百一十萬二千二百六十三道,舊年指揮自行檢察支撥,亦不復稽考。特考其歸朝廷、隸户部與夫四總領所之科降、諸戍兵牧馬、歸明、歸正等處之截留,凡六千八百萬一千二百貫。"[4]

這裏所載的天下歲賦數則是去除内藏和四川錢引之後的資料,總計六千八百萬一千二百貫的賦入被朝廷、户部、四總領所及諸戍兵牧馬、歸明、歸正等處截留,我們根本無法據此推知内藏賦入的情況。魏了翁《鶴山集》卷二一《答館職策一道》載:

中興以來,以十六路百七十郡之地,不能當天下全盛之半,歲入乃增至六千五百餘萬,而經制、月樁等錢二千萬,不預焉。兩浙之歲輸緡

---

1 《要録》卷一九九,紹興三十二年夏四月己巳,第3911頁。

2 〔宋〕葉適:《水心集·實謀》,影印本《欽定四庫全書》。

3 汪聖鐸:《兩宋財政史》,中華書局,1995年,第693頁。

4 《宋會要》食貨五六之六五之六六,第7318~7319頁。

錢千二百萬，四川之鹽錢九百五十餘萬，又不預焉。[1]

汪聖鐸先生認爲，葉適所記載的資料中，歲入不含經制等錢，四川則只言鹽錢，令人生疑，或有闕誤。[2] 這裏所載的賦入總數也不同於其他記載，究竟内藏賦入是否仍是每歲三千萬貫，抑或更有誇張的説法，我們不得而知。但我們應該弄清楚的是，内藏賦入主要具體體現在哪些方面，又有什麽發展變化。據《雜記》甲集卷一四《兩浙歲入數》載："淳熙末，兩浙歲輸左、内藏庫錢至千二百萬緡，而茶、鹽之利隸於朝廷者不與焉。"[3] 魏了翁所記"兩浙之歲輸緡錢千二百萬"，顯然指淳熙末之後賦入左藏庫和内藏庫的這部分内容。由此可知，南宋内藏庫的賦入并不直接反映在國家歲入的總數據上，换句話説，我們對内藏庫賦入的認識，應該着眼於具體的窠名。《雜記》甲集卷一四《景祐慶曆紹興鹽酒税絹數》載：

紹興末，東南及四川酒課一千四百餘萬緡，鹽課二千一百餘萬緡，折帛絹三百餘萬匹。[4]

按四川酒課建炎四年"歲課遞增至六百九十餘萬緡"，此後屢減，"猶爲緡錢四百一十餘萬"[5]。東南酒課則包括行在"歲收息錢亦有一百三十萬緡，諸路酒課約有五百餘萬緡"[6]。我們并不清楚内藏所收坊場錢到底有多少，所謂"坊場净利錢除認發内藏外，餘爲七分寬剩、三分州用"[7]，只是一個籠統的認識。值得注意的是，《雜記》曾載："至乾道間，行在七酒庫日售錢萬緡，每歲收本錢一百四十萬，息錢一百六十萬，曲錢二萬，而歲額之外羡餘，獻於内帑者又二十萬，其後加增至五十萬緡，遂爲定數云。"據此推算，内藏定額賦入的酒課坊場錢應該占歲入的四分之一左右。至於上供絹帛，也是内藏重要的賦入來源。據史載，

1 〔宋〕魏了翁：《鶴山先生大全文集》，四部叢刊初編本。

2 《兩宋財政史》，第 695 頁。

3 《雜記》，第 290 頁。

4 《雜記》，第 290 頁。

5 《雜記》甲集卷一四《四川酒課》，第 309 頁。

6 《雜記》甲集卷一四《東南酒課》，第 308 頁。

7 〔宋〕罗濬等：《寶慶四明志》卷六《叙賦下》，中華書局，1990 年，第 5065 頁。

紹興十一年,“始命川路上供羅複輸内藏庫,其後綾、紗、絹悉如之”[1]。《雜記》甲集卷一四《四川上供絹綢綾綿綺》則載:“四川上供絹綢七萬四千匹,綾三萬四千餘匹,錦綺一千八百餘匹段,皆正色也。”此亦可推知,上供内藏庫絹帛大概有十萬餘匹。

此外,銅錢及坑冶餘利也是内藏賦入的重要來源。《雜記》甲集卷一六《鑄錢諸監》載:“然祖宗時,内帑雖歲收錢一百五萬緡,每年退却六十萬,三年一郊,又支一百萬赴三司,是内帑每年得一十六萬六千餘緡,而左藏得九十三萬三千餘緡也。今歲額止十五萬,而隸封樁者半,内藏者半,左藏鹹無焉,宜版曹之日困也。”[2]儘管這是慶元三年(1197)前後鑄幣量鋭減後内藏賦入的情況,但足以説明内藏賦銅錢數量之大。除定額賦入銅錢之外,坑冶金銀餘利也是内藏定額賦入的内容。《雜記》中所言“銀,元額七分内庫,三分本司”,一定程度上也透露出内藏賦入的特殊地位。南宋中期以後,内藏賦入的範圍進一步擴大,總領所若有羸餘也要納入内藏。《雜記》即載:“紹熙末,内藏庫下淮東總領所取撥羡財。”[3]這些支離破碎的文獻記載,基本透露出一些有關南宋内藏賦入的大致情況。内藏賦入的定額化很大程度上確立了它在國家歲入中的地位,這種定額化賦入有以羡餘名義擴大範圍的,也有部分被左藏南庫或封樁庫侵奪的情況,我們也必須弄清楚。

前文我們提到宋儒所謂“今天下財賦半入内帑”應該是種誇張的説法,但之所以宋儒有這樣的認識,主要還是因爲南宋内藏財政管理更爲隱蔽,内帑的概念也較左藏南庫及左藏封樁庫出現之後寬泛。實際上,乾道初年御前激賞庫從内藏庫分離出來之後,内藏庫的固定窠名必然受到影響,加之此後又設立的左藏封樁庫,更是在國家財利上與内藏進行了分割。我們知道,南宋内藏賦入除了上供絹帛定額化,銅錢及坑冶餘利也基本延續北宋,坊場净利錢及市易息錢的收納也一如北宋,甚至在左藏南庫出現之前賦入範圍較之北宋更大。南宋政府發行的楮幣也常常作爲内藏賦入的重要來源,也同樣受到中央財庫對中央財

1 《要录》卷一四三,紹興十一年十二月癸巳,第2304頁。

2 《雜記》,第358頁。

3 《雜記》甲集卷一七《淮東西湖廣總領所》,第390頁。

政分割的影響,影響到内藏賦入的前後變化。比如,《雜記》曾載:

> (紹興)三十一年春,遂置行在會子務,後隸都茶場,悉視川錢引法,行之東南諸路。凡上供、軍需,并同見錢,仍賜左帑錢十萬緡爲本。……(乾道)三年,遂出南庫錢二百萬緡,收回所增會子,而命三衙全支銀錢。時會子已造者二千八百餘萬,已用者一千五百六十餘萬,而在民間者九百八十萬緡。始命盡收之,已降内藏、南庫銀各百萬兩矣。[1]

據此可知,内藏與後來的左藏南庫都曾爲會子的推行提供過資本,這種時間上的轉變也在一定程度上表明,内藏的賦入也一定會部分讓位給左藏南庫。我們一般認爲,内藏賦入名義上是國家財政羡餘,這種羡餘固定化之後便侵奪了計司的財權,應該説國家財政羡餘是内藏賦入的專屬内容。事實上,國家財政羡餘在元豐庫出現時就不再是内藏專有的賦入内容了,南渡之後御前激賞庫本身就和内藏一樣依靠計司羡餘賦入,後來的封樁庫以奉親、軍需爲名,更是侵奪了内藏的部分賦入。南宋左藏南庫和封樁庫調撥錢物到内藏,也説明内藏賦入受到了一定的影響。

結　語

綜上所述,我們對南宋内藏庫的財政實態基本上有了一個粗略的瞭解,之所以只是瞭解一個大概,主要原因仍是《雜記》記載的相關文獻較爲零散,有關内藏庫情況的内容也相對有限。正因爲相關文獻記載有限,筆者於此探討南宋内藏財政的相關問題時也難以拓展更寬的視野,儘管最初的期望是弄清楚南宋内藏財政的實態,但最終只是粗淺地解釋了内藏庫在南宋的實際情況大致如何。

從本文的兩個章節來看,筆者主要解釋了兩個問題:一是南宋内藏庫的財政職能曾讓位給了左藏南庫和封樁庫,這種讓位折射出了内藏財政性質的外向輻射及其中央財利的表面被分割;二是南宋内藏賦入的膨脹有一個時間上的變化,這種有别於財政地位變化的賦入變化,并不曾影響其財權的削弱。

1　《雜記》甲集卷一六《東南會子》,第 361~362 頁。

南宋中晚期李全事迹的歷史書寫與承衍流播

江南師範大學文化研究院　彭鋒

[**摘　要**]　李全的活動對南宋理宗朝諸政治勢力之升降及政治決策的采行都産生過深遠影響,《宋史》也用近兩萬字的濃重筆墨勾勒了其一生之行迹。《宋史》本傳的事迹書寫實來自《淮東補史》一書,其作者劉子澄并非文獻中誤載的理學名士静春先生劉清之,而是玉淵先生劉子澄,他曾親自參與了南宋平定李全之亂和端平入洛等理宗朝的重大政治事件,所撰《淮東補史》一書對於李全事迹記載甚詳,元人纂修《宋史》時將其收入。由於劉子澄介入政治頗深,同時也提供給我們研究官私歷史書寫分際的可能性。李全事迹的廣泛流傳還與其軍隊的遷徙有關,其事迹先由其子李璮的部隊承衍流播,後又經李恒家族部隊爲之擴傳,并逐漸表現出日趨豐富的民間性的一面,從而模糊了官私歷史書寫之間的界限。

[**關鍵詞**]　李全事迹　歷史書寫　承衍流播　官私記載

引　言

正史記載作爲歷史研究的主體材料,爲研究者所據,向稱可信。稗官野史、筆記小説,爲世俗之言、街談巷议之語,研究者在使用過程中更傾向於將其作爲輔助材料來支撑論點。史學研究者對在研究過程中運用這兩項材料所持之態度有時亦軒輊迥别。近年來,隨着新出史料的不斷涌現,史料範圍也得到進一步延伸,在研究深度、廣度上也得到拓展。以前并不受很大重視的筆記小説史料,因其擁有記載具體而細微的特性,或能反映一個社會的部分特徵,或能折射某一歷史事件的真實側面,或能揭示典型歷史環境下歷史人物的特殊性格,又或能起到覘之人情、徵諸人心的作用,職是之故,日益受到歷史研究工作者的重視。[1] 其實,前輩史家對此早有清醒而自覺的認識,陳寅恪先生在談到治唐史"應參考的材料"時曾列出《太平廣記》一書,并進一步指出"小説亦可作參考,因其雖無個性的真實,但有通性的真實"[2]。

中國歷史的記録,向來有官修、私纂的區别。在歷史書寫的演進過程中,官、私歷史記録之間往往存在雜糅糾葛之處。二者雖時有偶合,但各有所側重,正所謂事有與世俗之言殊者,又有與國史之論异者,"其世俗之言殊,傳僞也;國史之論异,私意也"[3]。實際上,在"世俗之言"與"國史之論"中間并没有不可逾越的鴻溝,很多時候存在兩相檢照、相互印證的可能。官方材料的記載與私家筆記的載録,并非按照兩條平行的路徑在演進,而是有交叉分合的。這種"史學走向民間"和官、私史學的混融現象,特别是在宋代以後的歷史書寫過程中體現得尤其明顯,在這一點上已有學者注意到。王瑞來先生在考察《宋季三朝政要》的成書過程及史料來源時曾指出:"在元代相對寬鬆的氣氛裏,不同於以往的官方修史或者是士大夫的個人雅好,十三世紀相繼在中國大陸上消亡的金朝與宋朝,作爲近代史,由於頗可吸引讀者的眼球,所以理所當然地爲繁榮的出版業所重視。元代的坊間出現了一股不大不小的史書出版熱。這種史學走向民間的修史現象,實在值得歷來將之置於史學史研究視野之外的史學史研究者重視。"[4]

---

1 筆記小説史料日漸受到學界重視,無論是在材料的運用還是整理上均得到提升。其中尤以上海師範大學古籍研究所整理出版的《全宋筆記》爲典型代表。《全宋筆記》的出版大大豐富了宋代史料研究資料庫,與其他大型宋代史料一道構築起龐大的資料群,爲宋代研究提供了更爲豐富便利的材料。筆記小説史料的研究價值,前輩史家已多有論及。如王曾瑜:《開拓宋代史料的視野與〈三言〉〈二拍〉》,《四川大學學報》2005 年第 1 期;劉兆祐:《宋代雜著筆記所徵引佚書二十一種考述》,《國家圖書館館刊》2007 年第 2 期,第 65~90 頁;齊世榮:《談小説的史料價值》,《首都師範大學學報》2010 年第 5 期。余英時撰寫《朱熹的歷史世界》,在論述官僚集團的起源與傳承時,"根據散見於史傳、詩文集、筆記等不同資料,重建了孝、光、寧三朝官僚集團的歷史"。尤爲典型者是利用諸多筆記材料分析"皇權與皇極"的問題,其中利用楊萬里等人的筆記材料抉隱發微,透析出皇權分裂的傾向與原因。余英時:《朱熹的歷史世界》,生活・讀書・新知三聯書店,2011 年,第 683 頁~848 頁。

2 陳寅恪:《講義及雜稿》,《陳寅恪集》,生活・讀書・新知三聯書店,2009 年,第 492 頁。

3 〔宋〕周密著,張茂鵬點校:《齊東野語》,中華書局,1983 年,第 4 頁。

4 〔元〕佚名撰,王瑞來箋證:《宋季三朝政要箋證》,中華書局,2010 年,第 7 頁。

若從以上角度觀察,南宋中晚期李全事迹的歷史書寫和承衍流播可稱典型個案。李全一生之行實事迹,以《宋史》卷四七六的本傳記載最爲詳實,傳分上、下,近两萬餘字,在《宋史》諸列傳中亦頗具特异獨出的特點,極爲引人注目。李全之活動,實影響南宋中晚期政局發展尤巨者,與理宗親政及之後朝中諸政治勢力的升降、政治决策之采行大有關聯。[1] 長期以來,與李全有關的研究就受到中外學界的重視,也積累了較爲豐富的成果。[2] 然而遺憾的是,對于研究者所反復使用的基礎性文獻《宋史·李全傳》,却從未有人質疑其來源。可以肯定的是,《宋史》李全本傳近兩萬餘文字是淵源有自的,且此後圍繞李全事迹所形成的故事流傳也自有路徑可尋。本文擬從文本和口頭兩方面,考察《宋史》李全本傳的文本來源和李全事迹的流傳路徑。

一、世俗之言與國史之論:李全事迹相關材料之檢證

南宋寧宗、理宗時,蒙古崛起於大漠,金朝處境艱危,國勢日漸衰頹,之後又處於南宋和蒙古的南北夾擊之中,境内各地動亂團體蜂起,民衆不堪其苦,轉投南宋以求生存。隨着第四次宋金戰争的正式爆發,南宋政府對金朝的態度也日漸强硬,不但放寬了忠義人南來的限制,而且將逃歸南宋的忠義人單獨編爲“北軍”,供給糧餉,以資利用。一時間忠義人蜂擁而至,掀起了南宋歷史上一次規模較大的北人南來的浪潮。正是在這一大背景下,李全及其領導的山東軍事武裝力量開始登上歷史舞臺。

1　寺地遵:《南宋中期政治史の試み公開講演(於日本歷史學協會 2002 年度總會)要旨》,《日本歷史學協會年報》2003 年 18 號。小林晃:《南宋理宗朝前期における二つの政治抗争:〈四明文獻〉から見た理宗親政の成立過程》,《史學》79 卷 4 號,第 31~60 頁。二人在理宗親政時間上存在争議:寺地遵認爲理宗親政當在紹定三年(1230);小林晃則推倒寺地遵之説,通過分析鄭真所輯《四明文獻》中的相關材料,考察理宗親政的成立過程,提出理宗在紹定三年開始親政的事實并不存在,史彌遠的專權實際維持到紹定六年(1233)。無論何者爲確,值得注意的是,二人對於李全的活動與理宗親政及之後政治走向間的相互關係均已有所觸及,惜論述未深。

2　參見寧波《金元興替之際山東益都李氏家族研究綜述(1934—2015)》,《漢學研究通訊》2016 年第 35 卷第 3 期,第 11~20 頁。曹文瀚:《20 世紀以來紅襖軍研究綜述》,《宋史研究論叢》2017 年第 20 輯,第 409~419 頁。

李全，山東濰州北海人[1]，出身農家，善使鐵槍，爲人豪爽仗義，爲衆推服。本在青州一帶販賣牛馬，做小本買賣，後被北永州牛客張介引至漣水。當時金朝境内盜賊蜂起，道路梗塞難行，生意虧損，遂投充漣水尉成一弓卒。後加入山東地區的反金武裝力量紅襖軍，與楊妙真比武結親，勢力逐漸坐大，成長爲其中一支最主要的反金隊伍的領導者。嘉定十年（1217），李全率部衆南奔歸宋，轉而成爲南宋抗金的一支重要力量。其間經歷大小戰數次，取得了可觀的成績。但是不久之後，李全及部衆却在淮海一帶持續作亂。寶慶元年（1225）二月，李全指使部將劉慶福在楚州發動兵變，次年十一月，投歸南宋的北軍另一頭目夏全與李全妻楊氏合謀，再次在楚州發動兵變。寶慶三年（1227），李全坐困孤城轉而投降蒙古。同年六月，李全之兄李福第三次在楚州發動兵變。十月，李全攻占淮安（即楚州）。紹定三年（1230）李全正式起兵攻宋，不久攻破鹽城及泰州，十一月，又攻揚州。紹定四年，李全被趙范、趙葵兄弟率衆擒殺於揚州新塘，其餘衆在妻子楊妙真的率領下，退守山東。楊妙真之後，其餘部又追隨其子李璮效忠元朝，李璮後來又背元投宋，最終被忽必烈派兵剿殺，其麾下人員亦被并入其他世侯部隊中。

以上是對李全父子事迹的簡要概述。在歷代正史列傳的書寫中，李全入《宋史·叛臣傳》，李璮入《元史·叛臣傳》，父子二人先後均被列入正史叛臣傳中，這種現象在歷史上也非常罕見。二人亦因此而長久背負惡名，如史所述："不幸殘金之亂，李全父子盜據北方，户編爲兵，人教之戰，父叛於南，子叛於北，衣冠之族，變爲卒伍，忠義之俗，染以惡名。全起群盜，的不知何人。養子璮，本徐希稷之子，又出异類。非齊氏族，客亂山東，劫民爲逆，自速誅夷，然敗俗污善，不可不辨。"[2]

《宋史》李全本傳用大量筆墨詳細記載李全的行實事宜，篇幅之巨在歷朝正史傳記的書寫中也很少見。無獨有偶，在筆記材料中，周密也用了三千餘字的篇幅記述他的相關事迹，這是筆記材料中見到的最爲集中的著録。從二者記録

1 《維揚志》云濰州人，《齊東野語》云淄州人，或又云萊州人，未知孰是。參見劉敦願：《〈齊乘〉風土章校注》，《山東大學學報》1991年第4期。

2 于欽撰，劉敦願、宋百川、劉伯勤校釋：《齊乘校釋》卷五《風土》，中華書局，2012年，第506～507頁。

的内容來看,可相互參證補充之處不少。若從二者篇幅上來看,《宋史》李全本傳的内容要遠遠多過周密《齊東野語》中“李全”條的記載。這些内容,材料主要采擇自何處? 考諸周密生平,他生於南宋理宗紹定五年(1232),卒於元成宗大德二年(1298)。《宋史》的編纂則是從元順帝開始,自至正三年(1343)三月開局到至正五年(1345)正式修成。周密卒年離《宋史》開修尚有四十五年之久,周密筆記中的材料顯非源自《宋史》本傳。那麽,是否存在這樣的可能:無論是周密在撰寫筆記還是史館人員在纂修《宋史》過程中,都見到了一批大致相同的材料,他們根據各自需要寫入書中。下面筆者擬對上述問題做出一種可能的解答。

誠如學者已指出的“《宋史》列傳多據私家傳狀,作爲藍本,頗多毁譽失實,記聞舛謬”[1]的地方。更具體來説“《宋史》列傳大都據自碑傳墓志,但有增損,不都是據以删節;有的也參據其他材料,如奏稿的增添、著作的補充等。《宋史》除碑傳墓志外,也有其他來源,以之與碑傳對勘,有助於校勘錯舛”[2]。楊聯陞先生亦曾撰文研究正史纂修的原則和方法,并試圖厘清中國官方史學的結構。在討論到史書的資料來源時,他説:

> 基本上,這些資料是涵蓋一朝之内各個帝王的一系列短期史書,其中各部,通常都會用作另一部的部分材料。最主要的官方記録是“起居注”,也就是每一位皇帝的作息日志,由專責史官掌管。除連續不斷的“起居注”外,還需要其他史料來補充,其中最主要的是由宰相與其僚屬所作的記録,即“時政記”,“時政記”也是編纂“日曆”的主要材料;這些又都成爲皇帝“實録”的主要材料。“日曆”與“實録”均采編年體,但是,重要人物的傳記也都在死後列條補記。傳記的資料可以兼采官方與私人方面的材料,如墓志銘或家譜等。根據這些文獻和其他官修文獻如“會要”或“會典”(元朝稱爲《經世大典》)等,有些朝

1 謝國楨:《史料學概論》,福建人民出版社,1985年,第72頁。

2 湯志鈞:《碑傳行狀和〈宋史〉列傳》,《中華文史論叢》2003年第71輯,第138~200頁。

代勅令史官編纂《國史》,采用紀傳體。[1]

上述學者們提出的正史中列傳内容來源紛繁多元,是"兼采官方與私人方面的材料"而成,故官修史書完成後,其間往往會有矛盾、重複和遺漏的地方。這些觀點和批評對《宋史》諸列傳而言尤爲適切。這似乎給我們提供了一種解釋問題的角度,即正是正史修纂過程中資料來源的多元化,纔造成上述筆者提出的一系列疑問的出現。

讓我們先看較早記載李全事迹的筆記材料。周密《齊東野語》"李全"條末有這樣一段文字頗值得玩味:

> 劉子澄嘗著《淮東補史》,紀載甚詳。然予所聞於當時諸公,或削書所未有者,因摭其概於此,以補劉氏之闕文云。[2]

根據周密的這段文字,可知他所寫的李全事迹本末,主要是"聞於當時諸公,或削書所未有者,因摭其概於此,以補劉氏之闕"的。這段文字透露的主要信息有兩個:一是在周密之前,有關李全事迹本末的書寫已有劉子澄所撰的《淮東補史》一書,且對李全事迹"紀載甚詳";二是周密所載的這條筆記材料是有意避開劉氏已經記載的内容,目的在於要"補劉氏之闕",且材料來源和劉子澄的也不盡相同。筆者推測,劉子澄所撰寫的《淮東補史》一書内容,雖然没有被周密采入筆記條目當中,但絶大部分内容可能已被元朝修史人員納入《宋史》李全本傳中。下面對這一推論試作論證。

據筆者統計,在周密的衆多筆記著作當中,劉子澄的名字一共出現十一次,其中《齊東野語》出現四次,《鶴林玉露》出現四次,《癸辛雜識》出現一次,《浩然齋雅談》出現過兩次。爲搞清楚周密筆下提到的劉子澄究屬何人,是否爲同一人,兹分别將宋人筆記中除《齊東野語》"李全"條外涉及劉子澄的材料引録列表如下,以清眉目,期予讀者有一客觀形象的對比認識。

1　楊聯陞:《官修史學的結構——唐朝至明朝間正史撰修的原則與方法》,《國史探微》,聯經出版事業公司,1983 年,第 351~375 頁。

2　〔宋〕周密撰,張茂鵬點校:《齊東野語》,中華書局,1983 年,第 164 頁。

序號	内容	來源	備注
1	端平元年甲午……帥參劉子澄。	《齊東野語》卷五"端平入洛"條	
2	趙忠肅公方,開閫荆襄日久,軍民知其威聲……命隨州守臣全子才節制諸項捕賊軍馬,攝棗陽軍劉子澄策應,趙楷監軍。三人者,皆以西師之敗鐫責,趙欲於此立功,以爲復官之地。	《齊東野語》卷五"端平襄州本末"條	
3	咸淳戊辰(1268)正月,遂罷莊官,改爲召佃……既而常、潤分司劉子澄力陳毗陵向來多買虚數之弊,遂下提領所,徑將常州公租撥隸淮東總領所催納。	《齊東野語》卷十七"景定行公田"條	1、2、3條内容中劉子澄同屬一人
4	周益公參大政,朱文公與劉子澄書云:"如今是大承氣証,渠却下四君子湯,雖不爲害,恐無益於病爾。"	《鶴林玉露》甲編卷之二"大承氣湯"條	
5	近時静春先生劉子澄,朱文公高弟也,守衡陽,日以冠裳蒞事。憲使趙民則嘗紫衫來見,子澄不脱冠裳見之。民則請免冠裳,子澄端笏肅容曰:"戒石在前,小臣豈敢!"	《鶴林玉露》乙編卷之一"紫窄衫"條	
6	朱文公嘗病《女戒》鄙淺,欲别集古語成一書。……嘗以書屬静春先生劉子澄纂輯,迄不能成。	《鶴林玉露》乙編卷之六"女戒"條	
7	静春先生劉子澄,朱文公高弟也。病革,周益公往拊之曰:"子澄澄其慮。"静春開目微視曰:"無慮何澄?"言訖而逝。	《鶴林玉露》丙編卷之一"臨終不亂"條	

（續表）

序號	内容	來源	備注
8	今劉子澄輩云："韓魏公、歐陽公及其祖元公之屬，惜不遇伊川，使見之學問功業當不止此，不知諸公乃就實行中做也。"又言聖如孔子，必以言與行相配言之，故雖孔門高弟，尚有聽言觀行之説。……若學伊川、喻子才、仲彌性之徒，豈不誤事？張南軒亦爲人誤耳。	《癸辛雜識・别集下》"空談實效"條	4、5、6、7、8條内容中劉子澄均指静春先生劉子澄，與1、2、3條中所指不同
9	開慶間，馬華父制置江閫日，嘗於青溪，建祠以祀先賢，斷自吴泰伯以下凡四十一人，皆嘗仕，若居若游於此者獲與焉。蓋華父之祖亦嘗仕於昇故也。祠成，命馮可遷贊之，其贊馬公，末語有"爾祖其從與享"之句，或摘以爲譏，華父遂去乃祖之祀焉。或謂劉子澄清叔與華父有宿憾，授意於馮云。	《浩然齋雅談》卷上	
10	端平甲午入洛之役，二趙喪師時，劉子澄實主帷幄之籌，遂坐貶封川，意不復用。趙仲之死，子澄以詩哭之云：功名翻覆等南柯，雲掩新阡長薜羅。千載只憑公論去，百年無奈世情何。高光時節經營易，晋宋人才隱逸多。入汴老賓猶坐謫，餘生只合理烟蓑。	《浩然齋雅談》卷中	9、10條與1、2、3條劉子澄同

表中所列諸條内容中，《齊東野語》卷五"端平入洛"條及"端平襄州本末"條所記載的劉子澄爲同一人，均因出師敗盟被鐫責；又同書卷十七"景定行公田"條載"常、潤分司劉子澄力陳毗陵向來多買虚數之弊，遂下提領所，徑將常州公租撥隸淮東總領所催納"[1]。此事在《至順鎮江志》中也有記載：

景定四年（1263）二月，令臺臣陳堯道等奏："乞於兩浙、江東西和

1 《齊東野語》卷十七《景定行公田》，第316頁。

糴,去處有田之地,三分中抽買一分以爲公田。但有一千萬畝,歲得米六七百萬斛,其餘軍餉沛然有餘。和糴可住,造楮可縮。"理宗可其奏,下浙西安撫司江東西湖南運司抽買,衆論紛紜,皆稱不便,以此不行於他處。且行於浙西除嚴州山郡,杭州輦下湖、秀、蘇、常、鎮江、江陰六郡先買,而次第他處。六郡之中,鎮江爲最。蓋以賈似道與丞相丁大全有隙。大全,金壇人也。三縣有田之家多與大全親故,似道假公田行私,嚴責所委官常、潤分司劉子澄、漕司準遣鄭夢熊、知府張烱將三縣人户田糧巧計搜求,多餘椿配,不問田土肥脊,坐落高下,亦不扞釘踏視,止憑鄉司之口紙上之數,并無抱納全租。所有價錢,初不曾隨田給付,勒令人户供報。[1]

上載"常、潤分司劉子澄",從時間上初步判定與前面所載亦屬一人。但是《鶴林玉露》甲編卷二"大承氣湯"條、乙編卷一"紫窄衫"條、乙編卷六"女戒"條及丙編卷一"臨終不亂條"中劉子澄又屬同一人,即《宋史》列傳中所言劉清之,其與《齊東野語》中的劉子澄不是一人。此外,《癸辛雜識・別集下》"空談實效"條中的劉子澄和《鶴林玉露》一樣均指的是劉清之。

綜合上述記載,大致總結分析如下:周密筆記中提及的兩個劉子澄,單從時間内容上來判定,《鶴林玉露》和《癸辛雜識》别集下"空談實效"條中的劉子澄,主要活躍在宋孝宗朝,和朱熹、周必大、楊萬里、張栻、吕祖謙等理學名士交往甚密,與其餘幾部筆記中記載的劉子澄不是同一人。其他幾部筆記中記載的劉子澄生當南宋末,活躍於理宗朝,是另外一個人。

爲了進一步確定周密所説《淮東補史》的劉子澄究係何人,我們再試着分别從書名和作者的角度入手做進一步的考析。

首先來研究有關劉子澄《淮東補史》一書的著録流傳情況。劉子澄此書作爲其衆多著述的一種,已經散逸且無傳本存世,因此書中具體内容不得而知,在歷代目録題跋書目中也尚未發現有《淮東補史》書名的直接著録。但是通過相關文獻的記録,依然能够約略探尋到一些蛛絲馬迹。爲方便論證,兹將文獻記

1 〔元〕脱因修,〔元〕俞希魯:《至順鎮江志》卷六《賦税》,《宋元方志叢刊》,中華書局,1990年,第2701頁。

録中的劉子澄著作録移如下：

《史鉞》卷四：朱門弟子……劉子澄，清之静春先生。[1]

《續文獻通考》卷一七六《經籍考》：《補史》，泰和劉子澄著，澄有史才；《續文獻通考》卷一八〇《經籍考》：《玉淵集》，泰和劉子澄著。[2]

《内閣藏書目録・集部》卷三：《玉淵先生文稿》三册全，宋孝宗朝劉子澄著。[3]

《〔萬曆〕吉安府志》卷二十八：劉子澄所著有《玉淵稿》及《平淮疏補史》行於世。[4]

《明書》卷七十六《經籍志》：劉子澄《玉淵文稿》。[5]

《宋史藝文志補》：劉子澄《玉淵文稿》，孝宗時人。[6]

《千頃堂書目》卷二十九：劉子澄《玉淵先生文稿》，□□卷，孝宗時人。[7]

《康熙江西通志》卷七十六：劉子澄，字清叔，泰和人，知棗陽，後較畫史厓軍事，爲賈似道所忌，劉將孫稱其有史才，所著有《玉淵集》《平淮疏補史》行於世。[8]

《江湖後集》卷二《劉子澄》：子澄，字清叔，泰和人，曾知棗陽，後較畫軍事，爲賈似道所忌。劉將孫稱其有史才，所著有《平淮疏補史》行於世，事見《江西通

1　〔明〕晏璧：《史鉞》，《續修四庫全書》編纂委員會編《續修四庫全書》，上海古籍出版社，2002年，第295頁。

2　〔明〕王圻：《續文獻通考》，中華書局編輯部編《宋元明清書目題跋叢刊》第5册，明代卷第2册，中華書局，2006年，第623、660頁。

3　〔明〕張萱等編：《内閣藏書目録》，中華書局編輯部編《宋元明清書目題跋叢刊》第4册，明代卷第1册，中華書局，2006年，第335頁。

4　《萬曆吉安府志》卷二八《藝文傳》，《日本藏中國罕見地方志叢刊》，書目文獻出版社，1991年，第404頁。

5　〔清〕傅維鱗：《明書》，四庫全書存目叢書編纂委員會編《四庫全書存目叢書》第39册，齊魯書社，1996年，第41頁。

6　〔清〕倪燦：《宋史藝文志補》，《續修四庫全書》編纂委員會編《續修四庫全書》第916册，上海古籍出版社，2002年，第179頁。

7　〔清〕黄虞稷撰，瞿鳳起、潘景鄭整理：《千頃堂書目》，上海古籍出版社，1990年，第706頁。

8　〔清〕謝旻等監修：《江西通志》，影印文淵閣《四庫全書》第515册，上海古籍出版社，1987年，第604頁。

志》。按:《宋史》子澄坐唐州之役削秩而敗衄,實由似道,故志書云。然其詩亦有和似道者,蓋一時倡酬之作也,集名《玉淵吟稿》。[1]

《光緒湖南通志》卷二百四十九《藝文志五・史部地理類下》:《淳熙衡州圖經》三卷,臨江劉清之監修;……《武陵圖經》十四卷,劉子登監修。《宋史藝文志》。按《宋史》度宗紀有知常德軍劉子澄,子登當作子澄也。[2]

根據以上所列,宋代署名劉子澄的作品中并無周密筆記"李全"條中著録的《淮東補史》這一書名。以上各種雖僅知其目,書皆淪佚,然而筆者以爲,《淮東補史》與《續文獻通考》所記載的《補史》,《〔萬曆〕吉安府志》《康熙江西通志》所載的《平淮疏補史》實爲一書,只是書名詳略記載有所不同而已。

我們再進一步來推定《淮東補史》的作者劉子澄的具體情況。以上冠名劉子澄的數種著作,的確都是一個名叫劉子澄的人所著述的。然而事實上却又并非同一人所爲,著作權實際上是分屬二人,一屬玉淵先生劉子澄,另一人則爲《宋史》中列有專傳的静春先生劉清之。現根據《宋史》卷四三七劉清之本傳,撮述其生平事迹如下:

劉清之(1134—1190),字子澄,號静春,臨江軍新喻(今江西新余)人。後徙居吉州廬陵縣。登紹興二十七年(1157)進士第。調萬安縣丞,知宜黄縣。經丞相周必大薦於孝宗,召對稱旨,改太常寺主簿。通判鄂州。差權發遣常州,改衡州。光宗即位,起知袁州,疾作,猶貽書執政論國事。紹熙元年(1190)卒,年五十七。清之少從兄靖之學,後見朱熹,遂致力於義理之學。著有《曾子内外雜篇》《訓蒙新書》《外書》《戒子通録》《墨莊總録》《祭儀》《時令書》《續説苑》《農書》《文集》。

根據《宋史》劉清之本傳的記載,知撰作《淮東補史》(又稱《補史》或《平淮疏補史》)和《玉淵集》(又稱《玉淵稿》《玉淵文稿》《玉淵先生文稿》《玉淵吟稿》)的劉子澄,并非《宋史》列傳中記載的南宋中期的劉清之。那《淮東補史》的作者劉子澄究屬何人?地方志文獻中保留的記載,吉光片羽,彌足珍貴:

---

1 〔宋〕陳起編:《江湖後集》,影印文淵閣《四庫全書》第1357册,上海古籍出版社,1987年,第735頁。

2 〔清〕曾國荃等:《湖南通志》卷二八十《藝文三十六》,光緒十一年重刊,中國省志彙編之六,華文書局,1967年,第5165~5166頁。

劉子澄，字清叔，泰和(今江西吉安泰和)人。嘉定間進士，嘗爲匠簿知棗陽，後較畫史厓軍事，爲賈似道所忌，連貶。子澄負俠氣，劉將孫稱其有史才，其論文欲出韓、柳、歐、蘇上。曾居趙葵幕府，席上賦鹿，分韵得方字，云"世間此物多爲馬，寶劍還宜出上方"；又賦雪，得蠅字，云"自怪神仙騎白鳳，不教天地點青蠅"。壯歲爲建安真氏門人，後隱廬山而終。所著有《玉淵稿》及《平淮疏補史》行於世。[1]

根據小傳的記載，《淮東補史》的作者劉子澄是江西吉安府泰和人，爲嘉定十三年(1220)進士，與紹興二十七年(1157)登第的江西臨江軍新喻人劉清之不是一人。在這之前，宋末元初文士劉將孫的《養吾齋集》中有一篇題爲《跋劉玉淵道州九嶷山虞帝廟碑稿後》的跋文，於劉子澄生平、仕履、事功、文章成就等方面均有記録，因其時代較早且内容相對較爲詳細，兹録如下：

故國子監簿玉淵先生劉公，諱子澄，字清叔，以詩文著聲諸老間。及真、魏二公議論其功名與誅山東之叛，著《平淮疏史補》。繇是佐二趙，甲午(1234)入東京，貶謫道州，歸居南康。此其離道州時所爲九嶷山舜廟碑也。復有摘其語怒穆陵(理宗)。最後從史岩之沿江參議軍事。會白鹿磯，入相碁，沿江争功，并按前飛語，罪謫封州。乙丑(1265)，以紹陵(度宗)登極，赦移袁州。猶記出歸廬陵，首訪先子，獨手書謁狀叩門曰："吾不謁第二人也。"明日，先子往謝之。首以是碑刻本爲餉，乃程滄州隸，甚精麗。玉淵自誦"帝車下來"下四語云："寫至此，窗外如有物。"復語先子云："作文須在韓、柳、歐、蘇頭上行。"嗟夫！其筆墨意氣，概可想見也。此稿亦屢易，蓋意欲深，語欲辟，然卒不免於抉摘。穆陵猶赫然於"訪生死，念鞠哀"二語。今稿中已再改竄此語，尚未之筆，當又在此後。實精確含蓄，爲一篇眉目。益公嘗記歐公每作文，必粘置壁間，塗易數過。前輩於文不輕作，往往如此。玉淵平生所作，自負此碑第一，亦以冠集端。論其文者亦云然。鍾君士安論教西昌，乃玉淵故里，得此碑舊稿，欣然如至寶，可謂好之、樂之者矣。嗚呼！語言之禍，千古同悲。楊子幼私書耿耿，不保家族；東坡吟咏落

1 《〔萬曆〕吉安府志》卷二八《藝文傳》，第404頁。

落，遂致詩獄。玉淵借古以諷今，辭嚴而誼迫。先輩不撓之節，穆陵大度之仁，過昔遠甚。士安傳此於方來，豈但文章翰墨之佳話而已哉！[1]

據跋文知劉子澄當時詩文聲名已很盛，又參與了"誅山東(李全)之叛"的事件，建有軍功，後繼續輔佐二趙(趙葵、趙范)，旋因端平入洛師敗，遭到貶謫。跋文中的"先子"即其父劉辰翁須溪先生。劉辰翁爲宋末著名文人，與當時諸多名士皆有交游。從跋文内容看，劉子澄與劉辰翁過從甚密，故劉子澄出歸廬陵(今江西吉安)後即首訪劉辰翁，且自言"吾不謁第二人也"。由此而知，劉將孫對劉子澄上述情况的記載則當確實可信。綜括前引文獻及論證概而言之，《宋史·儒林傳》的劉子澄名劉清之，字子澄，是理學宗師朱熹的門生，人稱静春先生；而《淮東補史》的作者劉子澄，字清叔，是真德秀的門人，人稱玉淵先生，曾爲趙葵幕賓。[2] 歷史記載中的兩個宋人劉子澄，一名劉清之，字子澄；一名劉子澄，字清叔，極易搞混。在前引明清書目文獻中，《内閣藏書目録》《宋史藝文志補》及《千頃堂書目》雖著録書名無誤，但作者時代却搞混了，均誤記爲孝宗時人，乃至於後來其作品也出現張冠李戴的情况。

事實上，在明清方志文獻的記載中，對於宋代兩個劉子澄就已經出現混淆不清的記載，當時人們已經有所察覺。例如，在《湖南通志》中，對於題名《宋墨池亭碑》的作者劉子澄提出了質疑。指出：

宋紹定間，劉子澄持檄過龍陽香積寺，訪張旭墨池古迹，見池亭俱廢，留私錢，屬徵官重闢而亭之。南城鄧均、錢塘戴宗紹立石紀其事。《金石文跋》案，《方輿勝覽》："張顛墨池在龍陽，净照寺有小池，張旭學書於此。"又《宋史》有《劉清之傳》云：字子澄，曾知衡州。然傳言光

1 〔元〕劉將孫著，李鳴、沈静校點：《養吾齋集》卷二六《跋劉玉淵道州九嶷山虞帝廟碑稿後》，《劉將孫集》，吉林文史出版社，2009 年，第 215 頁。

2 南宋著名文人方岳(字巨山，號秋崖)端平二年(1235)六月被趙葵羅致幕司，除爲淮東安撫司幹官。在受命制幹期間，與同留幕府的劉子澄有往來。方岳《秋崖集》卷十六收有題爲《滿庭芳·壽劉參議》一詞："秋入西郊，律調夷則，韓堂風露清凉。洞天昨夜，響動玉玎璫。朱户銀鐶放鑰，長庚夢、應誕星郎。垂弧旦，蓂飛五莢，簪履共稱觴。未施經濟手，暫參雄府，公論聲揚。便好趁昌辰，入輔吾皇。况是中興啓運，正當宁、夢想循良。從兹去，萬年佐主，福壽總無疆。"該詞作於端平二年，是爲時任參議官的劉子澄慶壽而作。繫年參見秦效成：《方岳年譜》，《宋人年譜叢刊》，四川大學出版社，2003 年，第 7705 頁。

宗即位起知袁州而疾作，遂卒，則不應於理宗紹定間尚有持檄過龍陽之事，且後又有《游層岩詩》在淳祐丙午，則此劉子澄恐另是一人。[1]

從上引方志文獻可知，方志纂修人員已經意識到撰寫《墨池亭碑》的劉子澄可能不是《宋史·儒林傳》的劉清之，并進一步懷疑《游層岩詩》作者，認爲"此劉子澄恐另是一人"。同書收入的《宋劉子澄游層岩詩》，對於劉子澄的上述質疑進行了證實：

> 序云："淳熙丙午春，予被旨北歸，越四月，辭九疑，買舟瀟陽，下澣遡瀟，如永明，訪别諸友，遂游層岩，即景賦詩，呈權縣岳教黄君以遺嵓居何訓導。"見永明縣志。《(留雲庵)金石審》：舊見彭龜年《止堂集》有《祭寺傳劉子澄文》，而《九疑志》稱監簿劉子澄，及檢《宋史·儒林傳》，始知即劉清之也。……案：其被論當在孝宗季年，此刻丙午爲淳熙十三年無疑。《永明縣志》作淳祐，大誤。《九疑志》稱監簿，亦誤。子澄之居九疑，當在被論主管之後，想有旨勒居道州，而史略之，觀其所云"被旨北歸，始辭瀟陽"可見矣。亟備録之，以正省郡諸志之失。[2]

《湖南通志》中對於《宋劉子澄游層岩詩》和《宋墨池亭碑》的作者劉子澄提出了質疑，認爲作者并不是《宋史·儒林傳》中的劉清之，這一懷疑是可以成立的，但是對於此劉子澄到底是誰惜未考明，不僅没有辨明作者，在之後的案語中更是將二者再度混淆，把原本屬於劉子澄的事情安到劉清之頭上，且鑿鑿斷言"《永明縣志》作淳祐，大誤。《九疑志》稱監簿，亦誤。子澄之居九疑，當在被論主管之後，想有旨勒居道州，而史略之，觀其所云，'被旨北歸，始辭瀟陽'可見矣。亟備録之，以正省郡諸志之失"。將劉清之的行實來印證劉子澄一生的士宦行迹，張冠李戴之甚，不可不謂之大謬。

綜上所述，結合之前對周密筆記文獻記載中兩個劉子澄的分析，加之劉將孫《跋劉玉淵道州九嶷山虞帝廟碑稿後》及《〔萬曆〕吉安府志》中的直接文獻記録，筆者以爲，《淮東補史》的作者劉子澄，就是吉安泰和人劉清叔，他曾居趙葵幕府，親見趙葵兄弟進討李全，誅李全於揚州新塘的歷史事件。因此，他所撰寫

---

1 《湖南通志》卷二百八十三《藝文三十九》，第5697頁。

2 《湖南通志》卷二百八十《藝文三十六》，第5652頁。

的《淮東補史》一書，作爲事件親歷者撰寫的第一手材料，極有可能被《宋史》修纂者作爲重要材料納入選擇範圍。

以上例證來自方志和筆記，我們再看正史、文集中的材料。《宋史》卷四十一《理宗一》記載：

> 端平元年（1234）九月壬寅……趙范言："趙葵、全子才輕遣偏師復西京，趙楷、劉子澄參贊失計，師退無律，致後陣敗覆。"詔：趙葵削一秩，措置河南、京東營田邊備；全子才削一秩，措置唐、鄧、息營田邊備；劉子澄、趙楷并削三秩放罷。[1]

又，《宋史》卷四十四《理宗四》：

> 寶祐三年（1255）九月壬戌，權中書舍人陳大方言："劉子澄端平入洛之師，賈勇贊决，北兵方入唐州界，子澄已率先遁逃，一敗塗地，二十年來，爲國家患者，皆原於此，宜投之四裔。"詔罷子澄祠禄。[2]

除正史和筆記材料中記載有劉子澄因敗盟鐫秩之事外，宋人文集中對於此事也多有談及。吴泳曾指責偏師入洛全子才應該承當主責，進而稱"劉子澄等以次行罰有差，亦可謂訓章明法曲當其罪矣。然臣采之公論，猶以爲洛師之敗，楊義則淮西之將也，劉子澄則淮西之參議也，徐敏子則淮西之機幕也，而子才則淮西之統帥也。首謀深入，子才實倡之；望風奔潰，子才實先之"[3]。雖吴泳指責全子才該首當重責，但劉子澄作爲淮西參議亦未能逃脱削職被貶的命運。在《永樂大典》卷七三二五中，就收入有《劉子澄降授承務郎、趙楷降授宣教郎制》的制書：

> 敕具官某等：往者師向西洛，卒與虜遇。諸戍之士，猶未憖也。汝佐而長，不務持牢，而望風先僨，遂致師徒撓敗，烏得無罪？可。[4]

根據前引文獻的綜合論證，我們對於劉子澄及其《淮東補史》的情況已經有了初步瞭解。劉子澄，人稱玉淵先生，字清叔，以詩文名擅當時，著有《玉淵稿》

1　〔元〕脱脱：《宋史》卷四十一《理宗一》，中華書局，1977 年，第 803 頁。

2　《宋史》卷四十四《理宗四》，第 856 頁。

3　〔宋〕吴泳：《鶴林集》卷二十一《繳全子才降一官録黄》，影印文淵閣《四庫全書》第 1176 册，上海古籍出版社，1987 年，第 205 頁。

4　〔明〕解縉等編：《永樂大典》卷七三二五《宣教郎》，中華書局，1986 年，第 3058 頁。

和《平淮疏補史》等。出入趙葵幕府,親歷平定李全之亂和端平入洛等理宗朝諸多重大歷史事件,加上他爲人負氣任俠、頗具史才,以親見之人寫親歷之事,故所撰《淮東補史》一書極具史料價值。

《淮東補史》作者劉子澄生平事迹既已考明,則該書是否有可能被史官在修纂《宋史》時納入列傳材料來源的選擇範圍呢?答案是可能的。現分别從中國史書的編纂傳統和《宋史》的史料來源兩方面進行考察。

吾國傳統史書之記載,無論是在内容的豐贍上還是材料的多元上,均具備綿遠悠長之特點,確可謂"其所由來尚矣"。這一點歷代史家均有所論述。其中,劉知幾(661—721)《史通》一書,涉及正史如何撰述,歷史書寫核心價值何在,撰史者所當秉持何種之態度等衆多議題。在這部史評巨著當中,對於史書的材料來源多元化作了詳析:

> 史氏流别,殊途并騖。榷而爲論,其流有十焉:一曰偏紀,二曰小録,三曰逸事,四曰瑣言,五曰郡書,六曰家史,七曰别傳,八曰雜記,九曰地理書,十曰都邑簿。[1]

上引所論,不僅對史氏流别作了條分縷析的歸類論述,而且使我們對於傳統史書的構成要件有了大致認識,抑且爲我們提供了一條重要的、理解中國傳統史學材料構成類型的綫索主軸。劉氏進一步指出:"大抵偏紀、小録之書,皆記即日當時之事,求諸國史,最爲實録。然皆言多鄙樸,事罕圓備,終不能成其不刊,永播來葉,徒爲後生作者削稿之資焉。"[2]若依劉知幾的分類法,劉子澄所撰《淮東補史》一書,則似可歸入"偏紀、小録"之流。這一類的作品,"皆記即日當時之事,求諸國史,最爲實録",質證於正史也多相符合。因此很大程度上它們不僅可作爲國史的旁參,有時候亦能成爲其骨肉。[3]

將劉子澄《淮東補史》一書與《宋史》李全本傳置於當時的整體歷史著述大脉絡,特别是將其置於宋代修史制度大背景下進行研究,將有助於我們進一步

1 〔唐〕劉知幾撰,〔清〕浦起龍釋:《史通通釋》卷十《雜述》,上海古籍出版社,1978年,第273頁。

2 《史通通釋》卷十《雜述》,第275頁。

3 作爲國史材料的偏紀小説,已經有學者做過研究,參見李南暉:《作爲國史材料的唐人偏紀小説——以行狀爲中心》,《中山大學學報》2009年第4期。

釐清二者之間的關係,并更有效地接近上述問題之答案。

前文已述,歷朝官修史書中的資料來源紛繁多樣,具體到《宋史》的修纂上亦是如此。宋朝將來源不一的材料分體裁剪,按各自門類歸入衆史體名目之下。章如愚在《群書考索續集》卷十六《諸史門》“修纂”條中言:

史之目不一,而其凡有二:曰紀載之史,曰纂修之史。時政有記,起居有注,其紀載之史乎?纂修之史,名目滋多,實録云者,左氏體也;正史云者,司馬體也。紀其大事,則有《玉牒》;書其盛美,則有《聖政》;總其樞轄,則有《會要》。其曰《日曆》,合紀注而編次之也;其曰《寶訓》,於實録正史之外而撰定之也。其爲書也詳,其爲職也重。[1]

如章氏所言,宋代的修史制度异常完備,修史過程中取材網羅宏富,諸如《起居注》《時政記》《日曆》《實録》《國史》《寶訓》《聖政》《玉牒》以及帝王文集(御制集)等,皆成爲兩宋史料之重要來源。[2] 若要具體考索《宋史》諸列傳來源,則須對宋代《日曆》《實録》等的修纂有一大體認識,而其中與諸傳編纂關係最爲切要者又爲《日曆》。朱彝尊在《曝書亭集》中曾點出宋氏之史所以精確的關鍵所在。他説:

近世論史者,謂莫切於《日曆》。《日曆》者,史之根柢也。自唐長壽中,史官姚璹奏請撰《時政記》。元和中,韋執誼又奏史官撰《日曆》。《日曆》之設,其法以事繫日,以日繫月,以月繫時,以時繫年,猶有《春秋》遺法。而《起居注》亦專以甲子起例。蓋記事之法無踰此也。往宋極重史事,《日曆》之修,必諸司關白。如詔告制令,則三省必録,兵極邊事,樞庭必報,百官之拜罷,刑賞之與奪,臺諫之論列,給舍之繳駁,經筵之論答,臣僚之轉對,侍從之直前故事,中外之囊封匭奏,

1 〔宋〕章如愚:《群書考索續集》卷十六《諸史門》,影印文淵閣《四庫全書》第938册,上海古籍出版社,1987年,第222頁。

2 上述史書修纂形式雖然大都是因襲前代史體而繼爲之,但是宋代也有開創新史體以啓後代者,更有編纂形式承襲自前代,而在宋代推陳出新發揚光大的,《實録》《日曆》《玉牒》等即爲此類。相關研究可參考蔡崇榜:《宋代修史制度研究》,文津出版社,1993年。王瑞來:《宋代玉牒考》,《文獻》1991年第4期。王德毅:《北宋九朝實録修纂考》,《宋史研究論集》(第二輯),鼎文書局,1972年,第71~117頁。《宋代的日曆和玉牒之研究》,《臺灣大學歷史學系學報》1984年第10期。王曾瑜:《宋帝御集和御筆述論》,《蘭州學刊》2015年第3期。

下至錢穀甲兵,獄訟造作,凡有關政體者,必隨日以録。又慮其出於吏牘,未免訛謬,或一日之差,則後難考定,一事之失,則後難增補,此歐陽子所以慮日曆或至遺失,奏請歲終監修,宰相點檢,修纂官日所録事,有隳官失職者罰之,其於日曆慎重如此。日曆不至遺失,則後日會要之修取於此,他年實録之修取於此,百年之後,紀、志、列傳取於此,此宋氏之史所以爲精確也。[1]

據上引朱彝尊所載,則知日曆之重要程度。其尤值注目者曰"後日會要之修取於此,他年實録之修取於此,百年之後,紀、志、列傳取於此",可見會要、實録、國史之修纂,材料亦大體來自於兹。《南宋館閣録》中收有現今僅存日曆修纂式例,對日曆之修纂形式及收納範圍論述最爲清楚。録如下:

修日曆式。舊式,少監程俱定。紹興三十二年四月,少監陳之淵、著作佐郎張震復上《建炎以後日曆格》。至乾道間,著作佐郎鄭伯熊以新、舊格參立。

排甲子,節假,祭祀,忌日,御殿,後殿云"御後殿",前殿云"常朝",不坐云"不視朝"。宰執進呈,無節云"三省、樞密院奏事"。臣僚面對,進對奏事,進對則有"召見""引見",本職奏事則有"左右史直前""三衙倚杖子",面對奏事只云"面對"。朝見、辭,任滿回或差出回,或赴行在皆云"朝見進退";已有差遣云"朝辭進對"。引見公事,係推垛子轉員軍頭司。車駕出入,外國進奉,詔書,赦書,群臣上表有所請,唯録首表及第一批答;臣僚章疏并書,妃、主、相、將初拜及遷改録制書,兩府出入升降黜録麻詞,兩制有功過升降録制詞,雖監當亦書。文武官有功賞及特改官,官雖卑,因事賞罰者書。轉官,文臣宣義郎以上,武臣修武郎以上。差遣,文官在京職事官,在外監司、參謀參議官、知通以上;武臣總管、路分、州鈐轄,一路都、監、將、副諸軍陞改,雖官小,任京局并帶閣職亦書。詔書獎諭,諸司奏請改更條法關治體者書。臣僚薨卒行狀事迹,文臣卿、監,武臣刺史以上。没王事者不以官品高下悉書。致仕,文臣朝奉郎,武臣大夫以上。封贈,録子孫,賜章服,宗室賜名,講書,祥異,年終户口,大辟。[2]

1 〔清〕朱彝尊:《曝書亭集》卷六四《徐一夔傳》,世界書局排印本,1937年,第743頁。

2 〔宋〕陳騤撰,張富祥點校:《南宋館閣録》卷四《修纂下》,中華書局,1998年,第39~40頁。

“修日曆式”中既明言“臣僚薨卒行狀事迹，文臣卿、監，武臣刺史以上”皆在日曆收納範圍之内，則有關李全一生行實之資料也自當包羅於内，且從其收納標準來看也是符合的。李全初授武翼大夫、京東副總管，嘉定十二年（1219）三月經化陂湖大捷後進達州刺史，六月又因勸張林附表奉十二州版籍有功，進廣州觀察使、京東總管，嘉定十四年（1221）進承宣使，嘉定十五年（1222）加全招信軍（疑昭信軍）節度。從李全的身份地位和歷官過程來看，都是符合收録於日曆的標準的，何况李全之活動産生之實際影響頗巨。

由於宋朝的日曆、國史等所據材料主要來自官、私兩方面，[1]因此重點考察私家著述進入官修史書這一層面，對於理解《宋史》李全本傳的史料來源很有幫助。無論是日曆的修纂，還是據日曆而修成的實録，宋人都非常注重私家史料的搜集采納，這在南北宋都是如此。主修《仁宗皇帝實録》的北宋名臣韓琦，曾上《修仁宗實録畢乞不推恩札子》一篇，對於官私史料來源略有論及：

臣昨奉敕提舉編修《仁宗皇帝實録》，近已了畢，見抄録進呈次。臣竊以仁宗臨御天下四十二年，其間事迹至多，兼自前有中書、樞密院時政記并日曆所各積壓下十餘年文字，未曾編修。昨來逐旋伺候了當，方行撰次；及散下諸路取索臣僚墓志行狀，多以年祀之遠，難於尋究，以至經歷年歲。若非修撰官王珪等與檢討官員多方檢證，殫極聞見，究心纂集，則不能成此大典。[2]

韓琦札中談到爲了將《仁宗皇帝實録》修好，修撰官和檢討官“經歷年歲”，對官私史料“多方檢證，殫極聞見”方成此大典，可見修纂實録時需大量參稽私史材料。就是在戰亂頻仍的宋亡前夕，朝廷亦曾下詔搜求私史繳進入内，以備史官采擇。咸淳四年（1268），臣僚奏言：

1 宋人撰史，所據材料主要由官、私兩方面組成。歐陽修撰作的《新五代史》在這一點上有具體展現。清代學者趙翼對此早有察覺，并以爲這正是構成《新五代史》所以稱“良史”的重要要素。《廿二史札記》卷二一“歐史不專據薛史舊本”條：“歐史雖多據薛史舊本，然采證極博，不專恃薛本也。……蓋薛史第據各朝《實録》，故成之易，而記載或有沿襲失實之處。歐史博采群言，旁參互證，則真僞見而是非得其真，故所書事實，所紀月日，多有與舊史不合者，卷帙雖不及薛史之半，而訂正之功倍之，文直事核，所以稱良史也。”〔清〕趙翼著，王樹民校證：《廿二史札記校證》，中華書局，2013年，第484頁。

2 〔宋〕韓琦：《安陽集》卷三十五《修仁宗實録畢乞不推恩札子》，影印文淵閣《四庫全書》第1089册，上海古籍出版社，1987年，第420頁。

頃者恭覩玉音，搜訪理宗皇帝聖朝名臣文行，内有山林、官卑職微而事實可紀，忠義之節顯聞於時，隱逸丘園，孝弟之士，事迹灼然者，亦合立傳姓名，行下取索行狀、墓志、奏議等申者。[1]

據上，知對於理宗朝"合立傳姓名"者，朝廷曾動議對民間私史進行搜訪。由此可見，在官史初纂的原料采集階段就已非常注重吸收私史材料，而且在元人正式開館修撰《宋史》時，對私史之搜羅亦不遺餘力，所獲得的成果也頗爲豐碩，故有言曰"獨宋故史紀載詳備，今史氏勢不得盡削，而野史雜記當參證者不可勝數"[2]。

南宋理宗之後國史，今天所見之材料殘缺特甚，正如史所云"理宗國史載之過北，無復可考"[3]。其實，不唯理宗國史，其他諸朝國史也一并被運至北都。元滅宋之際，獲宋史館材料五千餘册。歐陽玄所言"收圖書於勝國，輯黼訏於神京。拔宋臣而列政塗，載宋史而歸秘府"[4]，此後元修《宋史》之整體框架也賴此而成。趙翼就已指出"宋代國史，國亡時皆入於元。元人修史時，大概只就宋本稍爲排次，今其迹有可推見者"[5]。雖宋代國史爲元人修《宋史》提供了原料，但是在這些宋舊史的基礎之上，元人爲進一步完善材料，仍然做了大量的參稽考訂工作。特别是在涉及南宋中晚期的一些史事人物時，在舊史基礎不是很好的情况下，需要花費很大力氣去搜訪和增添新的資料，因此不得不再次發起大規模的向下訪摭遺聞的活動。

早在元仁宗時，史臣袁桷爲纂修《宋史》就曾彙集大量相關資料，并向翰林國史院奏呈《修遼金宋史搜訪遺書條列事狀》，列出大類二十餘條，涉及宋代的書目已達百餘種，可以説已初步擬定了修史的體例。袁桷對《宋史》修纂的發凡起例之功自然不可磨滅，可惜的是袁桷所列出的百餘種書目中多係關北宋史

1 〔宋〕陽枋：《字溪集》卷十二《紀年録》，影印文淵閣《四庫全書》第1183册，上海古籍出版社，1987年，第438頁。

2 〔元〕危素：《説學齋稿》卷三《送劉子鉉序》，影印文淵閣《四庫全書》第1226册，上海古籍出版社，1987年，第718頁。

3 《宋季三朝政要箋證》，第29頁。

4 〔元〕歐陽玄著，魏崇武、劉建立校點：《圭齋文集》卷十三《進宋史表》，《歐陽玄集》，吉林文史出版社，2009年，第168頁。

5 《廿二史札記》卷二十三《宋史多國史原本》，第523頁。

者，於南宋史的材料則多所忽略。[1] 但是袁桷所倡導的搜訪遺書的工作，在元順帝至正三年（1343）正式開局修纂後由危素等人很好地繼承了下來，并陸續付諸施行。特別是在此前袁桷較爲忽略的南宋史料的搜集訂補方面用力甚多，成績最著。

> 至正三年國家作遼、金、宋三史，素以非才與修《宋史》。按太祖至徽、欽列傳至爲賅備，至高、孝、光、寧四朝史蓋蜀人李心傳氏所修，其闕漏不可計，心傳亦以是論罷。素博考實録中所附傳及他野史、文集、郡國志，粗見始終者稍稍補完。既而奉使購求遺書，所過求故家子孫問之，往往荒忽不知，是以執筆之際爲之嗟惋焉。[2]

對於"奉使購求遺書"的過程，危素在《史館購書目録序》中有較爲詳細的描述：

> 至正三年詔修遼、金、宋史，遣使旁午購求遺書，而書之送官者甚少。素以庸陋備數史官，中書復命往河南、江浙、江西。素承命恪共，不遑寧處，諭以皇上仁明，鋭志刪述，於是藏書之家稍以其書來獻，驛送史館，既采擇其要者書諸策矣。暇日因發故櫝，録其目藏焉。其間宋東都盛時所寫之書，世無他本者，今亦有之。朝廷之購求，民間之上送，皆至公之心也。素之跋山涉海，心殫力勞，有不足言。後之司筦鑰者誠慎守之，不至於散亡可也。有志於稽古者，豈必有所增廣其學問云耳。[3]

在詔修《宋史》的過程中，於藏書較富的河南、江浙、江西一帶，朝廷曾命史臣前往搜求圖書。《宋史》得以在短時間内修成，"朝廷之購求，民間之上送"這

1　袁桷爲修《宋史》所費心力頗多，前期已經做了大量的資料籌備搜集工作。然後因政局動蕩，遭逢南坡政變，原支持他的中書丞相拜住被殺，他的修史倡議遂未見采行。參見〔元〕袁桷著，楊亮校注：《袁桷集校注》卷四一《修遼金宋史搜訪遺書條列事狀》，中華書局，2012 年，第 1844 頁。〔元〕蘇天爵著，陳高華、孟繁清校點：《滋溪文稿》卷九《元翰林侍講學士知制誥同修國史贈江浙行中書省參知政事袁文清公墓志銘》，中華書局，1997 年，第 133 頁。

2　〔元〕危素：《危太樸文續集》卷九《書張少師傳後》，影印劉氏嘉業堂刊，新文豐出版公司，《元人文集珍本叢刊》第 7 册，1985 年，第 588 頁。

3　《説學齋稿》卷三《史館購書目録序》，第 723 頁。

一資料彙集的環節至關重要。因此,筆者以爲,在宋代修史制度的大背景下,從私史進入官修史書這一層面來考察。劉子澄的《淮東補史》一書,其主體人物的活動地域範圍均在搜訪遺書之内,且無論是在宋代修纂日曆、實録、國史等的史料初步彙集階段,抑或在之後元詔修《宋史》搜訪遺書的過程中,都有可能進入其材料的搜納視野,從而成爲《宋史》李全本傳的重要材料來源之一。

二、政治書寫與歷史演義:李全事迹的承衍流播

前文對《宋史》李全本傳的史源作了考述,認爲其大部分内容來自劉子澄所撰寫的《淮東補史》一書。除此之外,在宋人筆記及元人著述中也多有李全事迹的記載。特别是在元明兩代,關於李全事迹的記述已經脱離正史的軀殼,表現出日趨豐富的民間故事性的一面,甚至已經進入戲曲的舞臺中。明代著名戲曲家湯顯祖的代表性作品《牡丹亭》第十九齣,是關於李全夫婦的戲文:

> 【北點絳唇】(净扮李全引衆上)世擾羶風,家傳雜種。刀兵動,這賊英雄,比不的穿牆洞。野馬千蹄合一群,眼看江海盡風塵。漢兒學得胡兒語,又替胡兒駡漢人。自家李全是也。本貫楚州人氏。身有萬夫不當之勇。南朝不用,去而爲盗。以五百人出没江淮之間,正無歸著。所幸大金皇帝,遥封俺爲溜金王。央我騷擾淮揚,看機進取。奈我多勇少謀,所喜妻子楊氏娘娘,能使一條梨花槍,萬人無敵。夫妻上陣,大有威風。則是娘娘有些喫酸,但是擄的婦人,都要送他帳下。便是軍士們都只畏懼他。正是:"山妻獨霸蛇吞象,海賊封王魚變龍。"【番卜弄】(丑扮楊婆持槍上)百戰惹雌雄,血映燕支重。(舞介)一枝槍灑落花風,點點梨花弄。(見舉手介)大王千歲。奴家介冑在身,不拜了。(净)娘娘,你可知大金皇帝,封俺做溜金王?(净)怎麽叫做溜金王?(净)溜者順也。(丑)封你何事?(净)央俺騷擾淮揚三年。待俺兵糧齊集,一舉渡江,滅了趙宋。那時還封俺爲帝哩!……。[1]

戲文中對李全夫婦進行了繪聲繪色的描寫,使得其狡黠、叛逆、跋扈之形象躍然紙上。如細細尋繹,其主體事迹竟皆與《宋史》中所記載大致相符。當然,

---

1 〔明〕湯顯祖著,徐朔方、楊笑梅校注:《牡丹亭》,人民文學出版社,1963年,第88~89頁。

戲曲小説中擷取之李全夫婦形象,是在其真實歷史形象的基礎之上經由文學創作者進行加工塑造而成的。雖然歷史文本和文學文本在叙述的類型上存有差異,但若從事件之最早起源文本角度來看,則恐怕大多數是一致的。尤其應當强調的是,歷史文本和文學文本在叙述基調和主導意識的落實上,皆會受到原初文獻記載的影響,而其中又以文學文本所受歷史文本的叙述影響爲多。

在此,爲研究方便起見,筆者擬將叙述分兩類進行陳述:即將歷史文本中對該事件與人物的描述稱爲"史述",將文學文本中對該事件人物的描述稱爲"演述"。將李全事迹置於"史述"和"演述"互見文本大背景下進行分析,重點考察該事迹在不同文本和地域之間的流傳情況,尤其是要考察從"史述"文本到"演述"文本的類型轉變過程中,具體到本文論述的重點,即在官私傳寫及家族記憶的傳承中,是什麽因素促成了這一事迹民間性格面貌的生成。

《宋史》李全本傳中對李全夫婦一生的行迹進行了詳盡的描繪,它是至今所見最詳細的"史述"文本。而通過前文的簡要勾勒,我們也粗略知道了他跌宕傳奇的一生。李全事迹不僅在明代"演述"文本《牡丹亭》中有所表現,同時,在元明兩代其他士人文本論著中也見有記載。如元人盛如梓就曾記下一筆與李全相關的故事:

> 趙南仲兄弟平李全日,參議官則全子才。有蔣山僧見全喜甚曰:"逆全誅矣!"問其故,曰:"公之姓,賊之名也。公之名,賊姓而少一乀。合姓名而觀,是倒懸李全而無左臂也。"其説果驗。[1]

這則近乎讖語的記載更增添了李全事迹的傳奇性,正是他的傳奇經歷,以及從他身上折射出來的多重人格色彩,時常引起後人的感嘆。元人吴萊在《檢故庋得故洪貴叔所書〈李鐵槍本末〉寄洪德器》詩曰:

> 天地昔未一,朔南遂分疆。中原久喪亂,白刃皎如霜。李全本崛强,手挾但鐵槍。山東數十城,叱作古戰場。茫然即斷指,設誓如刲羊。一朝與旌節,正面將假王。云何引盗賊,遽爾升堂隍。豈其弱能立,當彼驕則亡。日落山海暗,群龍血玄黄。陳安偶從晋,侯景徒禍

1 〔元〕盛如梓:《庶齋老學叢談》卷上,影印文淵閣《四庫全書》第866册,上海古籍出版社,1987年,第528頁。

梁。於人欲使詐,在國須謀長。大福豈無妄,佳兵終不祥。誰令送死處,竟以抱甲僵。漢盤忽已折,周鼎那能常。籲兹撫舊墨,我涕徒爲滂。俛仰千古意,悲風嘯枯桑。[1]

這首詩是他在讀過宋末元初浙江義烏人洪貴叔寫的《李鐵槍本末》後有感所作。根據周密的記載,他在撰寫李全事迹條目之前參考了劉子澄的《淮東補史》,但是他仍認爲此書不盡如人意,遂結合自己所見資料加以增補。周密所參考的衆多文獻大多都是私家史料,很多還具備口傳性質。顯然,他認爲這些口傳的材料是可信的,是可"補劉氏之闕文"的。這在前揭文字中已經有過論述。周密在爲《齊東野語》所作的自序之中開門見山地交代了這本書的資料來源:

余齠侍膝下,竊剽緒餘,已有叙次。意嘗疑某事與世俗之言殊,某事與國史之論异。他日,過庭質之,先子出曾大父、大父手澤數十大帙示之曰:"某事然也。"又出外大父日録及諸老雜書示之曰:"某事與若祖所記同然也。其世俗之言殊,傳訛也;國史之論异,私意也。小子識之。"又曰:"定、哀多微詞,有所辟也。牛、李有异議,有所黨也。愛憎一衰,論議乃公。國史凡幾修,是非凡幾易,而吾家乘不可删也,小子識之。"

洊遭多故,遺編巨帙,悉皆散亡。老病日至,忽忽漫不省憶爲大恨。閒居追念得一二於十百,懼復墜逸爲先人羞。乃參之史傳諸書,博以近聞脞説,務求事之實,不計言之野也。[2]

既然《齊東野語》編撰之原則爲"參之史傳諸書,博以近聞脞説,務求事之實,不計言之野",可見撰著原則是爲實而書,那麼它的記載還是有一定的可信度的。通過元初宋遺民詩社"月泉吟社"成員洪貴叔寫的《李鐵槍本末》、周密的《齊東野語》及元末吴萊寫的《檢故庋得故洪貴叔所書〈李鐵槍本末〉寄洪德器》五言古詩這些"演述"文本的記録,我們得知,宋、金、元三朝鼎革之際的李全事迹,從宋末直到元末都在江南一帶流傳,其影響頗巨,引起文人學者們不同程

1 〔元〕吴萊:《淵穎集》卷四《檢故庋得故洪貴叔所書〈李鐵槍本末〉寄洪德器》,影印文淵閣《四庫全書》第1209册,上海古籍出版社,1987年,第58頁。

2 《齊東野語》,第4頁。

度的關注，到明代甚至進入湯顯祖《牡丹亭》這樣著名的戲曲文本當中。此處先且不言這些“演述”文本中的記載與“史述”文本之間是如何糾葛雜糅的，筆者欲先論證的是爲何這一事迹在周密所居之江南地域具備如此大而長久的影響力，且互涉文本記載如此之廣，下文即試着給出一個解答。

依據周密的説法，在他撰寫李全事迹條目時，李全的故事已經在江南地域流傳了。南宋中晚期李全率衆咆哮山東淮海一帶的歷史事件，影響至巨，故人們對其事迹有所耳聞且相互口傳是可以理解的。如若轉换視角，循此口耳相傳之角度繼續深入挖掘，或有意想不到之收穫。

歷史的記憶無非口頭表述和書面記録兩種類型。有學者將人類歷史的記録方式細分爲“口傳—記事—叙事”三個階段。并認爲在人類歷史記録的第一個時期只有口傳，第二個時期則是口傳和記事并存，到第三個階段則進入口傳、記事、叙事三足鼎立的時期。由記事到叙事，是一個由官方記録而民間編纂，由簡而繁的過程，反映了人類記憶與回憶方式的漸進發展歷程。[1] 這裏對於歷史記録三個階段的劃分不作探討，借此需要注意的是口傳在文本的生成和歷史記憶的傳承中發生的作用。人類作爲歷史記憶傳承的載體，無論是在文本還是口頭這兩種形態上皆有賴其完成。

有關李全事迹之文本記述大致如上文所言，那麽這一事迹的歷史記憶在口頭傳承上是如何得以完成的呢？被趙氏兄弟誅殺於揚州城西門外的李全自然無法成爲其事迹的自我叙述者。在生前没有留下自我叙述文本的情况下，自我的逝去意味着自我叙述的消失，那麽相關歷史記憶的陳述權則轉入他者手中。在此，我們就有必要考察李全在揚州城外被殺之後其潰散餘部的去向。因爲其事迹很可能隨着他的餘部的流散而進一步擴散傳播。

根據相關史料的記載，李全在揚州殞命之後，其殘餘的大部分武裝力量繼續由其妻子楊妙真所統領，并率衆向南宋發動過一次爲夫尋仇的大反攻。史云正大八年（宋紹定四年）（1231）“五月，楊妙真以夫李全死於宋，構浮橋於楚州

1　錢茂偉：《由記事而叙事：中國早期史學的文本化歷程》，《東吴歷史學報》2005 年第 14 期。更詳細具體的論述參見其《中國傳統史學的範型嬗變》一書，黑龍江人民出版社，2010 年。

之北,就北帥梭魯胡吐乞師復仇”[1]。但是楊妙真企圖大舉反攻宋朝爲夫報仇的計劃最終宣告失敗。楊氏竄歸山東後,又數年而薨。對於楊氏歸漣水以後事,史雖未及,幸碑刻有載:

> 帥(李全)即平定山東,□吞淮海,因攻揚州,殁於城下。公(董進)率麾下推其夫人楊氏權主軍務,衆皆悦服。越明年,楊氏入覲,得紹夫職,假公以軍帥之□,使代征戍之勞,又常乘傳赴闕奏事,進貢諸物。楊氏辭政,公亦尋解兵柄。[2]

根據碑文的記載,李全戰死,楊氏在決意歸老漣水後,又得到李全原來衆部下的推服,并於紹定五年(1232年,元太宗窩闊台四年)入覲當時的蒙古大汗窩闊台,正式紹續其夫李全降蒙後的職位,出任蒙古的“行山東淮南尚書省事”。大概履職不久,楊氏即又上書請辭行省職務,但遭到時任中書令耶律楚材的反對。[3] 耶律楚材在回覆楊氏的信札中明確拒絕了其辭政的請求,認爲楊妙真有巾幗不讓鬚眉之姿,當繼續爲蒙古盡力,寬解蒙古南顧之憂,且可伺機再次尋找爲夫報仇的機會,“無忘北闕之恩,秣馬厲兵,可報西門之役”[4]。楊氏請辭既不允,只好繼續擔任行省職務,直至淳祐十二年(1252年,元憲宗蒙哥二年)李全之子李璮成爲山東軍事武裝力量的繼任者,正式接掌山東淮南省事職事。在此之後,他憑藉自己的驍勇善戰而又兼具天時地利坐收漁鹽之利,大肆發展勢力并試圖聯絡其他漢地世侯,與南宋暗通款曲,并於“景定壬戌(1262年,元世祖中統三年)起兵反元。起兵之後終因孤軍深入又未能得到南宋的及時支援,再加上原先相約起兵的北方其他漢地世侯又按兵不動,坐視其困守孤城,故不久

1 〔元〕脱脱等撰:《金史》卷一百十四《白華傳》,中華書局,1975年,第2507頁。

2 〔清〕畢沅、阮元撰:《山左金石志》卷二十二《故膠州知州董公神道之碑》,影印清嘉慶二年儀徵阮氏小琅嬛僊館刊本,中國東方研究會歷史文化分會編《歷代碑志叢書》第15册,江蘇古籍出版社,1998年,第251頁。

3 碑文言“楊氏辭政”,未言明請辭時間。請辭時間,根據學者研究,大概即在1232至1233兩年間。見陳高華《湛然居士集中“楊行省”考》,《歷史研究》2000年第3期。

4 〔遼〕耶律楚材著,謝方點校:《湛然居士文集》,中華書局,1984年,第184頁。

即被史天澤活捉并殺於陣前。[1] 在其受圍之日，曾作《水龍吟》一詞：

腰刀首帕從軍，戍樓獨倚閒凝眺。中原氣象，狐居兔穴，暮煙殘照。投筆書懷，枕戈待旦，隴西年少。嘆光陰掣電，易生髀肉，不如易腔改調。世變滄海成田，奈群生，幾番驚擾。干戈爛漫，無時休息，憑誰驅掃。眼底山河，胸中事業，一聲長嘯。太平時，相將近也，穩穩百年燕趙。[2]

李全雖叛逆跋扈，但是其子李璮後來又欲盡力於宋。其意欲驅掃干戈，成就事業，心胸氣勢在這首詞中已經稍有流露。李璮帶領原來的武裝力量本就來源自山東益都、淄、萊地區。這一武裝力量直到後來李璮在濟南兵變被殺，軍隊成員被告變有功的李恒所收編，原屬於李璮管轄的地盤也轉而由淄州李氏世代經營。這一情況，《元史》李恒本傳透露出零星的信息：

李恒字德卿。其先姓於彌氏，唐末賜姓李，世爲西夏國主。……中統三年，命恒爲尚書斷事官，恒以讓其兄。李璮反漣海，恒從其父棄家入告變，璮怒，系恒闔門獄中，璮誅，得出。世祖嘉其功，授淄萊路奧魯總管，佩金符，并償其所失家資。至元七年，改宣武將軍，益都、淄萊新軍萬户，從伐宋。[3]

根據《元史》李恒本傳的記載，李恒先世原爲西夏國主，又是西夏神宗的嫡曾孫，在西夏國亡後歸附蒙古，成了蒙古國内的西夏遺民。李璮叛亂，大批曾經受到忽必烈重用的漢人、色目人或與其勾結或和他保持聯繫，但是與蒙古有亡國滅族之痛的李恒却入京告變，這大大扭轉了忽必烈對待西夏遺民的看法。[4] 李璮兵變被誅殺後，李恒也因告變有功被元世祖"授淄萊路奧魯總管"作爲獎

1 有關李璮叛亂的研究，可參見周良霄：《李璮之亂與元初政治》，《元史及北方民族史研究集刊》1980年第4期。森田憲司：《李璮の亂以前：石刻史料を材料にして》，《東洋史研究》1988年47卷3號，第452~471頁。陳學霖：《王文統"謀反"事件與元初政局》，《史林漫識》，中國友誼出版公司，2001年。

2 徐釚著，唐圭璋校注：《詞苑叢談》，中華書局，2008年，第137頁。校注者在此詞後注此條不知何據，未説明該詞的來源。此恐係核檢未周所致，該詞來自明代祝允明《前聞記》之"李璮"條。

3 〔明〕宋濂等撰：《元史》卷一二九《李恒傳》，中華書局，1976年，第3155~3156頁。

4 筆者懷疑，李恒的告變可能與長居益都一帶諸萬户府相互間力量的争勝角逐碰撞有關。

勵，至元七年（1270）又“改宣武將軍，益都、淄萊新軍萬户”[1]。此後原本屬於李璮的地盤遂由李恒接管，而李璮所殘留下來的部分兵馬人員也順理成章地歸入李恒帳下。後身爲益都、淄萊新軍萬户的李恒又在平宋的戰役中建立了非凡功業。

李恒在平宋過程中被“授昭勇大將軍、同知江西宣慰司事，加鎮國上將軍”，後又“遷福建宣慰使，改江西宣慰使”[2]。無論是出使福建還是任職江西，其所帶領隊伍的人員結構仍主要是以當時益都、淄萊地區的兵員爲主，而其中很大一部分人員正是李璮的殘部。事實上，李恒家族自身也較早地在淄州地區立足。

根據《元史》李恒本傳的記載，李恒有子三人，曰“散木斛（李世安），江西行省平章政事；囊加真（李世雄），益都、淄萊萬户；遜都台（李世顯），同知湖南宣慰使司事；孫薛徹干，兵部侍郎；薛徹秃，益都般陽萬户”[3]。其中，尤以長子李世安的功勳最爲卓著。李恒在征伐交阯的戰役中中毒箭身亡後，正是李世安繼承了其益都、淄萊路新軍萬户之職，不久奔赴江南各地任官，常年往來於山東和江南兩地之間。據墓志銘的材料記載，李世安追隨父親參與了南下平宋的大小戰役，逐步建立功勳，執政“以金符、銀符畀公，給散進階嘉議大夫，新軍萬户，尋升同知江西宣慰使，後奉特□世襲益都、淄萊上萬户”，後又爲“正議大夫，僉江西等處行中書省事兼本軍萬户”[4]。

現有的研究成果顯示，元代益都諸萬户府，是在元平宋過程中，尤其是在宋元襄樊戰役後開始逐步建立起來的，諸萬户府兵源主要來自益都、淄萊等地，將領們也大都具有益都背景。各萬户在元平宋之後隨着軍事任務的調整鎮戍地

1 李恒這一舉動，使得西夏遺民對新王朝的效忠再次贏得元世祖忽必烈的信任。他的表現也促使了忽必烈在對待西夏遺民的態度上發生了質的轉變。學界有關元代西夏遺民的研究，主要可參考湯開建：《元代西夏人的政治地位》，《黨項西夏史探微》，商務印書館，2013 年，第 435 頁～462 頁；《元代西夏人的歷史貢獻》，《黨項西夏史探微》，商務印書館，2013 年，第 463 頁～480 頁；《增訂〈元代西夏人物表〉》，《黨項西夏史探微》，商務印書館，2013 年，第 481 頁～510 頁。

2 《元史》卷一二九《李恒傳》，第 3157 頁。

3 《元史》卷一二九《李恒傳》，第 3159 頁。

4 《吴文正集》卷八五《元故榮録大夫江西等處行中書省平章政事李公墓志銘》，第 803 頁。

相應也發生了改變，其中駐軍又以沿江重鎮和江南地區省會城市爲主。[1] 因此可以説，淄州李氏家族率領益都、淄萊地區的兵員在幾乎整個江南地區間常年往返，李全事迹是很容易在這一地區進一步擴散流傳的，再加上李全事迹所具備的豐富民間性格因子，非常符合一般大衆的獵奇心理，這又使得受衆範圍大大擴展。從家族記憶的傳承轉向來看，我們甚至可以大致描繪出這一事迹的傳播路徑，即李全事迹原作爲濰州李氏（李全）家族的家族記憶，最初先由李璮所領導的山東武裝軍事力量所繼承，待李璮兵敗被殺後，這一事迹又經淄州李恒家族的世代繼承而擴散至江南一帶。簡而言之，其傳播主綫大致如下：

李全事迹→楊妙真→李璮→淄州李氏族人→其他

除去上面論述的這一因素之外，或許另外一層關係也還起着一定作用。李璮娶了兩任妻子，一位就是王文統的女兒，而另一位則是塔察爾國王的妹妹。李璮與塔察爾國王的妹妹育有一子，他們的這個兒子并未因李璮的兵變而被牽連誅殺，而是被忽必烈收留。[2] 這也許與他身上保有的蒙古王室血統有關。作爲身上流着蒙古皇族血液的李璮嫡長子來説，他的存在，也一定程度上促成了李全事迹在元朝治下江南地區的傳播，尤其是駐扎在這裏的部隊還是原本由其父親所統御的益都、淄萊等地區的武裝力量，這又對李全事迹的流播起到作用。

餘論

隨着研究的日漸深入和研究手法的豐富多樣，很多政治學、民俗學、社會學、人類學等其他學科領域的知識進入傳統史學研究中，給現今的歷史研究帶來了新的研究視角，這使得之前既定之概念、思考之方式及研究之框架很有重新探討的必要。以李全的研究爲例，過去將其置於舊式的農民起義或者民衆叛亂背景之下進行的研究已稍顯過時，拘泥於這種觀念之下所得出的某些特定觀點或亦當摒除。

基於此種考慮，筆者以爲，關於李全的研究或可呈現出更爲豐富之面貌。對於李全事迹的歷史書寫問題，文中主要涉及歷史編纂方面，側重從官、私史撰

1 陳廣恩：《元益都諸萬户府考》，《史學月刊》2015 年第 6 期。

2 參見前揭周良霄與陳學霖二文。

寫的角度入手,考證《宋史》李全本傳的主體史料來源問題。認爲官修《宋史》李全本傳中的大部分材料來自劉子澄私人所撰的《淮東補史》一書,由於《淮東補史》一書已經亡佚,無法與本傳内容進行詳細比堪,因而同樣應當放置於歷史書寫範圍内探討的書寫策略和意識方法等問題已很難窺測。

紀傳體史書自司馬遷開創以來,被歷代官方正史承襲,且對東亚史書的編纂影響至巨。而同爲紀傳體史書的歷代正史,又有官修、私撰的區分。如《史記》諸列傳,太史公多將個人身歷之經驗和聞見熔鑄其間,因此不僅列傳本身,就是作者身處之大時代,都成爲其創作和閲讀鏈條中的一環,這又使得作品得以和文本之外的現實互涉,讀《史記》中列傳能够感知在傳主的生命歷程之外烙上的時代印記,由此太史公的取舍判斷亦灼然可辨。然閲讀《宋史》列傳,人物撰述多資料排比,人物形象乾癟且内容空洞,多似爲官履歷,而由太史公開創之傳統在此已很少留下履痕。若從總體大勢上來判斷,可能是由一個史書撰述大傳統斷裂所致,而這一撰述傳統的斷裂,恐怕與官方王朝權力的介入有直接關係,正因官方權力介入歷史書寫越來越深,這無形中就造成了撰史者歷史書寫的焦慮和書寫模式的轉型。官修史書中普遍很少見到對當代人物事件的直接評價或撰述者較爲直接的情感表達,而是將其隱滅在書與不書的材料取舍之下,讀者只能結合相關記載對此進行雪泥鴻爪似的追繹。《宋史》李全本傳的書寫與其他諸傳書寫頗爲不同,其占據篇幅較大,人物形象豐滿,這恐怕與它主體材料多采自個人私撰有很大關係。

顧炎武曾敏锐指出"列傳之名,始於太史公,蓋史體也。不當作史之職,無爲人立傳者,故有碑、有志、有狀而無傳……自宋以後,乃有爲人立傳者,侵史官之職矣"[1]。唐宋以來這一現象已經較爲凸顯。章學誠繼承了顧炎武的這一觀點,并在此基礎上有更進一步的闡發。他説:"吾觀近日之文集,而不能無惑也。史學衰,而傳記多雜出,若東京以降,《先賢》《耆舊》諸傳,《拾遺》《搜神》諸記,皆是也。史學廢,而文集入傳記,若唐、宋以還,韓、柳志銘,歐、曾序述,皆是也。負史才者不得身當史任,以盡其能事,亦當搜羅聞見,覈其是非,自著一書,以附

1 〔清〕顧炎武著,陳垣校注:《日知録校注》,安徽大學出版社,2007年,第1071頁。

傳記之專家。"[1]章學誠的話可以很好地幫助我們瞭解到劉子澄撰述《淮東補史》的執筆動機。從劉子澄自身經歷來看,其人"負氣任俠"又"頗具史才",且介入南宋晚期政治生活頗深,多次遭到貶黜。按照章學誠的説法,有史才而無史職或史權者,則有多"搜羅聞見,覈其是非,自著一書,以附傳記之專家"的傳統。劉子澄文集今已不見,而其所撰《淮東補史》一書則成爲元人修《宋史》李全本傳的重要材料來源之一。

與第一部分着力從文本上進行探討不同,文章第二部分致力於從口傳的角度切入,研究作爲李全事迹的承衍流播問題。有關李全事迹的記憶,最初由其子李璮當作家族記憶加以傳承,至李璮叛亂後而轉向淄州李氏家族中。在這裹,記憶并不是歷史的對立面,而應當同樣被歸入史學範疇加以對待。我們今天所説的口述史、公衆史學等,似都可歸入此類,它不僅成爲文本形成過程中的一種過渡形式,也應是與文本相伴生的一種文化形態,并與史述文本共同構成歷史研究可相互校正的兩個方面。就李全事迹而言,劉子澄《淮東補史》從撰述角度來看僅僅是其私人記憶的表現,而元人修宋史時將其編纂進列傳中,則將原本作爲私人記憶的東西納入公共叙事的領域中,這裹面勢必會發生一些較爲有趣的變化,惜劉書亡佚,現很難作進一步分析,但無論如何,劉書爲我們從記憶和書寫角度探討這一問題提供了幫助。

1 〔清〕章學誠著,葉瑛校注:《文史通義校注》卷四《内篇四・黠陋》,北京:中華書局,1985 年,第 429 頁。

宋代筆記的花卉學知識

香港大學中文學院　蔡崇禧

前　言

筆記是以散文形式所寫零星瑣碎的隨筆、雜録，[1] 這類著作在宋代（960—1279）有很大發展。宋代筆記的外部結構日漸成熟，[2] 其内容亦比前代更爲豐富、廣泛，[3] 如《野客叢書》"門分類聚，鉤隱抉微，考證經史百氏，下至騷人墨客佚事，細大不捐" [4]，《東園叢説》亦是"其間經史子集、天文地理、曆數之説，無不有之" [5]。李約瑟（Joseph Needham，1900—1995）曾指出這類稱爲"筆記"或"筆談"的文獻中有很多科學觀察的記載。[6] 另一學者張暉亦提出宋代筆記爲研究古代水利工程、光學、磁學、生物學、古生物學、漁業、機械製造、治水、潮汐理論及醫學等提供了珍貴的資料。[7] 然而現時學術界少有文章探討宋代筆記所載的科學資料。在這些科學資料中，其實有不少涉及花卉學知識，本文即擬以此作爲研究對象。雖然宋代以前的筆記也載有關於花卉的資料，如《開元天寶遺事》便有多條唐代（618—907）宫廷及民間賞花的史料，[8] 但將前代與宋代的筆記加以相比，便不難發現宋代筆記所載的花卉學知識豐富多樣。這無疑是宋代筆記

1　劉葉秋（1917—1988）：《歷代筆記概述》，北京出版社，2003 年，第 1 頁。

2　張暉：《宋代筆記研究》，華中師範大學出版社，1993 年，第 29～36 頁。

3　鄭憲春：《中國筆記文史》，湖南大學出版社，2004 年，第 19 頁。

4　〔宋〕郭紹彭（活躍於 1214 年前後）：《宋王先生壙銘》，《野客叢書》附録，中華書局，1987 年，第 362 頁。

5　〔宋〕李如篪（活躍於 1132 年前後）：《東園叢説》卷首《東園叢説原序》，《景印文淵閣四庫全書》第 864 册，臺灣商務印書館，1983—1986 年，第 1 頁上。

6　Joseph Needham, *Science and Civilisation in China* Vol.1 Part.1（Cambridge：Cambridge University Press, 1954），p.135.

7　《宋代筆記研究》，第 62 頁。

8　《開元天寶遺事》載有多條唐代賞花的資料，如《隨蝶所幸》《花妖》《助嬌花》《看花馬》《銷恨花》《醒酒花》《解語花》及《裙幄》等，見《開元天寶遺事十種》，上海古籍出版社，1985 年，第 68、72、74、77、78、86、96 及 97 頁。

的其中一個特別之處,值得研究者多加重視。本文將探討宋代筆記中的花卉學知識,并分析其常見載於筆記的原因及研究價值。藉着這個較少學者注意的地方,相信可以從另一個側面讓我們對宋代筆記及當時的社會有更多瞭解。

一、宋代筆記中的花卉學知識

所謂花卉學,是指花卉的種類、形態、習性、培育及應用技術的學科。[1] 雖然宋代還未有花卉學的概念,但翻閱出自宋人之手的筆記時,不難發現當中載有不少涉及花卉學的資料,以下將按上述五個範疇加以析述:

(一)種類

宋人欣賞的花卉種類衆多,由於有些花卉有多個名稱,或同名而异花,因此有些筆記會對植物加以考訂和分辨,如《雲麓漫鈔》載:

> 李衞公(李德裕,787—850)《草木記》有永嘉之簇蝶。今此花來於浙東,四布如蝶。中有攢蕊,晏元獻(991—1055)云:"疑是簇蝶也。"公有《玉蝴蝶詩》,注此於下。蘇子由(蘇轍,1039—1112)又有《萬蝴蝶花詩》云:"誰唱殘春蝶戀花,一園粉翅壓枝斜。美人懶向釵頭插,猶恐驚飛避鬢鴉。"則知簇蝶、萬蝴蝶,即今之玉蝴蝶也。[2]

通過詩文的比對,趙彦衛(1163年進士)提出玉蝴蝶即簇蝶、萬蝴蝶。莊綽(活躍於1126年前後)則在《雞肋編》分辨蘭與蕙:

> 蘭、蕙葉皆如菖蒲,而稍長大,經冬不凋。生山間林篁中,花再重,皆三葉,外大内小。色微青,有紫文。其内重一葉,色白無文,覆卷向下,通若飛蟬之狀。以春秋二時開。莖短,每枝一花者,爲蘭。莖長,一枝數花者,爲蕙。《本草》載蘭草、馬蘭、澤蘭、山蘭四種。蘭草葉似澤蘭,尖長有枝,花紅白色而香,生下濕地。澤蘭生下地水傍,葉似蘭

1 南京林業學校主編:《花卉學》,中國林業出版社,1993年,第5頁。另外,陳雅君等亦提出:"花卉學是研究花卉資源及其分類、花卉生長發育、花卉生物學特性及其與環境條件的關係,探究花卉繁殖、栽培管理及應用等方面的理論和技術的一門科學。"見陳雅君等主編:《花卉學》,氣象出版社,2010年,第1頁。所述範疇與南京林業學校編寫的《花卉學》基本相同。

2 〔宋〕趙彦衛撰,傅根清點校:《雲麓漫鈔》卷4,中華書局,1996年,第68頁。

草，赤節，四葉相值歧節間。馬蘭生澤傍，氣臭，花似菊而微紫。山蘭生山側，似劉寄奴，葉無椏不對生，花心微黄赤。又有木蘭，乃大樹。皆非騷人所歌詠者。[1]

他以葉的長短、花的數目來分辨二者，并指出同樣以"蘭"爲名的植物——蘭草、馬蘭、澤蘭、山蘭，其實都不是蘭花。莊氏的分析雖然與現代的植物分類法有很大距離，但他在分析時列舉了花葉的形狀與顔色、氣味、生長的環境等，可知宋人已能按生長條件、形態、習性等來分辨花卉種類。另外，《雲麓漫鈔》指出山礬即鄭花，[2]《西溪叢語》提到瓊花即聚八仙花等，可見這些分辨、考訂花卉種類的内容在宋代筆記很常見。[3]

有些花卉尚可以細分爲不同品種，如宋人所重的牡丹已有超過一百種之多，[4]這些品種在宋代筆記中也有提及，如《邵氏聞見録》載：

"姚黄"初出邛山後白司馬坡下姚氏酒肆，水地諸寺間有之，歲不過十數枝，府中多取以進。次曰"魏花"，出五代(907—960)魏仁浦(911—969)樞密園池中島上。……"姚黄"自穠緑葉中出微黄花，至千葉。"魏花"微紅，葉少減。此二品皆以姓得名，特出諸花之上，故洛人以"姚黄"爲王，"魏花"爲妃云。[5]

該書記下了牡丹兩個重要的品種——姚黄及魏紫，并記述二者之得名、形態及培育的地方。

(二)形態

宋代筆記常載花卉的形態特徵，如上述玉蝴蝶花及牡丹的例子，在記下花

1　〔宋〕莊綽撰，蕭魯陽點校：《雞肋編》卷上，中華書局，1983年，第9頁。

2　《雲麓漫鈔》卷4，第66~67頁。

3　〔宋〕姚寬(1105—1162)撰，孔凡禮(1923—2010)點校：《西溪叢語》卷下，中華書局，1993年，第125頁。

4　《邵氏聞見録》載："天聖間(1023—1032)錢文僖公(錢惟演，977—1034)留守時，歐陽公(歐陽修，1007—1072)作《花譜》，才四十餘品，至元祐間(1086—1094)韓玉汝(韓縝，1019—1097)丞相留守，命留臺張子堅(張峋，活躍於1066年前後)續之，已百餘品矣。"見邵伯温(1056—1134)撰，李劍雄、劉德權點校：《邵氏聞見録》卷17，中華書局，1983年，第186頁。

5　同上書，卷17，第186頁。

卉的種類時即有兼及形態。《澠水燕談録》則載有海仙花的形態：

> 朐山有花類海棠而枝長，花尤密，惜其不香無子。既開，繁麗裊嫋，如曳錦帶，故淮南人以錦帶目之。王元之（王禹偁，954—1001）以其名俚，命之曰海仙。[1]

海仙花乃是忍冬科錦帶花屬的落葉灌木，其枝條細長而柔軟，花朵茂密，花冠爲紫紅色或玫瑰紅色，内面爲淺紅色。[2] 由於海仙花結果後種子細小，難於采收，故古人以爲海仙花無子。枝長、花密、無子等這些海仙花的特點，在以上所引的《澠水燕談録》均有所反映。《曲洧舊聞》也有關於花卉形態的文字，書中提到當時有一種稱爲鷺鷥花的花卉：

> 鄭、許田野間，二三月有一種花，蔓生。其香清遠，馬上聞之，頗似木樨花，色白。土人呼爲鷺鷥花，取其形似也，亦謂五里香。[3]

此花清香色白，於田野間蔓生，花形似鷺鷥，對其的描述即包括了其花形、顔色、氣味、枝條等資料。《曲洧舊聞》亦記下了姚黄的特徵，謂："其中姚黄尤驚人眼目，花頭面廣一尺，其芬香比舊特异，禁中號一尺黄。"[4] 據此可知姚黄花形甚大，花香亦與其他品種不同。至於《雲麓漫鈔》則記載了蠟梅的形態：

> 今之蠟梅，按山谷（黄庭堅，1045—1105）詩後云："京洛間有一種花，香氣似梅花，亦五出而不能晶明，類女功撚蠟所成，京洛人因謂蠟梅。木身與葉乃類蒴藋，竇高州家有一叢，能香一園。"[5]

由此可知蠟梅有五片蠟黄色的花瓣，香氣似梅花，枝葉與蒴藋相類。這段文字亦見於黄庭堅的詩集，[6] 但也算是記録了蠟梅的形態特徵。

---

1 〔宋〕王闢之（1067 年進士）撰，吕友仁點校：《澠水燕談録》卷 8，中華書局，1997 年，第 97 頁。

2 中國科學院《中國植物志》編輯委員會編：《中國植物志》第 72 卷，科學出版社，1988 年，第 132 頁；陳俊愉（1917—2012）、程緒珂主編：《中國花經》，上海文化出版社，1990 年，第 533 頁。

3 〔宋〕朱弁（1085—1144）撰，孔凡禮點校：《曲洧舊聞》卷 3《鷺鷥花》，中華書局，2002 年，第 126 頁。

4 同上書，卷 4《牡丹花品》，第 137 頁。

5 《雲麓漫鈔》卷 4，第 66 頁。

6 〔宋〕黄庭堅撰，任淵（活躍於 1155 年前後）等注，劉尚榮校點：《黄庭堅詩集注》卷 5《戲詠蠟梅二首》，中華書局，2003 年，第 201 頁。

(三)習性

宋人對花卉的生長習性也多加留意,張邦基(活躍於 1131 年前後)發現茉莉花在閩、廣甚多,而浙江一帶却需要由福建輸入,主要因爲茉莉花“性不耐寒,極難愛護,經霜雪則多死,亦土地之异宜也”[1]。對於花卉生長特性與環境的關係,袁文(1119—1190)在《甕牖閒評》中也提道:“浙中海棠開遲,故小詞云:‘海棠花謝清明後。’以此知三月始開也。”[2]《雞肋編》則記載多種花卉在南雄州之生長情況:

> 東坡居士(蘇軾,1037—1101)云:“嶺南地煖,百卉造作無時。”南雄州在大庾嶺下纔數十里,與江南未相遠也,而氣候頓异。二月半梨花已謝,緑葉皆成陰矣。如石榴四時開花,橘已實仍蘂,或發於大本之上,却無枝葉,此尤可怪。然花發不數日輒謝,香氣亦薄,蓋其津脉漏泄者多也。故退之(韓愈,768—824)詩云:“二年流竄出嶺外,所見草木多异同。冬寒不嚴地怕洩,陽氣發亂無全功。浮花浪蘂鎮長有,纔開還落瘴霧中。”[3]

南雄州在廣南東路,位處大庾嶺以南,與江南相去不算很遠,但當地的氣候與江南頗有差异,以致梨花較早凋謝、石榴四時開花,花卉的習性隨着環境不同而有所變化。

(四)培育

牡丹在宋代很受歡迎,[4]因此不少宋代筆記均曾提到牡丹,部分更有述及培育牡丹的方法。《澠水燕談録》記載了以硫黄爲牡丹防治蟲害的方法,謂:“洛陽

1 〔宋〕張邦基撰,孔凡禮點校:《墨莊漫録》卷 7《末利花》,中華書局,2002 年,第 198 頁。資料中的末利花亦即茉莉花,按《本草綱目》謂:“末利本胡語,無正字,隨人會意而已。”見〔明〕李時珍(1518—1593):《本草綱目》草部卷 14《茉莉》,人民衛生出版社,1982 年,第 895 頁。

2 〔宋〕袁文撰,李偉國整理:《甕牖閒評》卷 7,《全宋筆記》第 4 編第 7 册,大象出版社,2008 年,第 206 頁。

3 《雞肋編》卷下,第 107~108 頁。

4 詳參拙著:《兩宋的牡丹賞咏風尚》,載許振興、蔡崇禧、梁思樂主編:《研宋二集》,香港研宋學會,2014 年,第 1~25 頁。

牡丹,歲久蟲蠹,則花開稍小,園户以硫黄簪其穴,蟲死,復盛大。”[1]《墨莊漫録》則載改變牡丹花色的栽培方法:

> 洛中花工,宣和(1119—1125)中,以藥壅培於白牡丹,如玉千葉、一百五、玉樓春等根下。次年,花作淺碧色,號歐家碧,歲貢禁府,價在姚黄上。嘗賜近臣,外廷所未識也。[2]

明代(1368—1644)的《花傭月令》亦有“壅牡丹”之法,指出“冬至前後,以鐘乳粉和硫黄一二錢,掘開泥培之,則來年花茂”。[3]《墨莊漫録》所載方法大抵與此相類,只是未有明言用哪種藥材。

嫁接法在中國起源甚早,[4]在宋代已廣泛應用於花卉栽培上,《邵氏聞見後録》指出:“今洛陽良工巧匠,批紅判白,接以他木,與造化争妙,故歲歲益奇且廣。”[5]由此可知其普遍。宋代筆記裏也有不少關於嫁接的資料,《墨莊漫録》提到時人將瑞香嫁接在丁香上,但在嫁接後香氣驟減,而且容易枯萎。[6] 另外,《游宦紀聞》載:

> 張約齋(張鎡,1153—1235)種花法云:“春分和氣盡,接不得,夏至陽氣盛,種不得。”立春正月中旬,宜接櫻桃、木樨、徘徊黄、薔薇。正月下旬,宜接桃、梅、李、杏、半丈紅、蠟梅、梨、棗、栗、柹、楊柳、紫薇。二月上旬,可接紫笑、綿橙、匾橘。已上種接,并於十二月間,沃以糞壤兩

---

1 《澠水燕談録》卷8,第102頁。

2 《墨莊漫録》卷2《洛中花工以藥壅培花》,第63頁。

3 〔明〕徐石麒(1577—1645):《花傭月令》,《續修四庫全書》第1119册,上海古籍出版社,1995年—2003年,第22頁下。另外《遵生八牋》亦有相類記載:“冬至前後,以鐘乳粉和硫黄一二錢,掘開泥培之,則花至來春大盛。”見〔明〕高濂(1573—1620)撰,趙立勛校注:《遵生八箋校注》卷16,人民衛生出版社,1994年,第638頁。

4 有關中國古代嫁接技術的研究,可參看周肇基:《中國嫁接技藝的起源和演進》,《自然科學史研究》1994年第3期,第264~272頁。

5 〔宋〕邵博(?—1158)撰,劉德權、李劍雄點校:《邵氏聞見後録》卷25《李氏仁豐園》,中華書局,1983年,第197~198頁。

6 《墨莊漫録》卷2《睡香花》,第67頁。資料中的睡香花即瑞香花,據《清异録》載:“始緣一比丘晝寢盤石上,夢中聞花香,烈酷不可名,既覺,尋香求之,因名睡香。四方奇之,謂爲花中祥瑞,遂以瑞爲名。”見〔宋〕陶穀(903—970):《清异録》卷上《瑞香花》,《宋元筆記小説大觀》第1册,上海古籍出版社,2001年,第37頁。

次，至春時，花果自然結實。立秋後，可接金林檎、川海棠、黄海棠、寒毬、轉身紅、祝家棠、梨葉海棠、南海棠。以上接種法，并要接時，將頭與本身，皮對皮，骨對骨，用麻皮緊纏，上用箬葉寬覆之。如萌茁稍長，即撤去箬葉。無有不成也。[1]

該段文字詳載了嫁接的要訣，不單要樹皮對樹皮相接，以麻皮綁定，用箬葉覆蓋，還要注意不同植物的嫁接時間。

（五）應用

花卉的功用主要在於觀賞與裝飾，但在二者之外尚有不少其他用途。《墨莊漫録》記載了用花卉令室内充滿香氣的方法：

木犀花，江、浙多有之，清芬漚鬱，餘花所不及也。……近人采花蕊以薰蒸諸香，殊有典刑。山僧以花半開香正濃時就枝頭采擷取之，以女貞樹子俗呼冬青者，搗裂其汁，微用拌其花，入有油磁瓶中，以厚紙冪之。至無花時，於密室中取置盤中，其香裛裛中人，如秋開時，復入器藏，可留久也。[2]

木犀花即桂花，僧人采桂花加上冬青汁液，放入瓶中貯存，稍後取出放置在其他器皿，讓花香在室内散發。《鐵圍山叢談》則有用薔薇製成薔薇水的方法：

舊説薔薇水，乃外國采薔薇花上露水，殆不然。實用白金爲甑，采薔薇花蒸氣成水，則屢采屢蒸，積而爲香，此所以不敗。但异域薔薇花氣，馨烈非常，故大食國薔薇水雖貯琉璃缶中，蠟密封其外，然香猶透徹，聞數十步，灑著人衣袂，經十數日不歇也。[3]

這種薔薇水帶有香氣，可以用來灑在衣物上，令衣物散發芳香。清代（1644—1911）的《養小録》也記有用相近方法製成的香露，然而用途是放入食品

---

1 〔宋〕張世南（活躍於1225年前後）撰，張茂鵬點校：《游宦紀聞》卷6，中華書局，1981年，第54~55頁。

2 《墨莊漫録》卷8《木犀花》，第221頁。

3 〔宋〕蔡絛：《鐵圍山叢談》卷5，中華書局，1983年，第97~98頁。

或飲料中以增添香味。[1]

二、宋代筆記多載花卉學知識的原因

宋代筆記記録了不少花卉學知識，究其原因，首先是宋代賞花風氣興盛。宋人很喜歡賞花，《洛陽牡丹記》謂：

洛陽之俗，大抵好花，春時城中無貴賤皆插花，雖負擔者亦然。花開時，士庶競爲游遨，往往於古寺廢宅有池臺處爲市，并張幄帟，笙歌之聲相聞。[2]

這裏的花專指牡丹花，可見牡丹花在洛陽各個階層中都甚受歡迎。在洛陽生活的人也愛其他種類的花卉，因此當時的"洛中園圃，花木有至千種者"[3]。而《東京夢華録》載有汴京在季春時花卉買賣的盛況，謂："萬花爛漫，牡丹、芍藥、棣棠、木香，種種上市。"[4]《揚州芍藥譜》則記揚州花農朱氏園圃種植芍藥五六萬株，[5]蔡京（1047—1126）爲揚州太守時舉行花會，每次便用十餘萬枝芍藥，[6]當地又有專門買賣花卉的花市，此等均反映了汴京、揚州等地也流行賞花。南宋（1127—1279）都城臨安亦有花市，[7]另據《西湖老人繁勝録》載：

城内外家家供養，都插菖蒲、石榴、蜀葵花、梔子花之類，一早賣一萬貫花錢不啻。何以見得？錢塘有百萬人家，一家買一百錢花，便可

---

1 《養小録》："仿燒酒錫甑、木桶減小樣，製一具，蒸諸香露。凡諸花及諸葉香者，俱可蒸露。入湯代茶，種種益人，入酒增味，調汁製餌，無所不宜。"見〔清〕顧仲撰：《養小録》，"叢書集成初編"第1475册卷上《諸花露》，商務印書館，1937年，第3頁。

2 〔宋〕歐陽修（1007—1072）：《洛陽牡丹記》，《生活與博物叢書》上册《風俗記第三》，上海古籍出版社，1993年，第52頁。

3 〔宋〕李格非（1076年進士）：《洛陽名園記》，《中國歷代園林圖文精選》第2輯《李氏仁豐園》，同濟大學出版社，2005年，第74頁。

4 〔宋〕孟元老（活躍於1147年前後）撰，伊永文箋注：《東京夢華録箋注》卷7《駕回儀衛》，中華書局，2006，第737頁。

5 〔宋〕王觀（1057年進士）：《揚州芍藥譜》，《生活與博物叢書》上册，第75頁。

6 〔宋〕劉攽（1023—1089）：《芍藥花譜》，《新編古今事文類聚》後集卷30，中文出版社，1982年，第958頁。

7 楊萬里的《經和寧門外賣花市見菊》寫臨安和寧門外的花市，謂："君不見内前四時有花賣？和寧門外花如海。"〔宋〕楊萬里撰，辛更儒箋校：《楊萬里集箋校》卷23，第1185頁。

見也。[1]

雖然以上的估計不太準確,但也説明了在端午節時臨安地區花卉買賣的盛況。當時江浙一帶更出現了"花朝節",每逢二月十五日,人們到不同園林玩賞奇林异木。[2] 若與前代相比,唐代雖然也流行賞花,但普及情況與規模均不如宋代,賞花熱潮也比較集中在長安一地。

隨着賞花的風盛,花卉的地位日益提升,并成爲北宋(960—1127)中葉以降士人日常生活的一部分。南宋名士張鎡曾列出一年十二個月的"賞心樂事",全部是賞花之事,[3] 可見賞花對他來説是生活的重要組成部分。不少士人爲了一年四季都可以賞花,遂在經營園林時種植花期不同的植物,姚勉(1216—1262)曾説:"閣之前雜莳四時花,使以序榮。"[4] 而劉宰(1166—1239)亦謂:"奇葩异卉,四時相因,吐艷吹香而不絶也。"[5] 這樣便可以在不同季節都能賞花。他們又常折花或買花瓶插,期望在室内都可時常賞花,正如劉克莊(1187—1269)的詩句謂:"日日銅瓶插數枝,瓶空頗訝折來稀。"[6] 不少士人更曾親手栽花,如王禹偁曾栽種牡丹與木芙蓉,[7] 歐陽修手植菊花、金鳳花,[8] 王安石(1021—1086)也種植了桃花、杏花。[9] 吕祖謙(1137—1181)曾將淳熙七年(1180)正月一日至淳熙八年(1181)七月二十八日所發生的事記録下來,寫成《庚子辛丑日記》,記下他所讀的書籍、所寫的詩文、與友人的交往及周遭景物變化等,其中有二十七

1 佚名撰:《西湖老人繁勝録》,載《四庫全書存目叢書》編纂委員會編:《四庫全書存目叢書》史部第247册,齊魯書社,1995年—1997年,不分卷,第12頁。

2 〔宋〕吴自牧(活躍於1270年前後)撰:《夢粱録》卷1《二月望》,浙江人民出版社,1981年,第8頁。

3 〔宋〕周密(1232—1298)撰,李小龍、趙鋭評注:《武林舊事(插圖本)》卷10《張約齋賞心樂事并序》,中華書局,2007年,第250~254頁。

4 〔宋〕姚勉:《龔簡甫芳潤閣記》,《全宋文》第352册,上海辭書出版社、安徽教育出版社聯合出版,2006年,第83頁。

5 〔宋〕劉宰:《醉愚堂記》,《全宋文》第300册,第87頁。

6 〔宋〕劉克莊:《出城二絶》,《全宋詩》第58册,北京大學出版社,1991—1998年,第36210頁。

7 〔宋〕王禹偁:《栽木芙蓉》,《全宋詩》第2册,第802頁;《長洲種牡丹》,《全宋詩》第2册,第805頁。

8 〔宋〕歐陽修撰,李逸安點校:《歐陽修全集》卷3《希真堂東手種菊花十月始開》,第55頁;此書卷11《金鳳花》,第186頁,中華書局,2001年。

9 〔宋〕王安石撰:《臨川先生文集》卷32《次韻杏花三首(其二)》,第351頁;此書卷3《移桃花示俞秀老》,第97頁,中華書局香港分局,1971年。

條提到了花開。[1] 整部日記只有花開而無花落之事，相信這其實是他觀察花卉、欣賞花卉的記録，加上淳熙八年閏三月的"作酴醿架""種蓼花""種芭蕉"[2]，可見花卉欣賞在吕祖謙日常生活中占有重要地位。隨着賞花風氣的興盛，花卉地位的提升，而且宋代士人又常接觸花卉，於是他們將與花卉有關的事情記録在筆記中。除了賞花，這類事情在宋代以前并不受人重視，所以書籍較少記載，培育花卉的事情更是鮮有提及。前代的農書《齊民要術》《氾勝之書》就没有培育觀花植物的文字。二書雖有提及有花植物的栽種方法，但也是因爲這些植物能結果實。《齊民要術》的作者賈思勰道出了不重花卉的原因，乃是"花草之流，可以悦目，徒有春花，而無秋實，匹諸浮僞，蓋不足存"[3]。這情況在唐代開始改變，有些筆記載入了栽種、移植花卉之事，如：《酉陽雜俎》載牡丹移植及人工使花色變化之事；[4]《雲溪友議》記牡丹由長安移植至東越；[5]《北户録》提到茉莉花移植中國。[6] 然資料的數量不多，亦未及宋代筆記記載得具體詳細。由是觀之，賞花風氣大盛，士人多賞花、咏花、栽花，是宋代筆記載有很多花卉學知識的原因。

其次則是與宋代思想的轉變有關。北宋初期的統治者大力推崇儒學，優禮儒士，加上五代混亂的政局令人心思治，期望社會秩序的重建，儒學逐漸復興。不少宋儒均曾提出透過觀物來探尋"道"。王安石説："古人之觀於天地、山川、草木、蟲魚、鳥獸，往往有得，以其求思之深而無不在也。"[7] 人透過觀察萬物可以有所得。他又指出"萬物莫不有至理焉，能精其理則聖人也"[8]。邵雍

1 吕祖謙撰，黄靈庚、吴戰叠主編：《吕祖謙全集》第1册《庚子辛丑日記》，浙江古籍出版社，2008年，第240~276頁。

2 同上書，第267頁。

3 〔北魏〕賈思勰撰，繆啓愉校釋：《齊民要術校釋》卷首《齊民要術》序，農業出版社，1982年，第5頁。

4 〔唐〕段成式（約803—863）撰，方南生點校：《酉陽雜俎》前集卷19，中華書局，1981年，第185~186頁。

5 〔唐〕范攄（活躍於860年前後）撰：《雲溪友議》卷中《錢塘論》，古典文學出版社，1958年，第31頁。

6 段公路（活躍於859年前後）撰：《北户録》卷3《指甲花》，商務印書館，1941年，第49頁。

7 《臨川先生文集》卷83《游褒禪山記》，第869頁。

8 同上書，卷66《致一論》，第707頁。

(1011—1077)也曾説:“揆物之理,度人之情,行其所安,是爲得矣。”[1]及後朱熹(1130—1200)更謂:“格物所以致知。……於物之理窮得愈多,則我之知愈廣。”[2]以格物爲進德修業的入門功夫。萬物中既包含了花卉,故此觀察花卉亦可探尋道,正如邵雍所説:“物物皆有至理。吾儕看花,异於常人,自可以觀造化之妙。”[3]宋代士人因此更着意觀察花卉,他們的筆記也因而載有不少花卉學知識。何薳(1077—1145)在《春渚紀聞》謂:

> “酒成碧後方堪飲,花到白來元自香。”此趙文德麟(趙令畤,1061—1134)賦《玉簪花詩》也。歷數花品,白而香者十花八九也,至於菊,則花白者輒無香。花之黄者十亦八九無香,至於菊,則黄者乃始有香。是亦所稟之异,未易以理推者也。[4]

何氏從觀察花卉的經驗中歸納出白花一般帶香而黄花無香,然菊花却相反,而從“未易以理推者”,可以引證士人藉着觀花以明理。

另外,宋代士人亦重視六經,但一般均不太講求辭章注疏考據,而是着重在六經中探尋義理,以期可以經世致用。孫復(992—1057)嘗謂:“舍六經而求虞、夏、商、周之治,猶泳斷潢污瀆之中望屬於海也。”[5]强調六經至高之地位。歐陽修則説:“六經之所載,皆人事之切於世者。”[6]點出了六經可施行於世。他們認爲要治六經先要有豐富的知識,王安石説:

> 讀經而已,則不足以知經。故某自百家諸子之書,至於《難經》《素問》《本草》諸小説,無所不讀,農夫、女工,無所不問,然後於經爲能知其大體而無疑。蓋後世學者,與先王之時异也,不如是,不足以盡聖人故也。[7]

---

1 〔宋〕邵雍撰:《皇極經世書》卷13《觀物外篇上》,《景印文淵閣四庫全書》第803册,第41頁下。

2 黎靖德編,王星賢點校:《朱子語類》卷18,中華書局,1999年,第399頁。

3 〔元〕譚善心(活躍於1323年前後):《傳聞續記》;〔宋〕程顥(1032—1085)、〔宋〕程頤(1033—1107)撰,王孝魚點校:《傳聞續記》,《二程集》,中華書局,1981年,第674頁。

4 〔宋〕何薳撰,張明華點校:《春渚紀聞》卷7《花色與香异》,中華書局,1983年,第113頁。

5 〔宋〕孫復:《寄范天章書二》,《全宋文》第19册,第290頁。

6 《歐陽修全集》卷47《答李詡第二書》,第669頁。

7 《臨川先生文集》卷73《答曾子固書》,第779頁。

士人不但要博覽群書，還要向農夫、女工學習，纔能有豐富的知識以掌握經書中的儒家之道，職是之故，他們也需懂得更多花草樹木之事。這無疑也推動了宋代士人對花卉的研究，并將有關知識記録在筆記上。

宋代社會的轉變也促使士人在筆記中多記花卉之事。宋代建國後大興科舉，努力維護制度的公正性，又面向整個知識分子階層選才，不重家世，較能做到"一切以程文爲去留"[1]，世家大族在唐末五代時受到摧殘，因此宋代很多出身寒門的士人都能够晋身仕途。這不但推動了更多人讀書求學，而且也令知識取代家世成爲躋身官場的重要憑藉。[2] 宋代的士人一般具有文化素養，也熱衷於探尋知識，而且這種對知識的追求并不限於經史典籍，而是遍及各種各樣的事物，其中一個重要的探討對象即爲日常接觸的花卉。因此，宋人在欣賞花卉的美麗外，還會留意花卉的形態特徵、生長習性、産地、栽培方法和應用技術等。王禹偁嘗在其《芍藥詩》的序文謂：

> 芍藥之義，見《毛詩·鄭風》。百花之中，其名最古。謝公(謝朓，464—499)《直中書省》詩云"紅藥當階翻"，自後詞臣引爲故事。白少傅(白居易，772—846)爲主客郎中、知制誥，有《草詞畢詠芍藥》詩，詞彩甚爲該備。然自天后(武則天，624—705)以來，牡丹始盛，而芍藥之艶衰矣。考其實，牡丹初號木芍藥，蓋本同而末异也。[3]

詳述了觀賞芍藥的源流與演變。他又爲海仙花賦詩，并寫下序文云：

> 海仙花者，世謂之錦帶。維揚人傳云，初得于海州山谷間，其枝長，而花密若錦帶。然予視其花未開如海棠，既開如木瓜，而繁麗嫋弱過之。或一朵滿頭，冠不克荷。惜其不香而無子易絶，第可鉤壓其條，移植他所。[4]

此段文字即提到了海仙花的分布、形態、栽植等。王禹偁對花卉所作的觀察和研究，正是宋人熱衷於追求知識的表現。宋人將這些資料記録於筆記，因

---

1 〔宋〕陸游(1125—1210)撰，李劍雄、劉德權點校：《老學庵筆記》卷5，中華書局，1997年，第69頁。

2 龔鵬程撰：《江西詩社宗派研究》，文史哲出版社，1983年，第86頁。

3 〔宋〕王禹偁：《芍藥詩》，《全宋詩》第2册，第765頁。

4 〔宋〕王禹偁：《海仙花詩》，《全宋詩》第2册，第764~765頁。

而宋代筆記載有不少花卉學知識。

宋人重視知識,同時講求知識的準確性,他們在品評詩歌、畫作時很能反映出這個特點,如:朱熹批評王維(701—761)《袁安卧雪圖》的雪裏芭蕉其實是"誤畫了芭蕉"[1];歐陽修指出詩句"袖中諫草朝天去,頭上宫花侍宴歸"雖是佳句,但是"進諫必以章疏,無直用稿草之理"[2]。若將筆記所載的花卉學資料加以檢視,不難發現當中很多是在分辨花卉。唐人李德裕曾有詩咏及玉蕊花,[3]然宋代筆記對玉蕊花究竟是哪種植物衆説紛紜。宋敏求(1019—1079)《春明退朝録》謂:"揚州后土廟有瓊花一株,或云自唐所植,即李衛公(李德裕)所謂玉蕊花也。"[4]提出很受宋人歡迎的瓊花其實是唐代李德裕所賞的玉蕊花。然而,洪邁(1123—1202)在《容齋隨筆》中却謂:"長安唐昌觀玉蕊,乃今瑒花,又名米囊,黄魯直易爲山礬者。"[5]張淏(活躍於1216年前後)則在《雲谷雜記》一書中反駁了二者的説法。他在比對多種文獻後,謂:

> 今瓊花,后土祠及番陽洪文敏公(洪邁)花圃俱有之;而玉蕊,丹徒山間及雪川人家多有之,與瓊花實爲二物也。[6]

又以長安爲唐代首都,時人没理由不知玉蕊即爲山礬,加上玉蕊花可比瓊林玉樹、花落有回旋之態,而山礬花則花藥細碎,枝葉粗疏,遂指出"玉蕊别是一花,非此山礬明矣"[7]。除了分辨花卉,宋代筆記中還有關於菊花落與不落的討論,而這些討論的出現其實也是源於宋人對知識的重視。

三、宋代筆記所載花卉學知識的研究價值

宋代筆記中所載的花卉學知識,可以從側面反映宋代士人的日常生活,以及士人對大自然的理解與探尋方法。這些花卉學知識來源於古今文獻和他人

1 《朱子語類》卷138,第3287頁。

2 〔宋〕歐陽修撰:《六一詩話》,人民文學出版社,1962年,第12頁。

3 〔唐〕李德裕:《招隱山觀玉蕊樹戲書即事奉寄江西沈大夫閣老》,《全唐詩》卷475,中華書局,1960年,第5391頁。

4 〔宋〕宋敏求撰,誠剛點校:《春明退朝録》卷下,中華書局,1980年,第35頁。

5 〔宋〕洪邁撰,孔凡禮點校:《容齋隨筆》卷10《玉蘂杜鵑》,中華書局,2005年,第130頁。

6 〔宋〕張淏撰,張宗祥校録:《雲谷雜記》卷4《玉蕊花》,中華書局,1958年,第50頁。

7 同上書,卷4《玉蕊花》,第54頁。

口中,同時也有來自士人的親自經歷與體驗。如周密《癸辛雜識》謂:“杜南谷(杜道堅,1237—1318)云:‘梅花却無仰開者,蓋亦自能巧避風雪耳。’驗之信然。”[1] 他從别人口中聽説梅花不會向天綻開以避風雪,而“驗之信然”一句則可知道他曾到户外觀察梅花,以驗證説法的真僞。有關記載也可以讓我們瞭解到宋人對花卉認識的水平。《雞肋編》記南雄州花卉的生長情况與江南不同,可見時人已知道地域對花卉生長的影響。又據葉夢得(1077—1148)《避暑録話》載:

> 橘極難種,吾居山十年,凡三種而三槁死。……蓋性極畏寒,而吾居在山之半,又面北,多北風,與平地氣候絶不同。山前梅花及桃李等,率長先開半月,蓋五七里之間如此。[2]

葉氏在家中三次種植橘樹均告失敗,他認爲這是因爲他居住在山上,且面向北方,氣候與平地不同;并指出山前的梅花、桃花、李花均較早開放,也是地理環境對花卉生長的影響。

宋代筆記中有關培育花卉的資料,反映了其時栽種花卉的技術水平與種植規模。《癸辛雜識》載有菊花的繁殖之法:

> 朱斗山云:“凡菊之佳品,俟其枯,斫取帶花枝,置籬下。至明年收燈後,以肥膏地。至二月即以枯花撒之,蓋花中自有細子,俟其茁,至社日,乃一一分種。”[3]

上述的花中細子應是指菊花中心的筒狀花所結出的瘦果。[4] 此瘦果體積極細小,難於采收,但從上文可見宋人已認識此瘦果,并懂得以此來繁殖菊花。筆記中也載有不少花卉嫁接資料,除了前文提及的嫁接瑞香,《續墨客揮犀》也載:

> 百花皆可接。有人能于茄根上接牡丹,則夏花而色紫;接桃枝于梅上,則色類桃而冬花;又於李上接梅,則香似梅而春花。[5]

由此可知宋人嫁接花卉的技術已很成熟,不但可以嫁接多種花卉,而且注

1 〔宋〕周密撰,吴企明點校:《癸辛雜識》續集上《梅無仰開花》,中華書局,1988 年,第 128 頁。

2 〔宋〕葉夢得撰,徐時儀整理:《避暑録話》,《全宋筆記》第 2 編第 10 册,大象出版社,2006 年,第 336 頁。

3 《癸辛雜識》别集上《菊子》,第 254 頁。

4 《中國花經》,第 123 頁。

5 〔宋〕彭□輯,孔凡禮點校:《續墨客揮犀》卷 7《接百花》,中華書局,2002 年,第 486 頁。

意到砧木的不同所帶來的影響。另外,根據《齊東野語》的記載:

馬塍藝花如藝粟,橐駞之技名天下。非時之品,真足以侔造化,通仙靈。凡花之早放者,名曰堂花或作塘。其法以紙飾密室,鑿地作坎,緶竹置花其上,糞土以牛溲硫黄,盡培溉之法。然後置沸湯於坎中,少候,湯氣薰蒸,則扇之以微風,盎然盛春融淑之氣,經宿則花放矣。若牡丹、梅、桃之類無不然,獨桂花則反是。蓋桂必凉而後放,法當置之石洞巖竇間,暑氣不到處,鼓以凉風,養以清氣,竟日乃開。此雖揠而助長,然必適其寒温之性,而後能臻其妙耳。[1]

所謂堂花術,就是以人工改變開花時間,方法主要是用密室保存温度,以熱水令室内暖和,從而令花卉早放。至於桂花則不同,因其在秋天開花,故要放於石洞岩穴内,吹拂凉風。明顯地宋人已瞭解到温度與植物開花的關係,而且知道牡丹、梅花、桃花等春花與桂花對温度的要求不同。這種技術在宋代以後仍有應用,《五雜俎》載:

今朝廷進御,常有不時之花,然皆藏土窖中,四周以火逼之,故隆冬時即有牡丹花。計其工力,一本至十數金,此以難得爲貴耳。[2]

於此可見宋人對花卉的認識及其栽種技術已達很高水平。由於賞花成風,栽種技術發達,宋代花卉種植業很發達,從《墨莊漫録》的記載亦可窺一二:

洛陽牡丹之品,見於《花譜》,然未若陳州之盛且多也。園户植花,如種黍粟,動以頃計。[3]

可見陳州種植牡丹之盛,以及當地花卉種植甚具規模。

研究古代花卉的生長與分布或分辨花卉種類,宋代筆記中的花卉學知識亦是重要材料。蠟梅在宋代以前鮮有文獻記載,但自北宋中後期起,它在京、洛地區開始日益受到士人重視。據《邵氏聞見後録》載:

千葉黄梅,洛人殊貴之,其香异於它種,蜀中未識也。近興、利州山中,樵者薪之以出,有洛人識之,求於其地尚多,始移種遺喜事者,今

1 〔宋〕周密撰,張茂鵬點校:《齊東野語》卷16《馬塍藝花》,中華書局,1997年,第304~305頁。

2 〔明〕謝肇淛(1567—1624)撰:《五雜俎》卷10,上海書店出版社,2001年,第207頁。

3 《墨莊漫録》卷9《陳州牛氏縷金黄牡丹》,第251頁。

西州處處有之。[1]

文中的千葉黄梅即重瓣的蠟梅。當洛陽地區重視重瓣蠟梅時，蜀中的人不認識，興州、利州的人更以之爲薪，及後那裏的重瓣蠟梅纔爲人所重，并移植他處，相信這是因爲欣賞蠟梅的風氣先在京、洛地區形成之後的事。藉此可知重瓣蠟梅在當時的分布及移植情況。該書又載：

予嘗春日經夷陵，山中多紅梨花，誦歐陽公之詩，裴回其下不能去，近蜀中稍見之。又有得千葉杏花於劍州山中者，在洛陽《花木譜》中無之，亦奇產也。[2]

説明了在夷陵及成都有紅梨花，劍州有重瓣杏花。瑞香花亦是在宋代纔爲人所知的花卉，這從王十朋（1112—1171）的詩句"真是花中瑞，本朝名始聞"[3]可證。據《能改齋漫録》載：

盧山瑞香花，古所未有，亦不產他處。天聖（1023—1032）中，人始稱傳，東坡諸公繼有詩詠，豈靈草异芳，俟時乃出？故記序篇什，悉作瑞字。[4]

除了道出此花在北宋中葉漸爲人所重的過程，也記下了其產地爲江西。其實瑞香花并不是只產於江西盧山，其他地方也有分布，《雞肋編》謂：

余嘗在京口僧舍，有高五六尺者，云已栽三十年。而澧州使園有瑞香亭，刻石爲記，云其高丈餘。大觀中余官於彼，亭記雖存而花不復見。東都貴人之家，有高尺餘者，已爲珍木，置於陰室，溉以佳茗。而鄧州人家園圃中作畦種之，至連大枝采斫，不甚愛惜。花有子，歲取以種。其初蓋亦得於山中，不獨江南有也。[5]

《雲谷雜記》則曾對玉蕊花作出考證，并稱"丹徒山間及霅川人家多有之"，可知玉蕊花在蘇州、湖州等地均有分布。值得留意的是《中國植物志》亦載有玉

1 《邵氏聞見後録》卷29，第230頁。

2 同上。

3 〔宋〕王十朋：《瑞香花》，《全宋詩》第36册，第22960頁。

4 〔宋〕吴曾（活躍於1141年前後）撰：《能改齋漫録》卷15《瑞香花》，中華書局，1960年，第443頁。

5 《雞肋編》卷下，第115~116頁。

蕊花，爲玉蕊科玉蕊屬的植物，然該花主要産於臺灣與海南島，[1] 其地理分布與《雲谷雜記》的記述可謂毫不相干。學者祁振聲按《雲谷雜記》的記載，以及《全芳備祖》中的描述，指出唐宋時共所説的玉蕊應爲山礬科山礬屬的白檀。[2] 另外，《能改齋漫録》收録了孔武仲(1042—1098)的《芍藥譜》，[3] 此文是瞭解宋代芍藥品種的重要文獻。

總　結

由於宋代賞花風氣興盛，花卉地位提升，宋人也重視觀察花卉和瞭解花卉，故宋代筆記收録了不少有關花卉的資料。這些資料已涉及種類、形態、習性、培育及應用等方面的花卉學知識。當然，宋代筆記并非嚴謹的科學著作，有些資料只是道聽途説，并没有多加考究。同時，宋人受限於當時的科學水平，部分資料實爲怪异之説，如羅大經(1226 年進士)在《鶴林玉露》謂：

> 開禧(1205—1207)兵興之先，江西草木秋冬生花，有山礬而生梔子花，桃樹而生李實者，村落鐵釜生金花或神佛像，此天地之氣先亂也。[4]

這些有關花卉變异情況的記載荒誕無稽，背後流露的是傳統祥瑞灾异之説。這條資料或可用來研究宋人的思想，但對古代花卉的研究并無太大價值。然而只要多加研究、考訂，去蕪存菁，仍然可以藉着這些宋代筆記所載的花卉學知識，瞭解古代花卉的生長情況與分布、宋人對花卉的認識及宋代栽培花卉的技術水平。

---

1 中國科學院《中國植物志》編輯委員會編：《中國植物志》第 52 卷第 2 分册，科學出版社，1983 年，第 124 頁。

2 祁振聲：《唐代名花"玉蕊"原植物考辨》，《農業考古》1992 年第 3 期，第 211~219 頁。

3 〔宋〕孔武仲撰：《芍藥譜》，《能改齋漫録》卷 15，第 458~460 頁。

4 〔宋〕羅大經撰，王端來點校：《鶴林玉露》丙編卷 4《氣之先見》，中華書局，1983 年，第 303 頁。

宋代筆記小説中的王安石形象

首都師範大學歷史學院　李華瑞

［**摘　要**］　現存宋代筆記小説約有百部從不同角度記述了王安石的軼聞、趣事,這是研究王安石傳記的重要資料。本文從南宋以後王安石軼聞、趣事的流布,筆記小説作者對王安石及其變法的態度,筆記小説(包括講史小説)對王安石個性形象的塑造等方面做了初步探討。

［**關鍵詞**］　宋代　小説　王安石

筆記小説作爲一種史料載體,産生的時代甚早,"小説"一詞至遲已見諸《漢書·藝文志》。而"筆記"體裁的産生一般認爲是在北宋前期,但産生於北宋前期的"筆記"體裁,實際上是從秦漢以來的"小説"分離出來的。因爲"小説"在宋以前是指除列於大雅之堂的文章以外的各類文體的統稱,而宋以後則是傳説、志怪、傳奇、平話一類故事文體的專稱。明人胡應麟把"筆記小説"分爲六類,一曰志怪、一曰傳奇、一曰雜録、一曰叢談、一曰辨訂、一曰箴規,若按自宋代筆記與小説的分流而言,胡應麟所分前兩類以小説爲主,後四類稱之爲"筆記"則更合適。[1]

宋人筆記小説流傳至今的數量相當可觀。按《現存宋人著述總録》的統計,史部瑣記之屬 61 種,雜學類雜論、雜考之屬 146 種,小説類雜録之屬 167 種,共計 374 種。而其中記述王安石變法和王安石軼事、事迹的筆記小説大約有近百部,可見研究王安石及其變法,筆記小説亦是基本的重要史料。對於筆記小説所載王安石及其變法的事實,從清人蔡上翔編撰《王荆公年譜考略》至今,學人

1　參見吴鳳雛、傅林輝《宋代筆記概論·導論》,百花洲文藝出版社,1999 年;另:寧欣、史明文《筆記小説的演變與唐宋社會研究》(《西北師大學報》2002 年第 5 期)對"小説"的起源與發展,小説入史與筆記小説的分流等有較詳細的論述,可參閱。

曾就其真僞做過一些考辨,但從總體上全面考察筆記小説中的王安石形象,似還未有人進行論述。對此筆者擬從王安石軼聞、事迹的流布,筆記小説作者對王安石及其變法的態度,筆記小説對王安石個性形象的塑造三個方面做初步性探討。

一、王安石軼聞、事迹的流布

唐宋以降,人物傳記資料的流傳主要有兩個方面,一是正史本傳和墓志銘(行狀、神道碑),二是筆記小説所記的軼聞趣事及相關傳記資料。前者多載人物的履歷,業績和生前生後的品評定位,而後者多再現人物的個性、情趣、交游、愛好、具有濃重的文學色彩。但筆記小説的記述分散零碎,只有將零散的材料裒輯成編,纔能觀其堂奥。從筆記小説中裒輯王安石遺聞趣事的工作自南宋已開始做起,這就是朱熹首次以筆記小説爲主編輯的《三朝名臣言行録》,四庫館臣把"名臣言行録"收入史部傳記類。王安石事迹被編入《三朝名臣言行後録》卷第六王安石荆國文公,共計 36 條,引用筆記小説 14 種,[1]具體引用情況見下表。

引用書名	引用次數	引用書名	引用次數
司馬光《温公瑣語》	2	《晁以道論配享札》	1
邵伯温《聞見録》	9	《卮史》	1
司馬光《涑水記聞》	3	劉安世《元城語録》	2
吕祖謙《吕氏家塾記》	3	謝良佐《上蔡語録》	1
魏泰《東軒筆録》	7	程頤《程氏遺書》	1
王安石《語録》	1	楊時《龜山語録》	3
陳師道《後山談叢》	1	《鄭俠言行録》	1

明朝人唐順之《歷代史纂左編》卷二十六《宋・王安石》在彙編《宋史・王安石傳》《宋史紀事本末・王安石變法》等資料外,亦裒集了相當多的宋人筆記小説資料,但均未注明出處,且如蔡上翔説"明有唐應德者,著《史纂左編》,傳安石至二萬六千五百餘言,而亦無一美言一善行"[2](後面還將論及)。清朝初年

1 《宋名臣言行録五集(一)》,臺北文海出版社。

2 〔宋〕詹大和等撰,裴汝誠點校:《王安石年譜三種》,中華書局,1994 年,第 168 頁。

全祖望補作《宋元學案》時在“荆公新學略”末附逸事 28 條，主要采自反變法派和理學家的筆記。清人顧棟高在雍正初年編撰《司馬光年譜》後，接受玉亭的意見，“以司馬光與王安石爲乘除，遂作《王安石年譜》旨在證明司馬光之是，王安石之非，互相襯托編爲合譜”[1]。譜後附《王荆國文公軼事》一卷，共收録 105 條，引用筆記小説及其他典籍 34 種，[2] 具體引用情况見下表。

引用書名	引用次數	引用書名	引用次數
朱熹《朱子語類大全》	22	劉道原《言行録》	3
《宋名臣言行録》	3	《宋史》	2
程頤《程氏遺書》	1	朱熹《朱子文集》	2
謝良佐《上蔡語録》	1	《宋稗類鈔》	11
楊時《龜山語録》	5	陸游《老學庵筆記》	10
劉安世《元城語録》	2	《道山清話》	3
《趙清獻神道碑》	1	莊綽《雞肋編》	1
邵伯温《邵氏聞見録》	2	蘇軾《調謔編》	2
邵博《邵氏聞見後録》	1	費衮《梁溪漫志》	1
魏泰《東軒筆録》	2	胡仔《苕溪漁隱叢話》	1
《韓獻肅行狀》	2	王闢之《澠水燕談録》	1
《韓持國行狀》	1	〔清〕王阮亭《香祖筆記》	3
蔡絛《西清詩話》	1	沈括《夢溪筆談》	3
朱彧《萍洲可談》	2	《墨客揮犀》	1
龔頤正《芥隱筆記》	3	蘇軾《東坡志林》	3
孫宗鑒《東皋雜録》	2	孫升《孫公談圃》	1
朱弁《曲洧舊聞》	5	惠洪《冷齋夜話》	1

近人丁傳靖《宋人軼事彙編》從筆記小説、詩話、文集、方志、雜史等輯録宋代 600 餘人的傳記資料，其中王安石（包括王雱、王安國）共有 166 條，引用各類典籍六十多種，其中筆記小説 50 餘種，[3] 具體引用情况見下表。

1　《王安石年譜三種》點校説明。

2　《王安石年譜三種》，第 134～161 頁。

3　丁傳靖輯：《宋人軼事彙編》，中華書局，1981 年，第 475～511 頁。

引用書名	引用次數	引用書名	引用次數
陸游《老學庵筆記》	5	王銍《默記》	8
邵伯温《邵氏聞見録》	22	司馬光《涑水記聞》	5
周煇《清波雜志》	2	晁説之《晁氏客語》	1
《道山清話》	2	孫升《孫公談圃》	6
趙彦衛《雲麓漫鈔》	1	葉夢得《石林燕語》	3
張端義《貴耳集》	1	蔡絛《西清詩話》	3
蔡絛《鐵圍山叢談》	5	吴坰《五總志》	1
陳師道《後山叢談》	1	《墨客揮犀》	3
魏泰《東軒筆録》	17	《潘子真詩話》	1
王闢之《澠水燕談録》	2	《宋稗類鈔》	1
洪邁《容齋隨筆》	1	岳珂《桯史》	4
蘇軾《調謔編》	1	張師正《倦游雜録》	1
曾慥《高齋漫録》	3	張邦基《墨莊漫録》	7
吴宏《獨醒雜志》	2	范正敏《遁齋閑覽》	1
樓鑰《攻媿集》	1	沈括《夢溪筆談》	2
葉夢得《石林詩話》	1	朱弁《曲洧舊聞》	3
惠洪《冷齋夜語》	3	曾紓《南游紀舊》	1
蔡天啓《蔡寬夫詩話》	1	李壁《荆公詩注》	1
吕本中《師友雜志》	1	侯延慶《退齋筆談》	1
蘇籀《欒城遺言》	1	周遵道《豹隱記談》	1
《續墨客探犀》	1	阮閲《詩話總龜》	3
《漢皋詩話》	1	朱彧《萍洲可談》	3
晁説之《晁氏客語》	1	徐度《却掃編》	1
葉夢得《避暑録話》	1	趙令畤《侯鯖録》	1
王鞏《聞見近録》	1	吕希哲《吕氏雜記》	1
文瑩《玉壺清話》	1	吴聿《觀林詩話》	1
方勺《泊宅編》	2	趙與時《賓退録》	1
魏泰《隱居詩話》	1	王明清《揮麈後録》	1
陳師道《後山詩話》	1	陸游《入蜀記》	1

（續表）

引用書名	引用次數	引用書名	引用次數
吴處厚《青箱雜志》	1	章如愚《山堂考索》	1
胡仔《苕溪漁隱叢話》	1	孔平仲《談苑》	1
錢愐《錢氏私志》	1	張舜民《畫墁録》	1

新近江西省撫州市楊華林先生爲紀念王安石誕辰980周年，編輯有《王安石軼事彙編》，正文分"青少年時代""小臣生涯""當國時期""晚年生活""身後風雲"五個專題，采録宋元明清典籍乃至今人著作約計183種，[1]其中引用宋人筆記小説100餘種，引用次數2次以上的宋人筆記小説、詩話約計62種，詳情見下表。

引用書名	引用次數	引用書名	引用次數
吴曾《能改齋漫録》	16	王銍《默記》	11
邵伯温《邵氏聞見録》	50	司馬光《涑水記聞》	22
蔡絛《鐵圍山叢談》	6	龔明之《中吴紀聞》	4
張端義《貴耳集》	2	沈括《夢溪筆談》	2
魏泰《東軒筆録》	35	徐度《却掃編》	4
葉夢得《石林燕語》	8	李心傳《舊聞證誤》	3
葉夢得《避暑録話》	6	方勺《泊宅編》	5
蔡絛《西清詩話》	3	《道山清話》	8
莊綽《雞肋編》	2	楊時《龜山語録》	6
張邦基《墨莊漫録》	9	邵博《邵氏聞見後録》	4
王楙《野客叢書》	2	王明清《揮麈録》	5
惠洪《冷齋夜話》	11	周煇《清波雜志》	6
胡仔《苕溪漁隱叢話》	31	高晦叟《珍席放談》	2
趙令畤《侯鯖録》	8	朱熹《朱子語類》	13
《墨客揮犀》	2	劉安世《元城語録》	6

1　楊華林編：《王安石軼事彙編》，收於《臨川文化叢書》，華東地質學院印刷廠，2001年。

(續表)

引用書名	引用次數	引用書名	引用次數
羅大經《鶴林玉霞》	10	蘇轍《龍川别志》	2
孫升《孫公談圃》	5	曾慥《高齋漫録》	6
朱熹《宋名臣言行録》	2	袁文《甕牖閒評》	3
劉克莊《後村詩話》	2	程頤《程氏遺書》	2
蔡天啓《蔡寬夫詩話》	4	《司馬光日記》	2
葉夢得《石林詩話》	7	謝良佐《上蔡語録》	2
陸游《老學庵筆記》	15	《宋稗類鈔》	3
朱弁《曲洧舊聞》	7	朱翌《猗覺寮雜記》	3
《林希野史》	11	施德操《北窗炙輠録》	2
陳師道《後山談叢》	3	劉道原《言行録》	3
曾敏行《獨醒雜志》	5	陳長方《步里客談》	2
王林《燕翼詒謀録》	2	岳珂《桯史》	6
王闢之《澠水燕談録》	2	吴垧《五總志》	3
洪邁《容齋隨筆》	4	朱彧《萍洲可談》	4
吕希哲《吕氏雜志》	2	《續墨客揮犀》	2
孔平仲《孔氏談苑》	3	范正敏《遁齋閑覽》	2

以上是王安石軼事流布、裒集的基本情況,其中顯著的特點是宋代筆記小説有關王安石軼事的記載日益受到重視,被注意的軼事數量有明顯的增長趨勢。

二、筆記小説作者對王安石的基本態度

雖然筆記小説保留了大量珍貴的人物傳記資料,但其資料的來源多是傳聞,是"隨意録載",如四庫館臣論小説家時所説"迹其流别,凡有三派,其一叙述雜事,其一記録异聞,其一綴輯瑣語也,唐宋而後作者彌繁,中間誣漫失真,妖妄熒聽者固爲不少。然寓勸戒、廣見聞、資考證者亦錯其中"[1]。所以鑒别筆記小説的史料真僞是使用筆記小説的首要工作,特别是持不同政見者,對政敵軼事

1 《欽定四庫全書總目》卷一四〇《子部·小説家類序》,中華書局,1965年,第1182頁。

的登載多帶有個人恩怨的色彩。對這些資料更要注意鑒别,否則就會差之毫厘,謬之千里,直至謬種流傳。以上所舉五種王安石軼事彙編,除今人楊華林先生外,其餘四種就是如此。這是因爲,一是宋人筆記小説中關於王安石的軼事多出自他的政敵,或持否定新法的人之手(後面詳論),對此不加以辨鑒,而是籠統裒輯在一起,會使本身就存在的事實錯誤以訛傳訛,丁傳靖先生所輯,即屬於這種情況。二是編輯者本身對王安石就心存偏見,否定其所作所爲,他們對筆記小説失實的記載不僅不予以鑒别,而且利用錯誤的事實來證明自身否定王安石的正確,顧棟高所編《王荆國文公軼事》的出發點即在於此。顧棟高認爲王安石"遂使宋室斲喪,而身列千古之罪人"[1],前揭顧棟高編撰王安石年譜主要是以王安石與司馬光相乘除,旨在證明司馬光之是,顧氏"又用司馬光《涑水記聞》、邵伯温《邵氏聞見録》、魏泰《東軒筆録》、劉安世《元城語録》、楊時《龜山語録》、朱熹文集、語類等作《遺事》一卷,收集了兩宋時期主要攻擊王安石的文字,與年譜相呼應,給人一種從正史到稗史無不否定王安石的印象"[2]。

爲了準確透析筆記小説中的王安石軼事,瞭解一下筆記小説的作者對王安石的基本態度是很有必要的。就目前所見登録王安石軼事的筆記小説的作者對王安石的態度大致有五種情況:

其一是北宋神宗朝至南宋紹興初反變法派或對王安石變法持否定意見者,如《温公瑣語》《温公日記》《涑水記聞》的作者司馬光,《邵氏聞見録》的作者邵伯温,《邵氏聞見後録》的作者邵博,《東齋記事》的作者范鎮,《龍川略志》的作者蘇轍,《孫公談圃》的作者孫升,《泊宅編》的作者方勺,《道山清話》的作者(舊題爲王暐),《元城語録》的作者劉安世,《龜山語録》的作者楊時,《曲洧舊聞》的作者朱弁,《後山談叢》的作者陳師道等。

其二是與變法集團有密切聯繫,但對變法又持批評意見,如《東軒筆録》的作者魏泰是變法集團的骨幹分子曾布的内弟,"魏泰的思想傾向頗似曾布,對變法持一定的批評意見,對王安石肯定居多,對吕惠卿則痛加揭露貶斥"[3]。《鐵

1 《王安石年譜三種》,第 76 頁。

2 《王安石年譜三種》點校説明。

3 《東軒筆録》點校説明,中華書局,1983 年。

圍山叢談》《西清詩話》的作者蔡絛，四庫館臣以爲蔡絛雖係蔡京之子，"其罪蓋與京等，曾敏行《獨醒雜志》則載絛作《西清詩話》多稱引蘇黄諸人，競以崇尚元祐之學"，"而丁仙現一條乃深詆王安石新法"。[1]

其三是生活在南宋時代，雖已遠離變法和黨争，但在思想上秉承紹興本《神宗實録》對王安石及其變法持否定態度，如《容齋隨筆》的作者洪邁，《桯史》的作者岳珂，《欒城遺言》的作者蘇籀，《雲麓漫鈔》的作者趙彦衛。理宗寶慶三年，《燕翼詒謀録》的作者王栐在自序中就説得很有代表性："仰惟藝祖皇帝肇造區夏，宏規遠略，傳之萬世。太宗皇帝、真宗皇帝、仁宗皇帝嗣守丕基，善繼善述；凡所更張設施，無非忠厚……人皆知罪熙、豐以來用事之臣，而不原祖宗立國之本旨，苟非規摹宏遠，德澤深厚，則其效驗尚不能如漢、唐之季世，何以再肇中興之基？夷考建隆迄于嘉祐，良法美意，燦然具陳，治平以後，此意泯矣。今備述如後，與識精者商榷之，以稽世變云。"[2]

其四是只登載遺聞軼事，没有明顯的政治傾向，如《澠水燕談録》的作者王闢之，《雞肋編》的作者莊綽，《癸辛雜識》《齊東野語》的作者周密，《賓退録》的作者趙與時，《能改齋漫録》的作者吴曾，《墨莊漫録》的作者張邦基等。

其五是與變法集團有親緣聯繫，被四庫館臣視作對王安石有所回護者，如《珍席放談》的作者高晦叟，四庫館臣説："又當王氏學術盛行之時，於安石多曲加回護，頗乖公議。"[3]《揮麈録》的作者王明清，四庫館臣説："明清爲王銍之子，曾紆之外孫，紆爲布第十子，故是録於布多溢美，其記王安石没，有神人幢蓋來迎……。"[4]《清波雜志》的作者周煇，四庫館臣曰："所記皆宋人雜事，方回《桐江續集》力詆其尊王安石之非，考書中稱煇之曾祖與安石爲中表，蓋親串之間，不無回護。"[5]《老學庵筆記》的作者陸游，四庫館臣曰："唯以其祖陸佃爲王安石客，所謂《埤雅》，多引《字説》，故於《字説》無貶詞，於安石亦無譏語，而安石龍

---

1 《欽定四庫全書總目》卷一四一《子部·小説家類二》，第 1194~1195 頁。

2 《燕翼詒謀録》，中華書局，1981 年，第 57 頁。

3 《欽定四庫全書總目》卷一四一，第 1194 頁。

4 《欽定四庫全書總目》卷一四一，第 1197 頁。

5 《欽定四庫全書總目》卷一四一，第 1198~1199 頁。

睛事并述埤雅之謬談,不免曲筆。”[1]

上述五類若從資料蘊含的褒貶品評來分,前三類帶有貶的性質,後兩類雖可劃屬褒的範圍,但所叙遺聞軼事很少關涉變法得失,這與前三類筆記作者的政治傾向明顯有很大的不同,正如四庫館臣所云:對王安石無譏語而已。若再從資料載録的數量來看前三類要遠遠多於後兩類,前三類以《邵氏聞見録》《涑水記聞》《東軒筆録》爲代表在楊華林《王安石軼事彙編》中被引用有 107 個條目,後兩類以《老學庵筆記》《能改齋漫録》《清波雜志》《清波别志》爲代表在同書中只引用了 37 條目。不特如此,朱熹、顧棟高是否定王安石的,所采更是多引自前三類。從彙輯宋人人物傳記資料的角度出發,丁傳靖先生所引用的資料亦是以前三類爲多。由此可見,王安石及其新法不僅在《神宗實録》《續資治通鑑長編》及其他南宋史學著述中被否定,就是在稗史中其個人的形象在很大程度上也是被扭曲的。

三、筆記小説對王安石個人形象的塑造

以上就筆記小説的作者對王安石及其變法的態度作了大致的勾勒,現在簡要看看筆記小説載述了王安石及其變法的哪些内容。統觀地來説,主要包括政治生活、思想作風、社會交游、文學創作、個性特徵、生活興趣等方面。從品藻人物來講,王安石個人形象的塑造比較複雜,他不像筆記小説記述司馬光、蘇軾等人那樣基本是一邊倒地以肯定性的軼聞趣事爲主,而是褒貶毁譽參半,甚或毁大於譽。所以有關貶毁性質的軼聞趣事,往往成爲後世否定王安石及其變法的有力素材,如魏源在《再書宋名臣言録後》一文中所提示的:

(楊)用修最不喜朱子,……至謂“朱子列安石《名臣言行録》緇素易位”,則尤不可無辨。朱子跋兩陳諫議,罪狀安石,纚纚三四千言,不啻九鼎鑄魑魅,而兹録安石十餘事,……皆攻安石語,正猶纂《楚辭》附揚雄《反騷》以籍著洪氏、蘇氏貶詞,明大誼也。即較范氏《列女》不遺文姬,汝愚奏議兼收惇、蔡,尚區以别。故臨川李穆堂侍郎深憾録中安

1 《欽定四庫全書總目》卷一二一《雜家類五》,第 1046 頁。

石言行之爲誣。[1]

爲了較全面地透視筆記小説對王安石個人形象的塑造，下面選録凸顯王安石個性特徵、生活興趣及社會交游的片斷軼事説明其毀譽參半甚或毀大於譽的情況。先看一下贊譽王安石的形象塑造。

（一）不邇聲色

王荆公知制誥，吴夫人爲買一妾。荆公見之曰："何物也？"女子曰："夫人令執事左右。"安石曰："汝誰氏？"曰："妾之夫爲軍大將，部米運失舟，家資盡没猶不足，又賣妾以償。"公愀然曰："夫人用錢幾何得汝？"曰："九十萬。"公呼其夫，令爲夫婦如初，盡以錢賜之。[2]

（二）淡泊名利

慶曆二年，御試進士，時晏元獻爲樞密使。楊察，晏婿也，時自知制誥，避親，勾當三班院。察之弟寘時就試畢，負魁天下望。未放榜間，將宣示兩府，上十人卷子。寘因以賦求察問晏公己之高下焉。晏公明日入對，見寘之賦已考定第四人，出以語察。察密以報寘。而寘試罷與酒徒飲酒肆，聞之，以手擊案歎曰："不知那個衛子奪吾狀元矣！"不久唱名，再三考定第一人卷子進御。賦中有"孺子其朋"之言。不懌曰："此語忌，不可以魁天下。"即王荆公卷子。第二人卷子即王珪，以故事，有官人不爲狀元；令取第三人，即殿中丞韓絳；遂取第四人卷子進呈。上欣然曰："若楊寘可矣。"復以第一爲第四人。寘方以鄙語罵時，不知自爲第一人也。然荆公生平未嘗略語曾考中狀元，其氣量高大，視科第爲何等事而增重耶。[3]

（三）性酷嗜書

舒王性酷嗜書，雖寢食間手不釋卷。晝或宴居默坐，研究經旨。

1　〔清〕魏源：《魏源集》上册《默觚下・治篇十六》，中華書局，1976年，第219頁。

2　〔宋〕邵伯温撰：《邵氏聞見録》卷十一，中華書局，1983年，第121頁。又見《青瑣高議》後集卷二。

3　〔宋〕王銍撰：《默記》卷下，中華書局，1981年，第38～39頁。

知常州，對客未嘗有笑容。一日大會賓佐，倡優在庭，公忽大笑，人頗怪之。乃共呼優人，厚遺之曰："汝之藝能使太守開顔，其可賞也。"有一人竊疑公笑不由此，乘間啓公，公曰："疇日席上偶思《咸》《恒》二卦，豁悟微旨，自喜有得，故不覺發笑耳。"[1]

舒王嗜佛書，曾子固欲諷之，未有以發之也。居一日，會於南昌，少頃，潘延之亦至。延之談禪，舒王問其所得。子固熟視之，已而又論人物曰，某人可秤。子固曰："弇用老而逃佛，亦可一秤。"舒王曰："子固失言也，善學者讀其書，義理之來。有合吾心者，則樵牧之言猶不廢；言而無理，周、孔所不敢從。"子固笑曰："前言第戲之耳。"[2]

（四）清廉樸素

王荆公在相位，子婦之親蕭氏子至京師，因謁公，公約之飯。翌日，蕭氏子盛服而往，意謂公必盛饌。日過午，覺饑甚而不敢去。又久之，方命坐，果蔬皆不具，其人已心怪之。酒三行，初供胡餅兩枚，次供彘臠數四，頃即供飯，傍置菜羹而已。蕭氏子頗驕縱，不復下箸，唯啖胡餅中間少許，留其四傍。公顧取自食之，其人愧甚而退，人言公在相位，自奉類不過如此。[3]

王荆公妻越國吴夫人，性好潔成疾，公任真率，每不相合。自江寧乞骸歸私第，有官藤牀，吴假用未還，吏來索，左右莫敢言。公一旦跣而登牀，偃仰良久，吴望見，即命送還。[4]

（五）適性忘慮

《遁齋閑覽》云："荆公棋品殊下，每與人對局，未嘗致思，隨手疾應，覺其勢將敗，便斂之，謂人曰：'本圖適性忘慮，反苦思勞神，不如且

---

1 〔宋〕彭□輯，孔凡禮點校：《墨客揮犀》卷四，第318頁。

2 〔宋〕惠洪：《冷齋夜話》卷六，《筆記小説大觀》，江蘇廣陵古籍刻印社，1983年，第45頁。

3 〔宋〕曾敏行：《獨醒雜志》卷二，《全宋筆記》第4編第5册，大象出版社，2008年，第128～129頁。

4 〔宋〕朱彧撰：《萍洲可談》卷三，中華書局，2007年，第163頁。

已。'與葉致遠敵手,嘗《贈致遠詩》云:'垂成勿破壞,中斷俄連接。'是知公棋不甚高。又云:"諱輸寧斷頭,悔悮仍搏頰。"是又未能忘情于一時之得喪也。"苕溪漁隱曰:"介甫有《絶句》云:'莫將戲事擾真情,且可隨緣道我贏。戰罷兩奩收黑白,一枰何處有虧成?'觀此詩,則圖適性忘慮之語,信有證矣。若魯直於棋則不然,如'心似蛛絲游碧落,身如蜩甲化枯枝',則苦思忘形,較勝負於一着,與介甫措意异矣。"[1]

(六)恬淡的晚年生活

王荆公再罷政,以使相判金陵,到任,即納節讓同平章事,懇請賜允,改左僕射。未幾,又求宫觀,累表得會靈觀使。築第于南門外七里,去蔣山亦七里,平日乘一驢,從數僮游諸山寺。欲入城,則乘小舫,泛潮溝以行,蓋未嘗乘馬與肩輿也。所居之地,四無人家,其宅僅蔽風雨,又不設垣牆,望之若逆旅之舍。有勸築垣牆,輒不答。元豐末,荆公被疾,奏舍此宅爲寺,有旨賜名報寧。既而荆公疾愈,税城中屋以居,竟不復造宅。[2]

王荆公領觀使歸金陵,居鐘山下,出即乘驢。余(王鞏)嘗謁之,既退,見其乘之而出,一卒牽之而行。問其指使,相公何之。指使曰:"若牽卒在前聽牽卒,若牽卒在後即聽驢矣,或相公欲止即止,或坐松石之下,或田野耕鑿之家,或入寺隨行。未嘗無書,或乘而誦之,或憩而誦之。乃以囊盛餅十數枚。相公食罷,即遺牽卒。牽卒之餘,即飼驢矣。或田野間人持飯獻者,亦爲食之。"蓋初無定所,或數步復歸,近于無心者也。[3]

下面再看譏毁王安石的形象塑造,這主要集中在性格强忮、不修自身和大詐似信等方面。

---

1 胡仔纂集,廖德明校點《苕溪漁隱叢話》前集,人民文學出版社,1993年,第231頁。

2 〔宋〕魏泰撰《東軒筆録》卷一二,第139頁。

3 王鞏:《甲申聞見二録補遺》,《隨手雜録》,《景印文淵閣四庫全書》第1037册,1983—1986年,第211頁。

(一)性格强忮

司馬温公嘗曰:“昔與王介甫同爲群牧司判官,包孝肅公爲使,時號‘清嚴’。一日,群牧司牡丹盛開,包公置酒賞之;公舉酒相勸,某素不喜酒,亦强飲,介甫終席不飲,包公不能强也。某以此知其不屈。”[1]

嘉祐末,王介甫以知制誥糾察在京刑獄,有少年得鬥鶉,其同儕借觀之,因就乞之。鶉主不許,借者恃與之狎昵,遂攜去。鶉主追及之,踢其脇下,立死。開封府捕按其人,罪當償死。及糾察司録問,介甫駁之曰:“按律,公取、竊取皆爲盗。此不與而彼强攜以去,乃盗也。此追而毆之,乃捕盗也。雖死當勿論,府司失入平人爲死罪。”府官不伏。事下審刑、大理詳定,以府斷爲是。有旨,王安石放罪。舊制,放罪者詣殿門謝。介甫自言我無罪,不謝。御史臺及閤門移牒趣之,終不肯謝。臺司因劾奏之,執政以其名重,遂不問,介甫亦竟不謝。[2]

王荆公平生,養得氣完,爲他不好做官職。作宰相,只吃魚羹飯。得受用底不受用,緣省便去就自在。嘗上殿進一札子,擬除人,神宗不允,對曰:“阿除不得。”又進一札子,擬除人,神宗亦不允,又曰:“阿也除不得。”下殿出來便乞去,更留不住,平生不屈也奇特。[3]

王荆公在半山,使一老兵,方汲泉掃地,當其意,譽之不容口。忽誤觸燈檠,即大怒,以爲不力,逐去之。參寥在座,私語他客云:“公以喜怒進退一老兵,如在朝廷,以喜怒進退士大夫也。”[4]

(二)不修自身

神宗嘗問明道云:“王安石是聖人否?”明道曰:“‘公孫碩膚,赤舄幾幾’,聖人氣象如此。王安石一身尚不能治,何聖人爲?”先生曰:“此

1 《邵氏聞見録》卷一〇,第108頁。

2 《温公瑣語》,《司馬光日記校注》,中國社會科學出版社,1994年,第188頁。

3 《上蔡語録》卷一。

4 〔宋〕邵博撰:《邵氏聞見後録》卷二〇,中華書局,1983年第157頁。

言最説得荆公著。”[1]

神宗嘗問文定識王安石否？曰：“安石視臣大父行也。臣見其大父日，安石發未丱，衣短褐布，身瘡疥，役灑埽事，一蒼頭耳。”故荆公亦畏其大，不敢與之争辯。《日録》盡詆前輩諸公，獨于文定無譏云。[2]

王荆公性不善緣飾，經歲不洗沐，衣服雖敝，亦不浣濯。與吴冲卿同爲群牧判官。時韓持國在館中，三數人尤厚善，無日不過從。因相約，每一兩月，即相率洗沐。定力院家，各更出新衣，爲荆公番，號“折洗”。王介甫云：“出浴見新衣輒服之，亦不問所從來也。”[3]

荆公、禹玉熙寧中同在相府。一日，同侍朝，忽有虱自荆公襦領而上，直緣其須。上顧之而笑，公不自知也。朝退，禹玉指以告公，公命從者去之，禹玉曰：“未可輕去，輒獻一言，以頌虱之功。”公曰：“如何？”禹玉笑而應曰：“屢游相須，曾經御覽。”荆公亦爲之解頤（按：此則出《遁齋閑覽》，見《涵芬樓説郛》卷三二、《宛委山堂説郛》卷二五）。[4]

公面黧黑，門人憂之，以問醫。醫曰：“此垢汙，非疾也。”進澡豆，令公類面，公曰：“天生黑於予，澡豆其如予何？”[5]

（三）大詐似信

仁宗皇帝朝，王安石爲知制誥。一日，賞花釣魚宴，内侍各以金碟盛釣餌藥置幾上，安石食之盡。明日，帝謂宰輔曰：“王安石詐人也。使誤食釣餌一粒，則止矣。食之盡，不情也。”帝不樂之。後安石自著《日録》厭薄祖宗，於仁宗尤甚。每以漢文帝恭儉爲無足取者，其心薄仁宗也。故一時大臣富弼、韓琦、文彦博而下，皆爲其毁詆云。[6]

1 黎靖德編，王星賢點校：《朱子語類》卷一三〇，中華書局，1986年，第3097頁。

2 《邵氏聞見後録》卷第二〇，第155~156頁。

3 〔宋〕葉夢得撰：《石林燕語》卷一〇，中華書局1984年，第154頁。

4 《墨客揮犀》卷四，《頌虱之功》，中華書局點校本，2002年，第326頁。

5 《元刊夢溪筆談》卷九，文物出版社，1975年影印本。

6 《邵氏聞見録》卷二，第13~14頁。

（王荆公）又爲執政，或言其喜食獐脯者。其夫人聞而疑之曰：“公平日未嘗有擇於飲，何忽獨嗜此？”因令問左右執事者曰：“何以知公之嗜獐脯耶？”曰：“每食不顧他物而獐脯獨盡，是以知之。”復問食時置獐脯于何所。曰：“在近匕筯處。”夫人曰：“明日姑易他物近匕筯”，既而果食他物盡，而獐脯固在，而後人知其特以其近故食之，而初非有所嗜也，人見其太甚，或者多疑其僞云。[1]

（四）欺世盗名

王安石在主持變法之前，甚得士林推崇，所謂“名重天下，士大夫恨不識其面”[2]，但在邵伯温筆下的王安石却是一個大奸似忠，大詐似信的僞君子。這一形象的描述是主要出自載録他的二個“遺聞”，一是蘇洵撰寫的《辨奸論》，二是司馬光贊譽吕海的論王安石十事有先見之明。

蘇洵《辨奸論》的核心内容是將王安石比作歷史上欺世盗名的奸臣王衍、盧杞。此文始見於邵伯温的《邵氏聞見録》。關於此文的真僞亦是學界的一大公案。自《邵氏聞見録》載此文後，宋元明人未見有疑，清人李紱、蔡上翔始斷言《辨奸論》爲邵伯温僞作，至今多有争議。劉乃昌、鄧廣銘先生贊同李、蔡的觀點，而章培恒、曾棗莊先生則予以反駁，以爲《辨奸論》確爲蘇洵所作。[3] 對這個問題的孰是孰非，筆者不擬作評論，但需要指出的是，自邵伯温登録《辨奸論》後，此文在後世流布甚廣，先是紹興年間收入蘇洵文集，後又被清人吴楚材、吴調侯兩人編入《古文觀止》，可以説這篇文字作爲否定王安石的佐證材料，對後世認識王安石産生了相當大的影響。

熙寧二年六月，吕誨上章論王安石。蔡上翔就此評論説：“安石文章風節，天下稱賢，及相神宗行新法，而舉朝譁然攻之，其斥爲奸邪而先見於章奏者，吕

1 〔宋〕朱弁：《曲洧舊聞》卷一〇，《筆記小説大觀》，江蘇廣陵古籍刻印社，1983 年，第 146 頁。

2 《宋名臣言行録》，臺北文海出版社，第 563 頁。

3 劉乃昌：《蘇軾同王安石的交往》，《東北師大學報》1981 年第 1 期；鄧廣銘：《〈辨奸論〉真僞問題的重提與再判》，《國學研究》第 3 期；章培恒：《〈辨奸論〉非邵伯温僞作》，《復旦大學學報・古典文學論叢》；曾棗莊：《蘇洵〈辨奸論〉真僞考》，《四川大學報叢刊・古典文學論叢》第 15 輯。

誨也。”[1]吕誨所論十事,指責王安石“慢上無禮”“見利忘義”“要盡取名”“用情罔公”“徇私報怨”“怙勢招權”“專威害政”“任性凌轢同列”“朋奸”“動摇天下”。熙寧時期反對派章奏攻擊、評議新法甚多,但唯吕誨此奏章傳播甚廣,這與邵伯温對這件事的引申發揮是分不開的,邵伯温寫道:

帝方勵精求治,一日,紫宸早朝,二府奏事久,日刻宴,例隔登對官於後殿,須上更衣復坐,以次贊引。獻可待對於崇政,司馬温公爲翰林學士,侍讀延英閣,亦趨贊善堂待召,相遇朝路,并行而北。温公密問曰:“今日請對,何所言?”獻可舉手曰:“袖中彈文,乃新參政也。”温公愕然曰:“王介甫素有學行,命下之日,衆皆喜於得人,奈何論之”?獻可正色曰:“君實亦爲此言耶?安石雖有時名,好執偏見,不通物情,輕信奸回,喜人佞己,聽其言則美,施於用則踈。若在侍從,猶或可容;置諸宰輔,天下必受其禍矣!”温公又諭之曰:“與公相知,有所懷不敢不盡。未見其不善之迹,遽論之不可。”獻可曰:“上新嗣位,富於春秋。朝夕謀議者,二三執政耳。苟非其人,則敗國事,此乃腹心之疾,治之惟恐不及,顧可緩耶,”語未竟,閤門吏抗聲追班,乃各趨以去。温公自經筵退,默坐玉堂,終日思之不得其説。既而縉紳間寖有傳其疏者,多以爲過。未幾,中書省置三司條例司,相與議論者以經綸天下爲己任,始變祖宗舊法,專務聚斂,私立條目,頒於四方,妄引《周官》,以實誅賞。輔弼异議不能回,臺諫從官力争不能奪,州郡監司若奉行微忤其意,則譴責從之。所用皆憸薄少年,天下騷然。於是昔之懷疑者始愧仰嘆服,以獻可爲知人。温公與安石相論辯尤力。神宗欲兩用之,命温公爲樞密副使,温公以言不從,不拜。以三書抵安石,冀其或聽而改也。安石如故所爲,終不聽,乃絶交。温公既出,退居於洛,每慨然曰:“吕獻可之先見,吾不及也。”[2]

由於司馬光是否定王安石變法的元祐諸賢之首領,因而“獻可之先見,自温

---

1 《王安石年譜三種》,第432頁。

2 《邵氏聞見録》卷一〇,第106~107頁。

公有言，而後世多稱之”[1]。可謂影響甚大。

（五）針砭交游

熙寧前二三十年間，王安石與當時名臣鉅公有較多交往，韓琦曾是王安石的上司，歐陽修、富弼、文彦博都曾推薦過王安石，韓維、吕公著與安石自青年時期就有文字來往，司馬光與安石則互相推許。熙寧變法後，這些名臣或成爲王安石的政敵，或成爲持不同政見者，這一轉變在筆記小説中有較多的載録，但載録的故事多帶有非議王安石的性質。如前揭王安石自仁宗嘉祐以來已名重士林，“學問文章，知名當世”，但在邵伯温的筆下王安石却是善於攀附名士以自重的人。

> 安石在仁宗時，論立英宗爲皇子，與韓魏公不合，故不敢入朝。安石雖高科有文學，本遠人，未爲中朝士大夫所服，乃深交韓、吕二家兄弟。韓、吕，朝廷之世臣也，天下之士不出於韓，即出於吕。韓氏兄弟絳字子華，與安石同年高科，維字持國，學術尤高，不出仕，用大臣薦入館。吕氏公著字晦叔，最賢，亦與安石爲同年進士。子華、持國、晦叔，争揚于朝，安石之名始盛，安石又結一時名德如司馬君實輩，皆相善。先是治平年間，神宗爲潁王，持國翊善，每講論經義，神宗稱善。持國曰：“非某之説，某之友王安石之説。”至神宗即位，乃召安石，以至大用。[2]

關於王安石是否藉韓、吕以取重的問題，蔡上翔曾引歐陽修《再論水灾狀》推重知池州包拯、知襄州張瓌、崇文院檢討吕公著、群牧判官王安石的事實後説：“公著方與安石并薦，豈能重安石哉，即此可證其妄矣。”[3]

韓琦是三朝重臣，尤反青苗法。在筆記小説所傳王安石與韓琦交往的故事裏，王安石是一個氣度狹小的人物：

> 初，韓魏公知揚州，介甫以新進士簽書判官事。韓公雖重其文學，

1 《王安石年譜三種》，第437頁。

2 《邵氏聞見録》卷三，第24~25頁。

3 《王安石年譜三種》，第287頁。

而不以吏事許之。介甫數引古義争公事,其言迂闊,韓公多不從。介甫秩滿去。會有上韓公書者,多用古字,韓公笑而謂僚屬曰:"惜乎王廷評不在此,其人頗識難字。"介甫聞之,以公爲輕己,由是怨之。[1]

韓魏公自樞密副使以資政殿學士知揚州,王荆公初及第爲僉判,每讀書達旦,略假寐,日已高,急上府,多不及盥漱。魏公見荆公少年。疑夜飲放逸,一日從容謂荆公曰:"君少年,無廢書,不可自弃。"荆公不答,退而言曰:"韓公非知我者。"魏公後知荆公之賢,欲收之門下,荆公終不屈,如召試館職不就之類是也。故荆公《熙寧日録》中短魏公爲多,每曰:"韓公但形相好爾。"作《畫虎圖詩》以詆之。[2]

明眼人一看就知這兩條材料相抵牾之處甚爲明顯,同是記韓琦知揚州時與王安石産生嫌隙,但一是因韓琦誤解王安石年少放逸不讀書,一却是韓琦因王安石飽讀詩書迂闊而調侃,兩者相距甚遠,顯然這種"遺聞"之不實是不難想象的。當然以上是一個較突出的示例,其他還有很多,因文繁,不再具引。

(六)生死讖語

關於王安石的誕生,筆記小説的記述頗爲離奇,而離奇的背後又暗含着深意,試看下面4條記述:

傅獻簡公云:"王荆公之生也,有獾入其室,俄失所在,故小字獾郎。"[3]

昔與小王先生者言:"王舒公介甫何至於無後?"小王先生曰:"介甫,上上天之野狐也。又安得有後?"吾默然不平,歸白諸魯公。魯公曰:"有是哉!"吾益駭。魯公始迺爲吾言,曰:"頃有李士寧者,异人也。一旦因上七日入醴泉觀,獨依殿所之楯柱。視卿大夫絡繹登階拜北神者。適睹一衣冠,亟問之曰:'汝非獾兒乎?'衣冠者爲之拜,迺介甫也。士寧謂介甫:'汝從此去,逾二紀爲宰相矣!其勉旃。'蓋士寧出入介甫

1 〔宋〕司馬光撰:《涑水記聞》卷一六,中華書局,1989年,第311頁。

2 《邵氏聞見録》卷九,第94頁。

3 〔宋〕邵博撰:《邵氏聞見後録》卷三十,第237頁。

家，識介甫之初誕，故竟乎小字曰‘獾兒也’。”1

王荆公之生也，有獾出於市，一道人首常戴花，時人目爲戴花道人，來訪其父曰：“此文字之祥，是兒當之，他日以文名天下。”因述其出處甚詳，俟至執政，自當見之。荆公父書于册，自後休證不少差，荆公甚神之。洎拜兩地，戒閽者，有戴花道人來，不問早暮即通。一日，道人果來，荆公見之，述父所記、渴見之意。道人曰：“自此益得君，謹無復讐。”荆公扣之，曰：“公前身，李王也，戒之。”遂辭去。2

荆公在鐘山讀書，有一長老曰：“先輩必做宰相，但不可念舊惡，改壞祖宗格法。”荆公云：“一第未就，奚暇問作宰相，并壞祖宗格法，僧戲言也？”老僧云：“曾坐禪入定，見秦王入寺來，知先輩秦王後身也。”3

獾，原本是一種穴居山野，晝伏夜出的哺乳動物，在宋人筆記傳聞中把它與王安石的出生連在一起别有一番意義，因爲不論是説“獾入其室”，還是説“出於市”，都預示着王安石的誕生好像是一個野性十足的异類闖入人世，宋王朝因之將要有某種變异。而由此順理成章的邏輯表述，便是指王安石是南唐李後主和秦王廷美的轉世投胎。關於宋太宗繼位之謎的問題，一向爲治宋史學者所關注。不論是説太宗陰謀篡權，還是繼位合法，意見雖不統一，但太宗爲確立自己一系的傳位，的確是算盡機關，數開大獄。太宗胞弟秦王趙廷美4之死，就是宋太宗一手製造的一大政治冤案。5 因此後世對宋太宗此舉頗多議論。《貴耳集》所謂王安石爲“秦王後身”，顯然是意指欲降禍于宋，以報前世冤。説王安石前身是李王（即南唐李後主）其意與此相同，也是喻欲降禍于宋。尤值得注意的是獾在《説文解字》中又釋作“野豕”，而在宋人“説話”中的小説則有以猪稱呼王安石的情節（見後詳述），顯然這種貶稱的由來與筆記小説的“傳聞”不無關係。

以上是説王安石的誕生，至於説到王安石的死也是死有餘辜，陰譴怪异之

1 〔宋〕蔡絛：《鐵圍山叢談》卷四，中華書局，1983年，第72頁。

2 〔宋〕趙彦衛撰，傅根清點校：《雲麓漫鈔》卷四，中華書局，1996年，第62頁。

3 〔宋〕張端義撰：《貴耳集》卷中，《景印文淵閣四庫全書》第865册，1983—1986年，第435頁。

4 宋徽宗時改封魏悼王，見《宋史》卷二四四《宗室趙廷美傳》。

5 詳見吴天墀：《燭影斧聲傳疑·四、太宗對於德昭廷美的嫉害》，原刊《史學季刊》第1卷第2期，1941年3月成都出版。

事，不知凡幾。《孫公談圃》卷中有載：

荆公薨之前一歲，凌晨，閽者見一蓬頭小青衣，送白楊木笏，裹以青布。荆公惡甚，弃之牆下曰："明年祖龍死。"[1]

張邦基《墨莊漫録》卷二載：

荆公病革甚，吴夫人令蔡元度詣茅山，謁劉混康問狀。劉曰："公之病不可爲也。適見道士數十人，往迎公，前二人執幡，幡面有字，若金書然。左曰'中函法性'，右曰'外習塵紛'。

元度自言如此，或者又云："荆公臨薨，頗有陰譴怪异之事。"與此不同，未知孰是？[2]

何湘妃女士據此分析説："這些乍看下情節頗爲光怪陸離的説法，却仍寓有深刻的批判安石之意。因爲民間傳説頗雜神道迷信，報應不爽的觀念。從上述二則的故事中，一是通過蓬頭小青衣來詛咒安石；二則以蓋棺論定的方式，由冥王出來批判安石一生的是非功過。所謂的'中函法性'，仍是部分地肯定安石的耿介清純之風，而'外習塵紛'，則不外從安石新法的事業上給予評斷了。"[3]斯言甚是得當。

四、小説話本、講史小説中的王安石形象[4]

上面論述的都是以記載奇聞、掇拾舊聞或述説近事的筆記小説，現在再看看深受市井民衆歡迎的小説話本、講史小説是怎樣塑造王安石形象的。雖然嚴格地講小説話本和講史小説與筆記小説不盡相同，但是筆記小説的記事，記聞範圍廣泛，且有很强的故事性及與現實生活相關的情節，因而往往成爲講史小説和小説話本的重要素材來源，從這個角度來講，兩者之間又有着千絲萬縷的聯繫，所以不能忽略講史小説和小説話本。

1　〔宋〕孫升：《孫公談圃》，《全宋筆記》第 2 編第 1 册，第 153 頁。

2　〔宋〕張邦基撰，孔凡禮點校：《墨莊漫録》，中華書局，2002 年，第 75～76 頁。

3　何湘妃：《南宋高孝兩朝王安石評價的變遷過程與分析》（鉛印稿），臺灣大學歷史研究所碩士論文，1984 年，第 230 頁。

4　本節主要參考了何湘妃《南宋高孝兩朝王安石評價的變遷過程與分析》第六章"通俗文學中所反映的王安石評價"。

現今傳世的講史小説和小説話本中有描寫王安石形象的,僅見於《京本通俗小説》殘本中的第十四卷《拗相公》和《宣和遺事》中的相關部分。這兩部小説的時代斷限目前還有一定的争議。《京本通俗小説》的編者不詳,首見於近人江東老蟫繆荃孫 1915 年所刊《煙畫東堂小品》叢書中。魯迅、鄭振鐸、胡士瑩等人都將《京本通俗小説》殘本中的《拗相公》定爲宋人舊話本。[1] 但新近又多否定之説,"整體文風不似宋元小説"[2]。在斷限問題上,其所以存在争議,筆者以爲蕭相愷《宋元小説史》的分析比較中肯:"正因爲没有宋元舊本印證,再加上這批作品本身一般都比較短,文本中時代的印迹既容易抹去,也易於竄入,所以往往有些學者從這個角度肯定爲宋元作品,而另一些學者又從另一個角度加以否定,很難形成一致的意見。而且無論哪一位學者,都難免因一點小小的疏漏或不周而造成判斷上的失誤。"[3] 而先師漆俠先生對於明清時期小説集"三言""二拍"與宋代文獻之間的關係所作研究的意見甚爲可取,漆先生以爲"三言""二拍"中計有 62 篇是描寫宋代社會生活狀況的。這 62 篇與宋代舊話本及文獻的關係可分爲四類情況,"即:(1)有直接脱胎于宋人話本的;(2)自宋人記載中演繹而來;(3)來自于宋元雜劇;(4)根據宋人話本或某些記載進行改編或演繹"[4]。由這個分類再看《拗相公》,應當説即使不是直接脱胎于宋人話本,也屬於第 2、第 4 種分類,所以在這裏仍把《拗相公》視作宋人作品來看待。

《拗相公》在馮夢龍編輯的《警世通言》第三卷又作《拗相公飲恨半山堂》,宋代小説話本,通常每篇小説開頭都有篇首詩或詞,并講些與本篇相類的故事,作爲引子貫穿下文,其後再敘入正傳或正話。《拗相公》一文的體制即援其例。小説以四句唐詩爲篇首小引"周公恐懼流言日,王莽謙恭下士時,假使當年身便死,一身真僞有誰知",道出本篇小説的主題以陪襯故事的内容,緊接着對這首

1 《中國小説史略》,上海古籍出版社,1998 年,第 75 頁;《中國文學研究》,人民文學出版社,2001 年,第 343 頁;《話本小説概念》,中華書局,1980 年,第 204 頁。

2 程毅中:《宋元小説話本集》,齊魯書社,2000 年,第 810 頁;《宋元小説研究》,江蘇古籍出版社,1999 年,第 319~322 頁。

3 蕭相愷:《宋元小説史》,浙江古籍出版社,1997 年,第 103 頁。

4 漆俠:《知困集》,河北教育出版社,1992 年,第 267 頁。另外,漆俠先生也同意把《京本通俗小説》殘本所收斷爲宋元舊話本。

詩加以解釋,而後便話歸正傳。正傳或正話分作3部分:

其一是概括性的序文,其文曰:

如今説先朝一個宰相,他在下位之時,也着實有名有譽的。後來大權到手,任性胡爲,做錯了事,惹得萬口唾罵,飲恨而終。假若有名譽的時節,一個瞌睡死去了不醒,人還千惜萬惜,道國家没福,恁般一個好人,未能大用,不盡其才,却倒也留名於後世。及至萬口唾罵時,就死了也遲。這倒是多話了幾年的不是!那位宰相是誰?在那一個朝代,這朝代不近不遠,是北宋神宗皇帝年間,一個首相姓王名安石,臨川人也。

其二是簡要叙述了王安石的早年仕履,曠世才華;及至宋神宗朝受賞識,拜相,雖然當時有李承之、蘇老泉等人識破其奸邪真相,但無人可信。此是作爲他日必亂天下的伏筆。王安石當政後,立起一套新法,專信小人,斥逐忠良,拒絶直諫,自以爲是,復倡三不足之説:"因他性子執拗,主意一定,佛菩薩也勸他不轉,人皆呼爲拗相公",遂使祖制紛更,萬民失業,國事不堪。後因愛子王雱病疽而死,王安石痛思之甚,昏夢中王雱在陰曹地府受酷刑泣求安石不要再行新法及早回頭。受此咒詈,王安石醒來後便一連十來道表章告病辭職。

其三是本篇小説的重點,主要講述王安石罷相之後,微服由京師到江寧,沿途中所見老百姓對他深惡痛絶的情形。在情節結構上,作者精心安排王安石帶親吏江居與童僕在途中與老百姓看似平淡的對話,却深刻反映出新法對人民的壓抑和盤剥,對話場景共有三幕。

第一,在鐘離與一經紀人家的主人對話:

主人迎接上坐,問道:"客官要往那裏去?"荆公道:"要往江寧,欲覓肩輿一乘,或騾或馬三匹,即刻便行。"主人道:"如今不比當初,忙不得哩!"荆公道:"爲何?"主人道:"一言難盡!自從拗相公當權,創立新法,傷財害民,户口逃散。雖留下幾户窮民,只好奔走官差,那有空役等雇?况且民窮財盡,百姓饔餐不飽,没閒錢去養馬騾。就有幾頭,也不勾差使。客官坐穩,我替你找尋去。尋得下莫喜,尋不來莫怪。只是比往常一倍錢要兩倍哩!"江居問道:"你説那拗相公是誰?"主人道:"叫做王安石,聞説一雙白眼睛,惡人自有惡相。"荆公垂下眼皮,叫江居莫管别人家閒事。

第二，在某村舍與一老叟對話：

因問老叟："高壽幾何？"老叟道："年七十八了。"荆公又問："有幾位賢郎？"老叟撲簌簌泪下，告道："有四子，都死了。與老妻獨居於此。"荆公道："四子何爲俱夭？"老叟道："十年以來，苦爲新法所害。諸子應門，或殁於官，或喪於途。老漢幸年高，得以苟延殘喘，倘若少壯，也不在人世了。"荆公驚問："新法有何不便，乃至於此？"老叟道："官人只看壁間詩可知矣，自朝廷用王安石爲相，變易祖宗制度，專以聚斂爲急，拒諫飾非，驅忠立佞。始設青苗法以虐農民，繼立保甲、助役、保馬、均輸等法，紛紜不一。官府奉上而虐下，日以棰掠爲事。吏卒夜呼於門，百姓不得安寢。弃産業，携妻子，逃于深山者，日用數十。此村百有餘家，今所存八九家矣。寒家男女共一十六口，今只有四口僅存耳！"説罷，泪如雨下，荆公亦覺悲酸。又問道："有人説新法便民，老丈今言不便，願聞其詳。"老叟道："王安石執拗，民間稱爲拗相公。若言不便，便加怒貶；説便，便加升擢。凡説新法便民者，都是諂佞輩所爲，其實害民非淺。且如保甲上番之法，民家每一丁，教閲於場，又以一丁朝夕供送。雖説五日一教，那做保正的，日聚於教場中，受賄方釋。如没賄賂，只説武藝不熟，拘之不放，以致農時俱廢，往往凍餒而死。"言畢，問道："如今那拗相公何在？"荆公哄他道："現在朝中輔相天子。"老叟唾地大駡道："這等奸邪，不行誅戮，還要用他，公道何在！朝廷爲何不相了韓琦、富弼、司馬光、吕誨、蘇軾諸君子，而偏用此小人乎。"江居等聽得客座中喧嚷之聲，走來看時，見老叟説話太狠，咤叱道："老人家不可亂言，倘王丞相聞知此語，獲罪非輕了。"老叟矍然怒起道：吾年近八十，何畏一死，若見此奸賊，必手刃其頭，刳其心肝而食之。雖赴鼎鑊刀鋸，亦無恨矣！"

第三，在某樹林茅屋間與一老嫗對話：

將次天明，老嫗起身，蓬着頭同一赤脚蠢婢，趕二猪出門外。婢携糠秕，老嫗取水，用木杓攪於木盆之中，口中呼"囉囉囉，拗相公來"。二猪聞呼，就盆吃食。婢又呼："鷄朔朔，朔，王安石來。"群鷄俱至。江居和衆人看見,無不驚訝。荆公心愈不樂,因問老嫗道:“老人家何爲呼鷄豕之名如此?”老嫗道:“官人難道不知王安石即當今之丞相,拗相公是他的渾名? 自王安石做了相公,立新法以擾民。老妾二十年孀婦,子媳俱無,止與一婢同處。婦女二口,也要出免役、助役等錢,錢既出了差役如故。老妾以桑麻爲業,蠶未成眠,便預借絲錢用了。麻未上機,又借布錢用了。桑麻失利,只得畜猪養鷄,等候吏胥里保來徵役錢。或准與他,或烹來款待他,自家不曾嘗一塊肉。故此民間怨恨新法,入於骨髓。畜養鷄豕,都呼爲拗相公、王安石,把王安石當做畜生。今世没奈何他,後世得他變爲异類,烹而食之,以快胸中之恨耳!”荆公暗暗垂泪,不敢開言。左右驚訝,荆公容顔改變,索鏡自照,只見鬚髮俱白,兩目皆腫,心下凄慘。

這三幕對話集中抨擊了王安石變法中的免役法、青苗法、保甲法、保馬法及均輸等新法“蠹國害民,怨氣騰天”,以及老百姓對王安石的憤恨。當然作者刻意地安排這種血泪控訴出自于善良的匹夫匹婦,這對於説書的聽衆而言,自能收到極大的共鳴與説服力。

此外,值得注意的有三點:一是作者運用一些淺俗的詩詞來間接地對王安石加以奚落,例如文中叙述一路上的茶坊、道院以至村鎮人家,處處皆有詩詞譏誚王安石,致使王安石歸而憂憤這些詩詞云:

祖宗制度至詳明,百載餘黎樂太平。白眼無端偏固執,紛紛變亂拂人情。

五葉明良致太平,相君何事苦紛更。既言堯舜宜爲法,當效伊周輔聖明。排盡舊臣居散地,儘爲新法誤蒼生。翻思安樂窝中老,先識天津杜宇聲。

初知鄞邑未升時,爲負虚名衆所推。蘇老《辨奸》先有識,李丞劾奏已前知。斥除賢正專威用,引進虚浮起禍基。最恨邪言“三不足”,千年流毒臭聲遺。

文章謾説自天成,曲學偏邪識者輕。强辨鶉刑非正道,誤餐魚餌豈真情。奸謀已遂生前志,執拗空遺死後名。親見亡兒陰受梏,始知天理報分明。

生已沽名炫氣豪，死猶虛僞惑兒曹。既無好語遺吴國，却有浮辭誑葉濤。四野逃亡空白屋，千年嗔恨説青苗。想因過此來親睹，一但愁添雪鬢毛。

富韓司馬總孤忠，懇諫良言過耳風。只把惠卿心腹待，不知殺羿是逢蒙！

高談道德口懸河，變法誰知有許多。他日命衰時敗後，人非鬼責奈愁何？

二是用輪回報應的觀念鞭笞王安石。宋代由於善有善報、惡有惡報的觀念已深入民間，因而既然王安石的所作所爲傷天害理，自然也就會遭到天的報應，《拗相公》在正文開頭和結尾都着意叙述了神鬼的報應。如講安石辭相的原因時有一段文字描寫安石愛子雱病疽而死，安石悲痛欲絶，遂招天下高僧齋醮，圖薦亡靈，當安石於齋醮後，焚香送佛之際，忽然昏倒於拜氈上，直到五更後，方如夢初醒，回憶當時情形：

荆公眼中垂泪道："适纔昏憒之時，恍恍忽忽到一個去處，如大官府之狀，府門尚閉；見吾兒王雱荷巨枷，約重百斤，力殊不勝，蓬首垢面，流血滿體，立於門外，對我哭訴其苦道：'陰司以兒父久居高位，不思行善，專一任性執拗，行青苗等新法，蠹國害民，怨氣騰天。兒不幸陽禄先盡，受罪極重，非齋醮可言。父親宜及早回頭，休得貪戀富貴！'説猶未畢，府中開門吆喝，驚醒回來……"

在這裏小説着重强調安石因行青苗等新法而禍及子孫，小説中説話人的生動描述，再加上市井小民們極易相信王雱受病痛折磨及早夭確實是對王安石新法禍民的現世之報應，這一切都使得此小説能夠達到最大限度地批判王安石變法的目的。

三是除以上所揭三幕對話場景外，作者擷取宋人筆記小説中攻擊王安石的片斷記聞作爲小説情節發展的鋪墊或營造意境烘托的特定情緒。如前揭所引安石與韓琦的交游、仁宗時誤食魚餌、李承之言安石雙眼多白，還有邵雍在天津橋聞杜鵑聲而預言天下從此亂，安石晚年悔恨爲吕惠卿所陷、所誤等均出自于《邵氏聞見録》，至於王雱陰間受酷刑則見于《孫公談圃》和《泊宅編》，於此可見王安石的形象之所以在南宋以後被極大地扭曲，是與攻擊王安石變法的筆記小説的廣爲流布密不可分的。

宋人話本一般都有一個煞尾，即它是在連接在情節結局以後，直接由説話人自己出場，總結全篇大旨，或對聽衆加以勸誡，含有明確的目的性，通常是用説白作評論，再加詩詞的。《拗相公》也不例外，其篇尾説道：

至今世間人家，多有呼猪爲拗相公者。後人論我宋元氣，都爲熙寧變法所壞，所以有靖康之禍。有詩爲證："熙寧新法諫書多，執拗行私奈爾何！不是此番元氣耗，虜軍豈得渡黄河。"[1]

再看《宣和遺事》。《宣和遺事》又稱作《大宋宣和遺事》，其版本很多，分兩個系統，一爲二卷本，一爲四卷本。[2] 前人多認爲是宋人作品，魯迅説："抑宋人舊本，而元時又有增益，皆不可知。"[3] 胡士瑩則斷爲"宋人舊編元人增益者"[4]。但蕭相愷認爲"成書却確實在元代"，但觀其論證似不足以推翻"宋人舊編元人增益者"之説，因爲他所列的 6 條證據，5 條是延申胡士瑩用以證宋人舊編元人增益之説的，其不足爲憑不言而喻，唯一的 1 條新證據又有誤，"書中叙徽宗親佞臣章惇、蔡京相繼拜相，一時童貫等先後得進一大段，全本《宋史・宋徽宗本紀》，有許多句子且與《宣和遺事》相同"。雖然《宣和遺事》與《宋史本紀》語句相同，但并不能以此就説《宣和遺事》是引自《宋史》，因爲史學界公認《宋史》取材主要采用的是宋的舊官史，而宋神宗、哲宗、徽宗、欽宗《四朝國史》早在南宋孝宗淳熙十三年(1186)已編寫完畢。[5] 所以《宣和遺事》叙事與《宋史》記載相同，是均取自宋修國史之使然，以此證《宣和遺事》出元人之手似不足爲憑。

《宣和遺事》的内容相當豐富，歷史、政治和社會生活熔於一爐，既概括了北宋的政治演變，又着重反映了南宋軍民痛恨權奸和抗金愛國的思想感情。但并非創作，大抵是掇拾前人的詩文、筆記、稗編、雜録、官私史書、市人小説等湊集而成。其内容大致可分爲十部分，或十段，其中第二、第三段專講王安石及其變

---

1 以上引文除注明外，均見黎烈文標點：《京本通俗小説》，商務印書館，1937 年。

2 詳見程毅中：《宋元小説研究》，上海古籍出版社，1999 年，第 297~298 頁。

3 《中國小説史略》，第 82 頁。

4 《話本小説概論》，第 714 頁。

5 詳見蔡崇榜：《宋代修史制度研究》，臺北文津出版社，1993 年，第 126~138 頁；參見《二十五史導讀辭典・〈宋史〉的史料來源》，華齡出版社，1991 年，第 758~764 頁。

法。第二段講宋神宗用王安石爲相，因變法引起禍害，其論調大抵承襲北宋末士論之常套，如采用《邵氏聞見録》有關其父邵雍聞杜鵑聲而預言王安石亂天下的記述作爲序言，暗示王安石登上政治舞臺將是宋王朝的大不幸，是書寫道：

> 英宗升遐，神宗即位。神宗是個聰明的官家，朝廷上大綱小紀，一一要從新整理一番。恰有的那曾參政，名做公亮的，薦那王安石爲丞相。神宗准奏，召王安石拜相。正宣麻時分，有唐介做著諫官——，上疏論奏："王安石泥古迂儒，若用爲相，必多更變，重擾天下。"那時有吕誨亦上疏彈劾安石。[1]

在唐介、吕誨大肆批判安石的人品之後，作者又經由范鎮與韓琦的上疏來表達對新法的不滿，文中最後則刻畫出王安石在衆叛親離下的獨夫嘴臉。作者藉安石弟安國之力諫，而安石不聽，遂使安國哭於影堂，并道出"是吾家滅門"的話語，來襯托出王安石的拒諫與寡情。同時又以王雱成爲地獄中拘囚的重犯，來説明王安石的罪不可恕，不僅自身罪孽深重，而且累及子孫受難。於是經由筆記雜録或見聞傳奇的彙集，再加上被視爲正人君子的元祐老臣的諫疏，作者就輕而易舉地把一個奸佞的形象，牢牢套在安石身上，而講史小説中的王安石形象，自此就被歪曲了。

第三段講王安石引蔡京入朝當權。據研究，《宣和遺事》作者的構思立意，與吕中《大事記講義·宣和講篇》的主旨如出一轍。吕中認爲"宣和之患，自熙寧至宣和，小人用事六十餘年，奸幸之積久矣"。而《宣和遺事》的開場詩即點明了這一主題："誤國其君罪不輕，陰司報應自分明。奸邪凡事懷私險，却告金仙洗惡名"，隨即展開了對王安石的聲討：

> 話説宋朝失政，國喪家亡，禍根起於王安石引用婿蔡卞及姻黨蔡京在朝，陷害忠良，奸佞變詐，欺君虐民，以致壞了宋家天下。[2]

作者盛贊《大事記講義·宣和講篇》"説得宣和過失，最是的當"。作者正是按照吕中的思想和《大事記講義·宣和講篇》中所提及的許多事情來選取材料，結構篇章，旨在反映宋"自熙寧至宣和"六十餘年間"小人用事""奸幸之積

1　黎烈文標點：《大宋宣和遺事》，商務印書館，1937 年，第 7 頁。

2　《大宋宣和遺事》，第 10 頁。

久矣"的所謂歷史真實。[1] 在這裏小説按照精選的歷史史實,層層累進,使得人們認爲王安石不僅是一個奸佞之臣,而且是禍害宋王朝的元凶。不特如此,《大宋宣和遺事》還透過講史人年復一年的述説講論,塑造了王安石"佞臣""元凶"的形象。此形象不僅打動人心,而且深入民間;也使得王安石被牢牢地釘在歷史的恥辱柱上。

1 參見蕭相愷:《宋元小説史》,第89頁。

宋代筆記中的優伶雜劇

河北經貿大學法學院　高楠

［摘　要］　劇本無傳雖使宋代故事劇之繁盛爲人忽視，但將宋代筆記等史籍所涉雜劇内容綴合之後，可見雜劇在民間、宴會和宫廷演出之繁盛，以及與儒者、官員、時政之密切聯繫。優伶雜劇并非一時調笑的諧謔片斷，而是直面兩宋社會中的重大癥結，順應了百姓仇恨貪官的情感傾向，也合乎宋廷整頓吏治的現實需要。順人主之所好，以攻其所蔽的表演技巧，既便利了優伶雜劇成功抗擊時弊，輿情通道亦因此而拓展。禁演劇碼之反復，罪罰伶人之非常規化，則成爲宋代文化發展空間較爲寬鬆的有力反證。

［關鍵詞］　宋代　筆記　雜劇　優伶　時政

在宋人筆記中，有不少關於優伶雜劇演出的記載。通過伶人的滑稽唱念，以及雙關、諧音、隱語等技巧性表達方式，演出内容中的尋常熟事與故事，在嬉笑間不露痕迹地達致嘲謔與諷諫的目的。宋雜劇的内容，涵蓋面極廣，政治、經濟、教育等領域的諸多時事，都曾入戲。

對於宋代雜劇，就現有論著來看，多是從文學史、音樂史、戲曲史、美術史、民俗學、傳播學、考古學、地方文化等角度入手，或分析雜劇角色，或探討宋雜劇在中國古典戲曲形成中承上啓下的作用，或研究其在文學、文物等相應研究領域的學術價值。[1] 至於從歷史學角度論述的,數量極少。[2] 因此,本文擬從歷史學角度出發,以筆記資料爲主,結合其他宋代史籍中的雜劇記録,以時間爲序,[3] 梳理北宋雜劇和南宋雜劇之内容,解讀雜劇故事,并在此基礎上從法律史角度分析宋人的"語禁始益繁"之歎,最後將之與明清的雜劇之禁進行對比,從中觀察宋代文化繁榮之因由。

一、北宋雜劇

(一)關涉孔聖人及儒生

北宋雜劇取材於當時社會生活的方方面面。北宋前期,關涉文人的雜劇較多,自孔聖人到普通儒生,都曾入戲。如太宗至道二年(996)重陽節,在瓊林苑宫宴上,"教坊以夫子爲戲"。此舉招致了文人反對,最後,仁宗下詔禁止。[4] 然而事實上弄孔子并未禁絶,元祐中,"以先聖爲戲"又一次出現在迎祥池宫廷御

1 任二北:《優語集》,上海文藝出版社,1981年;王國維:《宋元戲曲史》,上海古籍出版社,2008年;胡忌:《宋金雜劇考》訂補本,中華書局,2008年;黄進興:《優入聖域:權力、信仰與正當性》,中華書局,2010年;鄭西村:《南宋"温州雜劇"産生問題的商榷》,《戲劇藝術》1984年第2期;徐蘋芳:《宋代的雜劇磚雕》,《文物》1960年第5期;李獻奇、王興起:《洛寧縣雜劇雕磚試析》,《中原文物》1988年第4期;曾棗莊:《〈劉先生傳〉與南宋雜劇》,《中國典籍與文化》1992年第3期;方寶璋:《空巷無人一國狂——從劉克莊詩詞看南宋莆田雜劇百戲》,《文史知識》2000年第3期;修海林:《宋代雜劇南傳形式的文物遺存——四川大足石窟"六師外道謗佛不孝"群像考》,《黄鐘(中國武漢音樂學院學報)》2004年第1期;張影:《論宋代教坊雜劇演出的雅化特徵》,《語文知識》2007年第3期;鄧喬彬、夏令偉:《宋代滑稽戲與宰相》,《齊魯學刊》2008年第6期;延保全:《宋雜劇演出的文物新證——陝西韓城北宋墓雜劇壁畫考論》,《文藝研究》2009年第11期;李永平:《蘇軾與宋代雜劇傳統》,《陝西師範大學學報》2010年第5期;慶振軒:《宋代雜劇與兩宋黨争簡論》,《鄭州大學學報》2012年第1期;羅麗容:《民族衝突與文化融合——從北宋磚刻雜劇人丁都賽説起》,《中華戲曲》2013年第1期;楊挺:《弄與裝:宋代雜劇脚色的諧正分流及故事劇的興起》,《四川戲劇》2013年第3期。此類論著數量較多,自不贅述。

2 李楓丹:《論北宋優語的歷史背景》,首都師範大學碩士論文,2011年。

3 本文在梳理兩宋雜劇時,基本上以時間爲序,但當需要將同一類别的雜劇集中叙述時,也會稍有變化。

4 〔宋〕楊億:《楊文公談苑》,上海古籍出版社,1993年,第3頁。

宴上。[1]

孔聖人尚且入戲，以大儒或普通儒生爲物件的對象表演，當然亦有之：

> 祥符、天禧中，楊大年、錢文僖、晏元獻、劉子儀以文章立朝，爲詩皆宗尚李義山，號西昆體，後進多竊義山語句。賜宴，優人有爲義山者，衣服敗敝，告人曰："吾爲諸館職撏撦至此。"[2]

這出雜劇描繪的是君臣共宴之時，優人以"衣服敗敝"的文人裝束出場，并以敗衣爲喻，嘲弄士人和官員對他人著作的率意割裂和取用。文人、儒生通常因其言行之間的可笑之處而入戲，其淵源可上溯至三國時期的劉備，"使倡家子假爲二子(許慈、胡潛)之容，效其訟鬩之狀，酒酣樂作，以爲嬉戲"，"初以辭義相難，終以刀杖相屈"，字裏行間，戲裏戲外，無不包含對文人相輕的嘲弄。[3] 酸儒之外，雜劇中亦不乏貧儒之身影，大中祥符、天禧時戲弄西昆詩派表演中"衣服敗敝"的士子，優伶飾演的"自冠帶衣裾被身之物輒除其半"[4]的衣冠之士，發現於河南滎陽縣槐西村的紹聖三年(1096)石棺綫刻圖中左肩一塊大補丁的書生，[5]均説明衣衫破敗極有可能是北宋貧儒的常見着裝。

到了北宋中期，不僅儒者本人，與其相關的文風、句式或服飾亦被改編爲雜劇。如蘇軾嘗宴客，俳優者百般逗樂，但蘇軾一直未笑。這時一伶人突出，用棒痛打作技者："内翰不笑，汝猶稱良優乎？"對曰："非不笑也，不笑所以深笑之也。"蘇軾由此大笑。究其原因，是優人所言套用了蘇軾《王者不治夷狄論》中的句式："云非不治也，以不治治之，乃所以深治之也。"[6]蘇軾曾令門人輩作《人不易物賦》，有人就此事戲作一聯："伏其几而襲其裳，豈爲孔子；學其書而戴其帽，未是蘇公。"李廌告知蘇軾，蘇軾笑稱自己的"子瞻帽"在醴泉觀御宴上曾逗得皇

1 〔宋〕王闢之：《澠水燕談録》卷八《事志》，《全宋筆記》第2編第4册，大象出版社，2006年，第104頁。

2 〔宋〕劉攽：《中山詩話》，《景印文淵閣四庫全書》第1478册，臺灣商務印書館，1983—1986年，第268～269頁。

3 〔晋〕陳壽：《三國志》卷四二《蜀書·許慈傳》，中華書局，1959年，第1023頁。

4 〔宋〕曾敏行：《獨醒雜志》卷九，《全宋筆記》第4編第5册，大象出版社，2008年，第195頁。

5 山西師範大學戲曲文物研究所編：《宋金元戲曲文物圖論》圖61，山西人民出版社，1986年，圖片部分見第30頁，圖論部分見第61頁。

6 〔宋〕楊萬里：《誠齋集》卷115《詩話》，《景印文淵閣四庫全書》第1161册，第453頁。

帝開心一笑。據蘇軾所言,當時優人以相與自夸文章爲戲。優人丁仙現聲稱:"吾之文章,汝輩不可及也。"衆優問其緣由,此優人作答:"汝不見吾頭上子瞻乎?"[1]

(二)映基層之弊

"宋之滑稽戲,雖托故事以諷時事;然不以演事實爲主,而以所含之意義爲主。"[2]關於這一點,時人早有論斷:"俳優侏儒,固伎之最下且賤者,然亦能因戲語而箴諷時政,有合于古矇誦工諫之義,世目爲雜劇者是已。"[3]北宋時期,這類雜劇俯拾皆是。如真宗景德時期,參軍戲非常流行,"優人雜劇,必裝官人,號'參軍色'",這類雜劇直指當時的冗官弊政,"參軍無員數,無職守,悉以曠官敗事違戾改教者爲之。凡朔望饗宴,使預焉。人一見必指曰:'參軍也','倡優爲戲,亦假爲之,以資玩戲'"[4]。筆記作者趙彦衛肯定了雜劇對冗官的諷刺,發人深省。參軍戲發端于唐,[5]五代時,縣令多爲齷齪無能昏老之人,"甚者誅求刻剥,穢迹萬狀,故天下優諢之言,多以長官爲笑"[6]。北宋參軍戲的增多,亦從一個側面折射出基層政治之弊。

在北宋地方政治中,有的官員借助雜劇,輔以俚語,攻訐政敵:

> 景祐末,詔以鄭州爲奉寧軍,以蔡州爲淮康軍。范雍自侍郎領淮康節鉞,鎮延安。時羌人旅拒戍邊之卒,延安爲盛。有内臣盧押班者鈐轄,心嘗輕范。一日軍府開宴,有軍伶人雜劇,稱參軍夢得一黄瓜,長丈餘,是何祥也?一伶賀曰:"黄瓜上有刺,必作黄州刺史。"一伶批其頰曰:"若夢見鎮府蘿蔔,須作蔡州節度使。"[7]

這一雜劇因官員之間的個人私怨而作,偏離了其"箴諷時政"的功能,完全

1 〔宋〕李廌:《師友談記》,《全宋筆記》第2編第7册,大象出版社,2006年,第34頁。

2 《王國維戲曲論文集》,中國戲劇出版社,1984年,第25頁。

3 〔宋〕洪邁:《夷堅志》支乙卷四《優伶箴戲》,中華書局1981年版,第822頁。

4 〔宋〕趙彦衛:《雲麓漫鈔》卷五,《全宋筆記》第6編第4册,大象出版社,2013年,第157~158頁。

5 〔宋〕魏泰:《東軒筆録》卷四,《全宋筆記》第2編第8册,大象出版社,2006年,第24頁。

6 〔宋〕江少虞撰:《宋朝事實類苑》,上海古籍出版社,1981年,第860~861頁。

7 〔宋〕張師正:《倦游雜録·軍府雜劇》,上海古籍出版社,1993年,第60頁。

淪爲私人鬥争的工具。

對於優伶的劇中之語,北宋某些官員認爲切中地方時弊,大加激賞。如哲宗紹聖間,成都提舉茶馬官"以課羨,賜五品衣魚。府中開宴,俳優口號,有'茶馬人賜緋'"之句。優伶的這句臺詞,直指茶馬官之敲剥諂媚,朝廷之斂税濫賜,意蘊深警。對此,筆記作者朱彧認爲,"小人中有冷眼,最不可欺"[1]。

(三)現新法之弊

北宋御前雜劇,多與時政相關。對於熙寧年間實行的新法,優人們以自己的方式表明了立場:

熙寧九年,太皇生辰,教坊例有獻香雜劇。時判都水監侯叔獻新卒。伶人丁仙現假爲一道士,善出神,一僧善入定。或詰其出神何所見?道士云:"近曾至大羅,見玉皇殿上有一人披金紫,熟視之,乃本朝韓侍中也。手捧一物。竊問旁立者,云韓侍中獻國家金枝玉葉萬世不絶圖。"僧曰:"近入定到地獄,見閻羅殿側有一人,衣緋垂魚,細視之,乃判都水監侯工部也。手中亦擎一物。竊問左右,云'爲奈何水淺獻圖,欲别開河道耳。'"時叔獻興水利以圖恩賞,百姓苦之,故伶人乃有此語。[2]

這段御前獻香雜劇由教坊名伶丁仙現主演,是一出諷刺科白戲。丁仙現在劇中先扮道士,後飾僧人。道士出神時到得玉皇殿上,見到已去世的韓琦衣金紫,手捧萬世不絶圖;僧人入定後到了地府,看到剛去世的都水監侯叔獻紅衣佩魚,因水淺之故,欲獻水利圖,以别開河道。侯叔獻生前曾主管汴河沿岸淤田,并大力推行王安石的淤田法。韓琦反對王安石變法,侯叔獻堅定執行新法,二人死後的待遇明顯不同——前者穩坐天庭,比肩玉皇;後者去了陰曹地府,源起生前惡行。這種强烈的反差反映出伶人的政治傾向:反對新法。這出雜劇的矛頭雖然直指王安石新法,但"百姓苦之"未必是農田水利法之過——興修水利,

1 〔宋〕朱彧:《萍洲可談》卷三,《全宋筆記》第2編第6册,第176~177頁。

2 〔宋〕彭□:《續墨客揮犀》卷五《獻香雜劇》,《全宋筆記》第3編第1册,大象出版社,2008年,第116頁。

本是長遠大計，官員的急功近利纔是新法失敗之因。當時的朝野上下，反對新法之人不在少數，他們的態度可能影響到優伶的立場。故而從這一角度看去，劇中伶人的表演反而説明王安石變法所遇阻力之大。劇中的丁仙現者，在教坊數十年，經常出演此類劇碼，“每對御作俳，頗議正時事”[1]。

王安石的用人策略，亦備受詬病，并成爲雜劇嘲諷的對象：

> 熙寧間，王介甫行新法，欲用人材，或以選人爲監司。趙濟、劉誼皆雄州防禦推官，提舉常平等事，薦所部官改官，而舉將自未改官。蓋用才不限資格，又不欲便授品秩，且惜名器也。其時多引人上殿，伶人對上作俳，跨驢直登軒陛，左右止之，其人曰：“將謂有脚者盡上得。”薦者少沮。[2]

官府之中，廟堂之上，“將謂有脚者盡上得”，連四條腿的驢頭馬面都可横行一時，新法執行的效果可以想見。這出雜劇，以驢爲道具，對王安石急於用人、不加選擇的做法給以辛辣的諷刺，同時，亦嘲諷了那些官運亨通的逢迎小人。

王安石的全方位改革，影響到了社會的方方面面，科舉考試亦不例外，但在諸多因素的共同作用下，他的良好願望化爲泡影，“王荆公改科舉，暮年乃覺其失，曰：‘欲變學究爲秀才，不謂變秀才爲學究也。’蓋舉子專誦王氏章句，而不解義，正如學究誦注疏爾。教坊雜戲亦曰：‘學《詩》于陸農師，學《易》於龔深之。’蓋譏士之寡聞也”[3]。在時人眼中，王安石變法的弊害不僅僅是把秀才變爲學究，而是從政治、學術到科舉，都呈現出難以收拾之局面，并通過雜劇對新法不可收拾的局面給予了藝術化的表現：

> 頃有秉政者，深被眷倚，言事無不從。一日御宴，教坊雜劇爲小商，自稱姓趙名氏，負以瓦瓿賣沙糖。道逢故人，喜而拜之。伸足誤踏瓿倒，糖流於地，小商彈指歎息曰：“甜采你即溜也，怎柰何！”左右皆笑。俚語以王姓爲“甜采”。[4]

---

1 〔宋〕朱彧：《萍洲可談》卷三，《全宋筆記》第 2 編第 6 册，大象出版社，2006 年，第 176 頁。

2 〔宋〕朱彧：《萍洲可談》卷三，《全宋筆記》第 2 編第 6 册，大象出版社，2006 年，第 177 頁。

3 〔宋〕陳師道：《後山談叢》卷一，《全宋筆記》第 2 編第 6 册，大象出版社，2006 年，第 81 頁。

4 〔宋〕王闢之：《澠水燕談録》卷一〇《談謔》，《全宋筆記》第 2 編第 4 册，大象出版社，2006 年，第 104 頁。

(四)映新、舊黨争

北宋的新、舊黨争之嚴酷,在雜劇中也有反映,“崇寧初,斥逐元祐忠賢,禁錮學術,凡偶涉其時所爲所行,無論大小,一切不得志”。關於這一點,洪邁的描繪可謂入木三分:

> 伶者對御爲戲,推一參軍作宰相據坐,宣揚朝政之美。一僧乞給公憑游方,視其戒牒,則元祐三年者,立塗毁之,而加以冠巾。一道士失亡度牒,問其披戴時,亦元祐也,剥其羽衣,使爲民。一士人以元祐五年獲薦,當免舉,禮部不爲引用,來自言,即押送所屬屏斥,已而主管宅庫者附耳語曰:“今日于左藏庫請得相公料錢一千貫,盡是元祐錢,合取鈞旨。”其人俛首久之,曰:“從後門搬入去。”副者舉所持挺扶其背曰:“你做到宰相,元來也只好錢。”是時,至尊亦解顔。[1]

此劇中,僧、道和士人自報家門後,僧、道之所以被强制還俗,士人之所以没能進入仕途,只因其身份證明出自元祐年間。不僅這些小人物,即使宰相之尊,得勢之後,因料錢盡是元祐錢,也只能偷偷從後門搬運。這一不正常現象,與徽宗君臣崇尚熙寧變法,黨同伐异之政治背景有關——凡偶涉其時所爲所行,無論大小,一切不得志。甚至曾在元祐間風行一時、士子引以爲式的子瞻樣男帽和黄魯直幅巾樣式亦成爲奸邪的象徵,“褒衣博帶,尚存元祐之風;矮帽幅巾,猶襲奸臣之體”[2]。

新、舊黨争不僅發生在政治領域,還蔓延到教育領域。徽宗朝,君臣尊崇王安石,王安石及其學術地位被一抬再抬,其塑像進入孔廟,即是一證。關於王安石的配享座次問題,在雜劇中也有反映:

> 蔡京作相,弟卞爲元樞,卞乃王安石婿,尊崇婦翁,當孔廟釋奠時,躋於配享而封舒王。優人設孔子正坐,顔、孟與安石侍坐側。孔子命

---

1 〔宋〕洪邁:《夷堅志》支乙卷四《優伶箴戲》,中華書局,1981年,第822頁。需要注意的是,此處所言“推一參軍作宰相”中的“參軍”不再是作爲社會身份的下層官吏,也不是劇中人物的官員身份,而是戲劇的一種脚色名稱。這就標志着“參軍”一詞的含義至遲在崇寧初有了變化。楊挺:《弄與裝:宋代雜劇脚色的諧正分流及故事劇的興起》,《四川戲劇》2013年第3期。

2 〔宋〕吕本中:《師友雜志》,《全宋筆記》第3編第6册,大象出版社,2008年,第16頁。

之坐，安石揖孟子居上，孟辭曰："天下達尊，爵居其一。軻僅蒙公爵，相公貴于真王，何必謙光如此。"遂揖顔子，顔曰："回也陋巷匹夫，平生無分毫事業，公爲名世真儒，位號有間，辭之過矣。"安石遂處其上。夫子不能安席，亦避位，安石皇懼拱手不敢，往復未决。子路在外，憤憤不能安，徑趨從祀堂挽公冶長臂而出，公冶爲窘迫之狀謝曰："長何罪？"乃責數之曰："汝全不救護丈人，看取别人家女婿。"[1]

崇寧年間，重新排定聖賢座次，反映出王安石新學地位的上升。主管此事的蔡卞是王安石女婿，公冶長是孔子女婿，兩相對比，當時官方的教育政策和政治需要之間的關係昭然若揭。這出雜劇與其他雜劇的不同之處在於：它不僅達到了"意以譏卞"的社會效果，而且影響到國家教育之政的頒布與施行，"時方議欲升安石於孟子之右，爲此而止"[2]。

(五)涉戰争題材

北宋末，戰争題材的劇碼逐漸增多，較爲集中地反映了北宋内部的和、戰之争，以及與遼、金的戰力對比。其一是"土少不能和"，上演於崇寧四年(1104)：

乾統初，(牛温舒)復參知政事，知南院樞密使事。五年，夏爲宋所攻，來請和解。温舒與蕭得里底使宋。方大燕，優人爲道士裝，索土泥藥爐。優曰："土少不能和。"温舒遽起，以手藉土懷之。宋主問其故，温舒對曰："臣奉天子威命來和，若不從，則當卷土收去。"宋人大驚，遂許夏和。[3]

由"土少不能和"到"遂許夏和"，反映了主戰思維到主和思維的快速轉變，折射出北宋王朝内部對戰與和的複雜態度，説明北宋朝廷在談判桌上亦處於弱勢，對應了其在戰場上的"倉皇北顧"[4]：

一日内宴，教坊進伎爲三四婢，首飾皆不同。其一當額爲髻，曰蔡

---

1 〔宋〕洪邁：《夷堅志》支乙卷四《優伶箴戲》，中華書局，1981年，第822~823頁。

2 〔宋〕洪邁：《夷堅志》支乙卷四《優伶箴戲》，中華書局，1981年，第822頁。

3 〔元〕脱脱等撰：《遼史》卷八六《牛温舒傳》，中華書局，1974年，第1325頁。

4 〔宋〕辛弃疾撰，俞樟華注：《稼軒詞注・永遇樂》，岳麓書社，2005年，第269頁。

太師家人也;其二髻偏墜,曰鄭太宰家人也;又一人滿頭爲髻如小兒,曰童大王家人也。問其故,蔡氏者曰:"太師覲清光,此名朝天髻。"鄭氏者曰:"吾太宰奉祠就第,此懶梳髻。"至童氏者曰:"大王方用兵,此三十六髻也。"[1]

宣和年間的這出雜劇表演中,教坊優伶在頭飾上頗下功夫:蔡京家婢梳"朝天髻",鄭居中家婢梳"懶梳髻",至童貫家婢則曰"三十六髻"。童貫家婢扮演者的臺詞非常詼諧,是以"三十六髻"喻"三十六計",用諧音譏諷童貫用兵燕薊戰敗逃竄之事,以宣泄時人的不滿與描繪童貫用兵失敗的窘狀,又利於觀衆明白隱含的事理。這些形態各异的諸般髮髻,均爲婦女裝束,以婦女髮髻嘲諷童貫,可爲戲弄之極盡。

(六)箴諷時政

前述蔡卞欲將婦翁"躋於配享"之雜劇,反映出北宋雜劇及其表演的箴諷時政之功能,同時亦影響到朝廷的政令和決策。無獨有偶,徽宗時以貨幣政策調整爲内容的一出雜劇,和另一出關涉官員薪俸的雜劇,都有着同樣的效果:

崇寧二年鑄大錢。蔡元長建議俾爲折十,民間不便之。優人因内宴爲賣漿者,或投一大錢飲一杯,而索償其餘,賣漿者對以"方出市,未有錢,可更飲漿",乃連飲至于五六。其人鼓腹曰:"使相公改作折百錢,奈何!"上爲之動,法由是改。又大農告乏,時有獻廪俸减半之議。優人乃爲衣冠之士,自冠帶衣裾被身之物輒除其半,衆怪而問之,則曰"减半"。已而兩足共穿半袴,躄而來前,復問之,則又曰"减半"。問者乃長歎曰:"但知减半,豈料難行。"語傳禁中,亦遂罷議。[2]

此雜劇通過賣漿者和買漿者的詼諧對答,反映出當十錢對下層平民生活的不利影響。當十錢在北宋出現了兩次:一是仁宗朝爲籌措對西夏作戰軍費曾在陝西、河東發行,二是徽宗朝爲解决錢荒問題而鑄行。二者目的都是解决財政困難,不同之處在於前者是臨時性財政措施,不久即罷;後者是在全國範圍内長

1 〔宋〕周密:《齊東野語》卷一三《優語》,中華書局,1983年,第244~245頁。

2 〔宋〕曾敏行:《獨醒雜志》卷九,《全宋筆記》第4編第5册,大象出版社,2008年,第195頁。

時期實行，不僅普通百姓深感不便，亦引發了一系列的流弊與混亂。

退一步講，雜劇若能引起當政者的反思，亦是一個不錯的開端：

> 又嘗設三輩爲儒、道、釋，各稱誦其教。儒曰："吾之所學，仁義禮智信，曰五常。"遂演暢其旨，皆采引經書，不涉媟語。次至道士，曰："吾之所學，金木水火土，曰五行。"亦説大意。末至僧，僧抵掌曰："二子腐生常談，不足聽。吾之所學，生老病死苦，曰五化。藏經淵奥，非汝等所得聞，當以現世佛菩薩法理之妙爲汝陳之。盍以次問我。"曰："敢問生。"曰："内自太學辟雍，外至下州偏縣，凡秀才讀書，盡爲三舍生。華屋美饌，月書季考，三歲大比，脱白掛緑，上可以爲卿相。國家之於生也如此。"曰："敢問老。"曰："老而孤獨貧困，必淪溝壑。今所在立孤老院，養之終身。國家之於老也如此。"曰："敢問病。"曰："不幸而有病，家貧不能拯療，于是有安濟坊，使之存處，差醫付藥，責以十全之効。其於病也如此。"曰："敢問死。"曰："死者人所不免，唯窮人無所歸，則擇空隙地爲漏澤園，無以斂，則與之棺，使得葬埋，春秋享祀，恩及泉壤。其於死也如此。"曰："敢問苦。"其人瞑目不應，陽若惻悚然。促之再三，方蹙額答曰："只是百姓一般受無量苦。"徽宗爲惻然長思，弗以爲罪。[1]

在這出雜劇中，僧的扮演者借僧之口，大談佛家的"五化"之生老病死苦，其所言的"只是百姓一般受無量苦"，含義非常豐富——既是佛家"五化"之一，又是當時百姓受苦的寫照，諷諫意義十足。所以，宋徽宗纔會"惻然長思，弗以爲罪"。另外，此劇中的伶人對御作俳，以三教爲戲事，可看出教坊雜劇不同於民間的雅化特徵。[2] 關於雜劇的雅化特徵的成因，有學者認爲與當時文人的寫作興趣相關，"文人筆記裏選録的都是他們感興趣、認爲有意義的雜劇演出，除官僚的從政事迹以外，他們關心的莫過於詩文創作之事"[3]。此説固然不錯，但教坊雜劇的這種雅化現象與其特殊的觀衆群——内廷皇室百官等當時社會中的

1　〔宋〕洪邁：《夷堅志》支乙卷四《優伶箴戲》，中華書局，1981年，第823頁。

2　張影：《論宋代教坊雜劇演出的雅化特徵》，《語文知識》2007年第3期。

3　廖奔、劉彦君：《中國戲曲發展史》，山西教育出版社，2000年，第1册，第221頁。

上層人物的欣賞趣味亦有關聯。作爲當時社會中的上層人物,他們欣賞的是“婉媚風流”的演出風格。在迎合這些特殊觀衆的過程中,宋教坊雜劇的雅化特徵逐漸形成。

由取材來看,北宋雜劇劇碼大都圍繞社會每一階段的焦點事件而作,具有深刻的歷史背景。太祖、太宗到真宗時期,隨着中原一統和社會經濟的繁榮,統治者歌舞升平,宴會享樂之風蔓延。同這種社會潮流相適應,這一時期的雜劇主要圍繞文人及文風進行創作,并以儒者之衣“爲諸館職撏撦”致破敝爲喻,呼喚詩文革新。承平穩定的社會表象下,是内外矛盾的迅速增長。真宗景德元年(1004)、仁宗慶曆四年(1044)對遼、夏納幣求和,官冗、財乏等新弊端的逐漸形成,又導致了社會内部機制的動蕩不安,故而反映地方政治生態的參軍戲在雜劇舞臺上逐漸走紅,進入時人的視野。因北宋統治者“深嫉貪吏”,意在嘲諷貪官和庸官的參軍戲,既順應下層人民仇官的情感傾向,也合乎權力高層整頓吏治的現實需要。北宋中後期,隨着内外矛盾的紛至沓來,士大夫階層中的有識之士産生了憂患感和危機感,主張革新政治者逐漸增多。熙寧新政適應了這一趨勢,但因王安石用人失誤,新法的施行過程中又出現了諸多弊端,王安石及其相關事件遂成爲這一時期雜劇的重要看點。不獨王安石,宰相蔡京、權宦童貫等人亦曾入戲。高官入戲,大都與其執政問題有關——由於位高權重,其所作所爲牽涉國計民生,所行政令影響遍及社會各階層。北宋雜劇的部分劇碼及其表演,不僅有箴諷時政之功能,亦影響到朝廷的政令和決策。雜劇的這一功能與教坊優伶的表演方式有關,“其廓人主之褊心,譏當時之弊政,必先順其所好,以攻其所蔽”。因此,從這一角度反觀之,雜劇亦有向統治者回饋輿情之重要作用。對於優伶雜劇的諷諫意義,不少士大夫持積極態度,“雖非君子之事,而有足書者”[1]。

1 〔宋〕馬令:《南唐書》卷二五《談諧第二十一》,《景印文淵閣四庫全書》第464册,臺灣商務印書館,1983—1986年,第361頁。

二、南宋雜劇

(一)針砭時事

北宋末的外交屈辱和對外作戰失利,嚴重影響到北宋的士氣和民心。故而南宋初某些雜劇的警醒作用非常明顯:

金人自侵中國,惟以敲棒擊人腦而斃。紹興間,有伶人作雜戲云:"若要勝其金人,須是我中國一件件相敵乃可。且如金國有粘罕,我國有韓少保;金國有柳葉槍,我國有鳳凰弓;金國有鑿子箭,我國有鎖子甲;金國有敲棒,我國有天靈蓋。"人皆笑之。[1]

與北宋雜劇一樣,南宋雜劇亦不乏取材時政,針砭時事之典型劇碼,經界法即是一例:

紹興中,李椿年行經界量田法,方事之初,郡邑奉命嚴急,民當其職者頗困苦之。優者爲先聖、先師鼎足而坐,有弟子從末席起,咨叩所疑。孟子奮曰:"仁政必自經界始。吾下世千五百年,其言乃爲聖世所施用。三千之徒,皆不如我。"顏子默默無語。或於傍笑曰:"使汝在世非短命而死,也須做出一場害人事。"[2]

紹興時期推行經界法,本爲清查與核實土地占有狀況。這一政策實施之初,過於嚴苛,民當其職者,反倒爲其所擾,苦不堪言。劇中優伶所言道出了百姓之苦,非常形象。

紹興十二年(1142),秦檜之子秦熺及兩侄秦昌時、秦昌齡一同中榜,物議紛然。一人得道雞犬升天的這一科場賄事,隨即就被編成了雜劇——優人通過推論知舉官,最後演繹出"韓信取三秦"的絶大嘲諷。

壬戌省試,秦檜之子熺、侄昌時、昌齡皆奏名,公議藉藉而無敢輒語。至乙丑春首,優者即戲場設爲士子赴南宫,相與推論知舉官爲誰,或指侍從某尚書某侍郎當主文柄,優長曰:"非也,今年必差彭越。"問

1 〔宋〕張知甫:《可書》,《全宋筆記》第4編第3册,大象出版社,2008年,第185頁。

2 〔宋〕洪邁:《夷堅志》支乙卷四《優伶箴戲》,中華書局,1981年,第824頁。

者曰:"朝廷之上不聞有此官員。"曰:"漢梁王也。"曰:"彼是古人,死已千年,如何來得?"曰:"前舉是楚王韓信,信、越一等人,所以知今爲彭王。"問者蚩其妄,且扣厥指,笑曰:"若不是韓信,如何取得他三秦?"[1]

這出雜劇借助諧音諧義,嘲弄諷刺秦檜依仗權勢讓兒子秦嬉、侄子秦昌時、秦昌齡中舉的醜惡行徑,因采用了同字异義的手法,秦檜也無可奈何,"不敢明行譴罰"。

(二)鞭撻賣國奸佞

南宋初,權相秦檜迎合高宗,力主和議,迫害主張抗戰的文臣武將,在社會上激起强烈的憤恨。對此,《二勝環》借助雙關語和同音詞犀利地鞭笞了賣國奸佞:

秦檜以紹興十五年四月丙子朔,賜第望仙橋。丁丑,賜銀絹萬匹兩,錢千萬,彩千縑,有詔就第賜燕,假以教坊優伶,宰執咸與。中席,優長誦致語,退,有參軍者前,褒檜功德。一伶以荷葉交椅從之,恢語雜至,賓歡既洽,參軍方拱揖謝,將就椅,忽墜其襆頭,乃總發爲髻,如行伍之巾,後有大巾環,爲雙叠勝。伶指而問曰:"此何環?"曰:"二勝環。"遽以朴擊其首曰:"爾但坐太師交椅,請取銀絹例物,此環掉腦後可也。"[2]

優伶的問答,非常直白——只要保有半壁河山,便可享有榮華富貴;至於收復河山,迎回徽、欽二聖,則"掉腦後可也"。

(三)影響官方政策

南宋前期,一些雜劇亦影響到官方政策的調整。如高宗時的御前雜劇《妝秀才》:

壽皇賜宰執宴,御前雜劇妝秀才三人,首問曰:"第一秀才仙鄉何

---

1 〔宋〕洪邁:《夷堅志》支乙卷四《優伶箴戲》,中華書局,1981年,第824頁。

2 〔宋〕岳珂:《桯史》卷七《優伶詼語》,中華書局,1981年,第81頁。

處?"曰:"上黨人。"次問:"第二秀才仙鄉何處?"曰:"澤州人。"又問:"第三秀才仙鄉何處?"曰:"湖州人。"又問上黨秀才:"汝鄉出甚生藥?""某鄉出人參。"次問澤州秀才:"汝鄉出甚生藥?""某鄉出甘草。"次問湖州:"出甚生藥?""出黄蘖。""如何湖州出黄蘖?""最是黄蘖苦人。"當時皇伯秀王在湖州,故有此語。壽皇即日召入,賜第奉朝請。[1]

伶人由秀才籍貫,引出各地出産的藥材,再以黄蘖藥性之苦爲喻,將秀王在湖州的苛政捅到高宗面前,隨即秀王被調離,困擾湖州百姓的問題得以解決。

紹興時以并庫爲主旨的雜劇,亦讓高宗改變了最初的想法與做法:

何自然中丞上疏,乞朝廷并庫,壽皇從之。方且講究未定,御前有燕,雜劇伶人妝一賣故衣者,持褲一腰,只有一隻褲口,買者得之,問如何着?賣者云:"兩脚并做一褲口。"買者云:"褲却并了,只恐行不得。"壽皇即寢此議。[2]

(四)關涉科舉之誤

孝宗時,科舉考題之誤亦被改編爲雜劇。如淳熙七年(1180)大比之後的"例宴"上,優伶飾演的儒服者與另一人比試記誦之力,"詫博洽,辨古今,岸然不相下"。後來儒服者依次報出漢代宰相之名,并以唐朝著名將帥之姓名考校對手,後者回以張巡、許遠和田萬春。儒服者奮起争曰:"巡、遠是也,萬春之姓雷,歷考史諜,未有以雷爲田者。"二者互相不服,一位自稱教授的緑衣參軍來做評判,認爲儒服者所言正確,"是故雷姓"。其對手不僅不服,而且破口大詬,袒裼奮拳,欲打教授。教授遽作恐懼狀,曰:"有雨頭也得,無雨頭也得。"此時,一手持令旗的黄衣人,躍出人群,高聲呼喝:"制置大學給事台旨,試官在坐,爾輩安得無禮。"群優亟斂容,趨下,喏曰:"第二場更不敢也。"[3]這出雜劇,在今人看來,就是評判者和稀泥,没啥笑料。孰不知它是以剛剛結束的科場考試爲題材,極具諷刺意義。淳熙七年(1180)是大比之年。第一場賦題出自《孟子》,"舜聞

---

1 〔宋〕張端義:《貴耳集》卷下,《全宋筆記》第6編第10册,大象出版社,2013年,第339頁。

2 〔宋〕張端義:《貴耳集》卷下,《全宋筆記》第6編第10册,大象出版社,2013年,第340頁。

3 〔宋〕岳珂:《桯史》卷十《萬春伶語》,中華書局,1981年,第119~120頁。

善若决江河”,并以“聞善而行沛然莫禦”爲韵。考生拿到題後,一老儒以“禮部韵”爲依據,指出沛字“從雨爲可疑”,於是諸生請示主考官。時逢主考官休息,屬官漫不經意地答覆:“禮部韵注義既非,增一雨頭無害也。”考試座位離得遠的考生没聽到這一番對答,仍用沛字答題,“於是試者用霈沛各半”。第二天要考《論語》,用沛字的士子們纔意識到問題的嚴重性。因是試題之誤,再次詢問考官。考官不知前一天之事,答覆“如字”。群情由此激憤,考場大亂,用沛字答題的士子高呼,“試官誤我三年利害不細”。爲平復衆士子情緒,解决問題,考官急忙做出應答,“有雨頭也得,無雨頭也得”。有士子意欲追究試題咎誤之責,考官稱“第二場更不敢也”。此事到此并未結束,在之後“例宴主司以勞還”宴送主考官時,優伶借着“辨古今”爲名,假裝憨愚之態,發語取謔,將這次貢試試題之誤,活靈活現地再現出來。《萬春伶語》針對剛剛過去的貢試之弊,體現出當時雜劇的時效性和真實性,有今日新聞報導之特徵。

(五)映官場之弊

寧宗時的韓侂胄亦是南宋雜劇的主角,他不顧宋金雙方實力懸殊,一意孤行,力主開禧北伐,最終丢了性命之事,在時人看來,純粹是自尋煩惱:

> 韓侂胄用兵既敗,爲之兩鬢俱白,困悶莫知所爲。優伶因上賜侂胄宴,設樊遲、樊噲,旁有一人曰樊惱。又設一人揖問遲:“誰與你取名?”對以“夫子所取”。則拜曰:“是聖門之高弟也。”又揖問噲曰:“爾誰名汝?”對曰:“漢高祖所命。”則拜曰:“真漢家之名將也。”又揖惱云:“誰名汝?”對以“樊惱自取”。[1]

被入戲的韓侂胄本人,爲了擅權,亦曾利用雜劇排斥朱熹。“乃於禁中,令優人效熹容止爲戲,熒惑上聽。”[2]《宋史》也記録了這一事件,“朱熹奏其奸,侂胄怒,使優人峨冠闊袖象大儒,戲于上前,熹遂去”[3]。

嘉定初,史彌遠當政,選人改官,多出其門。關於這一現象,南宋有兩部雜

---

1 〔宋〕葉紹翁:《四朝聞見録》戊集《優伶戲語》,《全宋筆記》第6編第9册,第396~397頁。

2 〔宋〕樵叟:《慶元黨禁》,《筆記小説大觀》,江蘇廣陵古籍刻印社,1983年,第318頁上。

3 〔元〕脱脱等撰:《宋史》卷四七四《韓侂胄傳》,中華書局,1977年,第13772頁。

劇,一是史彌遠拜相當日,府中開宴,伶人扮作士人,以"滿朝朱紫貴,盡是四明人"譏之,"自後相府有宴,二十年不用雜劇"[1]。二是在武人宴會上,又以雜劇嘲諷:

制閫大宴,有優爲衣冠者數輩,皆稱爲孔門弟子。相與言,吾儕皆選人,遂各言其姓曰:吾爲常從事,吾爲於從政,吾爲吾將仕,吾爲路文學。別有二人出曰:"吾宰予也。夫子曰:'於予與改。'可謂僥倖。"其一曰:"吾顔回也。夫子曰:'回也不改。'吾爲四科之首而不改,汝何爲獨改?"曰:"吾鑽故改,汝何不鑽?"回曰:"吾非不鑽,而鑽彌堅耳。"曰:"汝之不改宜也,何不鑽彌遠乎?"[2]

獲得權貴或地方長官推薦,是宋代選人改官的前提。當時一些選人爲依附史丞相不擇手段,這是此雜劇的取材由來。"鑽者,取必入之義。"[3]一個"鑽"字,入木三分地刻畫出這些選人趨炎附勢的卑躬之態。全劇圍繞改官問題向前推進,劇中優伶借孔門弟子以經語爲姓,互相問難,并以"鑽彌遠"的隱喻結束,諷刺了當時打通權要關節而"巧宦"的官場敗政。

袁彦純便是通過史彌遠的路子,做了臨安知府,"以史同叔同里之雅,薦以登朝,尹京"[4]。鑽營得官之後,他多方斂財,爲時人所不齒:

袁彦純尹京師,專一留意酒政。煮酒賣盡,取常州宜興縣酒、衢州龍游縣酒,在都下賣。御前雜劇:三個官人,一曰京尹,二曰常州太守,三曰衢州太守。三人争座位,常守讓京尹曰:"豈宜在我二州之下。"衢守争曰:"京尹合在我二州之下。"常守問云:"如何有此説?"衢守云:"他是我兩州拍户。"寧廟亦大笑。[5]

(六)嘲諷大儒

理宗端平年間,臨安優伶曾排演了一出嘲諷當世理學大儒的雜劇:

---

1 〔宋〕張端義:《貴耳集》卷下,《全宋筆記》第6編第10册,大象出版社,2013年,第356頁。

2 〔宋〕周密:《齊東野語》卷一三《優語》,中華書局,1983年,第245~246頁。

3 顧炎武著,陳垣校注:《日知録校注》卷一三《宋世風俗》,安徽大學出版社,2007年,第724~725頁。

4 〔宋〕周密:《癸辛雜識》前集《袁彦純客詩》,中華書局,1988年,第42頁。

5 〔宋〕張端義:《貴耳集》卷下,《全宋筆記》第6編第10册,大象出版社,2013年,第354~355頁。

臨安優人,裝一儒生,手持一鶴,别一儒生與之邂逅。問其姓名,曰:"姓鐘名庸。"問所持何物,曰:"大鶴也。"因傾蓋歡然,呼酒對飲。其人大嚼洪吸,酒肉靡有孑遺,忽顛仆於地,群數人曳之不勘。一人乃批其頰大駡曰:"説甚《中庸》《大學》,吃了許多酒食,一動也動不得!"遂一笑而罷。[1]

劇中的"一鶴"暗指理學家魏了翁(號鶴山先生),"大嚼洪吸"意指真德秀(號西山先生),此劇的創作意在嘲弄理學家高言道德,實際却未必有所作爲。這一劇碼的出現與當時"楮輕物貴,民生頗艱"的社會現實緊密相關,"意謂真儒一用必有建明,轉移之間立可致治"[2]。實際情况却是,"真西山參大政,未及有所建置而薨。魏鶴山督師,亦未及有設施而罷"[3]。理想與現實的落差,催生了這部雜劇。

以上是南宋高宗、孝宗、寧宗、理宗四朝的焦點雜劇。這些劇碼内容廣泛,涉及戰争、經濟、科考、中央和地方時政多種題材。這一部部雜劇,都直面當時社會生活中的重大癥結,深刻揭露了南宋的腐敗現象。雜劇所講雖是俗語,所用雖是瑣事,揭露的問題却同時具有典型性和普遍性特徵,而且及時準確,政治色彩濃厚。這類雜劇從不同角度將南宋大臣的忠奸善惡呈現在時人和今人面前,不經意間,一朝政治走向和政治特徵已透過娱樂被描繪出來。

三、語禁始益繁

宋雜劇并非一時調笑的諧謔片斷,它抗擊時弊的特徵和力度,無論是題材表現領域,還是思想意藴,都非常突出。因官員和文人是其主要的嘲諷對象,故而,它雖爲上位者所喜愛,但畢竟站在了官員和文人的對立面,觸犯了他們的利益,因此自北宋初期至南宋末期,這類雜劇及扮演者總是受到打擊和壓制。

文人對雜劇、優伶的不滿源自優人弄孔子之戲。太宗至道二年(996)重陽,皇太子、諸王宴瓊林苑,教坊以夫子爲戲,東宫賓客李至以唐文宗禁弄孔子爲

---

1 〔宋〕羅大經:《鶴林玉露》丙編卷三,中華書局,1983年,第278頁。

2 〔宋〕周密:《癸辛雜識》前集《真西山入朝詩》,中華書局,1988年,第43頁。

3 〔宋〕羅大經:《鶴林玉露》丙編卷三,中華書局,1983年,第278頁。

例，進言太子，太子"言于上而禁止之，此戲遂絶"[1]。然而直到哲宗時，教坊仍有弄孔子之劇碼，"元祐中上元，駕幸迎祥池宴從臣，教坊伶人以先聖爲戲"。對這種"以儒爲戲"及於先聖的現象，時任刑部侍郎的孔宗翰又以唐文宗時的禁令爲據，建議懲治，"唐文宗時嘗有爲此戲者，詔斥去之。今聖君宴犒群臣，豈宜尚容有此?""天子春秋鼎盛，方且尊德樂道，而賤伎乃爾褻慢，縱而不治，豈不累聖德乎!"但這次事件的處理，僅是"詔付檢官置于理"，至於是否禁演此類雜劇，筆記作者并未言及。[2] 之後，宫廷是否禁演弄孔子，史無明載，但直至南宋，弄孔子在民間依然存在，如紹興三十年(1160)前後，"剡之市人，以崇奉東嶽爲名，設盜蹠以戲先聖"，對浙東民間東嶽賽神弄孔子之舉，王十朋特别憤慨："里巷無端戲大儒，恨無司馬爲行誅。"[3] 在當時的文人或武人宴會上，以孔門弟子入戲頗爲流行，如嘉定初的"制閫大宴，有優爲衣冠者數輩，皆稱爲孔門弟子"[4]。對此事，岳珂更爲憤怒："優流侮聖言，直可誅絶。"[5] 周密雖亦認爲此出雜劇侮辱至聖先師，但同時稱其巧妙地擊中時弊，值得稱賞，"其離析文義，可謂侮聖言，而巧發微中，有足稱言者焉"[6]。這些史實，足以證明弄孔子之禁并未落到實處。

北宋優伶因弄假官獲罪者不多，筆者目力所及，僅有兩例，其一與景祐末"蔡州節度使"劇碼有關。當時，黨項首領元昊率兵逼邊，兵臨延州城下，知州范雍只知閉門禱告，幾同兒戲。軍伶人演雜劇時，以鎮府蘿蔔譏諷蔡(菜)州節度使范雍爲空心蘿蔔。范雍"取二伶杖背，黥爲城旦"[7]。其二因哲宗紹聖間成都"茶馬人賜緋"雜劇而起。被"賜緋"的茶馬官因優伶諷刺之語惱羞成怒，"當時頗怒其妄發，亦笞之"[8]。這兩例中的伶人，同是因言獲罪，但前者爲杖刑刺配，後者笞刑，説明對伶人的處罰并非正刑定罪，而是取决於當權者的喜怒。

1 〔宋〕楊億：《楊文公談苑》，上海古籍出版社，1993年，第3頁。

2 〔宋〕王闢之：《澠水燕談録》卷八《事志》，全宋筆記第2編第4册，大象出版社，2006年，第89頁。

3 〔宋〕王十朋：《梅溪先生文集》前集卷六《詩》，《四部叢刊》集部第158種。

4 〔宋〕周密：《齊東野語》卷一三《優語》，中華書局，1983年，第245頁。

5 〔宋〕岳珂：《桯史》卷五《選人戲語》，中華書局，1981年，第157頁。

6 〔宋〕周密：《齊東野語》卷一三《優語》，中華書局，1983年，第246頁。

7 〔宋〕張師正：《倦游雜録・軍府雜劇》，上海古籍出版社，1993年，第60頁。

8 〔宋〕朱彧：《萍洲可談》卷三，《全宋筆記》第2編第6册，第176~177頁。

南宋時，因雜劇獲罪的伶人多了起來，權相秦檜當政時，“語禁始益繁”。與其相關的雜劇分别是經界法、韓信取三秦和“二聖環”。紹興初，經界初行，官方奉行嚴密，“民當其職者頗困苦之”，故伶人稱其爲“一場害人事”。因經界法獲得秦檜支持，“聞者畏獲罪，不待此段之畢，即以謗褻聖賢，叱執送獄，明日杖而逐出境”[1]。觀衆畏禍心理與優伶的悲慘命運，反映出當時輿論失聲之局面。“二聖環”取徽宗、欽宗兩宫北還之意。伶人不畏殺身之禍，譏誚秦檜置“二聖還”於腦後，并因此入獄，“檜怒，明日下伶於獄，有死者，於是語禁始益繁”[2]。雜劇指陳時政的强大力量，亦由此彰顯。紹興十二年（1142），嘲諷秦檜子侄省試奏名不公的“韓信取三秦”之語既出，“四坐不敢領略，一哄而出。秦亦不敢明行譴法云”[3]。“不敢明行譴法”的言外之意，當然是説秦檜可以“暗行譴法”，優伶的命運可想而知。

淳熙七年（1180）的科場考試結束後，主考官以“鼓噪場屋”之罪，不問青紅皂白，“物色爲首者，盡繫獄”。官方的做法，激起更大的不平。優伶以雜劇形式將科場考題事件再現之後，迫於輿論壓力，官方雖釋放了先前繫獄的士子，却又拷問伶人，“意其爲郡士所使，録優伶而詰之，杖而出諸境”[4]。這出雜劇表演就采用了剛剛過去的貢試爲題材，以諷時事。

伶人以“滿朝朱紫貴，盡是四明人”的優語嘲謔史彌遠重用同鄉而導致“自後相府有宴，二十年不用雜劇”。理宗端平間，以“一鶴”“洪吸”“鐘庸”譏諷魏了翁、真德秀的伶人，也遭遇了沉重打擊，“或謂有使其爲此以姍侮君子者，京尹乃悉黥其人”。對此，筆記作者認爲，這些伶人純屬罪有應得，“余謂優人之姍侮君子，誠可罪也”[5]。

通過對北宋和南宋焦點雜劇的梳理，我們發現，宋代對雜劇及優伶的打擊和壓制，不外乎兩種：禁演劇碼和罪罰伶人。禁演劇碼，有官方和個人兩種，官方禁演如太宗至道二年（996）的弄孔子之禁，提議禁演的是深受儒家傳統教育

1 〔宋〕洪邁：《夷堅志》支乙卷四《優伶箴戲》，中華書局，1981 年，第 824 頁。

2 〔宋〕岳珂：《桯史》卷七，中華書局，1981 年，第 81 頁。

3 〔宋〕洪邁：《夷堅志》支乙卷四《優伶箴戲》，中華書局，1981 年，第 824 頁。

4 〔宋〕岳珂：《桯史》卷十《萬春伶語》，中華書局，1981 年，第 120 頁。

5 羅大經：《鶴林玉露》丙編卷三，中華書局，1983 年，第 278 頁。

熏陶的官員，太宗之所以采納這一建議，是擔心“有累聖德”，而非劇碼或優語之問題。基於此，弄孔子在哲宗元祐時重新進入教坊劇碼，并在御宴上演出，也就無甚可奇怪的了。南宋權相史彌遠則是個人抵制雜劇的代表，但其禁演僅限於他所掌控的相府，屬個人行爲。

至於罪罰伶人，教坊優伶僅有一例，即哲宗元祐時上元節御宴上因弄孔子而被罰，“詔付檢官置於理”，基本遵循正規司法程式。至於其餘獲罪優伶，大多隸屬於地方官府，都因“優語”影射地方長官或宰相而受到刑罰，但他們所獲刑譴則不同，有笞刑、杖刑、刺配，乃至死刑。獲罪原因相同，所獲刑罰不等，説明當時并無“優語”獲罪之法令。由此可見宋代文化環境之寬鬆。至於秦檜秉政時的“語禁始益繁”，當是僅局限於其當權之時。這種文化高壓通過筆記作者的描繪，淋漓盡致地展現出來，“聞者畏獲罪”，不待雜劇結束，主動“叱執”伶人“送獄”和“四座”不敢繼續欣賞雜劇一哄而出的記載即爲明證。

餘　論

兩宋雜劇廣涉孔聖先師、元祐學術、當世重臣、理學名臣、權奸貪佞、科場賄聞、三冗等諸多方面，隨着它的進一步繁榮發展，其以時事入科諢，矛頭直擊官場積弊、科場賄政的故事表演更加詳實具體，摭拾典故、激賞論議的傾向也越來越鮮明，謔語刺政、微言大義的話語機鋒逐漸爲文人所識鑒、推賞和贊許，這也反映出宋代伶人和文人高度的政治理想和憂國情懷。

宋代伶人雖然地位不高，却是朝廷正式的伎藝供奉。在兩宋宫廷慶典中，雜劇始終是獨立演出的項目。[1] 憑藉皇帝的喜愛，再加上其特有的諷諫精神，優伶雜劇開始滲透進意識形態，對一些政事産生重要影響。“夫上之所好，下之所趨也”，雜劇連接着上層階級同世俗社會，促進了市民文化的繁盛，“要之宋之雜劇，其關目結構，後人雖無從周悉，而上由朝廷，下至瓦舍，無不遍好雜劇，一時趨向之盛，可以想見。元曲所以卓絕歷代，實雜劇波靡所及”[2]。作爲宋代社會

1　在爲皇帝舉行的壽誕宫宴上有十九個節目，而雜劇要演出兩場，可見其地位的與眾不同。〔元〕脱脱等撰：《宋史》卷一四二《樂志十七・教坊》，中華書局，1977年，第3347～3348頁。

2　徐慕雲：《中國戲劇史》，上海古籍出版社，2001年，第43頁。

各階層喜愛的藝術形式，優伶雜劇發揮出波及廣大的輿論效應，至有“臺官不如伶官”[1]之説，足見其諷諫糾彈精神之强。優伶雜劇的這一社會功能，拓寬了輿情通道，便利了政情之通達。“宋時大内中，許優伶以時事入科諢，作爲戲笑，蓋兼以廣察輿情也。”[2]

宋代雜劇反映現實政治的大膽犀利，令人嘆服。表演雜劇之優伶，亦不乏受到權貴迫害者。面對這一可能出現的結果，優伶并未退却。他們的這一抉擇，與其關心時政“補朝廷”的自我定位有着很大關係。另外，若從律令角度來看，這些加諸優伶身上的刑罰，都缺乏明確的法律依據。這一現象表明，宋代雜劇的發展環境相對寬鬆。到了明清時代，律典對優伶所扮角色有了明確的規制，“凡樂人搬做雜劇戲文，不許妝扮歷代帝王後妃及先聖先賢、忠臣烈士神像，違者杖一百。官民之家，容令妝扮者，與同罪”[3]。與之相較，宋代文化的繁榮及發展空間可窺其一斑。

---

1 〔宋〕蔡絛：《鐵圍山叢談》卷三，《全宋筆記》第3編第9册，大象出版社，2008年，第201頁。

2 〔清〕梁紹壬：《兩般秋雨盦隨筆》卷六《優劇》，上海古籍出版社，1982年，第339頁。

3 《大明律》卷二六《刑律・搬做雜劇》，法律出版社，1998年，第204頁；《大清律例》卷三四《刑律・搬做雜劇》，天津古籍出版社，1993年。

試論宋代筆記的醫藥學價值

浙江中醫藥大學基礎醫學院　周雲逸

［摘　要］　存世的近五百種宋代筆記刊載了大量的醫案、醫方、藥議等涉醫文獻，映證、補充了以醫藥學專書爲主體建構的宋代醫學史，因而具有重要的醫藥學價值。上述醫案、醫方涉及臨床各科，歷代醫藥學專書大多失載。宋代筆記刊載的某些藥物辨識，比同期的本草學著作更爲精細、準確。宋代筆記係隨手而記，一般無須嚴格的考證，不可避免存在錯訛，故需要細加辨析，去僞存真，客觀探討其醫藥學價值。

［關鍵詞］　宋代筆記　醫藥學　價值

古人隨手記録的短篇文字，彙聚成集，諸如雜識、札記、筆談、雜記、志林、談録、談叢、漫録、隨筆，皆可稱作"筆記"。[1] 存世的宋代筆記近五百種，刊載了大量的治病醫案、中醫驗方、藥物辨識等方面的史料。宋代筆記所載醫藥文獻雖然分布零散，但它們映證、補充了以醫藥學專書爲主建構的宋代醫藥史，具有重要的醫藥學價值。曲如意認爲宋代史料筆記所載醫藥學資料内容廣博、記述詳實、文醫互融，具有拾遺補缺、追本溯源、以點窺面、辨异糾繆、臨床借鑑的價值。[2] 本文在其基礎上，就宋代筆記所載醫案、醫方、藥議的醫藥學價值，略陳管見。

一、宋代筆記所載醫案及醫方的價值

所謂醫案，即醫生診治病證的記録，又叫病案。醫案一般都具有情節，包含具體的病人、病症、醫家、醫方等要素，形式生動活潑，大多是真實的醫療個案。

1　鄭憲春：《中國筆記文史》，湖南大學出版社，2004 年，第 3 頁。

2　曲如意等：《宋代史料筆記中醫藥學資料的特點及價值》，《上海中醫藥大學學報》2010 年第 5 期。

宋代筆記刊載了大量的醫案,學界對之研究不足,其醫藥學價值尚有待發掘。

醫案在醫藥學上的價值,宋代醫家已有所注意,他們經常引用宋代筆記中的醫案來佐證藥物。據筆者統計,北宋本草學巨著《證類本草》墨蓋子後徵引的宋代文獻有 29 種,其中引用宋代筆記 5 種,是除引用的 18 種子部醫家類文獻外,引用數量最多的宋代文獻類型。[1] 例如孫光憲《北夢瑣言》記載了兩則醫案,被《證類本草》引用。《北夢瑣言》卷十:

> 唐崔魏公鉉鎮渚宫,有富商船居,中夜暴亡。迨曉,氣猶未絶。鄰房有武陵醫士梁新聞之,乃與診視,曰:"此乃食毒也,三兩日得非外食耶?"僕夫曰:"主公少出船,亦不食於他人。"梁新曰:"尋常嗜食何物?"僕夫曰:"好食竹雞,每年不下數百隻。近買竹雞,并將充饌。"梁新曰:"竹雞吃半夏,必是半夏毒也。"命擣薑捩汁,折齒而灌之,由是方蘇。……
>
> 有一朝士詣之,梁奉御曰:"何不早見示?風疾已深矣,請速歸處置家事,委順而已。"朝士聞而惶遽告退,策馬而歸。時有鄜州馬醫趙鄂者,新到京都,於通衢自榜姓名,云攻醫術。此朝士下馬告之,趙鄂亦言疾已危,與梁生所説同。謂曰:"只有一法,請官人剩吃消梨,不限多少時,咀齕不及,捩汁而飲,或希萬一。"此朝士又策馬歸,以書筒質消梨,馬上旋齕。到家旬日,唯吃消梨,頓覺爽朗,其恙不作。[2]

這兩則醫案,一是薑汁治半夏毒,一是消梨治風疾,《證類本草》"生薑"條、"梨"條分别加以引用,但引用頗有錯謬之處,當據《北夢瑣言》校改。《證類本草》引作:"唐崔魏公:鉉夜暴亡,有梁新聞之,乃診之曰:食毒。僕曰:常好食竹雞。多食半夏苗,必是半夏毒,命生薑捩汁,折齒而灌之,活。"[3] 雖未注明書名,實是暗引《北夢瑣言》,但并非崔魏公鉉暴亡,而是富商暴亡。從藥性上來説,生薑殺半

1 唐慎微在《證類本草》墨蓋子後引用宋代筆記 5 種,共引用 28 次,其中引用《夢溪筆談》15 次,引用《楊文公談苑》6 次,引用《北夢瑣言》4 次,引用《歸田録》1 次,引用《茅亭客話》2 次。

2 上海師範大學古籍整理研究所編:《全宋筆記》第 1 編第 1 册,大象出版社,2006 年,第 123 頁。

3 〔宋〕唐慎微:《重修政和經史證類備用本草》卷八"生薑"條,人民衛生出版社 1957 年影印蒙古定宗四年(1249)張存惠晦明軒本,第 195 頁。

夏毒,本草學已載之,"(生薑)殺半夏、莨菪毒"[1]。《北夢瑣言》以生動的醫案印證了這一點,故《證類本草》引之以證藥。《證類本草》引用《北夢瑣言》消梨治風疾之醫案,其用意亦類此。《證類本草》引作:"《北夢鎖言》:有一朝士見梁奉御,診之曰,風疾已深,請速歸去。朝士復見鄜州馬醫趙鄂者,復診之,言疾危,與梁所説同矣。曰:只有一法,請官人試吃消梨,不限多少,咀齕不及,絞汁而飲。到家旬日,唯吃消梨,頓爽矣。"[2]《證類本草》引所書名中"鎖"當作"瑣"。"消梨"治中風,符合藥理,《證類本草》:"今按,别本注云:梨有數種,其消梨,味甘,寒,無毒。主客熱,中風不語。"[3]此已明言消梨主治"中風不語",可證《北夢瑣言》所載不誤。

宋代筆記尚有大量醫案,古代醫藥學專書未載。這些醫案散落在宋代紛繁複雜的筆記之中。例如陶穀《清异録》卷下《饌羞門》有"學士羹"條:"竇儼嘗病目,幾喪明,得良醫瘉之,勸令頻食羊眼,儼遂終身食之,其家名'雙暈羹',世人有呼爲'學士羹'者。"[4]此處所謂食羊眼治目,不載於歷代醫藥學專書,具有重要的參考價值。《證類本草》記載了兩則以羊眼研末敷眼的醫方。其一引唐代孟詵《食療本草》:"常患眼痛澀,不能視物,及看日光并燈火光不得者,取熟羊頭眼睛中白珠子二枚,于細石上和棗汁研之,取如小麻子大,安眼睛上,仰卧。日二夜二,不過三四度瘥。"[5]其二引唐代孫思邈《千金方》:"治目赤及瞖。羊眼睛曝乾爲末,敷兩目。"[6]李時珍《本草綱目》卷五十"羊"條,注明羊睛主治"目赤及翳膜"[7],亦引上述兩方。不過李時珍對於上述醫方亦有疑惑:"時珍曰:羊眼無瞳,其睛不應治目,豈以其神藏於内耶?"[8]上述醫方,以羊眼治人眼,是"以類相治"的結果。李時珍所謂羊眼無瞳不應治目,也没有逃脱這種思路,言下之意即

1 《重修政和經史證類備用本草》卷八"生薑"條,第 194 頁。

2 《重修政和經史證類備用本草》卷二十三"梨"條,第 476 頁。

3 《重修政和經史證類備用本草》卷二十三"梨"條引,第 476 頁。

4 上海師範大學古籍整理研究所編:《全宋筆記》第 1 編第 2 册,第 104 頁。

5 《重修政和經史證類備用本草》卷十七"羖羊角"條,第 380 頁。

6 《重修政和經史證類備用本草》卷十七"羖羊角"條,第 380 頁。

7 〔明〕李時珍著,劉衡如校點:《本草綱目》,人民衛生出版社,2004 年,第 2740 頁。

8 《本草綱目》,第 2740 頁。

是羊眼若有瞳則可治目。最終李時珍得出的解釋是羊眼藴神,故可治目。上述醫方均以羊眼研末敷眼,而陶穀《清异録》記載食羊眼治目,二者异曲同工,可資參考。

中醫"以類相治",很多個案可以證明其合理性。王欽臣《王氏談録》"藥性"條:"醫藥治病,或以意類取。至如百合治百合病,似取其名;嘔血用胭脂、紅花,似取其色;淋瀝腸結,則以燈心、木通,似反其類。意類相假,變化感通,不可不知其旨也。"[1]這種"以類相治"的方法顯然是由漢儒"天人相類"學説發展而來,其成功的醫案具有偶然性,若一味遵此配伍藥物,則往往罔顧藥性,荒謬不通。蘇軾即對之提出了質疑。蘇軾《東坡志林》卷三"記與歐公語"記載:

> 歐陽文忠公嘗言:有患疾者,醫問其得疾之由,曰:"乘船遇風,驚而得之。"醫取多年舵牙爲舵公手汗所漬處,刮末,雜丹砂、茯神之流,飲之而愈。今《本草注·别藥性論》云:"止汗,用麻黄根節及故竹扇爲末服之。"文忠因言:"醫以意用藥多此比,初似兒戲,然或有驗,殆未易致詰也。"予因謂公曰:"以筆墨燒灰飲學者,當治昏惰耶?推此而廣之,則飲伯夷之盥水,可以療貪;食比干之餕餘,可以已佞;舐樊噲之盾,可以治怯;齅西子之珥,可以療惡疾矣。"公遂大笑。[2]

歐陽修曾經介紹了一則醫案:有人乘船遇風驚而得病,醫家"以類相治"取多年舵牙刮末爲治。《藥性論》:"(麻黄)根節能止汗。方曰:并故竹扇杵末撲之。"[3]以故竹扇粉末止汗,這也是"以類相治"。基於眼見之醫案及本草專書所載之醫案,歐陽修指出醫家以意用藥,因其有驗,不易詰難之。蘇軾由這種"以類相治"引而申之,進行了有力的反駁。《東坡志林》這則醫案及其辨析,遠超當時一般的醫藥學認知。

宋代筆記所載醫方大多爲驗方(經過臨床檢驗有效之方),且涉及臨床各科。内科方有王闢之《澠水燕談録》所載大松治瘋疾方;外科方有周密《齊東野語》所載伏火朱砂治癰疽方;婦科方有顧文薦《船窗夜話》所載紅花治婦人血悶

---

1 上海師範大學古籍整理研究所編:《全宋筆記》第 1 編第 10 册,第 176 頁。

2 上海師範大學古籍整理研究所編:《全宋筆記》第 1 編第 9 册,第 67 頁。

3 《重修政和經史證類備用本草》卷八"麻黄"條引,第 200 頁。

方;兒科方有高文虎《蓼花洲閑録》所載地骨皮治小兒腎疳方;五官科方有文瑩《玉壺清話》所載由生薑、升麻等組成的固齒方。

例如文瑩《玉壺清話》卷五:

> 文瑩丙午歲訪辰帥張不疑師正,時不疑方五十,齒已疏摇,咀嚼頗艱。後熙寧丁巳,不疑帥鼎,復見招,爲武陵之游,凡巨臠大胾,利若刀截,已六十二矣。余怪而詰焉,曰:"得藥固之。"時余滿口摇落,危若懸蔕,謾以此藥試之,輒爾再固。因求此方以療病齒者,凡用之皆效。題曰《西華嶽蓮花峰神傳齒藥方》,……歌曰:"猪牙皂角及生薑,西國升麻蜀地黄。木律旱蓮槐角子,細辛荷葉要相當。青鹽等分同燒煆,研殺將來使最良。揩齒牢牙髭鬢黑,誰知世上有仙方。"[1]

此爲治口齒烏髭方,用猪牙皂角、生薑、升麻、地黄、木律、旱蓮、槐角子、細辛、荷葉、青鹽組方。上述藥物的功效,或主治口齒,或主治白髪,宋代以前醫藥學專書載之甚詳,試舉數例證之。

例如猪牙皂角,即猪牙皂莢,即形狀似猪牙的皂莢,《名醫别録》記載皂莢"如猪牙者良"[2]。皂莢治牙痛、齲齒,《外臺秘要》:"齲齒方:擣皂角去皮,炙爲末,塗齒上,吐之。"[3]《十全方》:"治牙疼。用猪牙皂角、鹽等分,燒爲末,揩疼處良。"[4]《本草圖經》:"治牙及取積藥多用猪牙皂莢。"[5]皆可證之。

例如生薑治白髪。《本草圖經》記載"李卿换白髪方"[6],即用"生薑"炮製治白髪,神效。

例如升麻治口齒腫疼,《藥性論》記載蜀升麻:"能治口齒,風匷腫疼,牙根浮爛惡臭。"[7]

例如地黄治白髪及牙齒松脱。《藥性論》記載地黄"久服變白延年"[8]。《千

1 上海師範大學古籍整理研究所編:《全宋筆記》第1編第6册,第135頁。
2 《重修政和經史證類備用本草》卷十四"皂莢"條引,第341頁。
3 《重修政和經史證類備用本草》卷十四"皂莢"條引,第341頁。
4 《重修政和經史證類備用本草》卷十四"皂莢"條引,第341頁。
5 《重修政和經史證類備用本草》卷十四"皂莢"條引,第341頁。
6 《重修政和經史證類備用本草》卷八"生薑"條引,第194頁。
7 《重修政和經史證類備用本草》卷六"升麻"條引,第158頁。
8 《重修政和經史證類備用本草》卷六"乾地黄"條引,第149頁。

金方》記載："治牙齒根欲動脱。生地黄細剉，綿裹着齒上咂之，漬齒根，日三四，并咽之。十日，大佳。"[1]《四聲本草》記載地黄"乾、生二種，皆黑鬚髮良藥"。[2]

此外，木律（即胡桐泪）治風蚛牙齒痛，旱蓮（即鱧腸）多作烏髭髮藥用，槐角具有黑髮功效，細辛除齒痛，荷葉可拔腫止痛，青鹽治齒疼并固齒，本草學專書均有相關記載，此不贅述。

綜上可知《玉壺清話》所載醫方真實可信。而該醫方不載於歷代醫藥學專書，因而此書具有重要的醫藥學價值。

二、宋代筆記所載藥議的價值

所謂藥議，即是對藥物的辨識。傳統本草學的主要任務就是辨識藥物的産地、异名、形狀、藥性、采摘時月等。宋代筆記所載的藥物辨識具有不可替代的本草學價值，其中大量的藥物辨識，甚至比同期的本草學著作更爲精細、準確。例如《夢溪筆談·藥議》對"地菘""天名精""鶴虱""豨薟""猪膏莓""甘草""太陰玄精""山豆根"等藥物的辨識；孫升《孫公談圃》對"香茸""香薷""菖蒲"的辨識，極爲精彩，可補傳統本草學之未備。

例如，沈括《夢溪筆談·藥議》指出：

> 地菘即天名精也。世人既不識天名精，又妄認地菘爲火蘞，《本草》又出鶴虱一條，都成紛亂。今按地菘即天名精，蓋其葉似菘又似名精，名精即蔓精也。故有二名，鶴虱即其實也。世間有單服火蘞法，乃是服地菘耳，不當用火蘞。火蘞，《本草》名豨薟，即是猪膏莓，後人不識，亦重複出之。[3]

沈括所謂"地菘即天名精"，宋以前的本草學專書已載之。例如《唐本草》注"天名精"："《别録》云，一名天蔓菁，南人名爲地菘。"[4]沈括的創見有三：一是豨薟

1 《重修政和經史證類備用本草》卷六"乾地黄"條引，第150頁。

2 《重修政和經史證類備用本草》卷六"乾地黄"條引，第149頁。

3 〔宋〕沈括：《夢溪筆談》，《全宋筆記》第2編第3册，大象出版社，2006年，第202頁。"豨薟"原作"稀薟"，"猪膏莓"原作"猪膏苗"，"豨"與"稀"，"莓"與"苗"，皆形近而訛，爲便於討論，今據《證類本草》改。

4 《重修政和經史證類備用本草》卷七"天名精"條引，第182頁。

即是猪膏苺;二是地菘不是稀薟;三是鶴虱是地菘之實。

第一,豨薟即是猪膏苺。豨薟、猪膏苺是唐代蘇恭等編修《唐本草》時新補的藥物,《神農本草經》《名醫别録》未載。《唐本草》認爲它們是二物,故將之列爲兩個不同的條目加以介紹。《唐本草》認爲豨薟:“葉似酸漿而狹長,花黄白色。一名火蘞,田野皆識之。”[1]《唐本草》認爲猪膏苺:“葉似蒼耳,莖圓有毛。生下濕地,所在皆有。一名虎膏,一名狗膏。”[2]沈括則認爲豨薟即是猪膏苺,糾正了唐代本草學專書之誤。而北宋本草學專書《開寶本草》《嘉祐本草》《本草圖經》《證類本草》均沿襲《唐本草》之誤,將豨薟、猪膏苺列爲兩條,未加辨析。直到明代李時珍《本草綱目》纔認同沈括之説:“今河南陳州采豨薟充方物,其狀亦是猪膏草,則沈氏謂豨薟即猪膏苺者,其説無疑矣。蘇恭所謂似酸漿者,乃龍葵,非豨薟,蓋誤認爾。”[3]

第二,地菘不是稀薟。陶弘景《本草經集注》認爲天名精即是豨薟,他注“天名精”:“此即今人呼爲豨薟,亦名豨首。”[4]沈括則指出地菘(即天名精)不是稀薟(即猪膏苺),“世人既不識天名精,又妄認地菘爲火薟”,“火薟,《本草》名稀薟”,實是批評了陶弘景之説。沈括的這一説法,得到了李時珍《本草綱目》的肯定:“時珍嘗聚諸草訂視,則猪膏草素莖有直棱,兼有斑點,葉似蒼耳而微長,似地菘而稍薄,對節而生,莖葉皆有細毛。肥壤一株分枝數十。八九月開小花,深黄色,中有長子如同蒿子,外萼有細刺粘人。地菘則青莖,圓而無棱,無斑無毛,葉皺似菘芥,亦不對節。”[5]李時珍從猪膏苺(即稀薟)與地菘的形態上進行了區分,證明沈括所言不誤。

第三,鶴虱是地菘之實。沈括之前的本草學專書并無此記載。《證類本草》引用了沈括此説:“《沈存中筆談》,地菘即天名精,鶴虱是實。”[6]清代張璐《本經

1 《重修政和經史證類備用本草》卷十一“豨薟”條引,第 269 頁。

2 《重修政和經史證類備用本草》卷十一“猪膏苺”條引,第 279 頁。

3 《本草綱目》卷十五“豨薟”條,第 998 頁。

4 《重修政和經史證類備用本草》卷七“天名精”條引,第 182 頁。

5 《本草綱目》卷十五“豨薟”條,第 997~998 頁。

6 《重修政和經史證類備用本草》卷十一“鶴虱”條引,第 278 頁。

逢原》卷二“天名精”條:“《本經》名蛤蟆藍,一名地菘,子名鶴虱。”[1] 這些本草學專書都接受了沈括的這一創見。

根據上述沈括的辨析,可以得出如下結論:《唐本草》新增的“鶴虱”是“天名精”之實,《開寶本草》新增的“地菘”即是“天名精”,均不應在“天名精”(《神農本草經》藥物)之外單獨列條,當并入其中。《唐本草》新補的“豨薟”“猪膏莓”是同一藥物,不宜分列兩條。

又例如,孫升《孫公談圃》記載的一則藥物辨識,極爲精當。《孫公談圃》卷中:

> 公至汀,得服石菖蒲法。武平縣官時爲收采,公言:“服之數日,已覺轉側甚輕,信奇藥也。”余因曰:“《本草》載:‘石菖蒲,久服身輕。一名菖陽。’退之所謂‘訾醫師以菖陽引年,欲進其豨苓’。以余觀之,《本草》所謂輕身,退之所謂引年,迨今石菖蒲,其生石磧上,祁寒盛暑,凝之以層冰,暴之以烈石,衆卉枯瘁,方且鬱然叢茂,是宜服之能輕身却老也。若生下濕之地,至暑則根虚,至秋則葉萎,與蒲柳同,豈足比哉?”公頷之。[2]

此段論菖蒲引韓愈之語,前代本草學專書未載。陶弘景《本草經集注》認爲菖蒲:“生石磧上,概節爲好,在下濕地,大根者名昌陽,止主風濕,不堪服食。”[3] 他注明了石上菖蒲與生下濕之地的菖蒲的優劣,但未説明原因。《孫公談圃》從陰陽學説的角度進行了詮釋,發傳統本草學之未發,極有參考價值。

三、餘論

宋代筆記中的醫藥文獻具有重要的醫藥學價值,這是毋庸置疑的;但筆記系隨手而記,一般無須嚴格的考證,不可避免存在錯訛,故需要細加辨析。

例如北宋初年錢易《南部新書》卷八記載:“胡桐泪,出樓蘭國。其樹爲蟲所蝕,沫下流出者,名爲‘胡桐泪’,言似眼泪也。以汁塗眼,今俗呼爲‘胡桐律’,

---

1 〔清〕張璐著,趙小青等校注:《本經逢原》,中國中醫藥出版社,1996 年,第 78 頁。

2 〔宋〕沈括:《夢溪筆談》,見上海師範大學古籍整理研究所編:《全宋筆記》第 2 編第 1 册,第 160 頁。

3 《重修政和經史證類備用本草》卷六“菖蒲”條引,第 143 頁。

訛也。"[1]此當是抄録《通典》,但"以汁塗眼",《通典》未載,亦不可信。檢唐代杜佑《通典》卷一百九十一"樓蘭"條:"多出葭葦、檉柳、胡桐、白草",其下有小字注:"白草,牛馬所嗜也。胡桐,似桐蟲食其樹而沫下流出者,俗名爲胡桐泪,言似眼泪也,可以汗金銀。"[2]并無"以汁塗眼"的記載,歷代本草學專書亦無此記載。從藥性上來説,這種説法也是大謬。胡桐泪是胡楊樹脂的結晶體,并不適用於塗眼。胡桐泪"主大毒熱,心腹煩滿""主牛馬急黄黑汗"[3],"治風牙齒痛""兼殺火毒并面毒"[4],并不治眼疾。胡桐泪是"金銀焊藥"[5],用於焊接金、銀,豈可塗眼。所謂"以汁塗眼"無非是古人"以類相治"思維方式作祟。錢易這一"創見"或屬於臆斷,或來自傳聞,并無醫藥學上的依據。

由於封建思想的影響,宋代筆記所載醫藥文獻不乏宣揚孝道的記載,需要辨證對待。例如文瑩《玉壺清話》卷二記載因孝得到宋真宗召見的李虚己、李行簡二人爲親人治病之事:"虚己母喪明,醫者曰:'浮翳泊睛,但舌舐千日,勿藥自瘳。'虚己舐睛二年,遂明。行簡父患癰極痛楚,以口吮其敗膏,不唾于地,父疾遂平。"[6]這兩則醫案,舌舐睛、口吮癰,是宣揚孝道,并不符合甚至有違醫理,并無醫藥學價值可言。

總之,宋代筆記的作者衆多,水準參差不齊,它既有生動活潑的一面,也存在一些嚴謹性不足的弊端。對宋代筆記所載的醫藥文獻,不能毫無選擇地通盤接受,應細加辨析,去僞存真,客觀揭示其醫藥學價值。

1 上海師範大學古籍整理研究所編:《全宋筆記》第1編第4册,第94頁。
2 〔唐〕杜佑:《通典》,清武英殿刻本。
3 《重修政和經史證類備用本草》,第327頁。
4 《重修政和經史證類備用本草》,第327頁。
5 《重修政和經史證類備用本草》,第327頁。
6 上海師範大學古籍整理研究所編:《全宋筆記》第1編第6册,第100頁。

四庫館臣對宋人筆記的接受與批判

——以諸閣本書前提要及《四庫全書總目》爲中心的考察

上海師範大學圖書館　趙龍

［**摘　要**］　宋人筆記是宋代文獻的重要組成部分。因所記内容豐富，極具文獻價值，而受到後世學人的關注，其中清人特别是四庫館臣與力甚多。四庫館臣以辨章學術、考鏡源流的目録學精神，著録并保存了很多“廣見聞”“資考證”“裨勸誡”的“説部之佳本”，使今人得以管窺宋人筆記之概貌。通過觀察四庫館臣對宋人筆記的接受與批判，不僅可以廓清其對宋人筆記的學術認知，亦可對當今的宋人筆記研究產生借鑒意義。

［**關鍵詞**］　宋人筆記　清代　四庫館臣　《四庫全書總目》　接受　批判

宋人筆記，是指“隨筆記事而非刻意著作之文”[1]，約有500種傳世至今。内容包羅萬象，幾乎涵蓋宋代社會的各個方面。其關於歷史事件或人物的記載與正史所云往往差异頗大，而這種差异其實極具深意，故而能引起清人的極大關注，尤以四庫館臣爲典型。四庫館臣對宋人筆記的著録、整理，使今人得以管窺宋人筆記之概貌。自20世紀80年代以來，文淵閣、文津閣《四庫全書》，以及文溯閣《四庫全書》提要被陸續影印出版，“四庫學”研究得以日漸深入，成果迭出。近年來，隨着《全宋筆記》整理成果的不斷面世，宋人筆記的研究面貌愈加豐富。而探究前代學人關於宋人筆記的整理及研究成果，進而觀照當今之研究，則變得愈發重要。本文即以《四庫全書總目》（以下簡稱《總目》）及文淵閣、文溯閣、文津閣《四庫全書》書前提要爲考察對象，探討四庫館臣對宋人筆記接受的相關問題，以求教於方家。

1　上海師範大學古籍整理研究所編：《全宋筆記·編纂説明》，《全宋筆記》第1編第1册，大象出版社，2003年，第3頁。

一、四庫館臣對前代書目關於宋人筆記分類的接受與批判

四庫館臣將漢代以來的校讎之學發揮到極致，撰成《總目》，成爲中國古代目録學史上的一座巔峰。清代目録學家周中孚嘗"見《四庫書提要》，謂爲學之涂徑在是"[1]，認爲官私簿録書"卷第之繁富，門類之允當，考證之精審，議論之公平"，自漢以後，"莫有過於是編矣"。[2] 張之洞亦云："將《四庫全書總目提要》讀一過，即略知學問門徑矣。"[3] 因此，四庫館臣著録之文成爲我們解讀宋人筆記的重要視窗。

據統計，《欽定四庫全書總目》（以下簡稱《總目》）共著録宋人筆記 252 種（含存目 55 種），其中有 197 種被收入《四庫全書》。這些筆記主要分布在《史部》"雜史類""傳記類""載記類""地理類""職官類""政書類""史評類"，《子部》"儒家類""藝術類""雜家類""類書類""小説家類""釋家類""道家類"，《集部》"詩文評類""詞曲類"等。[4] 就上述分類而言，四庫館臣不僅有對前代書目關於宋人筆記合理分類的繼承，更有批判。這些批判主要集中在對"載記類""雜史類""傳記類""雜家類""政書類""小説家類"諸類目的界定上。

關於"載記類"類目的設置，《總目・史部總叙》云："史之爲道，撰述欲其簡，考證則欲其詳"，"古來著録，於正史之外兼收博采，列目分編，其必有故矣"，而"總括群書，分十五類"，其中"别史""雜史""傳記""史鈔""載記"等類，"皆參考紀傳者也"。[5] 在《總目・載記類分叙》中，四庫館臣進一步交代了"載記類"設置之由："曰'霸'曰'僞'，皆非其實"，故於類目不設"僞史""霸史"。"述偏方僭亂遺迹者，准《東觀漢記》《晋書》之例，總題曰《載記》，於義爲允。"[6] 被前代書目列入"僞史""霸史"者，往往據内容重新分類。如《蜀檮杌》《南唐近

1　戴望：《外王父周先生述》，周中孚：《鄭堂讀書記》，上海書店出版社，2009 年（以下版本同），第 1 頁。

2　周中孚：《鄭堂讀書記》卷三二，第 487 頁。

3　〔清〕張之洞：《輶軒語・語學第二》，清光緒二十一年（1895）陝西學署刻本。

4　參閲趙龍：《從甄别到縷析：論四庫館臣對宋人筆記的著録》，《圖書與情報》2012 年第 4 期。

5　紀昀、陸錫熊、孫士毅等著，《四庫全書》研究所整理：《欽定四庫全書總目》卷四五，中華書局，1997 年，第 611 頁。

6　《欽定四庫全書總目》卷六六，第 903 頁。

事》等，晁公武《郡齋讀書志》、陳振孫《直齋書録解題》入“僞史類”，馬端臨《文獻通考·經籍考》入“僞史霸史類”，《宋史·藝文志》入“霸史類”，《總目》改入“載記類”。[1] 又如《五國故事》，鄭樵《通志略》入“霸史類”，而四庫館臣認爲是書“實則小説之體”，“記録頗爲繁碎”，“然考古在於博徵，固未可以瑣雜廢也”，而將其列入史部“載記類”。[2]

“雜史”之目，肇始於《隋書·經籍志》，後被衆家書目所采納，《總目》亦沿用此類目。認爲“既系史名，事殊小説”。“凡所著録，則務示別裁。大抵取其事繫廟堂，語關軍國。或但具一事之始末，非一代之全編；或但述一時之見聞，只一家之私記。要期遺文舊事，足以存掌故，資考證，備讀史者之參稽云爾。”若涉“語神怪，供詼嘲，里巷瑣言，稗官所述”，則另入“雜家類”“小説家類”。[3] 因此，如洪皓《松漠紀聞》，雖《直齋書録解題》入“僞史類”，《文獻通考·經籍考》入“僞史霸史”類，《總目》則改入“雜史類”。蓋因此書乃皓于留金時所記金國雜事。“雖真贋相參，究非鑿空妄説者比也。”[4]

又如趙汝适《諸蕃志》，《文獻通考·經籍考》入“僞史霸史”類，并云：“陳氏曰：福建提舉市舶司趙汝适記諸蕃國及物貨所出。”又同書“地理類”亦著録。四庫館臣認爲是書“所言皆海國之事”，“皆得諸見聞，親爲詢訪”，《宋史·外國列傳》多有徵引，“核其叙次事類，歲月皆合”，“宜其叙述詳核，爲史家之所依據矣”，而將其歸入史部“地理類”。[5]

《總目》亦列“傳記類”。關於“傳記類”類目的設立，北宋文學大家歐陽修云：

---

1 〔宋〕晁公武撰，孫猛校證：《郡齋讀書志校證》卷七，上海古籍出版社，1990年，第279、281頁；陳振孫撰，徐小蠻、顧美華點校：《直齋書録解題》卷五，上海古籍出版社，1987年（以下版本同），第136~138頁；馬端臨著，上海師範大學古籍研究所、華東師範大學古籍研究所點校：《文獻通考》卷二〇〇《經籍考二十七》，中華書局，2011年，第5735、5736頁；《欽定四庫全書總目》卷六六，第910~911頁。

2 《欽定四庫全書總目》卷六六，第910頁。

3 《欽定四庫全書總目》卷五一，第711頁。

4 〔宋〕陳振孫：《直齋書録解題》卷五，第140頁；《文獻通考》卷二〇〇《經籍考二十七》，第5741頁；《欽定四庫全書總目》卷五一，第717~718頁。

5 〔元〕馬端臨：《文獻通考》卷二〇〇《經籍考二十七》，第5744頁，卷二〇六《經籍考三十三》，第5863頁；《欽定四庫全書總目》卷七一，第976頁。

古者史官，其書有法，大事書之策，小事載之簡牘。至於風俗之舊，耆老所傳，遺言逸行，史不及書，則傳記之説，或有取焉。然自六經之文，諸家异學，説或不同。况乎幽人處士，聞見各异，或詳一時之所得，或發史官之所諱，參求考質，可以備多聞焉。[1]

四庫館臣則認爲，"魏、晋以來，作者彌夥。諸家著録，體例相同。其參錯混淆，亦如一軌"。故於此類目下細分爲"聖賢""名人""總録""雜録"等。某書若"無傳記之名，亦各核其實，依類編入"。[2] 如句延慶《錦里耆舊傳》（一名《成都理亂記》），《直齋書録解題》《文獻通考·經籍考》入"傳記類"，四庫館臣認爲是書所記乃王氏、孟氏據蜀時事，"書雖以'耆舊傳'爲名，而不以人係事，其體實近編年""可以備參考也"，而入"載記類"。[3]

李心傳《建炎以來朝野雜記》，《直齋書録解題》入"雜史類"，《文獻通考·經籍考》入"傳記"類，《總目》則入"政書類"。[4] 關於"政書類"類目的設置，四庫館臣認爲："志藝文者有故事一類。其間祖宗創法，奕葉慎守，是爲一朝之故事；後鑒前師，與時損益者，是爲前代之故事。史家著録，大抵前代事也。"據錢溥《秘閣書目》之"政書類"以標目，"見綜括古今之意"。[5]

關於"小説家類"類目，《總目》：

迹其流别，凡有三派，其一叙述雜事，其一記録异聞，其一綴輯瑣語也。唐、宋而後，作者彌繁。中間誣謾失真，妖妄熒聽者固爲不少，然寓勸戒，廣見聞，資考證者亦錯出其中。班固稱小説家流蓋出於稗官，如淳注謂王者欲知閭巷風俗，故立稗官，使稱説之。然則博采旁蒐，是亦古制，固不必以冗雜廢矣。今甄録其近雅馴者，以廣見聞，惟

1 〔宋〕歐陽修著，李之亮箋注：《歐陽修集編年箋注》卷一二五《崇文總目叙釋》，巴蜀書社，2007 年，第 85～86 頁。

2 《欽定四庫全書總目》卷五七，第 795 頁。

3 〔宋〕陳振孫：《直齋書録解題》卷七，第 200 頁；《文獻通考》卷一九八《經籍考二十五》，第 5705 頁；《钦定四庫全書總目》卷六六，第 909～910 頁。

4 〔宋〕陳振孫：《直齋書録解題》卷五，第 158 頁；《文獻通考》卷一九七《經籍考二十四》，第 5692 頁；《钦定四庫全書總目》卷八一，第 1079～1080 頁。

5 《欽定四庫全書總目》卷八一，第 1076 頁。

猥鄙荒誕，徒亂耳目者則黜不載焉。[1]

據上所叙，前代書目中或入"雜史類"，或入"傳記類"之宋人筆記，則被四庫館臣劃入"小説家類"。如錢易《南部新書》，《郡齋讀書志》入"雜史類"，《直齋書録解題》《文獻通考・經籍考》入"傳記類"，《總目》則改入"小説家類"。[2] 又王曾《王文正筆録》，《直齋書録解題》《文獻通考・經籍考》入"傳記類"，《總目》入"小説家類"。[3] 司馬光《涑水記聞》，《直齋書録解題》入"雜史類"，《文獻通考・經籍考》入"傳記類"；邵伯温《邵氏聞見録》，《直齋書録解題》《郡齋讀書志》俱入"雜史類"，《文獻通考・經籍考》入"傳記"類，《總目》入"小説家類"。[4] 王鞏《聞見近録》，《直齋書録解題》《文獻通考・經籍考》入"傳記類"，《總目》入子部"小説家類"[5]。

另四庫館臣認爲一些宋人筆記入前代書目"小説家類"并不妥當，而將其歸入"雜家類"。關於子部"雜家類"，黄虞稷《千頃堂書目》云"前代藝文志列名法諸家，後代沿之，然寥寥無幾，備數而已"，故删而并入雜家。[6] 四庫館臣則認爲"雜之義廣，無所不包。班固所謂合儒、墨，兼名、法也。變而得宜，於例爲善"，故而"從其説，以立説者謂之雜學，辯證者謂之雜考，議論而兼叙述者謂之雜説，旁究物理、臚陳纖瑣者謂之雜品，類輯舊文，塗兼衆軌者謂之雜纂，合刻諸書、不名一體者謂之雜編"。[7] 如朱弁《曲洧舊聞》，《直齋書録解題》《文獻通考・經籍考》入"小説家類"。[8] 四庫館臣考證其書，發現有神怪、諧謔數條，"不脱小説之

---

1 《欽定四庫全書總目》卷一四〇，第 1834 頁。

2 《郡齋讀書志校證》卷六，第 254 頁；《文獻通考》卷一九六《經籍考二十三》，第 5671 頁。

3 《直齋書録解題》卷七，第 202、206 頁；《文獻通考》卷一九八《經籍考二十五》，第 5707 頁；《欽定四庫全書總目》卷一四〇，第 1845、1846 頁。

4 《直齋書録解題》卷五，第 150、151 頁；《郡齋讀書志校證》卷六，第 272 頁；《文獻通考》卷一九六《經籍考二十三》，第 5676～5677 頁，卷一九七《經籍考二十四》，第 5686 頁；《欽定四庫全書總目》卷一四〇，第 1847～1848 頁；卷一四一，第 1861 頁。

5 《直齋書録解題》卷七，第 211 頁；《文獻通考》卷一九九《經籍考二十六》，第 5717 頁；《欽定四庫全書總目》卷一四〇，第 1852 頁。

6 〔明〕黄虞稷撰，瞿鳳起、潘景鄭整理：《千頃堂書目》，上海古籍出版社，2001 年，第 323 頁。

7 《欽定四庫全書總目》卷一一七，第 1563 頁。

8 《直齋書録解題》卷一一，第 333 頁；《文獻通考》卷二一七《經籍考四十四》，第 6056 頁。

體，其餘則多記當時祖宗盛德及諸名臣言行，而於王安石之變法，蔡京之紹述，分朋角立之故，言之尤詳。蓋意在申明北宋一代興衰治亂之由，深於史事有補，實非小説家流也”。又書中内容間涉詩話、文評及諸考證，“不名一格，不可目以雜史”，故而改入子部“雜家類”。[1]

又如戴埴《鼠璞》，《郡齋讀書志》不著録，《直齋書録解題》《文獻通考·經籍考》均入“小説家類”。而四庫館臣考其書，“皆考證經史疑義及名物典故之异同，持論多爲精審”，“足裨後學”。“其曰‘鼠璞’者，蓋取周人、宋人同名异物之義。”認爲《文獻通考》列之小説家，“失其倫矣”，改入子部“雜家類”。[2]

其他如沈括《夢溪筆談》、李廌《師友談記》(一名《師友閒談》)、惠洪《冷齋夜話》，《郡齋讀書志》《直齋書録解題》《文獻通考·經籍考》俱入“小説家類”，《總目》改入子部“雜家類”。[3] 王得臣《麈史》，葉夢得《石林燕語》《岩下放言》《避暑録話》，何薳《春渚紀聞》，徐度《却掃編》，姚寬《西溪叢語》(一名《姚氏殘語》)，陸游《老學庵筆記》，吴曾《能改齋漫録》等，《直齋書録解題》《文獻通考·經籍考》入“小説家類”，《總目》改而歸入“雜家類”。[4] 亦有一些前代書目入“傳記類”之宋人筆記，被四庫館臣列入“雜家類”。如龐元英《文昌雜録》《直齋書録解題》《文獻通考·經籍考》入“傳記類”，《總目》入子部“雜家類”。[5]

然而一些前代書目列入“雜家類”者，四庫館臣認爲并不符合“雜家類”之標準而移入他類。如吴如愚《准齋雜説》，《直齋書録解題》(著録爲一卷)、《文獻通考·經籍考》俱入“雜家類”。《總目》著録爲二卷，因是書内容“大扺皆研

---

1 《欽定四庫全書總目》卷一二一，第 1611 頁。

2 《直齋書録解題》卷一一，第 338 頁；《文獻通考》卷二一七《經籍考四十四》，第 6062 頁；《欽定四庫全書總目》卷一一八，第 1589 頁。

3 《郡齋讀書志校證》卷一三，第 580、587、590 頁；《直齋書録解題》卷一一，第 328、331 頁；《文獻通考》卷二一六《經籍考四十三》，第 6037～6038 頁，卷二一七《經籍考四十四》，第 6049 頁；《欽定四庫全書總目》卷一二〇，第 1606～1607、1609、1610 頁。

4 《直齋書録解題》卷一一，第 330、332～333、334～336、342～343 頁；《文獻通考》卷二一七《經籍考四十四》，第 6050、6054～6060 頁；《欽定四庫全書總目》卷一二〇，第 1605～1610 頁，卷一二一，第 1612～1614、1620～1621 頁，卷一一八，第 1580～1581 頁。

5 《直齋書録解題》卷七，第 211 頁；《欽定四庫全書總目》卷一二〇，第 1606 頁。

究理學之文”,故而入子部“儒家類”。[1]

二、四庫館臣對存目類宋人筆記的批判

宋人筆記因其形式多樣、不拘體例的靈活性,被宋代文士廣泛采用。受宋代史學發展的影響,其内容亦大多忠於“故事”,較爲信實。《宋人小説序》云:

> 古史亡而後小説興……魏晋而下,搜神志怪,冥通异苑,爲宛委,爲庚除,赤綈玄藜,莫可殫紀,尤莫盛於唐。蓋當時長安逆旅,落魄失意之人,往往寓諷而爲之,然子虚烏有,美而不信。唯宋則多出士大夫手,非公餘纂録,即林下閑譚。所述皆生平父兄師友相與談説,或履歷見聞、疑誤考證,故一語一笑,想見先輩風流。其事可補正史之亡,裨掌故之闕。較之段成式、沈既濟輩,雖奇麗不足,而樸雅有餘。彼如豐年玉,此如凶年穀。彼如柏葉菖蒲,虚人智靈;此如嘉珍法酒,飲人腸胃。并足爲貴,不可偏廢耳。[2]

上述序中,宋人筆記的特點被概括得淋漓盡致。宋人筆記本身所具之特點,亦成爲《總目》著録的重要依據。凡所記“頗足以廣异聞”“資考證”“資勸戒”者[3],往往收録入《四庫全書》中。在著録過程中,四庫館臣努力做到“寸有所長,不以人廢言”“觀者不以詞害意可矣”。[4] 如吴處厚《青箱雜記》,晁公武《郡齋讀書志》云:“處厚,發蔡確《車蓋亭詩》事者。所記多失實。成都置交子務起於寇瑊,處厚乃以爲張詠,他多類此。”[5]然四庫館臣以爲“其書皆記當代雜事,亦多詩話”。因“處厚以干進不遂,挾怨羅織蔡確《車蓋亭詩》,驟得遷擢,爲論者所薄。故公武惡其人,并惡其書”。然“處厚本工吟咏”“綽有唐人格意”“故其論詩,往往可取,亦不必盡以人廢也”。[6]

1 《直齋書録解題》卷一〇,第 313 頁;《文獻通考》卷二一四《經籍考四十一》,第 6007 頁;《欽定四庫全書總目》卷九二,第 1219~1220 頁。

2 佚名編:《五朝小説大觀・宋人小説序》,上海掃葉山房,1926 年石印本。

3 《欽定四庫全書總目》卷五八,第 819 頁;卷六六,第 910~911 頁;卷一二一,第 1624 頁。

4 《欽定四庫全書總目》卷一五,第 191 頁;卷一四一,第 1868 頁。

5 《郡齋讀書志校證》卷一三,第 588 頁。

6 《欽定四庫全書總目》卷一四〇,第 1849 頁。

四庫館臣在接受宋人筆記的同時，亦對其提出批判，主要表現在對列入《總目》"存目類"者的批評上。四庫館臣在廣泛徵集各家藏本的基礎上，實際收入《四庫全書》的宋人筆記有197種，包括他們從明《永樂大典》中輯出的37種筆記。所輯之書亦并未全部收入《四庫全書》，而是將其中的《重明節館伴語録》一卷、《西征道里記》一卷、《西湖老人繁勝録》一卷等3種列入"存目類"。如此，《總目》共著録"存目類"宋人筆記55種。[1] 通過觀察這些"存目類"筆記之提要，亦可以管窺四庫館臣收録宋人筆記之原則。

(一)節本或散佚不全者入存目

四庫館臣特別推崇内容信實、述論公允、少怪誕之詞的宋人"説部之佳本"。因此，删節或散佚不全之宋人筆記往往被四庫館臣列入存目，以備考。如王素《王文正公遺事》。是書"述旦事，雖子孫揚詡之詞，然大概與史傳相出入"。四庫館臣考《郡齋讀書志》及《直齋書録解題》，認爲"南宋末已行此節本矣""蓋非完書"而入存目。[2] 又如吴枋《宜齋野乘》，是書"以'野乘'爲名，而多涉考證"。四庫館臣認爲其内容"與《説郛》所載相同，似又經删節非完書也"。[3]

(二)疑爲僞書或後人篡改者入存目

經考訂後，四庫館臣疑爲僞書或内容不可信者，多被列入存目。如《試筆》，舊本題宋歐陽修撰。雜集歐公手書墨迹，編録而成。四庫館臣認爲書内蘇軾跋語，"凡猥殊甚，决非軾語"，疑爲他人托僞，故而不收入《四庫全書》。[4] 對於確考爲僞書，特別是明人作僞者，俱被列入"存目"。如《談藪》，舊本題宋龐元英撰。四庫館臣認爲此書"多述南宋寧、理兩朝事，相距百載，其僞殆不足攻"；且書中所載，"皆他説部所有，殆書賈抄合舊文，詭立新目，售僞於藏書之家者"。

1 參閲趙龍：《四庫館臣輯佚宋人筆記的成就——以輯佚〈永樂大典〉所載宋人筆記爲例》，《圖書館理論與實踐》2012年第9期。

2 《欽定四庫全書總目》卷五九，第827~828頁。

3 《欽定四庫全書總目》卷一二七，第1693~1694頁。

4 《欽定四庫全書總目》卷一二七，第1691頁。

《明史・藝文志》“業已著録，則其僞作自前明矣”。[1] 又如舊本題宋吕祖謙撰《卧游録》。四庫館臣考書中内容，“凡四十五則，前二十一則全録劉義慶《世説新語》，次十八則全録蘇軾雜著及陶潛集。惟後二則不知誰語。其言參差不倫，了無取義”。四庫館臣以爲吕祖謙“必不如是之陋”，又因此本出陳繼儒《寶顔秘笈》，“殆明人依托也”。[2]

（三）從他書抄出者入存目

對於從諸書抄撮成編之宋人筆記，四庫館臣亦往往將其列入存目。如莫君陳《月河所聞集》。四庫館臣考書中所載，“皆當時雜事，篇頁寥寥，且繕寫訛脱，幾不可讀。蓋書賈從《説郛》抄出，非其完本矣”。[3] 又如《諧史》，舊本題宋沈俶撰。書中所録，“皆汴京舊聞，以多詼嘲之語，故名曰《諧史》”“然與書名殊不相應，疑亦後人雜抄成編也”。[4] 再如周密《澄懷録》，是書多“采唐、宋諸人所紀登涉之勝與曠達之語，彙爲一編，皆節載原文，而注書名其下，亦《世説新語》之流别，而稍變其體例者也”。四庫館臣以爲，“明人喜摘録清談，目爲小品，濫觴所自，蓋在此書矣”。[5]

（四）書中内容“無可采録”者入存目

宋人筆記之内容如若簡陋，疏於考證，顛倒是非，有乖公論，不可解者，多被列入存目而未收入《四庫全書》。如《丁晋公談録》，因是書所述，皆“丁謂所談當代故事”，多“顛倒是非，有乖公論”，當“出於謂之餘黨”，四庫館臣認爲作者“小人之情狀，終有不能自掩者矣”，列入子部“小説家類存目”。[6] 李元綱《厚德録》，亦被列入子部“雜家類存目”，而未收入《四庫全書》。究其原因，四庫館臣

1 《欽定四庫全書總目》卷一四三，第 1890 頁。

2 《欽定四庫全書總目》卷一三一，第 1729 頁。

3 《欽定四庫全書總目》卷一四三，第 1890 頁。

4 《欽定四庫全書總目》卷一四四，第 1918 頁。

5 《欽定四庫全書總目》卷一三一，第 1731 頁。

6 《直齋書録解題》卷七，第 206 頁；《文獻通考》卷一九六《經籍考二十三》，第 5676 頁；《郡齋讀書志》卷六，第 254 頁；《欽定四庫全書總目》卷一四三，第 1889 頁。

的解釋是：

> 此書盛陳果報，兼以神怪。如言張孝基以還産爲山神，及福州張生捐資救縊遇鐘離權得道事，不一而足。殊非儒者立言之道。與《聖門事業圖》如出兩手，不可解也。[1]

又如倪思《經鉏堂雜志》，是編乃其晚年札記之文。四庫館臣認爲，"其學雜出於釋老，務爲恬退高曠之説"。然對書中"妻子無論賢不肖，皆當以冤家視之"之論，提出激烈批評，認爲"害理殊甚"；"其他亦皆淺陋無味""又議論空疏，多無根據"；并認爲"明代陳繼儒一派，發源於此"。[2] 康與之《昨夢録》。四庫館臣先是對撰者人品提出質疑，"秦檜當國，乃附合求進，擢爲臺郎。後遂專以歌詞供奉，厠身優伶之班，大爲士論所不齒"。其次，認爲是書"皆追述北宋軼聞"，部分内容"可資考證"，然多"傳聞附會""連篇累牘，殆如傳奇，又唐人小説之末流，益無取矣"。[3] 俞成《螢雪叢説》，四庫館臣認爲，是書"多言揣摩科舉之學，而諄諄於假對之法，以爲工巧。論皆迂鄙""穿鑿附會，無可取也"。[4]

需要指出的是，四庫館臣對宋人筆記的批判，亦有不實之處。如趙叔問《肯綮録》，四庫館臣認爲書中，"亦多説部習見之文，無可采録"，作者亦"始末未詳"。[5] 然《全宋筆記》之《肯綮録》的點校者經考證指出："是書記述當時社會常用俚語及典故，於生活習俗亦有涉及，具有一定的學術價值。"作者趙叔問，名子書，自號西隱野人。太祖六世孫。徽宗大觀元年進士。曾任憲州通判，詳定《九域圖志》編修官，樞密都承旨。《宋史》卷二四七有傳。[6] 據此，趙叔問仕履經歷，史傳明載，"始末"確詳，四庫館臣失考也。

三、四庫館臣對宋人筆記的動態認知過程

四庫館臣對宋人筆記的接受與批判并非一成不變，而是一個動態的認知過

1 《直齋書録解題》卷七，第 221 頁；《欽定四庫全書總目》卷一二四，第 1650 頁。

2 《欽定四庫全書總目》卷一二三，第 1649 頁。

3 《欽定四庫全書總目》卷一四三，第 1889～1890 頁。

4 《欽定四庫全書總目》卷一二七，第 1693 頁。

5 《欽定四庫全書總目》卷一二六，第 1681～1682 頁。

6 〔宋〕趙叔問著：《肯綮録》，《全宋筆記》第 3 編第 6 册，大象出版社，2008 年，第 133 頁。

程，而最能反映此一動態過程的，即是諸閣《四庫全書》書前提要至《四庫全書總目》行文的變化。

一般而言，對於一些卷帙少、甚無争議者，四庫館臣所撰諸閣本書前提要均較爲一致，且與《總目》并無太大文字出入。如洪皓《松漠紀聞》、王林《燕翼詒謀録》、佚名《咸淳遺事》諸書，三閣本書前提要及《總目》文字均同。[1] 對於諸閣本提要中的一些常識性錯誤，《總目》撰修時往往予以更正。如洪邁《容齋隨筆》，諸閣本提要"紹興十六年進士"之語，在《四庫全書總目》中被修正爲"紹興十五年進士"。當是四庫館臣在編修《總目》時，發現書前提要關於洪氏中進士年份有誤而做出的改正。有意思的是，四庫館臣對洪氏之書，不吝贊美。在指出洪氏《容齋四筆》之不足時，給出了一個理由，即是洪氏編成《四筆》時，之所以"不費一歲"的原因是"其晚年撰《夷堅志》，於此書不甚關意，草創促速"，導致"少有牴牾"。儘管是書有瑕疵，四庫館臣仍然堅持"南宋説部，終當以此爲首焉"。在稱贊洪氏之書的同時，四庫館臣還不忘揶揄明人，認爲"明人傳刻古書，無不竄亂脱漏"。[2]

四庫館臣在撰録諸閣本提要過程中，往往會往復删增，出現最早修成的文淵閣本提要與最後撰成之《總目》行文一致，而文溯、文津二閣提要文字多有删減的情形。如《東家雜記》，文溯、文津二閣本書前提要同，文淵閣本與《總目》同，且比前二閣書前提要多出以下一段文字：

> 錢曾《讀書敏求記》曰："壬戌冬日，葉九來過芳草堂，云有宋槧本《東家雜記》，因假借繕寫。此書爲先聖四十七代孫孔傳所編。首列《杏壇圖説》，記夫子車從出國東門，因觀杏壇，歷級而上，顧弟子曰：'兹魯將臧文仲誓將之壇也。'睹物思人，命瑟而歌。其歌曰：'寒暑往來春復秋，夕陽西去水東流。將軍戰馬今何在，野草閑花滿地愁。'考

---

1 影印文淵閣《四庫全書》第407册，第695、713頁，第408册，第797頁；金毓黻等編：《文溯閣四庫全書提要》卷三二，第1042~1045頁；影印文津閣《四庫全書》第404册，第663、683~684頁，第405册，第783~784頁；《四庫全書總目》卷五一，第717~719頁。

2 《容齋隨筆·提要》，影印文淵閣《四庫全書》第851册，第265頁；影印文津閣《四庫全書》第853册，第375~376頁；金毓黻等編：《文溯閣四庫全書提要》卷六六，第2150~2151頁；《欽定四庫全書總目》卷一一八，第1582頁。

諸家《琴史》俱失載,附録於此。詳其語意,未知果爲夫子之歌否也"云云。案此歌僞妄、不辨而明。曾乃語若存疑,蓋其平生過尊宋本之失。然曾云三卷,此本實二卷。曾云"首列《杏壇圖説》",此本《杏壇》爲下卷第三篇,且有説無圖,亦無此歌。不知曾所見者,又何本也,其或誤記歟?[1]

關於上述文字,文淵閣書前提要最後著録的時間是乾隆四十六年(1781)九月,文溯閣本抄成於乾隆四十七年(1782)四月,文津閣本抄成於乾隆四十九年(1783)八月。最早抄成的文淵閣本文字被最後修成的《總目》幾乎原文抄録,究其原因,可能在於錢曾《讀書敏求記》的影響力較大,其著録的關於《東家雜記》版本,不可能不引起四庫館臣的注意。儘管四庫館臣對錢氏所著録之本提出質疑,并對錢氏"平生過尊宋本"提出批評,但是四庫館臣尚不能確證錢氏是否曾經眼宋本。爲保證著録版本的完整性,而將錢氏所云列入文後,權且存疑,以待來者證之。

又如《江表志》,文淵閣本提要最後著録時間爲乾隆四十三年(1778)九月,[2]文溯閣本著録時間爲乾隆四十七年五月,[3]文津閣本著録時間爲乾隆四十九年三月。文淵閣本書前提要與《總目》同,較文溯、文津二閣書前提要爲詳。文溯閣與文津閣本書前提要文字稍有异,如文津閣提要"文寶以徐鉉、湯悦所作《江南録》,事多遺落"句,文溯閣本提要無"以徐鉉、湯悦",竟作"文寶所作《江南録》,事多遺落",誤也。又文津閣本提要末云:"晁氏《讀書志》載文寶有序稱庚戌歲,乃大中祥符三年。今傳本皆無之,蓋久佚矣。"[4]而據文淵閣提要,《學海類編》本收有此序,即無"久佚"之説也,故《總目》擇文淵閣書前提要而從之。[5]

亦有諸閣本書前提要一致,但出於各種原因,在《總目》修撰時往往會有改

1 《欽定四庫全書總目》卷五七,第796~797頁;影印文淵閣《四庫全書》,臺灣商務印書館,1983年,第446册,第58頁。

2 《江表志·提要》,影印文淵閣《四庫全書》第464册,第131~132頁。

3 《文溯閣四庫全書提要》卷三七,第1189頁。

4 《江表志·提要》,影印文津閣《四庫全書》第463册,第411~412頁。

5 《欽定四庫全書總目》卷六六,第908~909頁。

動。此一情形，比較有代表性的是王應麟《困學紀聞》。是書在有清一代影響甚遠，陳祖武先生對此總結云：

> 三百年間儒林中人，無不深得厚齋先生之學術沾溉，顧炎武之《日知録》，閻若璩之《潛丘札記》，錢大昕之《十駕齋養新録》，趙翼之《陔餘叢考》，陳澧之《東塾讀書記》等等，每多引爲矩矱，頗見遺風。專事《困學紀聞》董理者，順治間即有劉孔中、周亮工之選鈔，康熙間復有閻若璩、何焯二家之箋注，乾隆初則有全祖望之三箋，嘉慶、道光間，更有萬希槐、翁元圻二家之《集證》《集注》，迄於晚清又有重臣張之洞之奬許，後先相承，代有傳人。[1]

清高宗弘曆亦對王氏及其《困學紀聞》評價極高。《四庫全書》本書前有乾隆《御制讀王應麟〈困學紀聞〉》。認爲"應麟博學多聞，著書頗富，而議論皆出於正"。其《困學紀聞》，"乃隨筆考訂，理融辭達。其説經具有淵源，深合内聖外王之旨"。雖"有未免失之鑿"處，"亦豈可以小疵而弃其大醇"。[2] 通觀其篇，似有褒無貶。這篇《御制讀王應麟〈困學紀聞〉》落款時間爲"乾隆戊戌仲春月"，即乾隆四十三年(1778)。或許出於尊上的原因，四庫館臣亦對王氏及其《困學紀聞》推崇有加。爲行文方便，現移録文淵閣本書前提要如下：

> 臣等謹案：《困學紀聞》二十卷，宋王應麟撰。應麟有《周易鄭康成注》諸書，皆别著録。是編乃其札記、考證之文，凡説經八卷，天道、地理、諸子二卷，考史六卷，評詩文三卷，雜識一卷。首有自題云："幼承義方，晚遇艱屯，炳燭之明，用志不分"云云。蓋亦成於入元之後也。應麟博洽多聞，而理執於正。其學問淵源出於朱子，然書中辨正朱子語誤數條，如《論語注》"不舍晝夜""舍"字之音，《孟子注》"曹交，曹君之弟"及謂《大戴禮》爲鄭康成注之類，皆考證是非，無所遷就。不肯如元胡炳文諸人，堅持門户；亦不至如明楊慎、陳耀文、國朝毛奇齡諸人，

1　陳祖武：《〈困學紀聞〉與〈深寧學案〉(代前言)》，〔宋〕王應麟著，〔清〕翁元圻等注，欒保群等校點：《困學紀聞》，上海古籍出版社，2008年，第1~2頁。

2　《困學紀聞·御制讀王應麟〈困學紀聞〉》，影印文淵閣《四庫全書》第854册，第137~138頁；影印文淵閣《四庫全書》第856册，第243~244頁。

肆相攻擊。蓋學問既深，意氣自平，故絶無黨同伐异之私。其所考核率切實可據，良有由也。此本乃國朝閻若璩、何焯所校，各有評注，多足與應麟之説相發明。今仍從刊本附於各條之下，以相參證。焯頗以“詞科之學”輕詆應麟，然應麟博極群書，著述至六百餘卷，焯之所學，恐難望其涯涘，未免輕於立言。以其補苴罅漏，一知半解亦多可采，故仍并存之，不加芟薙焉。[1]

文溯、文津二閣書前提要同文淵閣本。[2] 至《總目》，四庫館臣對王氏及《困學紀聞》的評價再次拔高。“應麟博洽多聞，而理軌於正”，改爲“應麟博洽多聞，在宋代罕其倫比”。“皆考證是非，無所遷就”改爲“皆考證是非，不相阿附”。“蓋學問既深，意氣自平，故絶無黨同伐异之私”，改爲“蓋學問既深，意氣自平，能知漢唐諸儒，本本原原，具有根柢，未可妄詆以空言。又能知洛、閩諸儒，亦非全無心得，未可概視爲弇陋，故能兼收并取，絶無黨同伐异之私”。此外對諸閣本所闕前代版本流傳，亦作交代，“元時嘗有刻本，牟應龍、袁桷各爲之序。卷端題語尚鈎摹應麟手書，藏弆之家以爲珍笈”。因《四庫全書》所用底本爲閻若璩、何焯評注本，諸閣本提要亦對閻、何及其評注作出評論，然僅對何焯提出批評，認爲不應輕詆王氏，“焯之所學，恐未能望其涯涘，未免輕于立論”。至《總目》，四庫館臣則對閻、何二人進行了對比分析，認爲“若璩考證之功，十倍於焯，然若璩不薄視應麟，焯則動以‘詞科之學’輕相詬厲。考應麟博極群書，著述至六百餘卷。焯所聞見，恐未能望其津涯，未免輕於立論。是即不及若璩之一徵”。[3]

又如《昭忠録》：文淵、文溯、文津三閣書前提要俱同，云“所載亦比諸書爲詳”，但元修《宋史》時未見徵引，故四庫館臣“疑元時民間所傳録，未嘗上送史館”。《總目》在修撰時，再加考訂，“考袁桷《清容居士集》、蘇天爵《滋溪文集》均有修《元史》時采訪遺書之目，不載此名。孔齊《至正直記》所列修史應采諸

---

1 《困學紀聞·提要》，影印文淵閣《四庫全書》第 854 册，第 138～139 頁。

2 《困學紀聞·提要》，《文溯閣四庫全書提要》卷六六，第 2168～2169 頁；影印文津閣《四庫全書》第 856 册，第 244～245 頁。

3 《欽定四庫全書總目》卷一一八，第 1582 頁。

書，亦無此名"。[1] 從而確知"元時但民間傳録，未嘗上送史館"，也就清楚解釋了《昭忠録》所載與《宋史·忠義傳》"參錯不合"之由。

對於諸閣本書前提要考證不周詳者，《總目》予以增補修改。如《江南野史》，三閣本書前提要關於是書版本考證較爲簡單，僅以"考鄭樵《通志略》載此書原二十卷"，得出結論"此本僅十卷，殆佚其半歟"，似是牽强。又云是書"叙次冗雜，頗乖史體"，[2] 有行文斷裂之感。故《總目》詳加考訂：

> 考鄭樵《通志略》載此書原二十卷，此本闕十卷。晁公武《讀書志》載此書凡八十四傳，而此本闕五十傳，殆輾轉傳寫，佚脱其半。錢曾《讀書敏求記》亦作十卷，則明以來已無完本，不自今始也。曾稱其行文贍雅，今觀諸傳皆叙次冗雜，頗乖史體。陳振孫《書録解題》載無名氏《江南餘載·序》，排詆此書頗甚，是當時已譏其疏。黄朝英《靖康緗素雜記》摘其叙江爲世系，與史不符；又摘其記伶人李家明《苑中咏牛》及《皖公山》兩詩，與楊億《談苑》所記王感化對嗣主李璟事，姓名時代互异；又摘其記家明對嗣主雨懼抽税事，與《南唐近事》以爲申漸高事者，亦復牴牾。王楙《野客叢書》摘其記"陳陶仙去"而曹松、方干皆有哭陶詩，是傳聞异詞，亦所不免。然其中如孫晟、林文肇諸傳與《五代史》頗有异同，可資考證。馬、陸二書亦多采之。流傳既久，固亦未可廢焉。[3]

又如孟元老《東京夢華録》，三閣本書前提要俱云：

> 《東京夢華録》十卷，宋孟元老撰。《通考》謂元老不知何許人。此書自都城、坊市、風俗，及當時典禮、儀衛，靡不核載。所紀與《宋志》頗有异同。如《宋志》南郊儀注，郊前三日，但云齋於大慶殿、太廟及青城齋宫；而是書載車駕宿大慶殿儀、駕宿太廟奉神主出室儀、駕詣青城齋宫儀，委曲詳盡。又如郊畢解嚴，《宋志》但云御宣德門肆赦；而是書

---

1 《欽定四庫全書總目》卷五七，第 808~809 頁。

2 《江南野史·提要》，影印文淵閣《四庫全書》第 464 册，第 69 頁；影印文津閣《四庫全書》第 463 册，第 349 頁；《文溯閣四庫全書提要》卷三七，中華書局，2014 年，第 1187 頁。

3 《欽定四庫全書總目》卷六六，第 908 頁。

載下赦儀，亦極周至。惟行禮儀注，《宋志》有皇帝初登壇上香奠玉幣儀，既降盥洗，再登壇然後初獻；而是書奏請駕登壇即初獻，無上香獻玉帛儀。又太祝讀册，《宋志》列在初獻時；是書初獻之後再登壇，始稱讀祝，則不及《宋志》之密。然參互考核，不可謂無裨史學也。[1]

上述提要於孟元老未作考證，僅據《通考》云不知何許人。對是書評價亦不高，與《宋志》相較，"頗有异同"，部分内容較《宋志》爲詳，而亦有"不及《宋志》之密"處。二書"參互考核，不可謂無裨史學也"。至《總目》，則對孟元老及成書經過作了簡要考證，"蓋北宋舊人，于南渡之後，追憶汴京繁盛而作此書也"。對該書的評價亦高出三閣本書前提要。云是書所載，"雖不過識小之流，而朝章國制，頗錯出其間"。三閣本書前提要所云"不及《宋志》之密"，則被改爲了"亦小有參差"。"參互考核，不可謂無裨史學也"，則被拔高到"如此之類，皆可以互相考證，訂史氏之訛舛。固不僅歲時宴賞，士女奢華，徒以怊悵舊游流傳佳話者矣"。[2]

再如范成大《桂海虞衡志》，文淵、文津二閣本書前提要與《總目》同。抄成於乾隆四十七年五月的文溯閣《桂海虞衡志》提要則有較大幅度修改，以下文字被删除：

曰志岩洞，志金石，志香，志酒，志器，志禽，志獸，志蟲魚，志花，志果，志草木，雜志，志蠻。每篇各有小序，各志其土之所有。惟志岩洞僅去城七八里内嘗所游者。志金石准《本草》之例，僅取方藥所須者。志蠻僅録聲問相接者，故他不備載。志香多及海南，以世稱二廣出香，而不知廣東香自舶上來，廣右香産海北者皆凡品。志器并及外蠻兵甲之制，以爲司邊制者所宜知，故不嫌旁涉。

成大《石湖詩集》，凡經歷之地，山川風土，多記以詩。其中第十四卷，自注皆桂林作。而咏花惟有《紅豆蔻》一首，咏果惟有《盧橘》一首，咏游覽惟有《棲霞洞》一首、《佛子岩》一首。其見於詩注者，亦僅

1 《東京夢華録·提要》，影印文淵閣《四庫全書》第589册，第125~126頁；文津閣《四庫全書》第589册，第417~418頁；《文溯閣四庫全書提要》卷四一，第1335~1336頁。

2 《欽定四庫全書總目》卷七〇，第966頁。

蠻茶、老酒、蚺蛇皮腰鼓、象皮兜鍪四事,不及他處之詳。疑以此志已具,故不更記以詩也。其廬橘一種,志果不載。觀其志花小序,稱北州所有皆不録,或志果亦用此例。蠻茶一種,志草木中亦無之。考詩注稱蠻茶出修仁,大治頭風。而志草木中有鳳膏藥,亦云葉如冬青,治太陽痛、頭目昏眩,或一物二名耶?

則諸物之或有或無,亦非盡原書之故矣。[1]

文溯閣書前提要在删除上述文字後,看似簡潔明瞭,實則非也。在這些删節文字中,可以看出四庫館臣的對該書内容作了詳細考證,如體例的安排、《石湖詩集》與是書的關係。最後被删節的"則諸物之或有或無,亦非盡原書之故矣",表明四庫館臣認爲正是原書被删削大半導致記載的不完整。

結　語

綜上所述,四庫館臣在廣泛收集諸家藏本的基礎上,本着辨章學術、考鏡源流的學術精神,精心著録内容信實、述論公允、少怪誕之詞的宋人"説部之佳本"。對《郡齋讀書志》《直齋書録解題》《文獻通考·經籍考》《宋史·藝文志》等前代書目中關於宋人筆記的分類進行積極的批判吸收,擇善而從。對所録之本,從版本源流、作者真僞、得失之所等方面加以敘録。對宋人筆記本身的批判,努力摒弃主觀意念,做到"寸有所長,不以人廢言""不以詞害意",以發公允論議之聲;對"牽引駁雜""有乖公論"的筆記加以批判,列入存目,而不收入《四庫全書》。體現了館臣們嚴謹治學的學術態度。在對宋人筆記接受的過程中,儘管出於主觀或客觀上的因素,出現了一些認知偏差,但他們對宋人筆記的批判,爲後世學人進一步的整理研究,奠定了堅實的基礎。

1 《文溯閣四庫全書提要》卷四一,第 1339~1340 頁。

《夷堅志》中的宋代社會

南京大學歷史系　李昌憲

［摘　要］《夷堅志》是一部志怪小説，題材範圍極其廣泛，本文通過解析書中的數千則故事，探討該書反映的宋代社會的諸種面向，諸如宣揚宿命論、佛道法力和孝道，勸人警世，揭露道、巫作法騙局，破除迷信，揭露社會黑暗，箴諷時政。書中亦有反映宋代社會經濟變革和社會風俗習慣的記載及叙述男女人鬼情愛故事，并保存了一些中藥古方。該書是宋代社會史研究的資料淵藪，又是宋代以後文學創作的資料寶庫，具有重要的學術價值。

［關鍵詞］《夷堅志》　社會風俗　中藥古方

《夷堅志》420 卷，今約存其半，是南宋一部志怪小説巨著，在中國古代小説史上占據重要的地位。其編者是南宋初年的江西鄱陽人洪邁。邁生於徽宗宣和五年（1123），卒於寧宗嘉泰二年（1202），享年 80 歲。邁紹興十二年（1142）中第，從此步入仕途，揚歷中外，多掌詞翰，孝宗淳熙十三年（1186）任翰林學士。嘉泰二年，以端明殿學士致仕，是歲卒。

《夷堅志》是一部志怪小説，"顓以鳩异崇怪，本無意於纂述人事"，[1] 故所載以狐精、樹妖、女鬼居多，情節神奇荒誕，但其中實有不少故事是不涉怪异的"人事"。洪邁故事的徵集對象，又不僅僅局限於士大夫，他對於來自下層社會的平民百姓市井委巷之説也懷有極大的興趣。因此《夷堅志》的題材範圍極其廣泛，數千則故事，涉及忠臣、孝子、節義、陰德、報應、貪詐、奸騙、妖怪、禽獸、神仙、道釋、鬼怪、醫術、雜藝、妖巫、卜相、夢幻、墳墓、設醮、入冥等方面，故事多發生在北宋至南宋前期，金代、前朝故事間亦收録。因此可以説，《夷堅志》是反映那個時代社會生活、風俗的一部故事集。

1　洪邁：《夷堅志》第 1 册，中華書局，1981 年，第 363 頁。

一、宣揚宿命論、佛道法力和孝道，勸人警世

《夷堅志》中所載多爲因果報應之事，主旨在於宣揚宿命論，宣揚佛、道法力，宣揚孝道，懲惡扶善，驅鬼助人。如《夷堅志》甲志卷一《三河村人》言，宣和時，燕山三河村一村民，一夕，驚魘而覺，戰栗不自持，夢見田間小道上有七胡騎，内一白衣人，乘白馬，怒對其言："汝前身在唐爲蔡州卒，吴元濟叛，我以王民治壍爲汝所殺。我銜恨久矣。今方得見，雖累世，猶當以命償我。"乃引弓射中其心。第二天清早，村民欲遠走避禍。結果在路上適逢七女真騎兵，宛如夢中所睹，胡騎一箭射死村民。[1] 就是宣揚宿命論的一例。甲志卷一五《猪精》言："岳微時居相臺，爲市游徼，有舒翁者善相人，見岳必烹茶設饌，嘗密謂之曰：'君乃猪精也，精靈在人間，必有异事，它日必爲朝廷握十萬之師，建功立業，位至三公。然猪之爲物，未有善終，必爲人屠宰。君如得志，宜早退步也。'"[2] 將岳飛被害，歸之於宿命，爲趙構、秦檜開脱。《夷堅志》三志壬卷二《楊抽馬卦影》，舉郭大夫遭遇爲例："北客郭大夫，爲四川制置司幹官，捐三十千問二十年休咎"。得楊抽馬一詩云："第一莫忤邊德明，它時定與汝爲鄰。""郭晚得東南郡守，挈家待次於無錫縣，買屋于茆子橋。即詢四鄰姓氏，果有新建昌邊通判。捧刺謁之，扣其字則德明也，愕然駭异。自是相與如兄弟，乃知數椽之室，邈在异方，亦不能逃定數如此。"邁最後總結説："至於微細眇末，居止宴會，亦未嘗不前定於累年之外。兹不憚屢書，使人知萬事之固然，不必營鬭方寸也。"[3]

該書宣揚因果報應的思想，多含勸人警世之意。《夷堅志》志補卷六《細類輕故獄》中説，許顔夢中如赴冥司，被告知，嘗受通判之囑，用人充學職，雖"不受賂"，且該人程文試中，但許用人"有私意"。"此人後盗用官錢"，許屬用人不當。故因此"薄謫爲陰官"。文中又言，陰間，世人受罪，以吏舞文爲最多。[4] 這對當時的官員，起到一定的警誡作用。《藏金》一則，也含警告貪官的意義。文

1 《夷堅志》第 1 册，第 3~4 頁。

2 《夷堅志》第 1 册，第 132~133 頁。

3 《夷堅志》第 4 册，第 1483 頁。

4 《夷堅志》第 4 册，第 1598~1600 頁。

中言,某士人赴試京師,寓一道院,夜間閒步,遇見二青衣,是爲其守藏金錢者。迨士人中第爲官三年再次經過道院時,二青衣告知藏金已不多,士人"驚往視之,封識皆亂,十折六七。問二青衣,則出簿書上之皆在任時受賂遺多寡之數,一一書之,與其數合焉。乃大驚愕,因念財有定分,竟不敢取餘金。而自是之官,清操日勵,卒致顯達"。[1] 善有善報,會稽新昌石師聖家極貧,甘於枯淡,未嘗以利欲爲心,以致小女無錢買綫。上天憐憫,賜三千緡於其家中庭,但石師聖一家不願得非意之財。結果,第二年"長子嗣慶魁鄉舉,遂擢第。又三舉,次子延慶繼之,復中博學宏詞科,爲時名士"。[2]

甲志卷一《寶樓閣咒》是宣揚佛法的一則故事。故事説,袁昶每天早晨起床,必誦寶樓閣咒三五十遍,但并不深信。後來府學直齋卒汪成每夜必夢魘,無一夕能安寢。昶試書咒語貼於房間柱上,一夜晏然,由是一齋妖祟絶迹。[3] 志補卷一七《段氏疫癘》講都昌段氏"慶元二年,全家染疫,二子繼亡,婢僕多死,夫婦危篤",有子爲鄱陽蓮山院沙彌,聞家之禍,急返,"邀僧衆誦楞嚴咒",藏於家中的巨蛇自斃,"病人登時悉愈。人以爲孝心所感"。[4] 三志辛卷一《祁酥兒》中的主人公,年十五,母久病加劇,他想割股以療母疾,以錢在佛像前占卜如願,遂持刀割左股救母,母病經宿而瘳,而他却因此中風,萬方調治不治而亡。邁爲了讓祁酥兒的事迹流傳於世,遂載之三辛第一章。[5] 在這兩則故事中,儒、釋之道得到完美的結合。由此可以看出時儒、釋合流,佛教已中國化。

是書借助宣揚宿命的故事,對官場黑暗多有揭露。如《夷堅志》丁志卷六《陳元輿》,載陳元輿軒未第前,夢至一處,門上金書額曰"左丞陳軒",這預示元輿一生應官至執政。陳元輿平生不做欺心事,但在知杭州任上違法徇情,杖死一名七十餘歲"法不應杖"的老兵,結果元輿由是"位不副夢",只做到了相當於侍郎的龍圖閣直學士,而未能如幽冥素定的那樣做到左丞。[6] 通過陰譴,對這類

1 李玄暉、鄧嗣德:《新訂增補夷堅志》卷二三,第 7 頁。

2 張淏:《寶慶會稽續志》第 7 册卷七《雜紀》,中華書局,1989 年,第 7171 頁,宋元方志叢刊。

3 《夷堅志》第 1 册,第 2~3 頁。

4 《夷堅志》第 4 册,第 1713 頁。

5 《夷堅志》第 3 册,第 1386~1387 頁。

6 《夷堅志》第 2 册,第 584 頁。

官吏懲處,此即是一例。卷七《張氏獄》則言政和初蔡京等以言語致人罪,凌遲處死元祐黨人遺孀,從一個側面反映了北宋末年黨争之酷。元祐黨人遺孀死後,與告變有關者,"未幾輒相續死",蔡京也感疾,他請道士祈禳,上帝告訴道士:"適已有符遣京送潭州安置。"京十年後果死于長沙,這是蔡京以極刑處置政敵家眷,而不容於上帝,所獲之天譴。[1] 反映北宋末年黨錮之禍的,還有志補卷二《英州太守》,言章惇欲迫害謫居英州的劉安世,破格提拔一縣尉爲知州,該人上任伊始即調兵捕殺劉安世,但在衙門裏一跤跌死,安世幸免於難。[2] 不過,所述細節與宋傳頗有异。

二、揭露道、巫作法騙局,破除迷信

《夷堅志》多載鬼魅興妖作怪之事,然間亦有不信鬼、不怕鬼,妖怪自敗的記載。如《夷堅志》支丁卷九《王直夫》即是一例。該人不媚鬼神,"每妻子疾病,但盡力醫療,凡招神禬禳之事,皆所不爲也。黨友或勉之,則曰:'吾死生有命,福貴在天。吾平生立志,不可易也。'"某年春末,"變怪驟興,正晝鬼見形於中庭,窺户嘯梁,移床徙釜,歌笑馳走,百端千態,舉室怖駭,寢食不安。直夫毅然不動"。"一日,端坐堂上,見巨魅身長七尺,高冠大帶,深衣朱履,拱立於前。直夫了不動色",魅斂袂竦揖而没。[3]

書中并有揭露道、巫作法騙局的。如《夷堅志》支癸卷一〇《劉自虚斬鬼》中説道士劉自虚每殺鬼,"血滿劍鍔",以此欺世盗名。梁緄大仲夙"深嫉其欺妄,欲摧沮之"。揭露説:"此是戲術,須摘一草藥淬劍,却頓鞘内,纔見風則赤如血。復點滴沾灑,全如刃傷。"并借道人林無無之口,説:"此草名爲紫背天渠,與虎耳相類。其色上青下紫,更濟以他藥,可煅炒砒硫黄之屬,究其功用,非止血劍鋒而止也。"[4] 志補卷二《陳俞治巫》中言,陳俞姊"其家病疫,閉門待盡",俞認爲"凡疫癘所起,本以蒸鬱薰染而得之,安可復加閉塞,不通内外?即取所携蘇

---

1 《夷堅志》第 2 册,第 594~595 頁。

2 《夷堅志》第 4 册,第 1563~1564 頁。

3 《夷堅志》第 3 册,第 1039~1040 頁。

4 《夷堅志》第 3 册,第 1298~1299 頁。

合香丸十枚，煎湯一大鍋，先自飲一杯，然後請姊及一家長少各飲之。以余湯遍灑房壁，撤去巫具”。并嚴斥巫，迫其服罪而逐之。“翌日，姊一家脱然。”[1]也生動地揭露了巫術的欺騙性。由此可見，邁實不持立場，相容并包，寫妖魔鬼怪，也破除迷信。

三、揭露社會黑暗，箴諷時政

志補卷六《安仁佚獄》，則揭露了當時司法的黑暗。安仁縣押録之子，怒殺情人。其父買通司理，將罪名加一死囚身上，而免除其子之罪。四十年後，其子始將此事説出，并指出：“獄訟實公家要務，蓋有不辜蒙冤者，有罪戾幸脱者。”他以親身經歷，深有感觸地説：“今將四十年，追咎往愆，殊用震竦。以是觀之，可以照他獄之枉濫不一而足也”。[2]

《夷堅志》支乙卷四《優伶箴戲》，則生動地記載了幾則俳優借“戲語而箴諷時政”的事，彰顯了處於社會下層的俳優侏儒的聰明才智。下盡録以餉讀者。

崇寧初，斥遠元祐忠賢，禁錮學術，凡偶涉其時所爲所行，無論大小，一切不得志。伶者對御爲戲，推一參軍作宰相據坐，宣揚朝政之美。一僧乞給公憑游方，視其戒牒，則元祐三年者，立塗毀之，而加以冠巾。一道士失亡度牒，問其披戴時，亦元祐也，剥其羽衣，使爲民。一士人以元祐五年獲薦，當免舉，禮部不爲引用，來自言，即押送所屬屏斥，已而主管宅庫者附耳語曰：“今日于左藏庫請得相公料錢一千貫，盡是元祐錢，合取鈞旨。”其人俯首久之，曰：“從後門搬入去。”副者舉所持挺扶其背曰：“你做到宰相，元來也只好錢。”是時，至尊亦解顏。

蔡京作相，弟卞爲元樞，卞乃王安石婿，尊崇婦翁，當孔廟釋奠時，躋於配享而封舒王。優人設孔子正坐，顔、孟與安石侍坐側。孔子命之坐，安石揖孟子居上，孟辭曰：“天下達尊，爵居其一。軻僅蒙公爵，相公貴爲真王，何必謙光如此！”遂揖顔子，顔曰：“回也陋巷匹夫，平生

1　《夷堅志》第4册，第1558~1559頁。

2　《夷堅志》第4册，第1602~1603頁。

無分毫事業，公爲名世真儒，位號有間，辭之過矣！”安石遂處其上。夫子不能安席，亦避位，安石皇懼拱手不敢，往復未决。子路在外，憤憤不能安，徑趨從祀堂挽公冶長臂而出，公冶長爲窘迫之狀，謝曰：“長何罪？”乃責數之曰：“汝全不救護丈人，看取别人家女婿。”其意以譏卞也。

又嘗設三輩爲儒、道、釋，各稱誦其教。儒曰：“吾之所學，仁義禮智信，曰五常。”遂演暢其旨，皆采引經書，不涉媟語。次至道士，曰：“吾之所學，金木水火土，曰五行。”亦説大意。末至僧，僧抵掌曰：“二子腐生常談，不足聽。吾之所學，生老病死苦，曰五化。藏經淵奥，非汝等所得聞，當以現世佛菩薩法理之妙爲汝陳之。盍以次問我。”曰：“敢問生。”曰：“内自太學辟雍，外至下州偏縣，凡秀才讀書，盡爲三舍生。華屋美饌，月書季考，三歲大比，脱白掛緑，上可以爲卿相。國家之於生也如此。”曰：“敢問老。”曰：“老而孤獨貧困，必淪溝壑。今所在立孤老院，養之終身。國家之於老也如此。”曰：“敢問病。”曰：“不幸而有病，家貧不能拯療，于是有安濟坊，使之存處，差醫付藥，責以十全之效。其於病也如此。”曰：“敢問死。”曰：“死者人所不免，唯窮民無所歸，則擇空隙地爲漏澤園，無以殮，則與之棺，使得葬埋，春秋享祀，恩及泉壤。其於死也如此。”曰：“敢問苦。”其人瞑目不應，陽若惻悚然。促之再三，方蹙額答曰：“只是百姓一般受無量苦。”徽宗爲惻然長思，弗以爲罪。

紹興中，李椿年行經界量田法，方事之初，郡邑奉命嚴急，當其職者頗困苦之。優者爲先聖、先師鼎足而坐，有弟子從末席起，咨叩所疑。孟子奮曰：“仁政必自經界始。吾下世千五百年，其言乃爲聖世所施用。三千之徒，皆不如我。”顔子默默無語。或於傍笑曰：“使汝在世非短命而死，也須做出一場害人事。”時秦主李議，聞者畏獲罪，不待此段之畢。即以謗褻聖賢，叱執送獄，明日杖而逐出境。

壬戌省試，秦檜之子熺，侄昌時、昌齡皆奏名，公議籍籍而無敢輒語。至乙丑春首，優者即戲場設爲士子赴南宫，相與推論知舉官爲誰，或指侍從某尚書某侍郎當主文柄，優長曰：“非也，今年必差彭越。”問者曰："朝廷之上，不聞有此官員。"曰："漢梁王也。"曰："彼是古人，死已千年，如何來得？"曰："前舉是楚王韓信，信、越一等人，所以知今爲彭王。"問者蚩其妄，且扣厥指，笑曰："若不是韓信，如何取得他三秦？"四座不敢領略，一哄而出。秦亦不敢明行譴罰云。[1]

《優伶箴戲》諷刺時政，寓莊於諧，既詼諧又深刻、犀利，可謂鞭辟入裏、入木三分。

四、反映宋代社會經濟變革

從《夷堅志》中，還能窺見宋代社會經濟變革的時代特點。乙志卷一四《全師穢迹》言，鬼騷擾饒州樂平人許吉先家，"方食稻飯，忽變爲麥。方食早穀飯，忽變爲晚米"[2]。反映南宋前期，江西上饒糧食生産已是稻稻兩熟制，或稻麥兩熟制。江西人已食用麵食。宋代是農業經濟大發展的時期，衆所周知，江浙一帶已分化出經濟作物種植區。從三志辛卷八《湘潭雷祖》所載來看，南宋時，湖湘地區也出現了此類種植區。該篇言："湘潭境内有昌山，周回四十里，中多篠簜，環而居者千室，尋常於竹取給焉。或搗爲紙，或售其骨，或作簟，或造鞋，其品不一，而不留意耕稼。"[3] 即是此類經濟現象的反映。丁志卷二〇《朱承議》，則透露出南宋初江西南豐縣已出現了貨幣地租。故事説朱承議是鄉村私塾先生，有一次，其告假返回縣城家中，中途遇見一農夫自縊而氣未絶，急呼旁近人共同解救。農夫被救活後，詢問其故，曰："負租坐縶，不能輸。"問所負幾何，曰："得數千錢便了。"朱承議隨身所携，正好够此數，遂盡數給之，不告姓名而行，以致除夕之夜，竟無錢祭神。但後來朱官至承議郎，清健康寧，享年八十有餘，五子達官，有名當世，獲得善報。[4] 排除這則故事要表達的因果報應思想，它在無意之中透露出，當時江西也出現了貨幣地租這樣重要的地租變革資訊，在這一點上，江西并不亚於先進的江東、兩浙地區。

---

1 《夷堅志》第2册，第822~824頁。

2 《夷堅志》第1册，第304頁。

3 《夷堅志》第3册，第1448頁。

4 《夷堅志》第2册，第705頁。

宋代江浙一帶人口繁衍,與水争尺寸。出現沙田、海塗田、葑田等多種形式的農田,圍田就是其中一種。三志己卷八《鏡湖大鏡》對此有所記載。該篇中説:"會稽鏡湖,在唐日廣袤三百里,後來貧民盗占爲田,今之視昔,不及十分之一也。"[1]反映了紹興地區圍田之盛,對自然生態環境的破壞之大。過度的圍田,已超過了自然生態環境所能承受的程度了。

宋代承包這種經濟現象很普遍。丙志卷一九《屈師放鯉》記番城村民屈師"樸買他處魚塘"事,冬日,屈師築堰,盡放塘水,竭澤取魚。此時他見兩頭大黑鯉塘裏塘外反復跳進跳出。好生奇怪,仔細觀察,發現大鯉不顧自身的安危,將無力跳出池塘的小魚銜出。屈師爲之感動,用畚箕將小魚全部運出放生,放弃了年終賣魚的這筆生意。後來他則因不"殘害天物"而延壽一紀。[2] 撲買這類經濟活動在三志辛卷八《岳州河泊》中也有記述。該篇言:"岳州西南,枕洞庭巨浸,而并城十里間,别派河泊甚衆。宗室子某,撲買大半,而擅其利,魚鮪之入不貲。"[3]宗室子竟將洞庭湖泊大半承包,規模可謂宏大。撲買也出現在宋代商業之中,《夷堅志補》卷七《豐樂樓》説:"臨安市民沈一,酒拍户也。居官巷,自開酒廬。又撲買錢塘門外豐樂樓庫,日往監沽。"[4]酒拍户就是承包酒樓者。以上三則故事,反映南宋時江南承包活動的規模之大和領域、地域之廣闊。

宋代工商業已成規模化發展,不少城鎮專營某種行業。三志己卷四《蕭縣陶匠》,就記述了蕭縣白土鎮陶業的規模。如鄒師孟"爲白器窑户總首,凡三十餘窑,陶匠數百"[5]。

志補卷七多載宋代租佃、地租之事。《直塘風雹》:富民張三八翁父子大斗進小斗出,"稔惡黷貨,見利則取",一日,家遭狂風,"倉廩帑庫,所貯錢米萬計,掃蕩無一存。所居大屋,揭去數里外,合抱之木盡拔。典質金帛在匱,隨風宛轉於半空,不知所届。常所用斗,大小各不同,凡有十有三等,悉列門外,若明以告

---

1 《夷堅志》第3册,第1364頁。

2 《夷堅志》第2册,第528~529頁。

3 《夷堅志》第3册,第1449頁。

4 《夷堅志》第4册,第1613頁。

5 《夷堅志》第3册,第1329頁。

人者"。[1]《沈二八主管》:沈二八豪家幹者,"用大斗量租米""鄉俗每租一斗爲百有十二合。田主取百有十,而幹僕得其二。唯沈生所用斗爲百二十合"。[2]以上兩則反映了當時地租剥削的殘酷性,而後者則透露出宋代租佃關係,已由地主、佃農兩個層級,發展至地主、幹僕即兩地主、佃農三個層級。宋代出現幹僕這個新生的社會群體,同時還出現了租税交納代理人攬户這個新生的社會群體。同卷《葉三郎》,"樂平南原富室劉氏,與邑駔葉三郎者,再世往來。劉兄弟二人税畝甚廣,每歲所輸官賦,悉以委葉,於出納之間,頗獲贏潤,蓋市井薄徒,俗目爲攬户者是已"。攬户一般資業不薄,委托代理者"邂逅或緩期,則能先出己財以代急"。[3]

五、反映宋代社會風俗

宋代官員、士紳經商,是很普遍的現象,已形成風氣。志補卷三《趙善弌夢警》,就記述了宗室經商之事。"宗室善弌,居池州,貧無置錐,以酤酒爲生,亦復間椎牛供客饌。"[4]隨之而來的是,士農工商的界限,已非森嚴不可逾越,宋代工商入仕也漸成風氣。志補卷十一《黄鐵匠女》中,黄女服食道人藥後,化爲男身。此事驚動袁州宜春宰趙學古,趙"見其眉目秀整,勸以讀書"。"數月間即能誦《孟子》,性識通敏。趙導使從師學舍。"[5]同卷《錢生見前世母》載,貢院前姚媪開旅店,其子"讀書,曾補國學""并已發解"。[6] 志補卷二《吴任鈞》,篇中言,政和間,人稱"吴紗帽"的饒城帽匠吴翁,"日與諸生接,觀其濟濟,心慕焉,教子任鈞使讀書。鈞少而警拔,于經學穎悟有得。比鄰史老,與吴翁相好,雖爲市賈,亦重儒術,欲以女歸鈞。結約既定,鈞被貢入京。……是歲,鈞果以貢士起家,仕至提舉江西常平"。[7]

---

1 《夷堅志》第 4 册,第 1609 頁。
2 《夷堅志》第 4 册,第 1610 頁。
3 《夷堅志》第 4 册,第 1611 頁。
4 《夷堅志》第 4 册,第 1573 頁。
5 《夷堅志》第 4 册,第 1646 頁。
6 《夷堅志》第 4 册,第 1647 頁。
7 《夷堅志》第 4 册,第 1562~1563 頁。

士大夫既不以經商爲耻，又圖商業贏利之速，由此官商聯姻也是情理中之事了。三志己卷六《王元懋巨惡》，説："泉州人王元懋，少時祗役僧寺，其師教以南番諸國書，盡能曉習。嘗隨海舶詣占城，國王嘉其兼通番漢書，延爲館客，仍嫁以女。留十年而歸，所蓄奩具百萬緡，而貪利之心愈熾，遂主舶船貿易，其富不貲。留丞相諸葛侍郎皆與其爲姻家。"元懋因之，得"爲從義郎，隸重華宫祗應"[1]。重華宫是高宗、孝宗兩代皇帝的寢宫，王元懋承辦該宫物資采購，應是個肥缺。富商大賈，可以獲得官職并可與丞相、侍郎等高官聯姻。反映了南宋時，商人社會地位的提高，社會婚姻觀念的改變；也反映了泉州等沿海一帶與南海諸國海上貿易之盛。

《夷堅志》也有不少地方風俗、戲曲的記載，三志己卷四《蕭縣陶匠》，記述了"蕭沛土俗，多以上巳節群集郊野，傾油于溪水不流之處，用占一歲休咎，目曰油花卜"。[2] 三志辛卷三《普照明顛》：載華亭縣的手影戲。言普照寺和尚惠明"嘗遇手影戲者，人請占頌。即把筆書云：三尺生綃作戲臺，全憑十指逞詼諧。有時明月燈窗下，一笑還從掌握來"[3]。此應是我國手影戲最早的記載。

宋代摩尼教傳世史料不多見。《夷堅志》則有這方面的記述：一則是鄱陽的；一則是福州的，是關於宋代摩尼的教規、活動規律等不可多得的史料。

三志壬卷六《蔣二白衣社》："鄱陽少年稍有慧性者，好相結誦經持懺，作僧家事業，率十人爲一社，遇人家吉凶福願，則偕往建道場，齋戒梵唄，鳴鐃擊鼓。起初夜，盡四更乃散，一切如僧儀，各務精誠，又無捐匄施與之費，雖非同社，而投書邀請者亦赴之。一邦之人，實繁有徒，多着皂衫，乃名爲白衣會。"[4]

《夷堅志》云：喫菜事魔，三山尤熾。爲首者紫帽寬衫，婦人黑冠白服稱爲明教會。所事佛衣白，引經中所謂"白佛言世尊"，取《金剛經》"一佛二佛三四五佛"，以爲第五佛，又名末摩尼。采《化胡經》"乘自然光明道氣，飛入西那王界蘇鄰國中，降誕王宫爲太子，出家稱末摩尼"，以自表證。其經名二宗三際。二

1 《夷堅志》第3册，第1345~1346頁。

2 《夷堅志》第3册，第1329~1330頁。

3 《夷堅志》第3册，第1405~1406頁。

4 《夷堅志》第4册，第1512頁。

宗者，明與暗也。三際者，過去、未來、見在也。大中祥符興道藏，富人林世長，賂主者，使編入藏，安於亳州明道宫。復僞稱白樂天詩云："静覽蘇鄰傳，摩尼道可驚。二宗陳寂默，五佛繼光明。日月爲資敬，乾坤認所生。若論齋潔志，釋子好齊名。"以此八句表於經首。其修持者，正午一食，裸屍以葬，以七時作禮，蓋黄巾之遺習也。[1]

支庚卷七《村民殺胡騎》，則記載了建炎時，江西人民"有奮不顧身"勇殺金兵的事迹，"雖婦女亦勇爲之"。在豐城劍池，"一騎挾兩女子，獨穿林間。女指謂避者言'可擊'，於是衆舉挺椿之而墜，旋碎其腦……又胡掠一婦，使汲井。婦素富家子，辭不能。胡呶呶怒駡，奪瓶器低頭取水。婦推其背，失足入于井中。餘干民艾公子全家遭劫虜，兩胡然火，將焚厥居。艾默念：若蕩爲丘墟，萬一獲脱，將無所歸。乃呼其子，齊奮梃縱擊，垂困，取胡腰刀截其首。一家遂全"。[2]

《夷堅志》間亦載北方金國事。如支甲卷八《絳州骨堆泉》，即載絳守女真人菩察浚渠導骨堆泉，爲一郡之利事。[3]

六、述男女人鬼情愛故事

《夷堅志》中頗多男女人鬼情愛事，如支乙卷四《衢州少婦》中説，衢州李五七，赴州衙爲主家投牒，遇一妙齡少婦亦來投牒，時纔三更，兩人便去附近的班春院入室繾綣，其後兩人"荏苒逾三旬"。李五七主人"訝李生連日宵行，疑必有淫泆之過"，遂派人擒拿。"婦掣臂呦呦作聲，化爲青狐，奔而出"。[4] 此類記載，《夷堅志》頗多，實開後世"三言""二拍"《聊齋志异》之先河。支庚卷四《花月新聞》，載姜廉夫之祖，肄業鄉校時，迷上了神祠内捧印侍女，戲解手帕系其臂爲定，第二天將曉，女子赴約至家，與姜母、妻及家人相處甚歡，皆以仙婦呼之。端午節後，一道士上門爲姜除禍，與女惡鬥一場，道士似乎勝了。但道士剛走，女即歸家，與姜情好如初。[5] 三志己卷二《程喜真非人》説，新淦人王生喜讀《靈怪

1　志磐：《佛祖統紀校注》卷四九《末摩尼教》，上海古籍出版社，2012 年，第 1143 頁。

2　《夷堅志》第 3 册，第 1192 頁。

3　《夷堅志》第 2 册，第 778 頁。

4　《夷堅志》第 2 册，第 820 頁。

5　《夷堅志》第 3 册，第 1162~1163 頁。

集》《青瑣高議》《神异志》等書，慕古人之艷遇，一日出郊游春，道上遇一美女程喜真，程言自家逃出，請王生收留。王允喏，攜其至豫章，"女素善針指，自繡領茵之屬出售"，以助家計，生活頗爲美滿。却有一道人作符授王生，將程女驅逐。[1] 三志辛卷一〇《王節妻裴》也有類似情節。王節盤游中，與寡婦裴氏相遇，經逆旅主人撮合兩人結爲夫婦，"節時二十九歲，裴二十五歲，年時相當，甚爲愜意"，生有二子。但裴後被雲水道人等認爲是"三世鬼精"，曾先後惑殺三任丈夫，"既奪三人精氣，養屍成人"。裴在道人召天將之際"騰空而滅"，結束了與王節的姻緣。[2] 三者情節頗與《白蛇傳》相類。志補卷二二《侯將軍》，講一巨猴，人稱"侯將軍"，看上天台市吴醫之女，請其亡嫂説項云："有侯將軍者，富貴名族，仕御馬院，蒙天子眷寵得大官，風標態度，魁梧磊落。"能一變爲黄雀，再變爲鶯，三變爲鷹。其下有熊首怪、狐狸、蛇虺、木石、鳥獸之怪，不可計。[3] 似爲《西游記》中孫猴王造型之權輿。

七、保存中藥古方

《夷堅志》中，有關中藥方劑的記載有數十則之多，可資借鑒。這裏只引兩則，以窺一斑。丙志卷一三《郭端友》載，端友用佛所告"獺掌散、熊膽圓方"，治好了自己的白内障。該則詳載了《熊膽圓方》的用藥品種、用量、製作及服法。"藥用十七品，而熊膽一分爲主，黄連、密蒙花、羌活皆一兩半，防己二兩半，龍膽草、蛇蜕、地骨皮、大木賊、仙靈脂皆一兩，瞿麥、旋覆花、甘菊花皆半兩，蕤仁一錢半，麒麟竭一錢，蔓菁子一合，同爲細末，以羯羊肝一具煮其半，焙乾，雜於藥中，取其半生者，去膜乳爛，入上藥，杵而圓之，如桐子大，飯後用米飲下三十粒。諸藥修治無别法，唯木賊去節，蕤仁用肉，蔓菁水淘，蛇蜕炙去。"[4] 卷一六《异人癰疽方》則縷述治癰疽内托散方的藥材及用量。"其法用人參、當歸、黄芪各二兩，芎窮、防風、厚朴、桔梗、白芷、甘草各半之，皆細末爲粉，别入桂末一兩，令

1 《夷堅志》第3册，第1315頁。

2 《夷堅志》第3册，第1464~1465頁。

3 《夷堅志》第4册，第1750~1751頁。

4 《夷堅志》第2册，第475~476頁。

匀,每以三五錢投熱酒内服之,以多爲妙。不能飲者,煎木香湯代之,然要不若酒力之奇妙。"其方异人所授,性和平而有奇效。[1]

《宋史》洪邁本傳言,邁"幼讀書日數千言,一過目輒不忘,博極載籍,雖稗官虞初,釋老傍行,靡不涉獵"。"考閲典故,漁獵經史,極鬼神事物之變。""以博洽受知孝宗。"兄弟三人,文名滿天下,而邁文學尤高。[2] 故《夷堅志》所述雖以鬼神、因果報應爲多,但其中透露出宋代社會的資訊涵蓋社會各方面,因此《夷堅志》應是宋代社會史研究的資料淵藪。《夷堅志》又是宋代以後文學創作的資料寶庫,許多元明文言小説、話本、戲曲的題材即取自《夷堅志》。不僅如此,《夷堅志》的種種構思新穎的情節模式、故事原型也給後世小説家如蒲松齡之流以創作啓示。[3]

1 《夷堅志》第 2 册,第 505 頁。

2 《宋史》卷三七三《洪邁傳》,第 11570~11574 頁。

3 李劍國:《宋代志怪傳奇叙録》,南開大學出版社,1997 年,第 354~358 頁。

《夷堅志》杭州故事研究

浙江大學歷史學系　吴錚强

［摘　要］《夷堅志》不是個人創作的文學作品，而是通過編撰者洪邁收羅與筆録而成，故事的來源與傳播本身就是一個社會史現象。《夷堅志》收録的175則杭州故事大致可區分成三種類型：本地社會中流傳着報應故事，官場上則流傳着鬼怪故事，科場上流傳着夢占命定的故事。這些故事分别展現了權貴人物對他人生殺予奪的巨大權勢，甚至達到了擋鬼神、變命運的程度，無不反映出故事講述者對權貴與權勢的傾慕之情。表現了文官的猥瑣、官場的庸鄙，以及仕途的紛亂。這些故事主要反映了士大夫階層的觀念意識，基本上排除了市井階層的市俗觀念。是以士大夫視角下的權貴、内侍及胥吏故事爲地域特色的。

［關鍵詞］《夷堅志》　杭州故事　士大夫階層　市井階層

《夷堅志》收録的志怪故事與軼聞雜記保存了宋代社會生活史方方面面的資訊。《夷堅志》不是個人創作的文學作品，而是通過編撰者洪邁收羅與筆録而成的，因此故事的來源與傳播本身就是一個社會史現象。不同地域與身份的故事提供者與洪邁之間形成了相當複雜的社會關係與資訊傳播網絡，這個網絡反映了作爲士大夫的洪邁的社會交游史，以及當時社會熱衷於講述志怪故事的社會群體的形態。同時，包括志怪故事與軼聞雜記在内的叙述文本總是人們社會觀念的一種反映，《夷堅志》也是南宋日常社會觀念史的重要史料。如果進而把上述兩種維度結合起來，就可以利用《夷堅志》討論不同地域、不同社會關係中形成的故事類型與社會觀念的問題。在《温州通史》宋代社會史部分的撰寫過程中，筆者根據上述思路，對《夷堅志》温州故事展開分析，學界師友多以爲囿於温州一地限制了討論的意義。確實只有對《夷堅志》進行通盤分析，上述研究設想的得失纔能得到檢驗，但這個工作需要分步驟進行。本文以温州故事之模型爲參照，初步檢討《夷堅志》之杭州故事，并就杭州故事的獨特性略作闡發，請師友進一步批評指正。

一

在分析温州故事時，曾經對洪邁、故事提供者與《夷堅志》故事的地域關係作了基本的分類。其中洪邁與故事地域的關係主要呈現四種類型，即：(1)洪邁的家鄉鄱陽；(2)南宋臨時都城臨安(杭州)；(3)洪邁因爲任官或者其他原因居住過的州縣，如福州、婺州等地；(4)洪邁未曾居留的地方，比如温州。洪邁獲得不同地域故事的途徑有所不同，除了居留地主要依賴同僚與當地士民，未經之地主要通過當地籍貫的同僚或士友，在家鄉鄱陽縣還較多從親友鄉黨中收集故事。在所有地域中，杭州最具特殊性。某些全國性的現象(比如科舉考試)在都城臨安體現得最爲集中。就地域特點而言，杭州不僅繁庶無比，而且作爲朝廷與中央政府的所在地，這裏是統治集團中各色人等最集中(甚至唯一)的地方。同時，由於洪邁長期在此任官與居住，杭州也是《夷堅志》故事來源最爲豐富的地方，這些都意味着杭州故事中可能出現其他地域所没有的故事提供者或者故事類型。

《夷堅志》總計收録杭州故事175則，其中151則故事可以歸入温州故事的三種類型。温州志怪故事主要分爲三種情況，"温州本地社會中流傳着報應故事，官場上則流傳着鬼怪故事，科場上流傳着夢占命定的故事。這種現象可以解釋爲，本地社會是一個熟人社會，報應觀念是熟人社會構建道德秩序的重要方式；士大夫游宦或者科舉士人的游學生活是一個不斷遭遇陌生環境的過程，鬼怪故事是宣泄恐懼情緒的途徑；科舉夢占故事則體現科舉士人超地域的社會關係"。[1] 這些類型與關係的現象在杭州故事中同樣存在。

《夷堅志》杭州故事中有大量科舉或官員磨勘選調時發生的預言、預測故事，其中科舉預測的基本形式是夢占，數量有52則之多；[2] 仕途預測的形式既有

1 以上參見《宋人志怪故事中的地域社會與倫理觀念——以〈夷堅志〉温州故事爲例》，《浙江社會科學》2015年第4期，第115~121頁。

2 參見附表一。

夢占也有其他占卜，有 20 則之多；[1] 僅有 3 則故事并非典型的仕途或科舉預測，一則是《宜興官人》，洪邁的同僚張濤講述紹熙五年(1194)宜興籍“官人”吴瑄因突有所感而逃離餘杭、躲過洪灾的故事；[2] 一則是《班固入夢》，洪邁的同僚吕大年講述自己偕友往臨安時班固入夢，次日有所應驗的故事；[3] 一則《鐵掃帚》是官員錢伸之講述臨安術士鐵掃帚爲平民卜命而應驗之事。[4] 這些故事雖然并不直接與仕途、科舉有關，但講述者均爲官員，仍然屬於官員命定觀念的反映。[5] 這類命運預測故事共計 76 則，占杭州故事總數的 43%以上。反映游宦或者游士對於陌生環境恐懼感或神秘感的鬼怪或遇仙故事 36 則，[6] 另有《吴師顔》講述發生在京官身上的凶殺案，洪邁初赴臨安的紹興十二年(1142)，居臨安衆安橋下的太史局令使吴師顔在茶肆遭刺身亡。[7] 《王從事妻》則講紹興初年汴人王從事來臨安調官，搬家時妻妾走失，五年後爲衢州教授時，發現妻子已成爲西安縣令的側室。[8] 35 則報應故事的主人公多來自杭州當地人士的平民階層，或者胥吏、士兵、法師、普通士人，偶爾也有外地平民、低級武官或者官員妻子，但基本上可以排除居官的士大夫或者權貴階層。[9] 以上 151 則故事占杭州故事總數的 86%，基本上符合温州故事的分析模型，據此可以初步判斷《夷堅志》温州故事的類型分析具有相當的普遍性。

二

151 則杭州故事同樣可以歸入温州故事所區分的三種類型中，足以説明之前提出的温州故事模型在《夷堅志》中的普適性。而其餘的 24 則杭州故事，其

1 參見附表二。

2 《夷堅志》支乙第八《宜興官人》，中華書局，1981 年，第 858 頁。

3 支丁第三《班固入夢》，第 991 頁。

4 支戊第三《鐵掃帚》，第 1073 頁。

5 此外，丁志第一《僧如勝》(第 539 頁)講述永嘉僧如勝與鄉僧行脚至臨安，各得一卦，後一一應驗。僧如勝住甘露寺爲長老，數年後，鄉僧會杭卒陳通作亂，被箭矢射中其足。

6 參見附表三。

7 支癸第八《吴師顔》，第 1285 頁。

8 丁志第十一《王從事妻》，第 631 頁。

9 參見附表四。

中4則故事只是記載了生活奇聞,没有情節可言。[1] 而其他的20則故事具有鮮明的主題與“杭州”地域特點,以下分爲幾組分別討論。

第一組的數量最多,共有10則故事,共同特點是都涉及統治階層中文官集團以外的人物,可以統稱爲權貴故事。

第一則故事《韓太尉》,講述宋高宗趙構的藩邸重臣韓公裔(1092—1166)的醫療故事。紹興年間韓公裔“暴得疾”,已退位的趙構遣御醫王繼先往診,王繼先宣告不治,太上皇又賜“銀絹各三百”爲賻。後來韓公裔的疾病爲“草澤醫”所治,韓公裔因此奏歸所賜賻金,趙構又“復賜爲藥餌費”。故事的結尾插入了宗室的一段議論:

宗室中善謔者至相戲曰:“吾家貧如許,若如韓太尉死得一番,亦大妙。”[2]

這個情節意味着故事的主題并非草澤醫的醫術,而在於皇帝(太上皇)對寵臣的恩賜。

第二則《臨安民》也是醫療故事,講述臨安平民得了一種怪病,“因病傷寒而舌出過寸,無能治者”,後來有道人宣稱可以醫治,但是藥材無從獲得。此事剛好被“中貴人”所知,因堅持要求道人告知所需藥材,得知是梅花片腦後,“即遣僕馳取以付之”,臨安民的怪病隨即治癒。[3] 顯然這則故事的重點在於展示内侍權貴的恩賜能力,以及對照之下平民的貧困與命運的無力感。

第三則故事《琴臺棋桌》主要展示内侍陳源的“僭侈之極”,除詳細描述陳源坐罪籍没家財之後流出的琴臺、象棋桌的精妙奢靡做工之外,還記述了獲罪之前士人對陳源的警告,稱陳源府宅地近三館,館職“多窮寒措大,羨人富貴,于心常弗堪”,而這些官員往往升遷至“臺諫給舍”,容易有機會奏劾陳源,[4] 從而展現了内侍與文官之前在財富與權勢上的差距與矛盾。

第四則《藍供奉》是一則更爲誇張的内侍故事。故事講藍氏世代爲内侍,淳熙年間(1174—1189)有藍供奉喜延方外道人,某年有道人入謁,并請求藍供奉

---

1 丙志第十六《餘杭三夜叉》,第500頁;支景第四《人生尾》,第909頁;支戊第七《錢氏鼠狼》,第1109頁;三志壬第九《劉經絡神針》,第1534頁。

2 丙志第十八《韓太尉》,第514頁。

3 丁志第十三《臨安民》,第651頁。

4 支景第四《琴臺棋桌》,第907頁。

八月十五日勿外出，當日道人與藍供奉形影不離，"相與促膝室内，雖如厠便旋，亦追隨弗舍。纔黄昏，共榻而息，使藍居外。半夜有神來向道人索命而不得，因而訓斥藍供奉稱：'此於天地造化所不置，若汝强爲庇護，固不遣出，將執汝以覆命。'但結果道人成功地逃避了壽限，而藍供奉也平安無事，約十年後（慶元初）纔去世"[1]。這則故事中内侍的力量已經突破"天地造化"而凌駕於神明，即使對學道之人也能起死回生，生殺予奪之能力已然超越凡人世界。

第五則《韓郡王薦士》講述李如晦在臨安求升遷而缺一人舉薦，鬱悶中隨人出游，在九里松冷泉亭與漫游湖山的韓世忠相遇，韓世忠雖然不認識李如晦，因憐其憔悴，即漫然以舉薦相諾，并以錢三百貫相贈，李如晦因此得升京官。[2] 這則故事展現了武官權貴對文官命運的影響力。

與韓世忠有關的還有兩則鬼怪故事。一則是《五郎鬼》，記述錢塘女巫四娘以鬼（五郎）爲憑，善道人休咎，韓世良因信暱而向其弟韓世忠推薦，韓世忠因此召致巫女娘，結果五郎鬼因韓府門神"禦"之而不得入韓府。[3] 另一則《韓府鬼》講述韓世忠府鬧鬼故事，韓世忠之女在後院遇鬼，"短氣欲絶"，韓世忠招方士宋安國治鬼，韓世忠女遂醒，宋安國因言女鬼生前有淫行，并乳婢被父母投入井中。故事中還介紹了宋安國獨特的治鬼方法，"治祟不假符録考召，其簡妙非他人比也"。[4] 聯繫前述《藍供奉》故事，這兩則與韓世忠府有關的鬼怪故事，與其説是反映凡人對鬼怪世界的恐懼感，不如説是展現權貴府第對鬼怪力量的防禦能力。

第八則故事《興教寺僧》也是講内侍請醫爲人治病的故事，臨安興教寺僧得怪病，頭軟不能直，易二十醫不能治，中官王押班與僧交往深厚，因爲之招京師人劉中爲醫療，劉中診爲硝毒，因去硝而解。[5]

第九則《三衙墜馬》講述乾道四年主管侍衛馬軍司李舜舉乘馬過八盤嶺時

1 支庚第二《藍供奉》，第 1146 頁。

2 三志己第一《韓郡王薦士》，第 1311 頁。

3 甲志第十一《五郎鬼》，第 97 頁。

4 乙志第十六《韓府鬼》，第 320 頁。

5 三志辛第三《興教寺僧》，第 1408 頁。

因失轡墜地傷腰,宋孝宗嘲笑“三衙墜馬,便與知閤官失儀一般”。[1]

第十則《衛校尉見楊王》講紹興年間,有衛校尉投謁于時任殿前都指揮使的楊存中,因爲兩人在行伍中曾經“結義爲兄弟”,楊存中招待非常熱情。後來得知衛校尉“志在一官”,楊存中不以爲然,對衛日漸冷淡,但暗中安排,引誘衛往河東、代郡,并以良田千畝相贈。這是一則稱贊貧賤之交的故事,故事的講述者是畫家李結。

以上十則故事的共同特點是都出現了武官、内侍、皇帝(太上皇)等權貴人物,這些權貴故事當然只有在行在臨安纔會發生,故事展現了權貴人物對他人生殺予奪的巨大權勢,甚至達到了擋鬼神、變命運的程度,無不反映出故事講述者對權貴與權勢的傾慕之情。

三

與這些傾慕權勢的權貴故事形成對比,杭州故事中另有一組故事却表現了文官的猥瑣、官場的庸鄙及仕途的紛亂。如第一則《汪彦章跋啓》記載錢塘税官關景仁被屬下告發繫獄,其弟往會稽向兵部侍郎汪彦章告急,汪彦章馳書爲疏通關係、解救關景仁的故事。[2]

第二則《徐大夫》講述兩浙轉運副使徐康國爲人十分簡倨,因不識監察御史韓璜而對其無禮,又爲接受胥吏請托,被韓璜以“媚事胥徒”奏劾,後來又對禮部尚書劉大中父親前倨後恭的故事。[3]

第三則《韓世旺弓矢》講將官韓世旺(韓世忠兄)爲臨安幕官王椿所輕,一次王椿設賭局,意圖炫耀其善射,結果韓世旺“再發破筈”。王椿輸金六百兩,因陷於貧困,不顧羞辱,托人丐還賭資,韓世旺要求王椿作書謝過,“王如戒立作啓”,有“抛毬打論,雖是有輸有赢,破白傷財,其奈著腸著肚”之句,韓世旺“讀之大嘉”,立即歸其所獲。[4]

---

1 三志辛第七《三衙墜馬》,第 1436 頁。

2 甲志第十二《汪彦章跋啓》,第 104 頁。

3 丙志第十八《徐大夫》,第 516 頁。

4 支庚第十《韓世旺弓矢》,第 1215 頁。

第四則《沈大夫磨勘》講朝請大夫沈某爲轉官賄賂考功主事陳仲夷，陳仲夷接受賄金後，讓沈某直接揭發其"吹毛求疵、擬邀厚賂"，結果立即奏效。故事結尾沈某還介紹了行賄的經驗，"吾所費至微，然能撼之者，蓋尋常士大夫行賕，經涉非一，及真入主吏家，不能十二。兹乃悉得之，故其應如響"。[1]

第五則《衛靈公本》講士人范端臣在游孤山時買冠，與同行士人以《論語》次第爲隱語討論價格，結果遭到賣冠珥市民譏笑的故事。[2]

第六則《范元卿題扇》講范端臣以杜甫詩句爲内諸司祇應者題扇，至司圊（厠所）者則用"雨洗娟娟凈，風吹細細香"兩句的故事。[3]

此外有兩則情節特别的鬼怪故事。《蔡十九郎》講紹興二十一年（1151）時秀州人魯璪省試失韵，有貢院吏鬼蔡十九郎爲魯璪盗改試卷并索要錢財的故事，魯璪是年登第，厚恤蔡家，并携其子爲奴，是一則以志怪形式反映科場作弊的故事。[4]《洞霄龍供乳》則講餘杭洞霄宫主首道士誦經致神，使得水潭龍王不勝其擾，以每日向道士提供鮮乳二斤爲酬，請求道士停止誦經致神，"庶幾百靈得以休息"，[5]這則神界行賄作弊的故事也應是當時基層官場的反映。

四

包偉民教授在《宋代城市研究》中糾正了諸多對宋代城市（市民）文化的誤讀，提出宋代城市中士大夫的清雅文化與市井階層的市俗文化并存的觀點，并且認爲兩者互相影響，但士大夫的清雅文化占據主導地位，城鄉文化、唐宋城市文化均具有延續性（而非變革性）。[6] 這些結論不但更加貼近歷史真實，對於解讀與分析包括《夷堅志》在内的宋代文化現象也具有方法論的啓發意義。《夷堅志》作爲由士大夫傳播與收集的志怪故事集，當然主要反映了士大夫階層的觀念意識，而且在命定、鬼怪與報應三種基本的故事類型中，基本上排除了市井階

1 支癸第九《沈大夫磨勘》，第 1286 頁。

2 三志己第五《衛靈公本》，第 1339 頁。

3 三志己第七《范元卿題扇》，第 1354 頁。

4 丙志卷第七《蔡十九郎》，第 424 頁。

5 三志壬第三《洞霄龍供乳》，第 1490 頁。

6 包偉民：《宋代城市研究》，中華書局，2014 年，第 352 頁。

層的市俗觀念。《夷堅志》故事的特殊性在於，志怪故事反映的是與士大夫清雅文化截然不同的另一面。與士大夫有意識的文化藝術創作不同，鬼怪故事多以夢境、臆想、幻覺或以訛傳訛的形式出現，是人們潛意識的反映、社會生活中被壓抑意識隱晦的表達。杭州作爲南宋的都城，城市的居民就不止士大夫與市井兩個階層。在此之上，還存在着以皇帝爲核心的宫廷，以及南宋前期在政治結構中舉足輕重的武人集團。同時都城對於士人、士大夫而言也不只是游學、游宦的他鄉，更重要的是决定着他們命運的權力淵藪。在顯意識中，士人、士大夫一般以治國平天下的儒士或者志趣高雅的文士構建自己的形象。但在潛意識中，那種謀求仕途順遂、傾慕并常常屈服於權力的世俗形象也難免暴露，發生在杭州的權貴故事與官場混迹故事可以説正是這種觀念的反映。

此外，《夷堅志》杭州故事中反映市井階層市俗觀念的内容雖然罕見，但也并非毫無涉及，《涌金門白鼠》與《乾紅貓》是兩則典型的市俗故事。《涌金門白鼠》魯畤在臨安北闊見到質闊主人如舊熟識者，經訪問得知原來是數年前經常見到的乞丐，乞丐原先也是豪民，後來可能因爲戰亂"遭亂家破"，行乞於市，後來其子見白鼠聚于楊梅核下，丐欲捕而賣於禽戲者，結果追逐到涌金門墻下，白鼠鑽入洞穴而不得，於是掘地而尋，結果發現大甕中盛滿金銀，丐得之而巨富。[1] 魯畤原是開封人，他講的另一則故事《米張家》情節類似，只是發生在北宋末年的東京而已。《乾紅貓》則講述臨安内北門外有民孫三，用染馬纓縛之法將白貓染成乾紅色并居爲奇貨，并常因妻子看管不嚴而箠打其妻，以此故作神秘，竟誆騙内侍以高價購之。[2] 這類典型的市俗故事在《夷堅志》中數量極少，或許并不説明市井文化在像杭州、開封這樣的城市中不够流行，而只是説明《夷堅志》屬於士大夫階層亚文化表述的突出特點。

總之，《夷堅志》杭州故事中除了一般模式中命定、鬼怪與報應故事，是以士大夫視角下的權貴、内侍以及胥吏故事爲地域特色的，意味着僅僅從士大夫清雅文化與市井階層的市俗文化兩個方面理解像杭州、開封等宋代都城文化尚不够完整，統治階級中士大夫集團以外群體的文化影響力同樣值得關注。

1　乙志第十一《涌金門白鼠》，第 276 頁

2　三志己第九《乾紅貓》，第 1372 頁。

附表一:科舉故事

	故事	卷目	頁碼
1	紅象卦影	甲志第十	83
2	傅世修夢	甲志第十三	110
3	沈持要登科	甲志第十九	172
4	李三英詩	乙志第一	194
5	周莊仲	丙志第七	424
6	上竺觀音	丙志第九	437
7	吴德充	丙志第十二	471
8	黄師憲禱梨山	丙志第十五	490
9	馮尚書	丙志第十六	506
10	陳元輿	丁志第六	584
11	湯史二相	丁志第七	595
12	張臺卿詞	丁志第十	623
13	鄭僑登雲梯	丁志第十一	629
14	龔丕顯	丁志第十二	635
15	史言命術	丁志第十九	693
16	華延年	支甲第四	739
17	鐘世若	支甲第七	768
18	羅維藩	支甲第七	769
19	楊證知命	支乙第二	806
20	黄若訥	支乙第二	807
21	王茂升	支乙第二	810
22	王尚書名紙	支乙第十	869
23	吴中小經	支乙第十	874
24	三山陸言	支景第三	901
25	小樓燭花詞	支景第八	944
26	謝樞密夢	支景第九	951
27	婆惜響卜	支景第十	958
28	侍其如岡	支景第十	958

（續表）

	故事	卷目	頁碼
29	黄狀元	支丁第四	1000
30	施德遠夢	支丁第六	1018
31	建昌人士	支丁第八	1028
32	鄭秀才夢	支戊第二	1065
33	余氏婢夢報榜	支戊第六	1097
34	黄戴二士	支戊第八	1115
35	胡邦衡詩讖	支戊第九	1126
36	金谷户部符	支戊第十	1128
37	李南功	支戊第十	1132
38	李汪二公卜相	支戊第十	1133
39	蘇相士	支庚第一	1141
40	夢監補試題	支庚第十	1218
41	楊教授母	支癸第二	1236
42	林劉舉登科夢	三志己第十	1379
43	李彦勝夢賦	三志辛第一	1390
44	李主簿及第	三志辛第四	1415
45	臨安雷聲	三志辛第八	1447
46	易官人及第	三志辛第八	1448
47	兩黄開登第	三志壬第二	1480
48	皮場護葉生	三志壬第四	1493
49	醉客賦詩	三志壬第五	1500
50	黄子由魁夢	三志壬第五	1500
51	諸葛賁致語	三志壬第九	1537
52	癸丑春榜	三志壬第九	1538

附表二:仕途預測故事

	故事	卷目	頁碼
1	邵南神術	甲志第三	25
2	禍福不可避	甲志第七	58
3	夏巨源	支丁第五	100
4	夢藥方	甲志第十七	150
5	劉若虛	乙志第三	209
6	夢登黑梯	乙志第四	211
7	張津夢	乙志第四	216
8	吴信叟	乙志第十	266
9	秦昌時	乙志第十二	285
10	王鐵面	丙志第十七	510
11	王浪仙	丁志第一	538
12	劉承議	支甲第五	750
13	戴之邵夢	支甲第八	770
14	吕德卿夢	支景第五	920
15	郭大夫	支丁第一	974
16	潘見鬼卜	支丁第五	1003
17	臨安税院	支庚第一	1143
18	黄瓊州	支庚第三	1155
19	佑聖觀夢	三志辛第二	1397
20	倪太博金帶	三志壬第一	1468

附表三:鬼怪故事

	故事	卷目	頁碼
1	項宋英	甲志第四	35
2	林縣尉	甲志第五	43
3	車四道人	甲志第十六	138
4	吴公路	甲志第十六	145
5	貢院小胥	甲志第十八	164
6	黄氏少子	甲志第十八	165

（續表）

	故事	卷目	頁碼
7	恩稚所稚院	甲志第十九	166
8	靈芝寺	甲志第二十	177
9	曹氏入冥	甲志第二十	181
10	蛙乞命	乙志第三	203
11	李南金	乙志第五	227
12	餘杭宗女	乙志第十	264
13	趙善廣	乙志第十五	310
14	光禄寺	乙志第十九	346
15	貢院鬼	丙志第一	369
16	紅奴兒	丙志第六	412
17	新城桐郎	丙志第七	421
18	李吉爊雞	丙志第九	443
19	賈縣丞	丙志第十四	487
20	王立爊鴨	丁志第四	571
21	武真人	丁志第十四	653
22	李茇遇仙	丁志第十八	690
23	吕使君宅	支甲第三	729
24	西湖女子	支甲第六	754
25	王彦太家	支乙第一	796
26	顧端仁	支乙第一	798
27	馬軍將田俊	支乙第一	801
28	駱將士家	支乙第八	859
29	臨安吏高生	支景第五	915
30	周氏買花	支丁第八	1033
31	櫻桃園法師	支丁第十	1044
32	關王池	支戊第五	1091
33	吴山新宅	支庚第四	1165
34	李小五官人	支癸第八	1284

（續表）

	故事	卷目	頁碼
35	節性俞齋長	三志己第七	1355
36	吴仲權郎中	三志壬第一	1468

附表四：報應故事

	故事	卷目	頁碼
1	仁和縣吏	甲志第七	60
2	佛救宿冤	甲志第八	65
3	鹽官孝婦	甲志第二十	180
4	王夫人齋僧	乙志第三	206
5	法慧燃目	乙志第十三	292
6	趙小哥	乙志第十八	339
7	蔡十九郎	丙志第九	424
8	老僧入夢	丙志第七	441
9	泉州楊客	丁志第六	588
10	滕明之	丁志第九	609
11	許道壽	丁志第九	609
12	舒懋育鰍鱓	丁志第九	611
13	河東鄭屠	丁志第九	611
14	龍澤陳永年	丁志第九	613
15	錢塘潮	丁志第九	614
16	錢塘老僧	支甲第四	742
17	九里松鰍魚	支甲第四	743
18	徐達可	支甲第七	767
19	錢塘縣尉	支甲第八	771
20	西湖庵尼	支景第三	902
21	李氏乳媪	支景第七	936
22	阮公明	支丁第三	988
23	張四海蛳	支丁第三	991
24	西湖判官	支丁第八	1032

（續表）

	故事	卷目	頁碼
25	潘謙叔	支丁第九	1042
26	王法師	支戊第六	1101
27	姚時可	支庚第十	1216
28	餘杭何押録	支癸第一	1228
29	寶叔塔影	支癸第三	1239
30	張七省幹	支癸第六	1263
31	李三夫妻猪	三志辛第十	1462
32	洞霄龍供乳	三志壬第三	1490

《夷堅志》人物綽號研究

上海師範大學古籍所　胡紹文

［**摘　要**］　綽號與人物所處的社會環境密不可分,反映了一定的社會經濟文化現象。《夷堅志》中人物綽號豐富,來源各异,多與人物的外形、身世、行業身份、技能特長和性格特點相關,具有用詞俚俗、富於變化的特點,呈現出濃郁的市井氣息,反映了南宋的社會文化和價值取向。

［**關鍵詞**］《夷堅志》　綽號　文化

綽號也稱諢名、諢號、諢名、外號等,一般是由他人命取後得到公認、且使用性不取决於本人意願的名、字、號之外的别名,不能在正式場合使用。由於綽號用語傳神,能準確生動地刻畫人物,往往傳播廣泛。綽號與人物所處的社會環境聯繫緊密,反映了一定的社會經濟文化現象。對綽號的研究,有助於我們瞭解作品所處時代的價值取向和民俗文化。南宋洪邁的《夷堅志》取材於耳聞目睹的奇聞异事,書中人物形形色色,綽號非常豐富。本文擬對其中人物綽號的來源和特點進行研究,以管窺南宋的市井風情和文化心理。

一、《夷堅志》人物綽號的來源

《夷堅志》中人物綽號非常豐富,其來源各异,準確地概括了人物的特點或身世背景。從得名之由來看,這些綽號的類型大致有六:

第一類,根據人物的外形特點來命名。有依據髮型特點來命名的,頭髮剃掉一部分再扎抓髻的兵家子“髡而髽”,人稱“呆道僧”;宗室趙衡頭髮稀少,被稱作“趙葫蘆”。有以生理缺陷來稱呼的,如頭扁的“吕匾頭”,一隻眼瞎的“謝眼”,耳朵被咬掉一塊的“徐咬耳”;秦秀才腿部過長,人稱“秦長脚”;張廿二貌醜口闊,被稱作“鮎魚”。這些綽號多根據人物的外貌缺陷來稱呼,帶有嘲諷意味,并非雅稱。

第二類，根據人物的離奇身世命名。“鬼太保”據傳是已死的鬼妾所生；“僧老”是個不食葷腥的小孩，相傳爲高僧投胎轉世；“海王三”是海島女子所生；“猩猩八郎”的母親是被稱爲猩猩國的荒島女子。

第三類，根據人物或家庭的行業背景命名。由於同一行業從業者衆多，這類綽號往往冠以姓氏進行區分。“曹布子”是曹氏之子，靠織布贍養父母；“米張家”是賣米的；賣油的渠生叫“渠油”；帽匠吴翁綽號“吴紗帽”；官妓藍氏家中賣粥，人稱“藍粥”。

第四類，根據人物的技能特長命名。王三擅長捕蛇，人稱“蛇王三”；霍秀才身强體壯，善搏擊，號稱“霍將軍”；范子珝尤善畫牛，號爲“范牛”；楊畫師擅長畫普賢像，綽號“楊普賢”。還有一些綽號顯得很迷信，據傳被稱呼者具有神秘的能力。一道人被稱爲“相翁”，因其能知道別人的過去未來事，且都準確無誤；“會稽人桂百祥，能役使六甲六丁，以持正法着名，稱爲真官。”（乙志卷十五《桂真官》，p313）[1]善攝制鬼魅的道士被稱爲“煞先生”；“是時張和尚圓覺正以道術擅名，閩人呼爲聖者。”（支丁志卷十《王侍晨》，p1049）這類綽號多與巫術有關："相翁"未卜先知，“真官”和“煞先生”善治鬼魅，“聖者”道術高深。

第五類，根據人物的行爲或性格特點命名。有些綽號的來源與人物的典型行爲有關。如："程佛子"心地善良，樂善好施；“余觀音”經常持誦救苦觀音菩薩，至於飲食坐卧，不絶於口；江陵傅氏喜歡結交道士，見到雲游道人便邀還家予以款待，人稱“傅道人”；僧人方氏只穿布直裰，頗類儒流，被稱爲“方夫子”。佛子、觀音、道人、夫子并非以上人物的身份，其綽號命名源自他們的行爲特點。

還有些异于常人的飲食、言語和行爲習慣也往往成爲綽號的來源。“屠醉”是嗜酒如命的屠光遠；“祝仙人”服用道人贈藥後不吃東西，不畏嚴寒酷暑；“李仙”似得道成仙，不食人間烟火，只吃山果；“唐顛”“明顛”言語癲狂；“癡僧”每天在街巷奔走，呼之不應，也從不向人乞食；道人“李鼻涕”用鼻涕和垢膩和藥。這些特异的行爲是人物的典型特徵，以此命名，形象而直觀。

有些綽號則與人物的性格特點相關。樂平吴曾高潔重義，受人敬重，人稱

---

1 本文所引《夷堅志》爲中華書局 2006 年何卓點校本。爲行文便利，统一在引文後括號内標明出處頁碼，不再逐一出注。

"長者";獄卒蔡乙容貌可憎,稟性凶殘,常常虐待囚徒,被稱爲"取命鬼";三衢人王廷善於相人,却不妄許與,被稱爲"王鐵面";觀察使李綬律身甚嚴、不苟言笑,被稱爲"法度士"。這類反映人物性格特點的綽號,也寄寓着人們的愛憎。"長者"品行高尚,蘊含褒義;"取命鬼"則因其人凶狠可憎含有貶義;"王鐵面""法度士"則爲中性色彩。相較其他類型,這種以人物性格命名的綽號數量不多。

第六類,其他類型。有的根據人物財産命名。豪民張祥非常富有,"名田藏鏹,金銀布帛,皆以億計,故里俗目之爲十萬。"(支景志卷一《张十萬女》,p885)豫章沈生賣瓷器致富,人稱"沈烏盆"。會稽人張守中"隸役高門,得右列一職。買田揚州江都,稱爲七省幹"(支癸志卷六《张七省幹》,p1263)。"張十萬""沈烏盆""七省幹"等綽號都與人物的財産有關。"林無差"源於人物名字的字形,"林乂,字材臣,姑蘇人,剛正尚誼,鄉里目爲林無差,以其名近叉字也。"(丙志卷九《酆都宫使》,p438)

另外,有少量的綽號從兩個方面突出被稱者的特點,如"烏喬""吃香劉太保""謝眼"等。

邵武黄敦立少時游學校,讀書不成,但以勇膽戲笑優游閭里間。邑人以其色黑而狡譎,目之曰"烏喬"。(丙志卷十四《黄烏喬》,p488)

"烏喬"體現出人物色黑的相貌特徵和滑稽玩諷的職業特點。侯寶林等指出:宋、金時期,伎藝名稱、曲牌名稱和藝人姓名中常常出現"喬"字;"喬"是采取"發喬"的特殊方式,虚擬地摹擬某種伎藝,目的是爲滑稽取笑;"喬"包含模仿、虚擬和滑稽三層意思,其中滑稽乃是"喬"的核心。[1]《夷堅志》中有藝妓"喬合生",善於滑稽玩諷,"江浙間路岐伶女,有慧黠知文墨能於席上指物題咏應命輒成者,謂之合生;其滑稽含玩諷者,謂之喬合生"(支乙志卷六《合生詩詞》,p841)。"烏喬"皮膚黑,善滑稽玩諷,特點鮮明。

有禁衛典首劉某,持齋戒,不食,但啖乳香飲水,能制鬼物,都人謂之"喫香劉太保"。(丁志卷九《陳媳婦》,p611)

"喫香劉太保"從兩個方面呈現出人物的特點:喫乳香,會巫術。乳香又稱

---

1 侯寶林、李萬鵬、汪景壽、薛寶琨:《相聲和"喬"》,《文獻》1980年第1期,第137~154頁。

薰陸,是橄欖科常緑喬木的凝固樹脂,因其滴下成乳頭狀,故稱乳香。乳香既是熏香原料,也具有很高的藥用價值。據《本草綱目》記載,乳香有"消癰疽諸毒,托里護心,活血定痛伸筋,治婦人産難折傷"等功效。[1] 據土肥祐子研究:宋代朝廷非常重視乳香,有相關政策規定官員持有乳香的數量,宋代的乳香主要用在入藥、宗教焚香、簽封和製作印香、綫香等方面。[2]《夷堅志》中對於食用乳香的記載可爲我們提供新的研究視角。太保本爲職官名,宋代俗語中用"太保"稱呼廟祝巫師。《書齋夜話》卷一:"愚謂今之巫者言神附其體,蓋猶古之尸,故南方俚俗稱巫爲太保,又呼爲師人。"[3]"喫香劉太保"喫乳香的飲食習慣异于常人,也具備能制鬼物的非凡本領。

> 謝眼者,贛州寧都人,一目眇,而有妖術。(丁志卷十二《謝眼妖術》,P640)

"謝眼"一方面凸顯了主人公一隻眼睛的外形特徵,另一方面也表現了他善妖術的技能。宋代俗語中"眼"指具有非凡辨識能力的人,"即挾一客能物色奸惡者,俗謂之眼"(支庚志卷二《方大年星禽》,p1151)。該篇講述張姓富户遭强盜打劫,一直無法破案,後來被"眼"細心識别出來而捕獲盗賊。而綽號"謝眼"者也有各種法術:使行人着魔脱掉履襪光脚而行,把小孩的餅餌變成青蛇,念咒將行人的猪頭變成自己的下酒菜,抛擲葦杖便有蛇出於地上等。由於謝眼多依妖術報復别人,爲人所不齒,自己也不得善終。

二、《夷堅志》人物綽號的特點

《夷堅志》中的人物綽號非常豐富,從語音來看,三音節占主體,其次是雙音節,偶見四音節和五音節的詞語。這與中國人名中多爲三音節、雙音節詞一致。這些綽號朗朗上口,便於識記和稱呼。從組合方式來看,一般是"姓氏+行業/身世/性格類詞語",合乎日常稱呼的習慣。整體而言,其用語俚俗,富於變化,充

---

1 〔明〕李時珍:《本草綱目》第19冊,商務印書館(上海),1930年,第130頁。

2 土肥祐子:《宋代"乳香"考——兼及〈慶元條法事類〉中的相關内容》,《國際社會科學雜志》(中文版),2016年第3期,第88~97頁。

3 〔宋〕俞琰:《書齋夜話》,宛委别藏抄本。

滿市井氣息。

(一)用語俚俗

綽號用語形象,通俗易懂,多用口語詞。從命名方式來看,《夷堅志》中的人物綽號多取材於生活中常見的事物。有的直接取材於身體部位,如"秦長脚""謝眼""徐咬耳""吕匾頭"等;有的取自日常用品,如"何蓑衣""趙葫蘆"等;有的取自生活必需品,如"藍粥""曹布子""米張家""渠油""吴紗帽"等。這些詞語口語化程度高,較爲俚俗直白。

此外,人物綽號用語多爲宋代口頭語。有的取自俗稱,如"大蟲"從唐代開始作爲老虎的俗稱,程卞八能射虎,綽號"程大蟲"。類似的還有"孔勞蟲""王蜇齒"等。

> 孔思文,長沙人,居鄂州。少時曾遇張天師授法,并能治傳尸病,故人呼爲孔勞蟲。(丁志卷十三《孔勞蟲》,p647)

"勞蟲"又作"癆蟲",是宋代時語。傳尸病即肺結核,又稱癆疾,得癆疾者形體消瘦,古人認爲是體内有勞蟲。宋人陳言《三因極一病證方論》卷十有"取勞蟲方";宋楊士瀛《仁齋直指》卷九載"神授圓"治傳屍勞疰,殺勞蟲效果極好:"昔人服之日久,取下勞蟲如小蛇狀,即瘥。"[1]清吴謙《灸癆蟲穴歌》:"鬼眼一穴灸癆蟲,墨點病人腰眼中。"注云:"勞瘵日久不愈,互相傳染,因内有勞蟲,宜灸鬼眼穴。"[2]

> 又徽州婺源武口王生者,富甲鄉里,爲人頡恨可憎,衆目爲王蜇齒,俗語指惱害邑落之稱也。(支甲志卷九《宋道人》,p780)

"蜇齒"爲宋代俗語詞,指人作惡多端、爲害鄉里。"蜇"本指毒蟲叮咬,引申有疼痛之義。《博物志》卷九:"蝮蛇秋月毒盛,無所蜇螫,齧草木以泄其氣,草木即死。"[3]《一切經音義》卷七十九釋《經律异相》"蜇螫"條:"蜇,毒蟲螫也。

---

1 (宋)楊士瀛《仁齋直指》,中醫古籍出版社,2016年,第220頁。

2 (清)吴謙著,劉國正校注《醫宗金鑒》,中醫古籍出版社,1995年,第1008頁。

3 (晉)張華:《博物志》,中華書局,1985年,第59頁。

《廣雅》:‘蜇,痛也。’” [1] “蜇齒”讓人齜牙咧嘴,十分痛苦,用來形容王生爲害鄉里的惡劣行徑,其遭人痛恨的形象躍然紙上。

(二)市井氣息

《夷堅志》中人物綽號形形色色,涉及面廣,盡顯宋代市井繁華。從人物所從事的行業來看,“渠油”“米張家”“藍粥”“許糖餅”從事飲食行業,“沈烏盆”賣陶器,“仙姑”織錦,“猩猩八郎”賣茶,他們所從事的行業與人們的生活息息相關,折射出市井經濟的繁榮。宋代社會的文化生活也非常豐富,“范牛”“楊普賢”的高超畫技,“黄烏喬”的曲藝表演,則反映出當時豐富的文化生活。而大量的僧道、巫師類綽號,則反映出宋人的精神生活與社會信仰。

從綽號的指稱對象來看,《夷堅志》中有綽號的人一般社會地位較低,所以其命名方式往往是“姓氏+行業”或是“姓氏+特長”等,便於直呼。社會地位高的人,不見綽號,一般以官職來稱呼,如“許工部”“席相公”“徐防禦”等。從性別來看,有綽號的一般爲男性。《夷堅志》中描寫女性非常多,但是擁有綽號的女性却比較罕見,除上文所列官妓“藍粥”外,僅見數例:女尼姑“攬事游師姨”,有蛇護之异的道姑“蛇姑”;被五郎鬼附身的女巫“五郎”;被主母魂靈附身的婢女“鬼小娘”;長於女紅、一晚上製作彩絲百幅的婦女“仙婦”;深受父母喜愛又常常惹惱父親的王仲言之女,被戲稱爲“摩耶夫人”。女性綽號罕見的原因,一是她們的社會接觸面不廣。有綽號的幾個女性往往是與社會接觸較多的特殊人群,如官妓、道姑、尼姑和女巫。有綽號的世俗女子一般爲已婚,不見未婚女子有綽號。理學思想盛行的南宋社會,民間女子的活動範圍相對封閉,不具備取綽號的群衆基礎。此外,綽號多爲不雅的稱呼,容易對人構成傷害,出於對女性的保護,人們較少給她們取外號。這種現象一直延續到今天,許多地區的方言調查結果發現,男性的綽號大大多於女性, [2] 寧波田螺山地區相岙村“凡有綽號的女性一定是成了家的” [3] 。

---

1 〔唐〕釋慧琳:《一切經音義》,日本元文二年(1737)獅谷白蓮社刻本。

2 徐英、蕭紅:《羅田方言鄉村綽號語言學研究》,《湖北社會科學》2014年第9期,第194~198頁。

3 阮桂君:《寧波方言的綽號稱謂》,《武漢大學學報》(人文科學版),2008年第3期,第319~322頁。

（三）富於變化

給不同的人取綽號時，人們的標準是變化的，以力求完美地呈現人物的特點。如德興李氏三兄弟的綽號"猴子""狗子""豹子"，就從不同角度呈現出人物的特點：

德興李氏三士，政和中皆負俊聲。伯爲人獰劣，每一坐數起走趨；仲捷於飲啖，且最滑稽善謔；季獨沉静，以經學馳譽，爲鄉党推許。與之游者各行標榜，謂其伯曰猴子，以譏其輕佻；謂其仲曰狗子，以譏其貪饕；季曰豹子，以表其文采。（三志壬卷五《猴豹戲對》，p1507）

三人的綽號標準各异，分别從性格、嗜好和才華方面突出人物的特點："猴子"性格輕佻，"狗子"貪吃貪喝，"豹子"文采斐然。

對於同一人物，其綽號也可能不同。首先，由於人物性格的多重特點，綽號命名時所取角度不同，就形成了同一人物的不同綽號。如鐘相有"鐘顛""鐘老爺"兩個稱呼，"鐘相者，邵陽人，善咒水治病，好作神語，人呼爲鐘顛，又稱鐘老爺"（三志辛卷四《巴陵血光》，p1411）。鐘相言語神狂，故稱"鐘顛"；因其會給人治病，受人尊敬，號稱"鐘老爺"。其次，綽號隨着人物身份的變化而變化。整體來看，擁有綽號的人社會地位往往比較低。有些底層人逐漸有一定社會地位後，綽號會被其他稱呼取代。許六原是賣點心的小生意人，綽號"許糖餅"，富裕後被人稱爲"六郎"。

湖州城南市民許六者，本以鍋餅餌蓼糤爲生，人呼曰許糖餅。獲利日給，稍有寬餘。因出子本錢於里閭之急缺者，取息比他處稍多。家業漸進，遂有六郎之稱。（支景志卷五《許六郎》，p916）

由"許糖餅"到"六郎"，體現出了人物經濟地位的變化。《夷堅志》中被稱作"郎"者多家境富裕。上文提及的"猩猩八郎"，開茶肆生意興隆。又如"池州建德縣白芻渡莊戶李五七，生計温裕。好事神，里人呼爲郎"（志補卷十五《李五七事神》，p1692）。"許糖餅"到"六郎"，以"排行+郎"取代"姓氏+行業"的綽號，顯得更爲親近。

對方外之人，隨着他們修行或道術的加深，人們所取的綽號也會有所變化。如"吴僧伽""生佛"：

吴僧伽,贛州信豐縣僧文祐,本姓吴,落髮出游,結庵於贛縣?嶺。久而去之,客雩都妙淨寺之僧伽院中,遂主院事,故因目爲吴僧伽。佯狂市廛,人莫能測……由是狂名日減,多稱爲生佛。"(丁志卷八《吴僧伽》,p605)

吴文祐是普通和尚時,人稱"吴僧伽",是普通的"姓氏+身份"的形式。後來,由於他預測禍福多有靈驗,被奉爲"生佛",表明他因德行高深而受人崇敬。綽號隨着人物地位的變化而發生變化,體現出綽號與人物的緊密聯繫。

三、《夷堅志》人物綽號所見宋代文化

綽號不僅是對人物的稱呼,也打上了時代的烙印。綽號的來源與社會生活聯繫緊密,我們可以從綽號去管窺當時的審美傾向和社會文化特點。

(一)服飾文化

男子戴花之俗。宋代簪花之風盛行,《邵氏見聞録》:"歲正月梅已花,二月桃李雜花盛開,三月牡丹開。于花盛處作園圃,四方伎藝舉集,都人仕女載酒争出,擇園亭勝地,上下池台間引滿歌呼,不復問其主人。抵暮游花市,以筠籠賣花,雖貧者亦戴花飲酒相樂。"[1]不論男女貴賤,簪花飲酒,其樂融融。宋代成爲中國古代男子簪花習俗的形成和興盛時期。《夷堅志》中有"三朵花""連花子",都是喜歡戴花的男子,其綽號源自愛戴花的行爲習慣。

《東坡集》云:房州通判許安世以書遺余,言吾州有异人,常戴三朵花,莫知其姓名。能作詩,皆神仙意。又自能寫真,人有得之者。……房人至今稱爲三朵花先生。或云姓李氏,隱于州之福溪巖。每戴紙花三朵入市,市人圍繞争呼之。(支乙志卷四《三朵花》,p825)

鄞縣人連生,嗜酒不檢束,每飲酒,必插花滿頭,繞街狂歌。明人多惡之,因目爲蓮花子。(三志辛卷二《洞天真人殿》,p1394)

宋代男子戴花之俗與當時的社會環境相關。據馮尕才、榮欣研究:宋代流行皇帝給朝臣賜花;普通民衆在辟邪趨吉心理和以俗爲美的審美觀影響下,常

---

1 〔宋〕邵伯温著,李劍雄、劉德權點校:《邵氏聞見録》,北京:中華書局,1983年,第186頁。

常在三月三、重陽節等節日或婚喪大事時戴花。[1] “三朵花”“蓮花子”喜歡戴花是風氣使然,他們引人關注在於其他方面:“三朵花”有寫詩作畫的才能,而“蓮花子”酒後繞街狂歌行爲放縱。

簪花需求量大,有時因季節原因鮮花不够,就出現了絹花、仿生花等,如“三朵花”所戴爲紙花,還有用絲綢絹緞之類造的“羅帛花”。支甲志卷七《黄左之》:“黄視女狀貌不甚長,簪羅帛花於髻,恍惚間以爪搯黄手。既覺,手猶微痹,自念:‘若牓下娶妻,豈無珠翠之飾,顧簪羅帛花乎!’”(p767)羅帛花也是皇帝給朝臣的賜花之一。《鐵圍山叢談》卷一:“國朝燕集,賜臣僚花有三品:生辰大燕遇大遼人使在庭,則内用絹帛花,蓋示之以禮儉,且祖宗舊程也。春秋二燕,則用羅帛花,爲甚美麗。至凡大禮後恭謝,上元節游春,或幸金明池瓊花,從臣皆扈蹕而隨車駕。有小燕謂之對禦,凡對禦則用滴粉縷金花,極其珍矣。”[2] 從朝堂到市井,宋代男子簪花之盛行,可見一斑。

文身之俗。文身的源頭可追溯到古代的黥刑和南方少數民族的涅面之俗。據邱志誠研究:宋代文身者遍布社會各階層,有軍士、囚犯、無賴、農家子、工商業者、伎藝人、僕使、乞丐、僧道、士人、官吏及弟子,甚至有宗室;文身者以下層民衆居多。[3] 《夷堅志》中所見文身者,主要是市井無賴和軍卒,綽號“花六”者是遍體刺青的盜匪:

> 吉州太和民謝六以盜成家,舉體雕青,故人目爲花六,自稱曰“青師子”,凡爲盜數十發,未嘗敗。(丁志卷三《謝花六》,p562)

謝花六還有同黨康花七,也當是文身的盜賊。此外,無賴惡子吴六“長過五尺,滿身雕青,狠愎不遜”(支癸志卷九《吴六競渡》,p1287)。市井惡少年朱三“臂股胸背皆刺文繡”(支癸志卷八《閣山排軍》,p1283)。《夷堅志》中另一類文身者是鬼卒,其原型是文身的軍卒。如渡溪的鬼卒“皆文身荷兵刃者”(丁志卷十九《鬼卒渡溪》,p697),還有鬼鬭中的軍卒:“忽見偉男子百餘輩,皆文身椎

1　馮尕才、榮欣:《宋代男子簪花習俗及其社會内涵探析》,《民俗研究》2011 年第 3 期,第 50~63 期。

2　〔宋〕蔡絛着,惠民、沈錫麟點校:《鐵圍山叢談》,中華書局,1983 年,第 8 頁。

3　邱志誠:《宋代文身新探:市民文化審美觀照下的身體再塑》,《宋史研究論叢》2017 年第 1 期,第 425~469 頁。

髻，容貌魁昂，盤旋於沙渚。"（支乙志卷三《景德鎮鬼鬭》，p813）再如"永康軍有倡女謁靈顯王廟，見門外馬卒頎然而長，容狀偉碩，兩股文繡飛動"（甲志卷十七《永康倡女》，p146）。《夷堅志》中文身者多是盜匪流氓或軍卒，其他階層并不常見。這兩類人喜歡文身，文獻也有記載。《鷄肋編》卷下："車駕渡江，韓、劉諸軍皆征戍在外，獨張俊一軍常從行在。擇卒之少壯長大者，自臀而下文刺至足，謂之'花腿'。京師舊日浮浪輩以此爲誇，今既效之，又不使之逃於他軍，用爲驗也。"[1]由此看來，宋代普通人對於文身并不熱衷，這與我們"身體髮膚受之父母，不可損毀"的儒家古訓一脈相承。

（二）對巫術的矛盾態度

《説文·巫部》："巫，祝也，女能事無形，以舞降神者也…覡，能齊肅事神明者，在男曰覡，在女曰巫。"[2]巫師有男有女，古人認爲他們擁有超自然的力量，是人神之間的溝通者。作爲志怪小説，《夷堅志》取材於各種道聽途説的奇聞异事，這些异聞中可見南宋巫術之盛行。《夷堅志》中有"沈見鬼""潘見鬼""李見鬼"，都可通幽冥之事。威力較大的有綽號"周狗師"的村巫：

> 岳州崇陽縣村巫周狗師者，能行禁禱小術，而嗜食狗肉，以是得名。最工於致雨，其法以紙錢十數束，猪頭雞鴨之供，乘昏夜詣湫洞有水源處，而用大竹插紙錢入水，謂之刺泉。凡以旱來請者，命列姓名及田疇畝步，具于疏内，不移日，雨必降，惟名在禱疏者得雨，他或隔一塍越一塹，雖本出泉處，其旱自若。村民方有求時，先持錢粟爲餉，未能者至牽牛爲質，及應感，則齎錢贖取之。（支乙志卷三《周狗師》，p816）

周狗師用"刺泉"之術幫助人們求雨，且靈驗异常，神奇到只有姓名列於禱疏的人的田地才能得雨，其他雖然僅隔一條田埂或一道溝，却乾旱如故，以致人們持錢粟爲餉，或牽牛爲質。這種誇張的説法可見時人對於巫術力量的崇信。福州巫師大悲的巫術行爲也被神化。大悲爲治鯉魚精，兩天分别投兩小兒于池

---

1 〔宋〕莊綽：《雞肋編》，中華書局，1985年，第69頁。

2 〔漢〕許慎：《説文解字》，中華書局，2011年，第100頁。

中，小兒居然安然無恙，并合力擒拿了鯉魚精。

人們一方面崇拜巫師，另一方面也對他們有所懷疑。巫師通靈鬼神的形式主要有鬼附巫身，憑藉鬼神幫助來預測凶吉或未來之事。但現實生活中預言或占卜不一定應驗，所以民衆有時也會對巫師提出質疑。《五郎鬼》中講述了綽號爲"五郎"的女巫被鬼魂附身，借以預言禍福。

> 錢塘有女巫曰四娘者，鬼憑之，目爲五郎。有問休咎者，鬼作人語酬之。或問先世，驗其真僞，雖千里外，酬對如響，莫不諧合。故咸安王韓公兄世良尤信暱，導王令召之。巫至韓府，而五郎者不至。巫踧踖不自安，乃出。後數日，偶至靈隱寺，鬼輒呼之。巫詰其曩日不應命，曰：'門神禦我于外，不能達也。'"（甲志卷十一《五郎鬼》，p97）

由於有鬼附體，巫師四娘能够預測前世今生，且非常靈驗。偶爾五郎鬼未能如約而來，她便無法顯靈。而《香屯渡小童》中，綽號爲"程法師"的男巫殺蛇不可勝數，却在渡河時被蛇怪所殺，也體現出了民衆對於巫術的質疑。

（三）複雜的宗教信仰

除了迷信巫術，《夷堅志》中大量的綽號與宗教信仰相關。唐五代以後，佛教逐漸趨於世俗化，社會影響越來越大。道教則從上層社會走向民間，擁有越來越多的信衆。從上文列舉來看，"吴僧伽""生佛""程佛子""癡僧"等僧人，樂善好施的商客"余觀音"，其綽號都來自佛教。《夷堅志》中源自道教的綽號有"傅道人""祝仙人""林酒仙""李仙"等，體現出佛教、道教的盛行與影響。《夷堅志》道教、佛教的影響平分秋色，這些道士、僧人往往具有超凡的能力。如道人沈崇真會用符水治祟療病，效果靈驗，所以被人奉爲"真人"。和尚"明顛"信口談人禍福，多有應驗；他所到店鋪，往往盈利多於平日數倍。道士、僧人的這些超凡能力往往又與巫術别無二致，體現出了南宋時期宗教信仰複雜的狀況。

宋人的佛教和道教信仰并不抵牾，《夷堅志》人物綽號中可見二者的融合。如"猷道僧"，"猷道僧者，實本郡人，爲兵家子，囗有所遇。何舊與之友狎。不知幾何時，髡而髽，曰似道似僧，故曰道僧"（《夷堅志再補·姑蘇二异人》，p1787）。還有用道教色彩的"酒仙"來稱呼和尚，"崇寧間，平江有狂僧，嗜酒亡賴，好作詩偈，衝口即成。郡人呼爲'林酒仙'"（乙志卷十七《林酒仙》，p331）。

宗教信仰的複雜性還體現在各種神靈的信仰方面,《夷堅志》有"活神道"的綽號。"有術士劉三郎者,能静識异物,俗稱爲活神道"(三志己卷九《建德茅屋女》,p1374)。"還過洞庭湖,有巴陵人劉一郎者,能知人未來事,俗稱爲活神道"(三志辛卷十《王節妻裴》,p1464)。"神道"即神仙之義,劉三郎因爲具有神异的本領,可以預測未來,能辨識妖异鬼魅,被奉若神明。《夷堅志》中神靈衆多,例如紫姑神、伽藍神、梓潼神、鐵塔神、土地神、河神、海神、雷神、灶神、三郎神、五通神、旺神、金神七煞、蕭家木下三神、安樂神、大伊山神、花神、腎神、窮神、邪神和瘟神等,還有一些小型寺廟,供奉的不知何神。正如魯迅所言:"中國本信巫,秦漢以來,神仙之説盛行,漢末又大暢巫風,而鬼道愈熾;會小乘佛教亦入中土,漸見流傳。凡此,皆張惶鬼神,稱道靈异。"[1]

綜上所述,《夷堅志》中人物綽號豐富、來源廣泛,形象地勾勒出人物的外形特徵或行爲、性格特點,具有鮮明的時代特徵,反映出了南宋的市井風情和民俗文化,值得我們深入研究。

1　魯迅:《中國小説史略》,上海:上海古籍出版社,1998年,第24頁。

《家世舊事》所見之程氏家族與程頤的家族觀

日本島根大學　佐佐木愛

[摘　要]　兄弟一體理念是程氏家族間形成更大族體的基礎。通過稱頌這種關係而使之得到强化。親族結合的基礎在於存在兄弟聯合成一體的原則。儘管兄弟之間存在長幼關係，對於祖先而言，兄弟同等的親族觀念使得親族間的結合有更高的可能性。程頤對此是持稱贊的立場。以兄弟一體爲基礎的親族結合與扶持是不存在於以經書爲準則的家族觀念中的。經書中所記載的家族理念是嫡長子優先的宗法制度。程頤等宋代道學家們根本上共同持有向經書、向古典回歸的基本理念。與張載的宗法論相比，程頤的嫡長子主義相對較弱。

[關鍵詞]　《家世舊事》　程氏家族　兄弟一體　家族觀　宗法論

程頤所撰《家世舊事》作爲一種筆記史料，現收録於由上海師範大學古籍整理研究所所編的《全宋筆記》第二編第一册。原收於《河南程氏文集》卷十二的《家世舊事》一書一直以來是廣爲認知的一種史料，而此次被收録於《全宋筆記》之中，則是將之明確定位爲筆記史料的一種。我們可以想見，今後將出現以全新的視角對該書進行的研究。

本文從《家世舊事》中的記述展開討論，在闡明程氏家族狀況的同時，結合宗法解釋中所見去更加立體地分析程頤的家族觀。

關於程氏家族，王曾瑜先生有過較爲全面、詳細的研究。[1] 在他的研究中，《家世舊事》中的史料雖然被使用，但僅限於少數的幾個條目。[2] 通過進一步解讀《家世舊事》的資料，我們是可以分析程氏家族的情況，以及程頤本人的家族

1　王曾瑜：《河南程氏家族研究》，《中國近世家族與社會學術研討會論文集》（"中研院"歷史語言研究所會議論文集之五），1998 年，臺北市。

2　第 3 條與第 11 條僅僅作爲程氏家族并不富足的證據被使用着。

觀的。另外,在以往對程頤的家族觀的研究中,僅從思想史的層面,關注了與宗法相關的、對經典進行解釋的内容,而缺少結合程氏家族的狀况來加以考量的論著。[1] 在王曾瑜關於程氏家族的研究中,也僅限於引用程頤宗法論部分的史料,還未涉及程氏家族的具體情况與程頤宗法論之間有着怎樣的關係這一點的考察。本文對現有的家族史、思想史兩方面研究的不足進行了補充,同時,試闡明《家世舊事》的史料價值。

《家世舊事》一書共由十二條記録組成。其中篇幅最多的是關於程羽(少師)及其子孫的雜記五條。其次是關於程羽的三條記録。程羽,即程頤的高祖,身爲宋太宗的心腹重臣,他官至文明殿學士、兵部侍郎。再次爲關於程琳(簡文公)的雜記三條。程琳官至同中書門下平章事,是地位顯赫的使相。對程頤來説,程琳是五服範圍以外的族父。另外,還有關於程頤祖父之弟程道(叔祖寺丞)的一條記載、其祖父之兄程遹(伯祖殿直)的一條記載、其兄程顥(明道)的兩條記載。《家世舊事》中出現的家族世系詳見下圖。

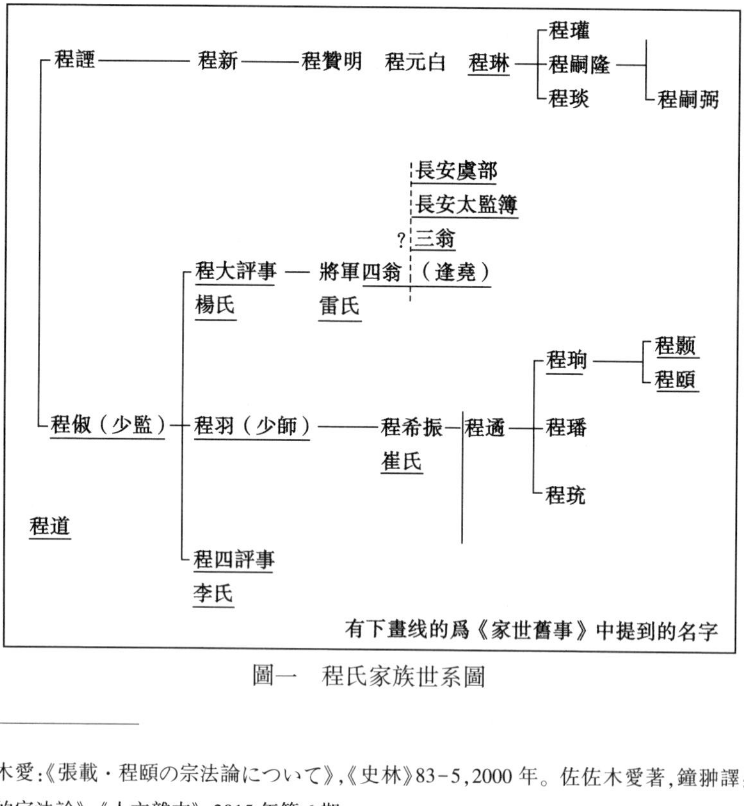

圖一　程氏家族世系圖

1　佐佐木愛:《張載・程頤の宗法論について》,《史林》83-5,2000年。佐佐木愛著,鐘翀譯:《宋代道學者的宗法論》,《人文雜志》,2015年第6期。

一、程氏家族的居住地與家産狀況

《家世舊事》的第三、第四條，集中對程氏一族的家産、居所等情况進行記録，同時也透露出了豐富的歷史資訊。首先我們來看一下這兩條史料。

《家世舊事》第三條：

少師卜居醴泉，第舍卑狹。頤少時嘗到，宛然如舊，諸房門皆題誰居，先公太中[1]所記也。後十年再到，則已爲四翁房子孫所賣，更易房室，不忍復觀矣。自少師貴顯居京師，醴泉第宅大評事諸孫居之，後遂分而賣之，先公未嘗問也。券契皆存，以其上有少師書字，故不忍毁去，然收藏甚密，家中子弟有未嘗見者。先公守鳳州時，四翁問："欲得宅否?"先公答以叔有之，與珦有之正同，當善守而已。又出一少師小印合示頤曰："祖物也，可收之。"頤曰："翁能保之足矣。"不敢受者，所以安其疑心也。又知太宗皇帝御書及少監真像皆在，亦未敢求見。不意纔數年，四翁卒。比再至醴泉，則散失盡矣，思之痛傷。後又二十年，頤到醴泉改葬少師，始求得少監段太君告于三翁家，少師犀帶于長安太監薄家，少師緑玉枕于四翁女和家，鞍几于三翁家。

《家世舊事》第四條：

少師厭河北五代兵戈，及宰醴泉，遂謀居焉，徙葬少監于縣城之西。既顯，雖賜第居京師，槖至於御書誥敕皆多在醴泉。從高祖大評事、四評事，治生事皆淳儉嚴整，大評事家人未嘗見笑，惟長孫始生[2]，一老嫗白曰："承旨[3]新婦生男。"微開顔曰："善視之。"曾祖母崔夫人

1 《全宋筆記》本寫作"大中"并注明"原作'太中'。《二程文集》'先公大中，諱珦，字伯温'據改之"。但程珦曾擔任太中大夫，由此而産生了這一稱呼，從這一點來考慮的話，此處寫作"太中"更恰當。又《中華書局》本《二程集》中寫作"太中"，本文所引《書先公自撰墓志後》《先公太中家傳》(河南程氏文集卷十二)等處均寫作"太中"。

2 《二程集》注"長安虞部也"，中華書局。

3 《二程集》注"將軍也"，中華書局。

亦留醴泉，與從曾祖母雷氏[1]奉視二叔舅姑[2]，晨夕敬[3]畏，平居必着長裙，烹飪少有失節則不食，拱手而起。二婦恐懼，不敢問所由，伺其食美，取所餘嘗之，然後知所嗜。太高祖母楊氏前卒，四高祖母李氏主内事，性尤嚴峻。二婦晝則供侍，夜復課以女工之事。雷氏不堪其勞，有間則泣於後庭，崔夫人每勸勉之，竟得羸疾而終。崔夫人怡怡如也。叔舅姑遂加愛之。後外祖崔駕部過雍，見其艱苦之甚，屬少師取至京師，不撤帷帳，盡置囊篋云："暫往省覲。"叔舅姑方聽其來。少師之待兄弟，崔夫人之事叔舅姑，後世所當法也。

從第三條中可以得知，圍繞家産的分割和買賣，程珦、程頤、"四翁"之間，發生了糾紛，如果家産得以適當分割，這種紛争理應可以避免，那麽程氏親族内部究竟發生了什麽？我們試從這場家産紛争的内容與發生的背景，輔以他種史料進行分析。

程羽雖然原爲深州陸澤人，[4]如第四條記載顯示，爲避五代戰亂，他借擔任醴泉縣令之契機遷至醴泉。程羽甚至將父親之墓也一同遷入，由此可見程羽對成爲醴泉縣人的態度之堅決。其兄大評事、弟四評事及他們的妻子同樣遷至醴泉。從記載來看，由程羽的兒媳服侍大評事、四評事的起居飲食，我們可以看到程氏家族形成了"父親死後兄弟間同居共産的關係"這一形態。只是由於程羽的赴任、定居醴泉，從而形成了包括宅居地、父親的墓地的購買等在内，一個主要以程羽爲中心的契約。

程羽因爲官務，從醴泉又到開封及其他地方任職，這一期間，醴泉的宅邸由大評事、四評事的家族和程羽之子的家族同居。只是程頤的曾祖母崔夫人和從祖母雷夫人兩人因爲服侍性格嚴厲的四評事之妻李氏而終日勤勉勞碌，雷夫人甚至因此染疾而終。後崔夫人之父見女兒太過艱辛，擔心她的處境，因此囑托

1 《二程集》注"將軍之室"，中華書局。

2 《二程集》作"二叔舅"，注"徐本、吕本'舅'作'姑'"，中華書局。

3 《二程集》作"晨夕兢畏"，注"徐本、吕本'兢'作'敬'"，中華書局。

4 《宋史》卷二六二《程羽》。

程羽讓崔夫人從醴泉搬到程羽所在的開封。[1] 我們推測此時程羽的直系子孫基本在開封生活。移居的時間尚且不詳,程羽最初在開寶八年(975)任官開封,這之後曾一度作爲知府往成都府赴任,但基本上在開封擔任中央官員,因此移居開封的時間可定爲開寶八年以後。後來程羽升至文明殿學士,皇帝賜予他一處開封泰寧坊的宅居,從這一點看,程羽及其直系子孫定居開封的趨勢越來越明顯。

通常,家族指的是同居共財這一種關係。但是没有同居但有着家計開銷上的共同關係的話也可看作一家。[2] 只是開封與醴泉之間畢竟相距六百公里以上,并不是一段容易往返的距離,保持這種生計上的共同關係應該是非常困難的。但即使在醴泉與開封兩地分居,因爲"囊橐至於御書誥敕皆多在醴泉"的原因,程羽和他的直系子孫不可能是在家産分割以後纔移居開封的。另外對於崔夫人來説,移居期間爲了不損害與大評事、四評事夫妻之間的關係,只作了短期訪問的準備,連卧室都没有整理,也就是説可能連陪嫁財産都留在醴泉,[3] 隻身一人前往開封。對這兩個人,程頤稱讚道"少師之待兄弟、崔夫人之事叔舅姑,後世所當法也"。

程羽因爲年齡關係在太平興國六年(981)致仕,三年後去世,終年七十二。大評事、四評事的卒年未詳,程羽在這樣的高齡去世,從這一點來説,到了這時,程羽這一代全部都已經故去,這一家族成了從兄妹同居之家,這種直到形成從兄妹同居家庭之後纔開始進行家産分割的現象是極爲少見的,[4] 程羽死後迅速進行家産分割纔顯得合理。而如果家産得到合理分割的話,就不會發生糾紛,但是考慮到開封和醴泉兩地的距離,要做到清理列明財産再實行均分是非常困

1 這一點從性别史的角度來看是一段很值得探討的史料。儒家的傳統家族觀念以父系親族爲中心,從俗語"嫁出去的女兒,潑出去的水"便可反映這種關係。然而此處程頤所描述的事件是考慮已嫁女兒的處境而向女兒的婆家提出建議的父親的形象,而正如父親提議的那樣,崔氏得以搬離醴泉的宅邸。從全文來看,程羽和崔氏都被當作稱揚的對象,同時也可以看出女方父親爲出嫁的女兒的處境做打算而出面干涉其家事的整個事件中,程頤本人并不認爲有何不妥。

2 滋賀秀三:《中國家族法の原理》,創文社,1967 年。

3 出嫁女性從娘家帶來的財産并不會并入夫家的財産而是可以作爲女性個人的財産保留。對崔氏而言因最先需要考慮的是平安無事地從開封離開,其實也就意味着她放弃了自己的財産。

4 滋賀秀三:《中國家族法の原理》,創文社,1967 年。

難的。從後來針對家產而發生的糾紛來看，程羽的直系子孫和大評事的直系子孫[1]之間的糾紛不可避免會發生，這種可能性是非常高的。

程頤之父程珦生於景德三年（1006），此時程羽已過世二十五年。他出生於皇帝所賜予程羽的開封泰寧坊宅邸中。一歲喪母的程珦在祖母崔氏慈愛的撫育下成長。[2] 從上述内容中，可以確定其父程遹在兒子程珦出生之時仍在開封居住。而這以後，程遹與繼室及子女們一同於黄陂（現在的湖北省武漢市黄陂區）生活，在程珦十八歲時程遹在黄陂過世。程珦一家在黄陂寓居，不久由於程羽的關係，程珦享受恩蔭，擔任黄陂縣尉一職。程頤、程顥兩人也出生於黄陂。程珦在任滿縣尉一職後仍然留住在黄陂，他作爲家長，打理完弟弟仕途、妹妹出嫁等事宜後，作爲地方官前往各地任職。

根據盧連章先生的研究，程頤最初去醴泉拜訪時，他年滿十五歲，也即慶曆七年（1047）之時。[3] 因爲有"諸房門皆題誰居、先公大中所記也"這一記載，所以可知在這以前，程珦曾經拜訪過醴泉的親族。

慶曆七年程珦拜訪之時，家族情況尚未發生特别的改變，而十年後，程珦擔任鳳州知事，因爲距醴泉較近，所以他與程頤更頻繁地前往醴泉走訪。然而此時醴泉的家中發生了巨大的變化。家產被分割，宅居地被四翁一家的子孫變賣，族人居住的居室也被做了改動。在初次訪問的時候程珦就知道了這一狀況，也正因如此，程珦、程頤等程羽的直系子孫暗中隱秘地將醴泉的宅邸進行分割和變賣。

由四翁主持的家產分割和變賣究竟包含着多少問題？這與程羽之兄大評事的直系子孫與程羽的直系子孫之間是否進行過家產分割這一點之間有着巨大的關聯。原先醴泉的住宅很可能是在程羽主導下所購買。就算經過家產分割後全部歸大評事的子孫所有，程羽的直系子孫事先對變賣一事毫不知情，這一點是有問題的。按照慣例，土地買賣之時，要先詢問原來的土地所有者是否

1　此外，醴泉的宅邸中大評事和四評事夫婦一同生活，四評事的子孫事迹不見《家世舊事》及其他史料的記載，是否有子孫傳下來這一點也無法判明。

2　《河南程氏文集》卷十二《先公太中家傳》，中華書局聚珍仿宋版。

3　盧連章：《程顥、程頤評傳》，南京大學出版社，2001年。

有購回的意願,[1]因爲對四翁來説,程羽的直系子孫應當是與他共有這份家産的。

但如果作這樣的假定,問題只是在道義的層面得到解釋,却與四翁、程頤等人的言行不相符。四翁對程珦提出是否需要家財,另外程頤也提了程羽親筆簽名的契約文書的存在,這一文書應該就是程羽購買醴泉之居時簽訂的文書。如果經歷了將所有家産分割這一過程,那麽這份契約的有無是不會構成問題的。更何況如果按照正常流程必然會出現新的關於家産分割的相關證書。程頤之所以不得不提及程羽的這份文書,也就意味着程氏家族所發生的事態是在家産分割没有實行的情况下,形成了大評事的子孫長期占有醴泉之居的狀態,接着在四翁主持下,發生了與大評事的子孫將家産分割,并將其中一部分變賣之事。在程羽直系子孫眼中這種行爲等同於盗賣。加之不僅是宅邸的問題,程羽的遺物大多留在醴泉之居中,然而却在四翁手中散失殆盡,程羽的直系子孫幾乎没有分到程羽的遺物,這確實讓他們感到無比沉痛。

進一步看,《家世舊事》第五條中有着暗示四翁等在醴泉居住的族人在當地横暴行爲的記載:

> 少師治醴泉,惠愛及人至深。其後諸房子弟既多,不無侵損於邑人,而邑人敬愛之不衰。有争忿者及門則止,俟過而復争。小兒持盤賣果,爲族中群兒奪取,啼而不敢較。嘉祐初,頤過邑,去少師時八十年矣。驢足病,呼醫治之,問知姓程,辭錢不受。昔時村婦多持香茶祈蠶於家,因掐取其土以乞靈,後禁止之。

本條中醴泉的程家對這一地區的人們所施行的侵奪行爲引起了人們的憤怒,這一點被清晰地記載了下來,只是由於記録的對象爲本族族親,因此在記述上有所回避,本條内容被總結爲當地人出於對程羽的敬愛并没有公然與程氏族人發生糾紛。而另一方面,程頤又記録了遭到程家子弟搶奪果物的販賣水果的小兒的事迹。這賣水果的孩子唯有哭泣不敢反抗,這個孩子所表現的行爲讓人無法歸因於他是出於對程羽的尊敬。賣水果的孩子的形象是受到醴泉程家的侵奪却只能忍氣吞聲敢怒不敢言的當地人的一個縮影,暗示了醴泉程家是當地

---

1 寺田浩明:《中國近世における自然の領有》,《シリーズ・世界史への問い第1卷、歴史における自然》,岩波書店,1989年。

"豪横""豪强"的事實。在全書中,第五條在整篇文章中的構成是爲了表現醴泉當地人對程羽的仰慕之情,但如果我們將之與第四條結合來看,就會發現這是一條補充材料,它讓我們更有理由相信四翁等是連盗賣親族家産之事都會做的一類人。

對四翁而言,他明白自己的行爲屬於盗賣,而且他應該也受到過程珦、程頤等程羽直系子孫的警告,告誡他這種買賣是無效的,進行家産的重新分割勢在必行。因此四翁纔會對程珦説出"欲得宅否"之語來試探,并想將程羽遺留的印章交出來。我們可以推測四翁向程頤交出印章是爲了試探程頤是否有打官司的想法,或者在打官司時當程珦、程頤一方拿出土地契約書時將僞造的嫌疑加諸他們身上。

針對四翁如此的言行,程珦視而不見,程頤也没有拿到四翁交出的印章。太宗皇帝的御書、程羽之父程俶(少監)的畫像這些遺物的所在地也絲毫不提及,對四翁行爲的置之不理避免了親族間的骨肉相争。

數年後四翁去世,程頤再次回到醴泉,程羽的遺物已經全部散失,最後程羽留在醴泉的不動産及動産部分都没能留在程羽的直系子孫處。

而二十年後,醴泉的大評事、四評事的墓地相繼被盗掘,連程俶墓都被鑿開了洞穴,[1] 程頤將程俶重新改葬并舉行了祭祀儀式,這時候,三翁家中程俶段太君的誥命,長安太監薄家程羽的犀帶、四翁之女和家中程羽的緑玉枕、三翁家中程羽的鞍兀纔得以要回,可以説歸於改葬之功,本條記録也到此結束。我們推測在程頤的要求下大評事這一系總算將手中遺物贈還。雖説太宗皇帝的御書、程俶的畫像等并没有收回,但要回的這幾件遺物也應該讓程頤頗感安慰。

下面我們來分析這三條記述中程頤的陳述。由於糾紛起於親族人,這段記述是不會指責對方錯誤行爲的。本應擁有的財産意外被占取,雖然是一個不小的打擊,但是無論是父親還是他自己都選擇不過問,還試圖稱揚親族内部的和諧美滿。雖説暫時放弃了財産,但大評事的子孫仍然會爲最直接的祖先程俶的葬禮盡心盡力,結果雖可能存在勉强,但最終這些人將程羽的遺物交了出來,這樣此處的記述也能作爲强調族内融和功用的内容來解讀。

1 《河南程氏文集》卷第三十二《改葬告少監文》。

繼而第四條末“少師之待兄弟，崔夫人之事叔舅姑，後世所當法也”這段表述更進一步褒揚了程羽和程羽之媳崔氏對程羽的兄弟大評事、四評事的厚待之功。兄弟同居，即便由於官務分居後仍然没有進行分家；父親死後，兄弟間進行家産分割是非常常見的。父親死後仍然不解除兄弟同居的關係，程羽對族人的厚遇值得特别爲之記録。關於崔氏的記載，表明她自己得了病仍然盡心照顧嚴厲的丈夫、父親、兄弟及他的妻子。一般而言，妻子有義務服侍丈夫的父母，此處因這位妻子對丈夫父親的兄弟及其妻子這層關係的人同樣盡孝，使她成爲一個需要被大加贊賞的人。第四條的主題很明顯是“支持和稱頌兄弟團結一心的理念”。這種兄弟一體理念是家族間形成更大族體的基礎。於是《家世舊事》中，程頤的伯祖父程遹以厚待族人、輕財好義的形象出現。不僅僅對族人，如果他人有需要，程遹都會不計錢財慷慨施與幫助。下面就是有關其的兩條記録。

族父文簡公應舉來京師，館於廳旁書室，唯乘一驢，更無餘資，至則賣驢得錢數千。伯祖殿直輕財好義，待族人甚厚，日責文簡公具酒肴，欲觀其器度。文簡公訴曰：“驢兒已喫至尾矣。”

伯祖殿直喜施，而與人周。一日苦寒，有儒生造門，即持綿袴與之。其人大驚曰：“何以知我無袴也？”蓋於游從間嘗察其不足也。至晚年，家資懸罄，而爲義不衰。有儒生以講説醵錢。時家無所有，偶伯祖母有珠子裝抹胸，賣得十三千，盡以與之。

從圖一中我們可以看到，程琳和程遹是五服以外的關係，然而這樣疏遠的關係，程遹却在科舉考試期間讓程琳寄居，顯示出了親族間的互相扶持。這里程遹想出資爲程琳一族準備日常飲食而得到了程琳幽默的反駁，程遹是否真的邀請成功不得而知，只是從這種交往中，我們應該注意到程琳與程遹是一種可以互開玩笑的親密關係。圖一中可以一目了然，從程羽之父程俶開始的子孫和屬程琳一系從程譚的子孫之間共用行輩字。程琳一代雙方親族之間開始共用行輩字，程珦與弟弟程璠二人從位至顯官的程琳處得到恩蔭。[1] 對於在遠離親族的湖南，十八歲喪父而不得不成爲一家之長的程珦而言，從程琳處得到恩蔭

1 《河南程氏文集》卷十二《先公太中家傳》。《河南程氏文集》卷四《程郎中墓志》。

并由此得以在當地任官,有着非常重大的意義。在更廣的範圍内結合親族,由此可以受到恩蔭,這種優勢是非常明瞭的。

親族結合的基礎在於兄弟聯合成一體的原則。儘管兄弟之間存在着長幼關係,對於祖先而言兄弟同等的親族觀念使得親族間的結合有更高的可能性。《家世舊事》的記載中,程頤對當時流行的這種親族構造和理念没有進行任何批判,而是站在稱贊的立場上。對於厚待兄弟的程羽及爲照顧丈夫父親的兄弟及其妻子而付出的崔氏也進行了贊揚。只是,如果以兄弟一體爲優先原則而遲遲不考慮家産分割之事的話,很可能會在後代間發生家産紛争,程家便是遭遇了這種事端。然而不論是程珦還是程頤,他們自己一概不關心在家産分配這件事上所處的不利處境,而始終優先考慮親族間的融和關係,這表明程頤也同樣贊成兄弟一體的原則,以及基於這一原則發展而來的親族結合與家族觀念。憑藉這種親族間的結合與家族間的和睦關係,族人便能獲得恩蔭這種切實的利益。

二、程頤的宗法論和程氏家族——從張載的宗法論和與張氏家族的對比來看

前一章論述了程頤同時擁有當時通行的那種家族親族構造及家族親族觀。然而這種兄弟一體的家族觀與程頤等宋代道學家們提倡的恢復舊的宗法制度這一主張是相反的。經書中所記載的宗法是支撑周王朝封建制的親族構造,它只准許嫡長子繼承祭祀權,并再傳至嫡長孫。這裏,需要强調擁有祭祀權的嫡長子和没有祭祀權的次子之間在名分上存在的區别。在宗法制中,只給予嫡長子其他兄弟們所没有的特别位置,這絕不同於兄弟一體的觀念。對宋代道學來説,其基本的立場是將經書中所記載的舊制度作爲理想,并意圖回歸古制,如果踐行這種理念,那麽會與現行家族觀念之間産生很大的矛盾。如何來應對這種矛盾,這可以説是宋代宗法論的焦點。

毋庸置疑,程頤很清楚宗法制就是嫡長子繼承的親族體系。同時期的道學家張載也持有同樣想法,程頤與張載兩人的宗法論在用辭上有許多共同之處,兩者有着密切的聯繫[1]。以下三條是兩者間有着共同之處的見解。

1 佐佐木愛:《張載・程頤の宗法論について》,《史林》,83-5,2000年;佐佐木愛:《宋代道學者的宗法論》,《人文雜志》,2015年第6期。

管攝天下人心,收宗族,厚風俗,使人不忘本,須是明譜系世族,與立宗子法。[1]

宗子法不立,則朝廷無世臣。[2]

古所謂"支子不祭"也者,惟使宗子立廟主之而已。支子雖不得祭,至於齋戒致其誠意,則與祭者不异。與則以身執事,不可與則以物助之,但不别立廟,爲位行事而已。後世如欲立宗子,當從此義,雖不與祭,情亦可安。若不立宗子,徒欲廢祭,適足長惰慢之志,不若使之祭猶愈於已也。[3]

這裏提到了恢復宗法制下的家族繼承,以及嫡長子主祭,而對於這種宗法理念和現實家族觀念的矛盾,程頤和張載則有着截然不同的見解。

爲行文方便,故從張載的觀點來展開論述。張載的主張是非常明確的,他主張實行確保嫡長子的社會、經濟、教育地位均能優於次子及以下諸子的方式,確立嫡長子的地位,防止兄弟均分下家産被細分化,從而以嫡長子一子繼承法來恢復宗法制度。

宗法不立,既死遂族散,其家不傳。……今驟得富貴者,止能爲三四十年之計,造宅一區及其所有,既死則衆子分裂,未幾蕩盡,則家遂不存,如此則家且不能保,又安能保國家。[4]

今日大臣之家,且可方宗子法。譬如一人數子,且以適長爲大宗,須據所有家計厚給以養宗子,宗子勢重,即願得之,供宗子外乃將所有均給族人。宗子須專立教授,宗子之得失,責在教授,其他族人,别立教授。仍乞朝廷立條,族人須遵依祖先立法,仍許族人將已合轉官恩澤乞回授宗子,不理選限官,及許將奏薦子弟恩澤與宗子。且要主張門户。宗子不善,則别擇其次賢者立之。[5]

而另一方面,程頤則主張另一種方式。

1 《經學理窟》"宗法",《張載集》,中華書局,1978年,第258~259頁。

2 同上,第259頁。

3 同上,第260頁。

4 同上,第259頁。

5 同上,第260頁。

宗子法壞則人不自知來處，以至流轉四方。往往親未絶，不相識。今且試以一二巨公之家行之，其術要得拘守得須是，且如唐時立廟院，仍不得分割了祖業，使一人主之。[1]

程頤認爲如果能防止兄弟均分後家産被細分化，只讓宗子一人繼承家産與祭祀權，這樣家族的譜系間纔能保持緊密聯結。然而在下文中我們又看到他的另一種主張。

後世骨肉之間，多至仇怨忿争，其實爲争財。使之均布，立之宗法，官爲法，則無所争。[2]

這段記載表明，他主張在財産均分的基礎之上確立宗法制。兄弟均分財産的原則與宗法制中確保嫡長子的優先地位初看是相對立的觀點，而綜合來看，上一條中讓宗子一人繼承家産不允許其他兄弟分割的財産指的不是一般的家産，而僅是祭祀中出現的"廟院"，這樣我們就可以解釋程頤的觀點。對於家産而言，一般情況下就實行現行的兄弟均分，而在祭祀上則保留古制，承認嫡長子的優先地位。這樣的方式也可看作是對宗法制的一種回歸，於是就出現了下文中宗法制的實例。

今無宗子法，故朝廷無世臣。若立宗子法，則人知尊祖重本。人既重本，則朝廷之勢自尊。古者子弟從父兄，今父兄從子弟，子弟爲强，由不知本也。且如漢高祖欲下沛時，只是以帛書與沛父老，其父老便能率子弟從之。又如相如使蜀，亦移書責父老，然後子弟皆聽其命而從之。只有一個尊卑上下之分，然後順從而不亂也。若無法以聯屬之，安可。[3]

其中所説的宗法，單單指宗族内部所謂"一個尊卑上下之分"的親族内部秩序，而將宗法制度中嫡長子繼承的概念明顯淡化。進而，爲了表明一族之内的融和，出現了以下記載：

凡人家法須令每有族人遠來則爲一會以合族。雖無事亦當每月

---

1 《河南程氏遺書》卷十五。

2 《河南程氏遺書》卷十七。

3 《河南程氏遺書》卷十八。

一爲之。古人有花樹葦家宗會法，可取也。然族人每有吉凶嫁娶之類更須相與爲禮，使骨肉之意常相通。骨肉日疏者，只爲不相見，情不相接爾。[1]

這樣闡述一個家族廣泛融和的條文，是主張確立嫡長子優先地位的張載的學説中所没有的。程頤和張載在這一點上的看法有所分化，這應該歸因於兩人的家族環境。

程頤的家族中，高祖父程羽、族父程琳位至顯官。這一族的人能依靠做高官的祖輩父輩的恩蔭獲得官位，所以親族間的結合、融合和互相扶持是可以得到具體實際的利益的。正因爲如此，即使家族中出現了如同四翁那樣行爲不端的人，也要盡量考慮家族的融和，這樣纔是恰當做法。

再者對程頤來説，恢復嫡長子繼承的做法是非常不合適的。作爲顯官的高祖父程羽是次子，如果按照宗法制的法則，程羽等人的父親程俶的祭祀權將由大評事掌握，繼而傳至大評事嫡長子、嫡長孫的手中。如果按照張載的宗法論，將嫡長子的社會、經濟、教育地位放在優先位置，恢復宗法制度，那麽程羽所積蓄的財富理所當然優先交給專橫跋扈的大評事這一系的子孫手中，從程羽直系子孫的角度來看，這應該不是他們會積極主張的做法，更何況對程頤自身而言，他是繼兄長程顥之後的次子。

而對張載來説，他的家族環境與程頤完全不同。張載在和親族隔絶、無法進行相互扶持的家庭環境下成長。其父張迪是開封大梁人，母親爲河南南陽人。其父在赴任長安時張載出生，接着其父又擔任四川涪州知事，并在任期中死去。這時張載十五歲，弟弟張戩纔五歲。根據張世敏《張載年譜》來看，這時候張載將父親尸骨入殮并將棺椁運往故鄉開封，在到達眉縣横渠時遭遇兵變無法前進，一家人只能就地在横渠大振村定居，在附近的大振穀口迷狐嶺將父親埋葬。由此不難想象一家人所遭遇的困境。然而由於無法像程珦那樣可以憑藉親族的恩蔭得到官職，張載及兄弟只能通過攻克科舉考試，從而安身立命。對於弟弟而言，張載是長兄的優越地位并没有得到體現。比張載年幼十歲的張戩，年僅二十四歲就在科舉考試中及第，比哥哥張載還早。他在各地任官，熙寧

1 《河南程氏遺書》卷一。

初年官至監察御史,因批判王安石變法而留名史册。而張載比弟弟晚四年參加科舉,時年三十八歲。他歷任地方官,據説也擬任中央官員,但因躲避黨争而堅持辭任,也即他在極短的時間内就辭去官職,并没有顯赫的官位。也就是説張載任官後,家庭的中心不是他而是比他年幼十歲、社會地位高於他的張戩。張載作爲庶民而張戩作爲官僚這樣的狀態可以説持續了四年。對張載來説,他認爲應當確立嫡長子的優先地位,另外嫡長子與他子宗法制内的親族秩序與官員和庶民的社會秩序也應當加以區别。正因如此,張載纔會有如下記述:“至如人有數子,長者至微賤不立,其間一子仕宦,則更不問長少,須是士人承祭祀。”[1] 他主張向以舊禮制爲基礎的宗法制親族秩序回歸,并將其與没有嫡庶之分、依靠能力的現實社會秩序相結合,這就是張載所主張的宗法論。

三、結論

《家世舊事》反映了以兄弟一體爲基礎的家族結合與相互扶持爲善的親族關係,并通過稱頌這種關係而使之得到强化,也就是説其并不否認當時宋代流行的家族觀念。這一點,正是因爲《家世舊事》這本筆記的存在纔得以保存下來。之所以這麽説是因爲以兄弟一體爲基礎的親族結合與扶持是不存在於以經書爲準則的家族觀念中的,經書中所記載的家族理念是嫡長子優先的宗法制度。程頤等宋代道學家們共同持有向經書、向古典回歸的基本理念。因此,當程頤與弟子們討論親族構造時,他會認可宗法制即嫡長子主義,也即在恢復這種古制的立場上展開議論親族的結合與扶持。因此過去在關注程頤關於宗法制的觀點并分析他的家族觀念時,我們只能觀察到(與張載的宗法論相比)程頤的嫡長子主義相對較弱這一特徵。如今,因《家世舊事》這本筆記史料受到關注,我們得以瞭解程頤所支持的是現行的家族觀念而非舊的宗法。我認爲只有在掌握筆記這類史料并將其研究分析的基礎上,纔有可能將這些資訊闡述清楚。

1 《經學理窟》“宗法”,《張載集》,中華書局,1978 年,第 260 頁。

論《老學庵筆記》的飲食書寫
——兼談宋人筆記的主觀客觀問題

香港大學文學院　余文章

［摘　要］　筆記是古代中國獨有的文學體裁，其特色在於題材廣博，爲一般詩文所不及。誠如王得臣(1036—1116)所言："與耳目之所及，苟有所得，輒皆記之。"[1]今人對筆記與其他文體之劃分，亦多根據王氏以上見解，以"聞見"二字爲出發點，進而剖析。然而所謂"聞見"，乃是文人對身邊事物之關注和體會，一般認爲，發自内心的感觸或個人經歷，則鮮見記載於筆記。這情況在宋代尤爲普及，可是針對此點的研究或專著，至今仍不多見，不免遺憾。爲了彌補這方面的不足，本文旨在透過比較陸游(1125—1210)在其詩詞和筆記中對飲食習慣和文化的表述，探討放翁對以上文體定位的迎合與分歧，并借助分析《老學庵筆記》中以飲食爲題材的篇章，透視陸游於詩詞以外所展現的飲食觀及人生觀。

［關鍵詞］　陸游　老學庵筆記　飲食文學

《中國文化中的飲食：人類學與歷史學的透視》(*Food in Chinese Culture*：*Anthropological and Historical Perspectives*)成書於1977年，然而時至今天，其對中國飲食文化研究的影響力，依然顯著。作者張光直認爲：

> 中國是否擁有世界最優秀的飲食文化，答案或會因人而异；但是如果説，中國是世上鮮有把自身文化建基於飲食文化的國家，要反駁以上論點，殊恐不易。[2]

1　〔宋〕王得臣：《麈史》，中華書局，1985年，第1頁。

2　Kwang-chih Chang, ed., *Food in Chinese Culture*：*Anthropological and Historical Perspectives* (New Haven：Yale University Press, 1977) , 11.原文爲：That Chinese cuisine is the greatest in the world is highly debatable and is essentially irrelevant. But few can take exception to the statement that few other cultures are as food oriented as the Chinese。

爲了引證此番言論,張氏在書中引用了大量來自人類學和歷史學的觀點,借此突顯哺啜之道在中國文化中的重要地位。其論證雖然不曾涉足文學,但是作爲我國飲食文化的一部分,上述論證對飲食文學在中國的發展,頗有啓發。以蘇軾(1037—1101)爲例,曾棗莊在《蘇軾研究史》中指出,蘇軾對中國文化發展的最大貢獻和影響,并非來自他爲之自豪的《易》《書》和《論語》三書的注釋,"而是他視爲'不足道'的文學"[1],而當中許多對後世影響深遠的作品,如《老饕賦》和《猪肉頌》等,均和飲食有關。文學價值以外,這類作品的最大功用,就是開創了文人飲食書寫的先河,爲後來者如張岱(1597—1689)的《老饕集》[2]和袁枚(1716—1797)的《隨園食單》,奠定了重要的基礎。由此可見,飲食文學對明清兩代文人所産生的影響力,與東坡敢於把個人飲食喜好融入詩詞的做法,有着直接的關係。

較爲直接地受了東坡影響的文人,首推陸游。創作上,後者不僅延續了前者的豪放風格,并將之發揚光大;題材上,他亦傳承了蘇軾把生活融入詩詞的精神,當中自然包括了來自日常飲食的啓發。朱振藩認爲,放翁吟咏烹飪的作品,"爲中國飲食史,提供了寶貴的參考資料"[3],所言非虚。因爲《劍南詩稿》中有關烹調的詩作,超過一百首;雖然數目上僅占整體的百分之一,但是每一首作品,幾乎都是上乘之作,并有着精闢的文化内涵。例如《野飯》一詩,作於乾道八年(1170)陸游調任成都的路上,當中"山深少鹽酪,淡薄至味足"之句,充分體現出放翁甘於淡泊,不計較個人名利的胸襟。其他如《洞庭春色》《山居食每不肉戲作》等詩作,則分别記録了當時吴中地區的飲食風貌,也爲研究此領域的學者提供了寶貴的歷史材料。無怪乎專門研究中國飲食歷史與文化的學者,如魏紅翎、李貴榮和潘江東等,[4]均對陸游推崇備至。對於此一現象,汪育正曾作出以

1 曾棗莊:《蘇軾研究史》,江蘇教育出版社,2001年,第2頁。

2 已佚。有關此書的考證,請參閲 Duncan Campbell, "The Obsessive Gourmet: Zhang Dai on Food and Drink", in Scribes of Gastronomy: Representations of Food and Drink in Imperial Chinese Literature, ed. Isaac Yue and Siufu Tang (Hong Kong: University of Hong Kong Press, 2013), 69-86。

3 朱振藩:《食家列傳》,聯合文學,2005年,第32頁。

4 詳見魏紅翎:《陸游詩詞中的川菜記憶》,《成都大學學報(社科版)》2014年第1期;李貴榮、潘江東:《簡論陸游茶詩、茶趣與茶文化》,《高餐通識教育學刊》2010年第6期。

下的解釋：

> 陸游因仕途上不順遂的際遇，導致他有很多的時間都在地方上任官或是擔任幕職官員，但四處漂泊的生活却使他增加了許多的見聞，對各地的人文風俗、生活習慣有了更多的瞭解，這種經歷當然也直接影響了他的飲食生活。[1]

汪氏的論點，可謂一針見血。然而值得注意的是，以上研究都不約而同地聚焦於放翁的詩詞；至於收録於《老學庵筆記》中跟飲食有關的文章，篇幅上雖然不比《劍南詩稿》的詩篇少，比之後者，亦更能體現汪氏上述的論點，但是在衆多飲食文化與文學的相關研究中，并没有獲得相若的關注。究竟是什麽原因，導致從事飲食文化與文學的學者，對《老學庵筆記》普遍忽略呢？按筆者的粗略統計，近年間刊載於有關放翁與飲食的研究，不下十餘種。除了上文已經引用過的文章，當中較有代表性的還包括孔祥賢的《陸游飲食詩選注》[2]、張忠智和莊桂英合撰的《陸游詩歌中的醫藥養生訊息》[3]，以及蔡書文的碩士論文《陸游詩中的老年世界探析》中有關飲食的章節。[4] 這些研究分别從歷史、文化、醫療和養生等角度分析了陸游的飲食觀，於人啓發頗深。但是無獨有偶，它們的討論範圍幾乎都集中在《劍南詩稿》，對放翁的筆記，則鮮有提及。筆者以爲，導致此一現象的生成，主因有二：其一是陸游的飲食詩詞，涵括層面廣泛，足以讓人從中建立出一套完整的文化理論架構，是故研究人員大都無須把《老學庵筆記》中的篇章牽涉其中；其二是與《劍南詩稿》相比，陸游的飲食筆記所關注的，往往是作者所觀察到關乎别人的飲食習慣。雖然此一現象的出現，關乎當時文人對筆記的定位，但是由於文中人物牽涉層面廣泛，上至士大夫，下及勞動階層以至域外的少數民族，要從中鎖定某一類人士作爲研究對象，又或者厘清他們與作者之間的關係，過程均比研讀以作者本身喜好和經歷爲本的《劍南詩稿》繁複。因此，任何一篇以飲食研究爲中心的文章，舍《劍南詩稿》而取《老學庵筆記》爲研

1 汪育正：《從劍南詩稿論陸游的飲食生活》，東吴大學歷史研究所碩士論文，2011 年，第 1 頁。

2 孔祥賢：《陸游飲食詩選注》，中國商業出版社，1989 年。

3 張忠智、莊桂英：《陸游詩歌中的醫藥養生訊息》，《遠東學報》1993 年第 20 期。

4 蔡書文：《陸游詩中的老年世界探析》，東華大學碩士論文，2012 年。

究中心,實是知易行難之舉,效果亦注定事倍功半。

但是《老學庵筆記》中有大量與飲食相關的記載,乃是不争的事實。對其深入探討,除了可以填補中國飲食文學發展史上的一片空白,亦有助加深現今學術界對陸游思想的瞭解。對於後者,雖然宋代的筆記,素以"聞見"見稱,但題材不外乎是社會閑談和歷史趣聞之類,鮮有涉及作者的個人觀感,[1]而陸游的筆記雖然不曾超越以往的寫作慣例,但是從他對事物的挑選和記載,以及着墨的焦點和角度,我們仍可以看出放翁的心境和處世態度。這點透過《老學庵筆記》中有關飲食的描寫,可以引證。因此,本文以《老學庵筆記》爲研究中心,目的有二:其一是透過研讀作者對飲食此一題材的描寫,增加我們對放翁的瞭解;其二是筆記雖然是宋代的主要文體之一,但我們對它的理解仍有不足之處,透過分析《老學庵筆記》,本文將嘗試補充以上的不足。後者對宋代文學發展的歷史觀,啓發尤多。

縱觀今天有關陸游的研究,主要可以歸納爲兩大類,分別是針對其愛國主義的文章,以及探討其隱逸思想的研究。就前者而言,高津孝曾爲之考證,發現把陸游的文學性定位爲"愛國主義"的先例,古已有之。但是自從游國恩在編訂《中國文學史》的時候,替之冠上"愛國詩人"的名號,"愛國"便彷彿成了放翁的代名詞。[2] 至於後者,則是近年研究陸游詩詞的一大趨向。當中較有啓發性的論述,包括何家育的《陸游和朱敦儒詞中隱逸思想比較研究》和李廣瑩的《陸游游隱逸詞研究》,[3]均對放翁的隱逸思想,提出了獨特的見解。通過以上論證,下文將重點分析《老學庵筆記》中有關飲食的記載,并反映和引證上述思想對陸游以至宋代筆記發展的重要性。

作爲愛國詩人,陸游憂國憂民之心的背後,其實是一股强大的族群意識和排外思想(xenophobia)。對此,黄奕珍在《試論陸游筆下的异族形象》一文中,作出了以下的結論:

1 對於此一現象的生成和展現,張聰曾有專文探討。詳見 Cong Ellen Zhang,"To Be' Erudite in Miscellaneous Knowledge':A Study of Song(960-1279)Biji Writing,"*Asia Major Third Series* 25(2012):43-77。

2 見高津孝:《陸游評價的系譜:愛國詩人與國家主義》,《政大中文學報》2005 年第 4 期。

3 見何家育:《陸游和朱敦儒詞中隱逸思想比較研究》,南華大學碩士論文,2009 年;李廣瑩:《陸游隱逸詞研究》,河北大學碩士論文,2014 年。

> 异族對“陸游”而言，是其他，是位於我（族）之外的，他們没有個體性，彼此亦難以區分。“污我王會篇”便是冀望他們像周朝時一樣永遠留在朝貢中國的位置。而我族則活在時間之流内，擁有悠久的歷史，能隨時改善、會演進變化。异族留在荒遠難知的起點，繼續着野蠻茫昧的生活，我宋則歷經長久的積累而成文明大國。[1]

黄氏對放翁的批判，雖不曾引用愛德華·賽義德（Edward Said）的東方主義理論（Orientalism），但是其所包含的指控則包括陸游對异族的不求理解和漠視，以及對漢民族文化的盲目抬舉；儘管其所處地理位置有所改變，可是仍然帶有濃厚的東方主義影子。《老學庵筆記》記載了不少有關异族飲食習慣的條文，其中大部分均可以引證上述觀點，兹舉如下：

> 辰、沅、靖州蠻有仡伶，有仡僚，有仡欖，有仡僂，有山傜，俗亦土著，外愚内黠，皆焚山而耕，所種粟豆而已。食不足則獵野獸，至燒龜蛇啖之。其負物則少者輕，老者重，率皆束於背，婦人負者尤多。男未娶者，以金鷄羽插髻；女未嫁者，以海螺爲數珠掛頸上。嫁娶先密約，乃伺女于路，劫縛以歸。亦忿争叫號求救，其實皆僞也。生子乃持牛酒拜女父母，初亦陽怒却之，鄰里共勸，乃受。飲酒以鼻，一飲至數升，名鈎藤酒，不知何物。醉則男女聚而踏歌。農隙時至一二百人爲曹，手相握而歌，數人吹笙在前導之。貯缸酒於樹陰，饑不復食，惟就缸取酒恣飲，已而復歌。夜疲則野宿。至三日未厭，則五日，或七日方散歸。上元則入城市觀燈，呼郡縣官曰大官，欲人謂己爲足下，否則怒。其歌有曰：“小娘子，葉底花，無事出來吃盞茶。”蓋《竹枝》之類也。諸蠻惟仡伶頗强，習戰鬥，他時或能爲邊患。[2]

以上記載，看似紀實，但細心閲讀，則不難發現字裏行間其實是充滿了偏見。首先是陸氏對辰、沅、靖三州土著飲食習慣的鄙視，在把他們描寫爲“外愚内黠”的同時，亦犯了在未作出充分瞭解的情况下，對粟、豆、龜、蛇等當地食物作出藐視

1 黄奕珍：《試論陸游筆下的异族形象》，《文學典範的建立與轉化》，鄭毓瑜主編，學生書局，2011年，第259~296頁。

2 〔宋〕陸游：《老學庵筆記》，劉文忠評注，學苑出版社，1998年，第128頁。

的姿態；似乎放翁是忘記了蘇軾曾因爲蛇肉的美味而動容的事迹，以及《雲笈七籤》等宋代典籍把龜視爲有無限裨益的食材而入藥的記載。[1] 此外，以上章節在鋪排上，亦不時呈現出陸游對非漢民族的先天性歧視，諸如"取酒恣飲""夜疲則野宿"等字句，均有意識地把這些外來民族的生活習慣，以"恣""野"等字眼獸化。這與朱學把"閨門失禮之事"一律歸咎於外來文化的手法，同出一轍，[2] 明顯地反映着南宋排外思想下陸、朱等人對异民族的排斥，并把此現象引申到對他們飲食習慣的觀察。由此看來，宋人筆記并非如孫犁所言，"内容真實客觀"[3]。以上解讀，足以證明宋代筆記表面客觀、實則主觀的事實。

在放翁的詩作中，以上手法，亦屬常見。例如《綿州録參廳觀姜楚公畫鷹少陵爲作詩者》中"妖狐九尾穴中國，共置不問如越秦"之句，以及《軍中雜歌八首之二》中的"曉來磧中雪一丈，洗盡膻腥春草生"，分别用上了"狐""穴""膻腥"等詞彙，把异族比喻成非人類的野獸。這類描寫與《老學庵筆記》中的許多記載，頗相一致：

> 使虜，舊惟使副得乘車，三節人皆騎馬。馬惡則蹄嚙不可羈，鈍則不能行，良以爲苦。淳熙己酉，完顔璟嗣僞位，始命三節人皆給車，供張飲食亦比舊加厚。[4]

此段文字，主要是記載南宋使節出使金國時所遇到的待遇問題。當中提到了金章宗完顔璟（1168—1208）繼位後，改善了提供給宋使的交通和膳食的情節。可是有别於陸游的一貫作風，他并没有在叙事的結尾，對事件加以評論，反而是花了大量篇幅，描寫此前宋使節出使金國的苦况。對此，黄奕珍認爲陸氏是"扭曲了金人原本的善意"[5]，筆者以爲此是正確無誤地解讀了放翁的動機。

---

1 見蘇軾：《正月九日，有美堂飲，醉歸徑睡，五鼓方醒，不復能眠，起閲文書，得鮮于子駿所寄《雜興》，作〈古意〉一首答之》，《蘇東坡全集》前集卷 4，世界書局，1996 年，第 42 頁；〔宋〕張君房：《雲笈七籤》卷七八《方藥部五》，華夏出版社，1996 年，第 485 頁。另外，有關中國人吃龜的記載，最早可以追溯至《詩經》，其中《小雅・六月》，便有"飲御諸友，龜鱉膾鯉"之句。

2 原句爲"唐源流出於夷狄，故閨門失禮之事，不以爲异"，見黎靖德編，王星賢點校：《朱子語類》卷一三六，中華書局，1986 年，第 3245 頁。

3 孫犁著，連雲飛、潘陸陽編：《孫犁散文》下集，中國廣播電視出版社，1995 年，第 372 頁。

4 《老學庵筆記》，第 43 頁。

5 《文學典範的建立與轉化》，第 293 頁。

又前文提到，愛國情懷以外，陸游的隱逸思想亦是近年海内外學者的研究焦點所在。後者在《老學庵筆記》中許多有關飲食的記載，亦得以呈現：

> 嘉興人聞人茂德，名滋，老儒也。喜留客食，然不過蔬豆而已。郡人求館客者，多就謀之。又多蓄書，喜借人。自言："作門客牙，充書籍行，開豆腐羹店。"予少時與之同在敕局，爲删定官。談經義滚滚不倦，發明極多，尤邃于小學云。[1]

與《老學庵筆記》中其他有關飲食的條文相比，作者在上文中對豆腐羹店所提供的膳食，似乎没有太大的興趣；在這方面的着墨，亦僅蜻蜓點水而已。但是以上條文的重點，并不在此。透過老翁的蔬豆和羹湯，上文處處大事渲染老儒的品行和學問，其動機與較早前有關金章宗的條文頗有雷同，乃是旨在透過對食物的觀察，展現作者對某些事物的立場。如果説，放翁之記録宋使出使金國的待遇（包括飲食方面），目的乃是借此表述對异民族的不滿，那麽以上對豆腐羹店的書寫，大可以理解成爲其飲食哲理的闡述。通過豆腐羹在文中所代表的清茶淡飯，配以對店主"談經義滚滚不倦"的學識與情操的渲染，陸游希望在讀者心中確立的，乃是清茶淡飯與情操之間的關係，以及其對追求學問的正面影響。這與放翁本身所提倡的"淡泊明志"思想是一脉相承的。例如在用以自勉的《一壺歌》中，陸氏曾經寫道：

> 長安市上醉春風，亂插繁花滿帽紅；
> 看盡人間興廢事，不曾富貴不曾窮。

其中"看盡人間興廢事，不曾富貴不曾窮"之句，直接道出了詩人大徹大悟及寧静致遠的人生觀。至於上述思想如何影響陸游的飲食觀，我們不妨嘗試從宏觀的歷史角度，將之脉絡化（contextualization）。首先，從北宋到南宋，趙匡胤（927—976）所建立的，是一個崇尚奢華的朝代。據王林（？—1129）的觀察，"咸平、景德以後，粉飾太平，服用寖侈，不唯士大夫家崇尚不已，市井閭裏以華靡相勝"[2]。飲食方面，以上風氣亦然。且看《東京夢華録》序文中的一段描述：

---

1 《老學庵筆記》，第23頁。

2 〔宋〕王林：《燕翼詒謀録》卷二，中華書局，1981年，第17頁。

舉目則青樓畫閣,繡户珠簾。雕車競駐於天街,寶馬争馳於御路,金翠耀目,羅綺飄香;新聲巧笑于柳陌花衢,按管調弦於茶坊酒肆。八荒争凑,萬國咸通。集四海之珍奇,皆歸市易;會寰區之异味,悉在庖廚。[1]

如此在前朝幾乎是不能想象的繁華,正正是宋代飲食文化的寫照。類似的例子,如蔡京(1047—1126)所喜"一羹數百命"的鶉鵪羹、[2]爲做一頓飯而把"餘悉委弃於地"的京都廚娘,[3]以及張俊宴請宋高宗的一頓盛筵,[4]數不勝數,皆爲以上極盡奢華的宋代飲食風氣,提供了重要的佐證。然而宋代雖然盛行上述揮霍無度的飲食風尚,但與此同時,此風尚亦引起了當時一些士人的不滿。御醫孫君昉(生卒年不詳)所提倡的"粗茶淡飯飽即休"[5],以及蘇易簡(958—996)"食無精糲,饑皆適口"[6]等觀念,皆是針對以上風氣而言的。在這股反奢華飲食的浪潮當中,陸游是實踐派的代表人物。兹舉二例説明:

素飯

放翁年來不肉食,盤箸未免猶豪奢;
松桂軟炊玉粒飯,醯醬自調銀色茄。
時招林下二三子,氣壓城中千百家;
緩步横摩五經笥,風爐更試茶山茶。

對食有感

杯酌以助氣,匕箸以充腹;
沾醉與屬饜,其害等嗜欲。
歠醨有餘歡,食淡百味足;
養生所甚惡,旨酒及大肉。

---

1 〔宋〕孟元老:《東京夢華録》序,三民書局,2004年,第1頁。

2 詳見褚人獲:《堅瓠餘集》,《筆記小説大觀》,新興書局,1985年,第6354~6355頁。

3 〔宋〕洪巽:《暘穀漫録》(出版年份、地點不詳),第12頁。

4 詳見〔宋〕周密:《武林舊事》卷九,浙江人民出版社,1984年。

5 〔宋〕黄庭堅:《四休居士詩三首序》,《全宋詩》卷九九七,北京大學出版社,1991年,第11437~11438頁。

6 周輝、劉永翔校注:《清波雜志校注》卷九,中華書局,1994年,第404頁。

老翁雖無能，更事嗟已熟；

勿嘆茆三間，養汝山林福。

以上兩首詩，均爲放翁晚年之作，分别道出了詩人以節制飲食爲養生的人生觀。其中"松桂軟炊玉粒飯，醯醬自調銀色茄"和"歠醨有餘歡，食淡百味足"之句，大有批判當時窮奢極欲、錦衣玉食的風尚之意。比照前述《老學庵筆記》中有關豆腐羹店的文字，不難看出前文對老儒學問和豆腐的同步褒獎，實乃作者有意鋪排的聯繫，目的是要抬高薄衣素食的亮節，貶瓊樓玉宴之風。

以上心態，在《老學庵筆記》中對前人飲食習慣的描寫，亦得以呈現。且看以下一段有關蘇軾的記載：

吕周輔言：東坡先生與黄門公南遷，相遇於梧、藤間。道旁有鬻湯餅者，共買食之，粗惡不可食。黄門置箸而歎，東坡已盡之矣。徐謂黄門曰："九三郎，爾尚欲咀嚼耶？"大笑而起。秦少游聞之曰："此先生飲酒，但飲濕而已。"[1]

朱振藩以"千載饕客"[2]的美譽來形容蘇東坡，并不爲過，因爲對宋人以至今人而言，蘇軾是文學家之餘，亦是著名的美食家、大厨。其對美食之追求，更是廣泛地傳頌於南宋的巷里，爲人所樂道。周紫芝(1082—1155)曾戲言曰："此老雖煮肉亦有故事，他可知矣。"[3]其他如朱彧(生卒年不詳)、朱弁(1085—1144)和趙彦衛(生卒年不詳)亦曾撰文討論蘇軾與美食的故事，可見東坡老饕的形象，在當時已經深入民心。但是上文陸游對蘇軾飲食觀的記載，着眼點明顯并非其於飲食上的創意或對美味的追求，而是針對東坡對食物的豁達與不在乎，加以表揚。這跟周氏、朱氏和趙氏等人的記載恰恰相反，是把蘇軾定位爲豁然開朗的哲學家，而非好吃的美食家。故事中的哲理，與陸游本人的人生觀，不無關係。例如其所寫的《秋穫歌》，便有句曰："我願鄰曲謹蓋藏，縮衣節食勤耕桑。"此外，在收録於《渭南文集》中的《居室記》，陸游亦曾寫道：

朝晡食飲，豐約惟其力。少飽則止，不必盡器……少不治生事，舊

1 《老學庵筆記》，第42頁。

2 《食家列傳》，第19頁。

3 〔宋〕周紫芝：《竹坡詩話》卷二，中華書局，1985年，第28頁。

食奉祠之禄以自給。秩滿，因不復敢請，縮衣節食而已。[1]

可見放翁的飲食觀，是以人生哲理爲主，五味爲次。再看上述筆記中賦予蘇軾對飲食一副滿不在乎的形象，雖然合乎東坡的個性，但同時亦有違周紫芝等同期作家和文人對東坡的認知。比照之下，可以看出放翁之寫東坡，表面上是迎合當時文人對蘇軾和美食的期望，實則是借助此一故事，來宣揚自己對當時飲食風氣的一些看法和願景。

研究飲食文學多年的西方學者吉納·M.阿爾梅里科(Gina M.Almerico)認爲，這類書寫的最大啓發，莫過於爲"飲食、文化與社會在人文、社科和科學等領域上的互動和聯繫"[2]，提供了一個可以自然交流的平臺。然而本文透過重新審閱《老學庵筆記》中有關飲食的記載，發現除吉納·M.阿爾梅里科所列出的層面以外，放翁的飲食筆記，同時還隱含了强烈的個人情感和思想。從題材的選擇到對事件的解讀，我們都可以清晰地看到，陸游是有意識地引導着讀者對事態發展的認知和解讀。此一認知在加深我們瞭解放翁思想的同時，亦有助我們重新厘定宋代筆記的定位問題。如前所述，今天學術界對筆記的理解，主要是根據王得臣"與耳目之所及"一語，把之看成爲一種脱離了作者自身經驗，純爲記載旁人的經驗而産生的局限性(limitation)文體；但是回看《老學庵筆記》，不論是書中對异族飲食習慣的描寫，對金章宗政策的隱善揚惡，還是對豆腐羹店店主以至蘇軾的褒揚，各篇章中所隱含的，處處是陸游思想的影子和其哲理的精華所在。由此可見，宋人的筆記，并非如前人所想象般客觀和被動，反而是帶有强烈和主觀的個人風格。本文透過重新解讀《老學庵筆記》中有關飲食的言論，希望能够在增加我們對放翁的理解的同時，對筆記體文章的定位問題，也能起到重組、補苴之作用。

1 〔宋〕陸游：《居室記》，《陸放翁全集》上，中華書局，1976 年，第 115 頁。

2 Gina M.Almerico, "*Food and identity: Food studies, cultural, and personal identity*," Journal of International Business and Cultural Studies 8(2014): 1.原文爲：the intricate relationships among food, culture, and society from a number of disciplines in the humanities, social sciences, and sciences。

略論周密的筆記創作和他的社交活動

武警海警學院　湯清國　上海師範大學古籍整理研究所　朱易安

［摘　要］　周密是宋代筆記大家，他的筆記創作與社交活動有着密切的關係。周密在筆記中詳細記載了他的社交活動，特别是宋亡以後與友人之間的文物交流；廣泛的社交活動又對他的筆記創作産生了重要的影響。周密的筆記創作與社交活動之間的關係，是宋代筆記與宋人文化生活關係的一個縮影。

［關鍵詞］　周密　筆記　社交　文化

周密是宋末元初的著名文人，創作過多種筆記，流傳至今的有《齊東野語》《武林舊事》《癸辛雜識》《雲烟過眼録》《浩然齋雅談》《浩然齋意抄》《浩然齋視聽鈔》《志雅堂雜鈔》《澄懷録》《吟室霏談》等十種。這些筆記内容豐富，題材多樣。周密也可謂宋代筆記大家。周密筆記的多産，與他廣泛的社交活動有關，本文試圖探討周密的社會交往和他筆記成書的種種關聯。

一

宋代是我國古代文化高度繁榮的時期，社會經濟和文化得到了全面發展。北宋統治者立國之初就立下"誓不殺士大夫及上書言事人"的誓言，提倡士人"多積金、市田宅以遺子孫，歌兒舞女以終天年"[1]。有宋一代，士人的政治和社會地位較高，俸禄之厚，賞賜之多，前朝無法比擬，所謂"恩逮於百官者惟恐其不足，財取于萬民者不留其有餘"[2]。周密出生在官宦世家、書香門第。曾祖周秘、祖父周珌、父周晋都曾爲官，周晋爲人儒雅博學，享譽藝林，陳振孫稱其爲

1　《石守信傳》，《宋史》卷二五〇，中華書局，1977年，第8810頁。

2　〔清〕趙翼著，王樹民校證：《廿二史札記・宋制録之厚》，中華書局，1984年，第534頁。

"好古博雅君子"[1]。周密也曾入仕,曾任職建康府都錢庫,擔任過馬光祖的幕屬和兩浙運司掾。在宋亡前夕,又被任爲義烏縣令,宋亡之後,不再出仕。爲官期間,周密恪守家風,清正職守,頗得嘉譽。宋代高度發達的物質文化,以及仕宦家族優越的社會地位和良好的家學淵源,都爲周密的社交活動提供了有利的條件。廣泛的社交活動,則豐富了周密的文化生活。

周密在筆記中記載了豐富多樣的社交資訊,主要體現在社交對象、社交方式兩個方面。

周密早年以博雅名滿江南,被藝林推爲領袖,"與一時名輩頡頏盛際者,餘二十年"[2]。據文獻記載,與周密有過交往的多達一百餘人,大致分爲三個群體:一是文人群體,二是世交群體,三是文物收藏家群體。與文人群體的交往,主要體現在他的詩詞作品中,而與世交群體和文物收藏家群體的交往則集中體現在他的筆記中。

周密的世交群體中兼具文物收藏家身份的,主要有馬廷鸞、馬端臨、趙與訔、趙孟頫、趙孟堅、牟子才、牟巘等,在周密的筆記中,都有相關記載。

馬廷鸞爲南宋度宗朝參知政事,兼同知樞密院事,又拜右丞相,後因受賈似道排擠而罷歸。其年長於周密十歲,爲周密長輩。二人始交於咸淳六年庚午,即1270年。馬廷鸞《題周公謹〈弁陽集〉後》載:"余庚午辛未,係官中書,公謹數過余,未嘗睹其詩。"[3]咸淳十年(1274)夏,馬廷鸞犯胃疾,周密多次探視。周密《癸辛雜識》"馬相去國"條載:"咸淳甲戌之夏,丞相番陽馬公廷鸞字翔仲,以翻胃之疾乞去甚苦,凡十餘疏始得請,……出寓於六和塔。余受公知,間日必出問之。"[4]據"余受公知,間日必出問之"之語可知周密與馬廷鸞交往之頻繁、交誼之深厚。周密被任爲豐儲倉檢察及義烏縣令,或有馬廷鸞薦舉之助。馬廷鸞爲一代明相,爲官期間,剛正不阿,因與賈似道不合而請求罷官。在《癸辛雜識》

1 〔宋〕周密:《齊東野語》,《全宋筆記》第7編第10册,大象出版社,2016年,第259頁。文中所引周密筆記之文字,均據黄寶華教授整理點校本。

2 〔宋〕周密:《弁陽老人自銘》,朱存理《珊瑚木難》卷五,《四庫全書》第815册,上海古籍出版社,2003年,第143頁。

3 〔宋〕馬廷鸞:《題周公謹〈弁陽集〉後》,祝尚書:《宋集序跋彙編》,中華書局,2010年,第2251頁。

4 〔宋〕周密:《癸辛雜識》,《全宋筆記》第8編第2册,大象出版社,2017年,第210頁。

"馬相去國"條中,周密還詳細叙述了馬廷鸞辭相的原委,對他的遭遇深表同情。宋亡之後,馬廷鸞隱居不仕。至元十五年(1278),(元)世祖征廷鸞赴闕,不至,表現出了崇高的民族氣節。馬廷鸞之子馬端臨小周密二十二歲,周密與馬端臨的交往則鮮有文獻記録。

趙與訔、趙孟頫及趙孟堅爲同族,趙與訔和趙孟堅工詩詞,亦精於文物收藏與鑒賞,趙孟頫則主要以書畫聞名於世。趙與訔爲趙孟頫之父,趙孟頫與趙孟堅爲從兄弟。趙氏三人與周密均有交往。趙與訔年長周密十九歲,其與周密交往的記載主要見於周密詩集《草窗韵語》。周密年長趙孟頫二十二歲,二人交往的記録始見於元至元二十四年(1287)。此年八月,趙孟頫北歸後與周密在杭州相見,并爲周密所收藏的王獻之《保母帖》作題跋。元貞元年(1295),趙孟頫自齊州罷守歸,專程拜謁周密,并爲其作《鵲華秋色圖》畫卷,以慰藉周密的故土之思。此外,趙孟頫還爲周密世代所珍藏的《十咏圖》畫卷題詩。在周密的筆記《雲烟過眼録》中,亦記載有趙孟頫自北歸南後所收藏的書畫古物目録。

趙孟堅年長周密三十三歲,與周密爲忘年交。周密交孟堅始見於宋理宗景定元年庚申。此年,周密與趙孟堅等友人游玩於湖上,展示各自所藏,相與評賞。在《齊東野語》"子固類元章"條中,周密稱贊趙孟堅爲"脩雅博識"之士,"多藏三代以來金石名蹟","有六朝諸賢風氣"[1],可謂文物收藏名家,也説明了周密較早與趙孟堅進行文物的鑒賞與交流活動。

周密與牟子才、牟巘父子亦爲世交。牟巘曾爲周密《弁陽老人自銘》作跋云:"周君公謹,以世舊夙厚余。間不見且久,梅潦被道,吾廬無來迹。君忽披蓬藋,相就談,始予見太末時,如川方至之,意氣睥一世何如也!歲星四環天,余固早衰,君亦華皓,能不爲興慨者耶?"[2]可知其與周密爲世交,且交誼深厚。周密《齊東野語》"張氏十咏圖"條記載周晋曾爲牟子才尋謀寄身之所,道:"南園故址在今南門内,牟存叟端平所居是也。其地尚爲張氏物,先君爲經營得之,存叟大喜,亦常賦五絶句,其一云:'賈家喜傍水晶宫,正是南園故址中。我欲築堂名

1 《齊東野語》,第324頁。

2 〔元〕牟巘:《題周公謹〈自銘〉後》,《全元文》第7册,江蘇古籍出版社,1998年,第624頁。

六老,追還慶曆太平風。' 蓋紀實也。" [1] 知周晋與牟子才交情之深。周密在《癸辛雜識》中還記載了牟子才的私家園林形貌:"本《郡志》南園,後歸李寶謨,其後又歸牟存齋。園中有碩果軒、元祐學堂、芳菲二亭、萬鶴亭、雙杏亭、桴舫齋、岷峨一畝宫,宅前枕大溪,曰南漪小隱。" [2]

周密與牟巘年齒相去不遠,二人交往亦極爲密切。牟巘曾爲《齊東野語》作序,稱贊周密著述筆記時的實録態度;還爲周密晚年所建居所作《周公謹復庵記》,爲周密《弁陽老人自銘》作跋,又作《周公謹贊》,可見二人交情之深。

文物家群體與周密交往較爲頻繁的,除上述世交群體中的趙孟頫外,還有張謙、鮮于樞、王子慶、莊肅等人。周密與他們的交往,可以在《志雅堂雜鈔》等筆記中反映出來。此外,在《雲烟過眼録》中,周密也詳細記載了包括這幾人在内的四十餘位文物家所收藏的藝術品目録。

張謙,字受益,高唐人。周密與張謙的交往始見於元至元二十九年壬辰(1292)。又此年三月和四月十日,至元三十年癸巳(1293)二月二十日、十一月十九日,至元三十一年甲午(1294)正月初七等,[3] 也都有二人交往的文獻記録。除此之外,《雲烟過眼録》中還記録有張謙所收藏的字畫古物目録。

周密與鮮于樞的交往,始見於元至元二十三年丙戌(1286)冬,主要集中於書畫文物的收藏與品鑒活動。趙孟頫《保母帖》跋:"丙戌冬,伯幾得一本,繼之公謹丈得此本,令諸人賦詩,然後朋識中知有此文。丁亥八月,僕自燕來還,亦得一本。" [4] 據此可知周密與鮮于樞的建交始於此年。此後,二人的交往漸趨頻繁。如元至元二十六年己丑(1289)八月,至元二十七年庚寅(1290)九月十日,至元三十年癸巳(1293)三月二十八日、十一月十九日,至元三十一年甲午(1294)九月十一日,大德二年戊戌(1298)二月二十三日等,都有周密與鮮于樞交往的文獻記録。

王子慶,具體履歷不詳,周密與他的交往始見於元至元二十六年。此年七

---

1 《齊東野語》,第 260 頁。

2 《癸辛雜識》,第 161 頁。

3 關於周密與張謙、鮮于樞、王子慶、莊肅等文物收藏家的社交情况,本文只作大致羅列,詳細情况可參見周密筆記《志雅堂雜鈔》的相關記載,大象出版社,2017 年。

4 〔元〕趙孟頫:《趙孟頫文集》,上海書畫出版社,2010 年,第 220 頁。

月二十五日,周密訪王子慶,賞畫,《志雅堂雜鈔》的紀年亦始於此年。此年閏十月,訪王子慶,賞畫。閏十二月,至王子慶家觀鏡。至元三十一年三月四日,王子慶携《草堂十志》來同周密觀賞。

莊肅,號蓼塘。周密與莊肅的交往始見於至元二十九年(1292),此後至元二十九年九月十六日、至元三十年四月二十八日、至元三十年十一月二十六日、至元三十一年九月十二日等,也都有二人交往的記録。

除了上述世交群體和文物家群體,在周密筆記中,也零星記載了一些與其他友人的社交資訊。

周密筆記中所記載的與友人往來的事迹,大多爲登覽游勝及文物交流,這也是周密筆記與其他宋人筆記略顯不同之處。

《澄懷録》爲周密晚年采擷唐宋人登臨游勝、流連光景之文字彙輯而成,語清雋而意曠達。周密在序中稱“余夙好游,幾自貽戚”,“每聞一泉石奇、一景趣异,未嘗不躍然喜,忻然往愛之者”[1],道出了其晚年愛好游勝的生活習尚。此書雖然是摘録他人著作,但却也是他晚年生活情趣的真實寫照。又《癸辛雜識》“游閱古泉”條,記録了他至元丁亥(1287)九月四日與友人游覽韓平泉故園的情景,同游者有錢菊泉、褚伯秀及道士王磐隱等人,同樣是其晚年游勝生活的真實記録。

儘管經歷了政權的更迭,但作爲南宋首都的杭州仍然是元初江南一帶的經濟和文化中心。文物收藏與鑒賞活動也蔚然成爲元初杭州盛行的社會風氣。形成這一風氣的原因有二:一是杭州爲前朝首府,代表了當時文化發展的最高水準,在城市中保存下來的書畫文物數量衆多,便於時人收藏;二是北方元廷官員爲了顯示其社會地位及文藝素養,積極地收藏前宋遺留下來的金石文物,并與南人進行交流。元初南北方交通便利,大量的前宋文物被運輸至京師大都,促成了“博古”的文藝習尚。戴表元云:“陳器車銀甕之貢,展天球河圖之瑞。神文靈繪,岩書壁篆,重譯而來,四面而致,所謂書林藝府、珍藏秘玩,固千載一時之最盛者矣。”[2]道出了當時書畫文物的流動盛况。

1 〔宋〕周密:《澄懷録·序》,《全宋筆記》第8編第1册,大象出版社,2017年,第91頁。

2 〔元〕戴表元:《送王子慶序》,《全元文》第12册,第46頁。

周密晚年尤好文物收藏與鑒賞,《志雅堂雜鈔》和《雲烟過眼録》就記録了他晚年與友人的文物交流活動。

中國的文物市場,經歷了宋末戰亂,在元初重新興盛起來。盛行的藝術品的收藏和鑒賞活動,反映了宋末元初文物市場的繁榮,同時也爲擁有不同生活背景和社會身份的北人和南人提供了交流的媒介,具有重要的藝術史料價值。正如美國學者魏文妮(Ankeney Weitz)所説:"《雲烟過眼録》,提供了許多有價值的觀察中國元代早期社會的藝術史和文化史的視角。對於藝術史學家來説,這本記録現在仍然是十三世紀後期藝術品流通的重要目録。寫下這些目録,周密爲我們提供了其目睹的元代早期的藝術家、收藏家和批評家的有價值的記録。"[1]

除了《志雅堂雜鈔》和《雲烟過眼録》,在周密其他筆記中,也有關於他和友人的藝術品收藏及評賞的文字記録。如《齊東野語》"三教圖贊"條:"理宗朝,有待詔馬遠畫《三教圖》。黄面老子則跏趺中坐,猶龍翁儼立於傍,吾夫子乃作禮於前。此蓋内璫故令作此,以侮聖人也。一日傳旨,俾古心江子遠作贊,亦故以此戲之。公即贊之曰:'釋氏趺坐,老聃傍睨,惟吾夫子,絶倒在地。'遂大稱旨。其辭亦可謂微而婉矣。"[2] 在此條中,周密通過"三教圖",記述了一段有趣的往事。又同書卷十四"館閣觀畫"條記録在南宋内府所親見的書畫珍品:"其佳者有董源畫《孔子哭魚丘子圖》,唐模顧愷之《洗經圖》,此二圖絶高古。李成《重巒寒溜》,孫大古《志公》,展子虔作《伏生》,無名人《三天女》,亦古妙。燕文貴紙畫山水小卷極精。土雷小景,符道隱山水,關仝山水,胡瓌馬,陳晦柏,文與可古木便面,亦奇,餘悉常品,亦有甚謬者。通閲一百六十餘卷,絶品不滿十焉。暇日想像書之,以爲平生清賞之冠。"[3] 周密在記録畫作品目的同時,也注重記録畫作裝裱的設計等。同書卷六"紹興御府書畫氏"條中,就對畫作的形狀、材質、裝裱及品級等進行了詳細的描述。此外,《齊東野語》卷十"脱靴返棹二圖

1 Ankeney Weitz, *Zhou Mi's Record of Clouds and Mist Passing Before One's Eyes: An Annotated Translation*, Leiden: Brill, 2002 年,第 4 頁。

2 《齊東野語》,第 207 頁。

3 《齊東野語》,第 230~231 頁。

贊”“吴郡王冷泉畫贊”條,《癸辛雜識》前集“趙子固梅譜”、後集“賈寥碑帖”、續集下“畫本草三輔黄圖”、别集下“畫扇不入内”等條中,也都有關於書畫文物的記載,爲後世留下當時書畫流傳的重要資料,同時也真實反映了周密的文化生活狀態,并從一個側面説明,這些社交群體對他的筆記創作産生過重要影響。

二

周密筆記的材料來源,大致有兩類:一是親身的經歷及聞見;二是轉述他人的文字記録,包括輯録前人及時人的著述。第一類的材料來源和他的社交活動密切相關。其中有從友人那裏聽到的軼聞舊事,還有活動過程的詳細記録。

周密筆記中有不少軼聞舊事來源於友人的聞見,他在《癸辛雜識·序》中云:“余卧病荒閒,來者野人畸士,放言善謔,醉談笑語,靡所不有。可喜可噩,以警以愳,或獻一時之笑,或起千古之悲,其見紿者固不少,然求一二於千百,當亦有之。暇日萃之成編……”[1]友人之“放言善謔,醉談笑語”,他便記録下來,日後整理并編入筆記中。牟巘在《周公瑾〈齊東野語〉序》中稱:“公瑾生長見聞,博識强記,誦之牘,存於篋,以爲是編所資取者衆矣。其言近代事特詳,蓋有余之所未聞,或聞而不盡同者。”[2]周密的“生長見聞”,大都是來自於社交過程中的所聞所見。

周密的筆記,大都作於宋亡之後。宋亡之後,社交圈也逐漸擴大,不同身份的人,周密都能與其交往。在社交過程中,他們相互交流各自的所見所聞。周密將所聽到的友人們的見聞記録下來,分類别目,彙輯成書,即成爲筆記。在筆記撰述中,周密十分重視對材料來源的標注。如《癸辛雜識》“相馬法”條:“馬之壯者,眼光炤人見全身;中年者,炤人見半身;老者,炤人僅見面耳。此韃靼相馬之法。張受益”[3]在此條最後注明“張受益”,意在表明此條材料聞自於張受益。又“碑蓋”條:“趙松雪云:‘北方多唐以前古冢。所謂墓志者,皆在墓中,正

1 《癸辛雜識》,第147頁。

2 〔元〕牟巘:《周公謹〈齊東野語〉序》,《全元文》第7册,江蘇古籍出版社,1999年,第575頁。

3 《癸辛雜識》,第283頁。

方而上有蓋,蓋豐下殺上……'。"[1]注明此條材料來源於趙松雪。又"駝峰"條:"駝峰之雋,列於八珍。然駝之壯者,兩峰堅聳,其味甘脆……而壯有力者未始以爲饌也。子昂"[2]子昂,即趙孟頫。周密亦在此條最後標明了材料的來源。諸如此類材料,在周密的筆記中占了很大一部分。

周密長期生活於杭州,杭州在他的社交生活中具有至關重要的作用。作爲前朝首都,雖然經歷了亡國之變,但是杭州的城市文化并没有隨着宋朝的滅亡而停滯,反而在元初得到了繼續發展,并成爲了南北文化交流的中心。入元以後,周密生活於杭州,直至去世。在日常的社交中,周密從杭州的友人那裏得到了大量的關於北人生活的見聞,便將這些見聞記録下來,彙輯到筆記之中。如《癸辛雜識》"西征异聞"條:"陳剛中云:'成吉思皇帝嘗西征,渡流沙萬餘里,其地皆荒寂無人之境……於是西域之地始通中國。其國謀往來者,每以膏油塗其骨令潤,懼其枯朽,折則無復可通故耳。'"[3]此條材料聞自友人陳剛中,記録成吉思汗西征時异聞。又"押不蘆"條:"回回國之西數千里地,産一物極毒,全類人形,若人參之狀,其酋名之曰'押不蘆'。生土中深數丈,人或誤觸之,着其毒氣必死……今聞御藥苑中亦儲之,白廷玉聞之盧松厓。或云:'今之貪官污吏贓過盈溢,被人所訟,則服百日丹者,莫非用此。'"[4]此條記録北方所産押不蘆的藥性。諸如此類有關北人生活的見聞,在周密的筆記中多有記載。這些材料得自往來於南北方的友人,反映了當時南北方文化交流與融合的時代特徵。

《志雅堂雜鈔》及《雲烟過眼録》集中記録了友人之間的文物交流活動。《志雅堂雜鈔》爲日記體,全書分爲圖畫碑帖、諸玩、寶器、人事、醫藥、陰陽算術、仙佛、書史等章節,所記爲某年某月某日訪某人,或某人來訪,獲見字畫古玩等,部分條目記有明確的時間,大體爲元世祖至元二十六年(1289)至元成宗元貞元年(1295)間的活動。《雲烟過眼録》記録了周密四十八位元友人的文物收藏目録,主要集中於字畫古玩方面。全書按照收藏者的名號標示,并略加品評,可證

1 《癸辛雜識》,第283~284頁。

2 《癸辛雜識》,第284頁。

3 《癸辛雜識》,第276~277頁。

4 《癸辛雜識》,第282頁。

周密晚年與友人品書畫、賞古器活動之頻繁。陸心源《宋史翼》卷三十四“周密”條,“(周密)善畫梅、竹、蘭、石,多藏書法、名畫,以鑒賞游諸公”[1],道出了周密晚年的文藝生活情趣。周密亦稱“余自世變以來所見香鼎多矣”[2],可以窺見其入元以後的文物品賞生活。

周密的友人中,也有著述筆記的,如仇遠有《稗史》,張樞有《宋季逸事》《林下竊議》,鮮于樞有《困學齋雜録》《相學齋雜鈔》等,周密和他們在交往中相互切磋寫作經驗,在筆記著述觀念上受到了他們的影響。

張樞爲詞人張炎之父,年長於周密。《兩浙名賢録》記載張樞:“謂宋之亡也,將相群臣仗節死者,固已有傳,在史氏。若卑官下吏、士卒女婦之死者,多史所弗録。乃詢諸故老,采稗官,得若干人,爲《宋季逸事》若干卷。”知其著有《宋季逸事》,多爲正史所不載的稗官軼事,與周密筆記《癸辛雜識》《齊東野語》題材類似。《兩浙名賢録》也記載張樞因嫌“三國之臣,有能致節於其君者,舊史或諱不書,或書而失實,或僅見於异代之史,皆爲更定。而於漢事必備載,以詳正統。或一事類説必參訂,使歸於一”[3]。這説明張樞著史時堅持實録的原則。周密的筆記撰述也同樣堅持實録原則。戴表元《齊東野語序》中説:“今夫周子之書,其言覈,其事確;其詢官名,精乎其欲似郯子也;其訂輿圖,審乎其欲似晋伯宗也;其涉詞章禮樂,瞻乎其欲似吴公子札也。他所稱舉,旁聞曲證,如歸泰山之巔而記封邱之壝;過矍相之圃而數射夫之序。”[4]胡文璧在《齊東野語·後序》中也道“據其耳目聞見,與實録互有同异”[5],高度評價了周密筆記的實録原則。張樞晚年曾被元丞相脱脱奏辟爲樞長史,但力辭不拜;後來又被任命爲國史院編修官,仍然不就;死後,四方之士莫不高其風節。張樞年長於周密,周密對其高風亮節的人格欽佩之至,而其堅持實録的著述原則對周密的筆記創作觀念産生了影響。鮮于樞撰有《困學齋雜録》,主要記録詩話。《四庫全書總目》

1 〔清〕陸心源:《宋史翼》卷三四《周密傳》,中華書局,1991年,第367頁。

2 〔宋〕周密:《雲烟過眼録》,《全宋筆記》第8編第1册,大象出版社,2017年,第70頁。

3 〔明〕徐象梅:《兩浙名賢録》卷四三,《續修四庫全書》第543册,上海古籍出版社,2003年,第503頁。

4 《齊東野語》,第11頁。

5 《齊東野語》,第347頁。

稱"是書所紀,當時詩話雜事爲多""雖隨筆札録,草草不甚經意。而筆墨之間,具有雅人深致"[1]。此書與周密《浩然齋雅談》和《吟室霏談》的題材相似。入元以後,在文物鑒賞方面,鮮于樞與周密有很多交往。在《雲烟過眼録》中,周密記載有鮮于樞收藏的藝術品目録。在《志雅堂雜鈔》中,周密也記載了與鮮于樞的文物鑒賞活動。在交往中,二人相互探討筆記創作經驗,在著述觀念上也互有影響。

周密在筆記中也記録了一些友人在入元以後的著述情況。《志雅堂雜鈔》記載:"陳本齋、馬碧梧、高耻堂、陳聖觀自世變後極意經史,著述甚富,而手抄之書日以萬字,有類日課,蓋閒中無以消憂故也。"[2]周密與陳振孫始交於宋亡以前。陳振孫家富藏書,周密筆記中的一些史料就來自於陳振孫。陳振孫、馬廷鸞均年長於周密,他們"極意經史"、輯録文字的行爲,對周密也産生了影響。周密在《弁陽老人自銘》中云:"自幼朗悟篤學,慕尚高遠,家故多書,心惟手抄,至老不廢。"[3]其輯録體筆記《澄懷録》和《吟室霏談》,便是受到了陳振孫、馬廷鸞等人抄書行爲的影響。

周密的社交活動,特别是晚年的文化交游活動,對於其筆記中情感意藴的深化,有一定的作用。

周密出生於官宦世家、書香門第,從小就接受了良好的儒學教育,以出則濟世、入則修身爲己任。少年時,周密之父曾示其祖父之帙書,告誡周密"國史凡幾修,是非凡幾易,而吾家乘不可删也。小子識之"[4],著史的家風對周密産生了重要的影響。宋亡之後,周密不再出仕,但故國之思、亡國之痛時時縈繞在心頭,保存國史、國故的責任意識便涌现出來,筆記的寫作就成爲他晚年生活中的重要内容。在周密的身上,體現出了宋代文人的憂患意識和淑世精神。

周密的交游群體中,多有南宋遺民群體。周密與這些友人交往時,多談論前宋的典章制度、軼文舊事,評點朝廷政要,論析亡國之由,字裏行間流露着故

1 《四庫全書總目》,中華書局,1983 年,第 1049 頁。

2 〔宋〕周密:《志雅堂雜鈔》,《全宋筆記》第 8 編第 1 册,大象出版社,2017 年,第 242 頁。

3 〔宋〕周密:《弁陽老人自銘》,朱存理《珊瑚木難》卷五,《四庫全書》第 815 册,上海古籍出版社,2003 年,第 143 頁。

4 《齊東野語》,第 13 頁。

國之思。《癸辛雜識》一書的命名,緣於周密晚年的居住地。宋祥興二年(1279),帝昺投海,宋朝滅亡。當時周密正寓居於杭州癸辛街,爲了寄托亡國的悲憤,遂著述《癸辛雜識》,而是書以此得名。全書主要記載宋元之際的典章制度、瑣事雜言、遺聞軼事等,如"史嵩之始末""賈相制外戚抑北司戢學校""試行韓震""薦楊誠齋""馬相去國""置士籍""機速房""成均舊規""太學之横""知州借紫"等條,記載的都是犖犖大事,有裨於考證,富有史料價值。這些材料的獲取,就與其廣泛的文化生活有着密切的關係。《雲烟過眼録》記載宋元之際江南一帶友人的文物收藏目録,對於瞭解宋元之際江南一帶文物市場的發展情況有着重要的文獻價值。

可以看出,周密與友人之間的交往活動,大都是圍繞着故國文明而展開,其固有傳統文人的文化消遣成分在内,但是又多了一層歷史擔當。這實際上是周密情感意藴的深化。

周密的筆記大都成書於他在世之時。通過廣泛的社交活動,這些筆記被友人傳抄和觀閱,這就對其筆記的初步傳播起了積極的作用。

《武林舊事》的版本源流比較駁雜,目前可知的有六卷本、十卷本和十一卷本等。元人忻厚德在《武林舊事》的跋文中寫道:"《武林舊事》,乃弁陽老人草窗周密公謹所集也。刊本止六卷。山村仇先生所藏本終十卷,後歸西河莫氏家。余就假於莫氏,因手鈔成全書,以識歲月,藏於家塾。"[1]"仇先生"即周密的好友仇遠。從此跋文中可知,該書在元代就有六卷刊本和十卷抄本之别,也知該書當時就在周密好友中傳抄流布,很可能這也是造成其卷數不同的重要原因。

《武林舊事》中的篇章還被單獨裁出,作爲單部筆記流傳。石巖在《志雅堂雜鈔·序》中云:"其(周密)著述之富,則有《絶妙好詞》《癸辛雜志》《武林舊事》……《乾淳起居注》《乾淳歲時記》《武林市肆記》《湖山勝概》若干種。"[2]石巖寫此序時爲元至順三年(1332),距離周密去世僅三十餘年,可見當時《乾淳起

1　〔清〕楊紹和:《楹書隅録續編》卷二,《續修四庫全書》第927册,上海古籍出版社,2002年,第63頁。

2　此序原爲石巖作,清余集刊刻《志雅堂雜鈔》時,沿用石巖舊序而冠以己名。詳見黄寶華教授《志雅堂雜鈔》點校説明。

居注》《乾淳歲時記》《武林市肆記》《湖山勝概》就同《武林舊事》一起在世上流傳。書中的篇章被單獨裁出成書的原因,除了《武林舊事》的題材因素,還有就是友人的傳抄。周密在該書第七卷前的自序中説:“此書叢脞無足言,然間有典章一二可觀,故好事者或取之,然遺闕故不少也。”[1] 這説明該書不是一次性完成,而是不斷補充新材料,并加以修訂而成,在此過程中,書就被“好事者”傳抄出去。這裏的“好事者”,主要就是周密的友人。版本系統的駁雜和書中文本被單篇裁出成書,與友人的傳抄有着密切的關係,説明周密的社交活動促進了其筆記的初步傳播。

周密筆記的大量刊刻,則要到明代以後,特别是《説郛》《稗海》《津逮秘書》等叢書的收録,使其筆記逐漸爲世人熟知,并開始廣泛流傳。儘管如此,周密的社交活動對其筆記的初步傳播所起的促進作用,却是不可忽視的。

1 〔宋〕周密:《武林舊事》,西湖書社,1980年,第115頁。

從《容齋隨筆》看南宋洪邁之藏書活動及思想

揚州大學圖書館　姚海英

［**摘　要**］　洪邁爲南宋著名的文學家、史學家、學者，其在文獻考訂、輯佚、校讎、刻印出版諸方面均有重大貢獻。洪邁一生富收藏，雅賞鑒，其所作的讀書筆記《容齋隨筆》保存了洪邁生平讀書、藏書的大量史料。從中可以考察洪邁生平收藏圖書之大致情況。洪邁將藏書與利用相結合，對圖書進行品評、隨手記録爲筆記；并精於校勘、詳以考證。其在圖書存藏、版本鑒定方面也形成了自己鮮明的思想。

［**關鍵詞**］　洪邁　藏書　《容齋隨筆》

洪邁（1123—1202），字景盧，號容齋，别號野處，江西鄱陽人，是南宋著名的文學家、史學家、學者，其在文獻考訂、輯佚、校讎、刻印出版諸方面亦有重大貢獻。洪邁一生富收藏，雅賞鑒，其所作的讀書筆記《容齋隨筆》保存了洪邁生平讀書、藏書的大量史料。現從這些資料出發，爬羅梳理，對洪邁的藏書活動及其思想作一蠡窺。

一、收藏圖書及來源

《容齋隨筆》（以下簡稱"《隨筆》"）是洪邁所作的一部讀書筆記，分《隨筆》《續筆》《三筆》《四筆》《五筆》，前四筆各十六卷，《五筆》十卷，共七十四卷。《容齋隨筆》的創作始於洪邁四十一歲，終於晚年。他廣泛地涉獵經史，考閱典故，有所心得，遂爲筆記，前後歷時長達四十年。故此書記載了洪邁生平大部分的閱讀活動，保存了洪邁生平經眼、閱讀、收藏之書目，具有重要的文獻史料價值。從《隨筆》記載來看，洪邁博覽經史、收藏廣泛，涵蓋經、史、子、集各部類圖書，既有碑帖作品，亦有野史雜著，還收藏當時之珍稀善本。現將《隨筆》所記洪邁收藏的圖書，按四部分類法，大致整理如下：

經部：

·舊監本《周禮》。"予家有舊監本《周禮》"，末有大周廣順三年（953）序。（《續筆》卷十四《周蜀九經》）

·舊監本《經典釋文》。"顯德六年（959）己未三月，太廟室長朱延熙書"，"字畫端嚴有楷法，更無舛誤"。（《續筆》卷十四《周蜀九經》）

·王沿《春秋通義》。"予家藏王沿《春秋通義》一書。"（《三筆》卷十二《侍從兩制》）

·《孝經雌雄圖》。"予家有故書一種，曰《孝經雌雄圖》，云出京房《易傳》，亦日星占相書也。"（《三筆》卷十一《歲月日風雷雄雌》）

史部：

·孔毅甫《野史》一卷。"凡四十事，予得其書於清江劉靖之所。"（《隨筆》卷十五《孔氏野史》）

·袁夢麒《漢制叢録》。"比得蜀士袁夢麒應祥《漢制叢録》。"（《四筆》卷六《建武中元續書》）

·《唐賢啓狀》一册。"皆泛泛緘題。其間標爲獨孤常州及、劉信州太真、陸中丞長源、吕衡州温者，各數十篇。"（《三筆》卷八《唐賢啓狀》）

·朱弁《忠義録》。"予得朱弁所作《忠義録》於其子林。"（《續筆》卷十六《忠臣名不傳》）

·嚴郢《三藏和尚碑》。"徐季海書，乃不空也。"（《三筆》卷七《代宗崇尚釋氏》）

·晏幾道帖《與通叟少公》。"予後得晏幾道叔原一貼《與通叟少公》。"（《四筆》卷七《縣尉爲少仙》）

·錢希白《潭州石刻法帖》十卷。"《潭州石刻法帖》十卷，蓋錢希白所鎸，最爲善本……此貼今藏予家。"（《四筆》卷十《東坡題潭帖》）

子部：

·元次山《元子》。"《元子》十卷，李紓作序，予家有之，凡一百五篇。"（《隨筆》卷十四《元次山元子》）

·錢丕《行年雜紀》。"又得錢丕《行年雜紀》。"（《四筆》卷十《親王回庶官書》）

·《雲林繪監》册。“予家藏《雲林繪監》册,有顔魯公畫像,徐師川題詩。”(《三筆》卷十二《顔魯公祠堂詩》)

集部:

·建本《蘭碗曲集》。“予家舊有建本《蘭畹曲集》。”(《四筆》卷十三《秦杜八六子》)

·《陳後主文集》十卷。(《續筆》卷五《作詩先賦韵》)

·《晋代名臣文集》。“故篋中得舊書一帙,題爲《晋代名臣文集》。凡十四家。”(《五筆》卷四《晋代遺文》)

·上饒刊本《潏水集》。“比得上饒所刊《潏水集》。”(《四筆》卷六《記李履中二事》)

·蜀本石室先生《丹淵集》。“比得蜀本石室先生《丹淵集》。”《(《四筆》卷十一《文與可樂府》)

以上應是洪邁生平收藏的部分圖書,從這些爲數不多的藏品亦可看出洪邁之收藏别具特色:

其一,收藏範圍廣泛,涵蓋經、史、子、集各部類圖書。洪邁作爲南宋著名的文學家、學者,出生於世儒之家。父親洪皓(1088—1155)爲南宋一代風節名臣,博學强記,著述甚豐。伯兄洪适(1117—1184)、仲兄洪遵(1120—1174)於紹興十二年(1142)同登博學宏詞科,後分别官至宰相、吏部尚書,洪邁也於三年後登科,可謂“父子相承,四上鑾坡之直;弟兄在望,三陪鳳閣之游”。[1] 洪氏三兄弟皆以博學能文著稱,時人稱爲“三洪”。受良好的家庭文化熏染,邁自小愛好讀書,“幼讀書日數千言,一過目輒不忘,博極載籍,雖稗官虞初,釋老傍行,靡不涉獵”[2]。幼時寬泛的閲讀,爲其日後廣泛的收藏打下了重要的文化基礎。

其二,雅好碑帖,注意收藏碑帖作品。從上述藏書來看,除了一般書籍,洪邁還喜好收藏碑帖作品。這也是宋代藏書家收藏的新特色,他們不僅收藏一般的書籍,同時注意對金石碑刻資料的收集、存藏。如邁兄洪适喜好收藏碑石資料,集録漢魏晋碑刻文字百餘種,編爲《隸釋》。洪邁精通歷史,注重對典故、名

1 〔宋〕洪邁:《容齋隨筆》卷十六《兄弟直西垣》,上海古籍出版社,1978 年,第 205 頁。

2 〔元〕脱脱等:《宋史》,卷三七三,中華書局,1977 年,第 11570 頁。

物的考證,其收藏金石碑刻資料主要用以考證名物典故、歷史事實。紙本圖書因年代久遠,易殘缺破損,故金石資料成爲研究歷史的重要文獻,亦開闢出研究社會歷史的一種重要方法。

其三,藏有前代之珍稀善本。《容齋續筆》卷十四《周蜀九經》載:"予家有舊監本《周禮》,其末云,大周廣順三年癸丑五月,雕造九經書畢,前鄉貢三禮郭嵠書。列宰相李穀、范質、判監田敏等銜於後。"[1] 舊監本《周禮》即五代監本《周禮》。據《五代會要》卷八"經籍"載:"長興三年二月,中書門下奏:'請依石經文字刻《九經》印板'""漢乾祐元年閏五月,國子監奏:'見在雕印板《九經》,内有《周禮》《儀禮》《公羊》《穀梁》四經未有印本,今欲集學官校勘四經文字鏤板。'從之""周廣順三年六月,尚書左丞兼判國子監事田敏進印板《九經》書:《五經文字》《九經字樣》各二部,共一百三十册"。[2] 知《周禮》於後唐長興三年(932)奏請議經,始校於後漢乾祐元年(948),後周廣順三年(953)刻版雕畢。王國維認爲"監本九經雖依唐石經文字,然唐石經專刊經文,監本則兼經注考。六朝以後,行世者只有經注本無單經本"。概"用石經經文而取經注本之注",《周禮》題鄭氏注。知監本《周禮》爲經注本,爲現存《周禮注》之最早刻本。[3] 另有舊監本《經典釋文》。《續筆》卷十四《周蜀九經》載《經典釋文》末云:"顯德六年己未三月,太廟室長朱延熙書,宰相范質、王溥如前,而田敏以工部尚書爲詳勘官。此書字畫端嚴有楷法,更無舛誤。"[4] 據《五代會要》載:"顯德二年二月,中書門下奏:'國子監祭酒尹拙狀稱:准敕校勘《經典釋文》三十卷,雕造印板。'"[5] 這些五代時的刻本圖書,到南宋已歷時百餘年,流傳稀少,彌顯珍貴。

除了上述圖書,《隨筆》還記録了洪邁經眼的多部宋人著作原稿及初刻,其中就有趙明誠《金石録》原稿。《容齋四筆》卷五《趙德甫金石録》載:

> 東武趙明誠德甫,清憲丞相中子也。著《金石録》三十篇,上自三代,下訖五季,鼎、鐘、甗、鬲、槃、匜、尊、爵之款識,豐碑大碣顯人晦士

1 〔宋〕洪邁:《容齋隨筆》,上海古籍出版社,1978 年,第 387 頁。

2 〔宋〕王溥:《五代會要》,上海古籍出版社,2006 年,第 128~129 頁。

3 參王國維《五代兩宋監本考》,《海寧王静安先生遺書》,1940 年商務印書館石印本。

4 《容齋隨筆》,第 387 頁。

5 《五代會要》,第 129 頁。

之事迹，見於石刻者，皆是正訛謬，去取褒貶，凡爲卷二千。其妻易安李居士，平生與之同志，趙没後，湣悼舊物之不存，乃作後序，極道遭罹變故本末。今龍舒郡庫刻其書，而此序不見取，比獲見元稿于王順伯，因爲撮述大概云：……，時紹興四年也，易安年五十二矣，自叙如此。予讀其文而悲之，爲識於是書。[1]

洪邁從王順伯處經眼《金石録》原稿，[2]并録李清照《金石録》序文，此序文爲刻本所不載，故具有極重要的價值。李序云："忽閲此書，如見故人，因憶德甫在東萊静治堂，裝褾初就，芸簽縹帶，束十卷作一帙，日校二卷，跋一卷，此二千卷，有題跋者五百二卷耳。"序文詳叙了趙明誠收集金石碑帖的經過及所藏的散佚情况。

另經眼蔣魏公《逸史》，"蔣魏公《逸史》二十卷，穎叔所著也，多紀當時典章文物"（《容齋四筆》卷九《蔣魏公逸史》）；歐陽修《歐陽公文集》，"吉州新刊《歐陽公文集》，於年譜下盡載官爵、制同，無一遺落"（《容齋五筆》卷三《歐陽公勛封贈典》）；陳藪《談叢》，"後山陳無己著《談叢》六卷，高簡有筆力，然所載國朝事，失於不考究，多爽其實"（《容齋隨筆》卷八《談叢失實》）；佚名《貽子録》，"先公自燕歸，得龍圖閣書一策，曰《貽子録》，有'御書'兩印存，不言撰人姓名，而序云：'愚叟受知南平王，政寬事簡。'意必高從誨擅荆渚時，賓僚如孫光憲輩者所編，皆訓儆童蒙"（《容齋續筆》卷十三《貽子録》）。

從《隨筆》所記來看，洪邁收藏的圖書，主要通過宦游訪求所得，具體爲贈送、購買，亦或交换不得細知。洪邁於紹興十五年（1145）登博學宏詞科，乾道、淳熙間，累遷起居舍人、中書舍人、同修國史、翰林學士等職，歷知泉州、吉州、贛州、建寧、婺州、太平、紹興諸州府。在爲官地方期間，他體恤民情，還記録鄉民的奇聞軼事，爲其志怪小説《夷堅志》搜集了大量的故事素材，"群從姻黨，宦游峴、蜀、湘、桂，得一异聞，輒相告語"[3]。這種宦游亦形成一個龐大的人際網絡，

---

1 《容齋隨筆》，第667頁。

2 洪邁還從王順伯處經眼《蘭亭貼》。洪邁《跋王順伯所藏〈蘭亭貼〉》云：順伯所藏"修禊"兩副本。《全宋文》卷四九一七，第222册，第64頁。

3 〔宋〕洪邁：《夷堅志》，中華書局，1981年，第795頁。

爲其訪求圖書奠定了一定的社會基礎。《隨筆》載:“孔毅甫《野史》一卷,凡四十事,予得其書于清江劉靖之所。”[1]“故篋中得舊書一帙,題爲《晋代名臣文集》”[2],“比得蜀本石室先生《丹淵集》”。[3] 其中,有得之於作者之家人,如“予得朱弁所作《忠義録》於其子棣”[4]。不僅如此,洪邁還通過賓朋往來,瞭解圖書資訊,及時洞悉新書上市,如《隨筆》提到“近歲新安胡仔著《漁隱叢話》”[5]。洪邁還爲新書作序。《全宋文》録邁作書序十餘篇,[6] 如紹熙二年(1191)作《華陽集》序,紹熙三年(1192)作《玉台集》序,慶元二年(1196)作《知稼翁集》序,慶元三年(1197)作《猗覺寮雜記》序等。新書上市得益於宋代版刻技術之普及,宋代文人著述大多刻印出版,《隨筆》曰“乃婺女所刻”,[7] 除了私自雇工刊刻,官衙亦可刻印書籍。在《重華宫投進札子》中邁提到:“去年守越,(《唐人絶句》)嘗於公庫鏤板。未及了畢,奉祠西歸,家居無事,又復搜討文集,傍及傳記小説,遂得滿萬首,分爲百卷,輒以私錢雇工接續雕刻,今已成書。”[8] 當然,刻印圖書本身推動了書籍的傳播與流通。《隨筆》由婺匠刊刻之後,“賈人販鬻於書坊中,貴人買以入,遂塵乙覽”[9]。刊刻圖書的便利,使得大量圖書進入流通領域,這是洪邁收藏圖書的重要文化背景。

二、藏書與利用

(一)閲讀品評,遂爲筆記

洪邁作爲有宋一代的大學者,其收藏以讀書、著述爲職志,藏書爲讀,讀書爲用,注重對圖書的精細閲讀,字句了熟於心,隨時記録,遂成筆記。如其讀建

1 《容齋隨筆》卷一五《孔氏野史》,第 195 頁。

2 《容齋隨筆》,第 186 頁。

3 《容齋隨筆》,第 739 頁。

4 《容齋隨筆》,第 414 頁。

5 《容齋隨筆》卷二《存殁絶句》,第 231 頁。

6 《全宋文》卷四九一七,第 222 册,第 48~65 頁。

7 《容齋隨筆》,第 215 頁。

8 〔宋〕洪邁:《重華宫投進札子》,《全宋文》卷四九一三,第 221 册,第 378 頁。

9 《容齋隨筆》,第 215 頁。

本《蘭畹曲集》,“載杜牧之一詞,但記其末句云:‘正銷魂,梧桐又移翠陰。’秦公蓋效之,似差不及也”[1]。通過精讀,進行品評,如讀蜀本石室先生《丹淵集》之《秦王卷衣》篇,評“其語意寀人騷人閫域”[2]。又讀《唐賢啓狀》所録獨孤及《與第五相公書》,評曰:“垂示《送丘郎中》兩詩,詞清興深,常情所不及。‘陰天聞斷雁,夜浦送歸人。’敵麗閑遠之外,文句窈窕悽惻,比頃來所示者,才又加等。但吟誦歎咏,大談於吴中文人耳。按第五琦乃聚斂之臣,不以文稱,而獨孤獎重之如此。觀表出十字,誠爲佳句,乃知唐人工詩者多,不必專門名家而後可稱也。”[3]除對圖書内容的品評,還對圖書之整體文風作出評價。如元次山“有《元子》十卷,李紓作序,予家有之,凡一百五篇,其十四篇已見於《文編》,餘者大抵澶漫矯亢”。[4] 這些評論雖然篇幅短小,但其與現代之書評有异曲同工之妙。

(二)精於校勘,詳以考證

洪邁將收藏、閲讀與校讎圖書相結合,注重版刻文字的校勘。其言:“今代所傳文書,筆吏不謹,至於成行脱漏。予在三館假庾自直《類文》,先以正本點檢,中有數卷皆以後板爲前,予令書庫整頓,然後録之。他多類此。周益公以《蘇魏公集》付太平州鏤板,亦先爲勘校。”[5]對圖書進行校勘可審視取材之正誤,糾正刻印文字的訛誤,甚至解决流傳過程中散佚脱落的情況。宋代士大夫校書風氣頗盛,據朱弁《曲洧舊聞》載:“宋次道龍圖(宋敏求)云:‘校書如掃塵,隨掃隨有。’其家藏書皆校三五遍者。世之蓄書,以宋爲善本。”[6]校勘可以嘉惠後學,有功後人。洪邁不僅注重版本間文字异同,精於勘校,亦重視内容的真實性,詳以考證,訂訛正誤。其言:“吉州新刊《歐陽公文集》,於年譜下盡載官爵、制同,無一遺落。考之今制,多有不合。雖非事之所以損益,謾書於策,且記典

1 《容齋隨筆》,第 772 頁。

2 《容齋隨筆》,第 739 頁。

3 《容齋隨筆》,第 513 頁。

4 《容齋隨筆》卷十四《元次山元子》,第 186 頁。

5 《容齋隨筆》卷二《抄傳文書之誤》,第 635 頁。

6 〔宋〕朱弁:《曲洧舊聞》卷四,《全宋筆記》第 3 編第 7 册,大象出版社,2008 年,第 39 頁。

章隨時之异云。”[1]同時,洪邁收藏圖書用以考證名物掌故、詞語由來,這在《隨筆》中有大量記載,如《三筆》卷三考證“兔葵燕麥”,[2]《三筆》卷二利用《北史·杜正玄傳》考證秀才之名由來。此外,洪邁亦留意佚失書籍。其謂:“劉向《七略·相六畜》三十八卷,謂骨法之度數,今無一存。”[3]這種對佚失圖書隻言片語的著録,有利於後人瞭解圖書流存之脉絡,具有重要的史料價值。

三、藏書思想

《隨筆》不僅記録了洪邁生平藏書的情况,亦反映了其在圖書存藏、版本鑒定方面的一些思想,這主要體現在以下三方面:

(一)藏書甚難,不易留存

《容齋續筆》卷十五《書籍之厄》載:

> 梁元帝在江陵,蓄古今圖書十四萬卷,將亡之夕盡焚之。隋嘉則殿有書三十七萬卷,唐平王世充,得其舊書於東都,浮舟泝河,盡覆於砥柱。貞觀、開元募借繕寫,兩都各聚書四部。禄山之亂,尺簡不藏。代宗、文宗時,復行搜采,分藏於十二庫。黄巢之亂,存者蓋尠。昭宗又于諸道求訪,及徙洛陽,蕩然無遺。……今劉氏之在廬山者不聞其人,則所謂藏書殆亦羽化。乃知自古到今,神物亦於斯文爲靳靳也。宣和殿、太清樓、龍圖閣御府所儲,靖康蕩析之餘,盡歸於燕,置之秘書省,乃有幸而得存者焉。[4]

邁叙南朝梁、隋、唐及宋朝圖書亡佚情况,或因戰亂,或因統治者焚毁,書籍不存。故其感嘆“乃知自古到今,神物亦于斯文爲靳靳也”。知一代圖書易毁,不易留存。《容齋五筆》卷七《國初文籍》對宋初文獻存藏情况作了進一步描述:

---

1 《容齋隨筆》,第842頁。

2 《容齋隨筆》,第443頁。

3 《容齋隨筆》卷四《相六畜》,第265頁。

4 《容齋隨筆》,第398頁。

國初承五季亂離之後，所在書籍印板至少，宜其焚煬蕩析，了無孑遺。然太平興國中編次《御覽》，引用一千六百九十種，其綱目并載於首卷，而雜書、古詩賦又不及具録，以今考之，無傳者十之七八矣，則是承平百七十年，翻不若極亂之世。姚鉉以大中祥符四年，集《唐文粹》，其序有云："况今歷代墳籍，略無亡逸。"觀鉉所類文集，蓋亦多不存，誠爲可歎！[1]

洪邁注意到圖書收藏與時代背景之密切關係。遇亂離之世，朝代更替，戰亂頻仍，圖書毁損甚至蕩然無存。遇承平之世，文化昌盛，圖書數量大增，藏書得以彙聚。

（二）書易脱誤，碑帖爲真

《續筆》卷十五《書易脱誤》載："經典遭秦火之餘，脱亡散落，其僅存於今者，相傳千歲，雖有錯誤，無由復改。《漢・藝文志》載：'劉向以中古文《易經》校施、孟、梁丘經，或脱去'無咎''悔亡'，唯費氏經與古文同。以《尚書》校歐陽、夏侯三家經文，《酒誥》脱簡一，《召誥》脱簡二。率簡二十五字者，脱亦二十五字，簡二十二字者，脱亦二十二字。'今世所存者，獨孔氏古文，故不見二篇脱處。"[2]

此處言先秦經書因簡册脱誤，後世無從校對。不僅簡册如此，紙質圖書更易遭破損，而致文字缺失。《五筆》卷九《擒鬼章祝文》載：

東坡在翰林作《擒鬼章奏告永裕陵祝文》云："大獮獲禽，必有指蹤之自。豐年多廪，孰知耘耔之勞？……"今蘇氏眉山功德寺所刻大小二本，及季真給事在臨安所刻，并江州本、麻沙書坊《大全集》，皆只自"耘耔"句下，便接"憬彼西戎，古稱右臂"。正是好處，却芟去之，豈不可惜？唯成都石本法帖真迹，獨得其全。[3]

此處言各種刻本文字皆有缺失，唯有碑帖内容保存完整。洪邁在此充分肯

1　《容齋隨筆》，第884頁。
2　《容齋隨筆》，第395頁。
3　《容齋隨筆》，第909頁。

定了碑刻文獻的獨特價值。金石銘文等碑刻文獻因不易損毁,保持性强,因而具有獨特的語言文字價值。碑刻文獻在先秦就已使用,而後竹簡、絲帛成爲秦漢文獻的主要載體形式。隨着造紙術的發明使用,紙成爲傳播文獻的主要載體形式。宋代爲紙質圖書飛速發展的時期。伴隨着宋代經濟的發展、文化的昌盛,刻書業迅速崛起。不僅雕版印刷術得以廣泛使用,還發明了活字印刷術。全國形成了浙江、四川、福建三大刻書中心。當時的文人作品大都付梓印刷,形成了多管道的刻印流通模式,大量的版刻圖書涌入市場,爲文人閱讀提供了極大的便利。然紙本圖書之缺點亦很明顯。身爲史學家的洪邁博通經史,深諳碑刻文獻的重要性,注重碑刻拓本的收藏,并利用這些石刻資料補證紙本文獻之缺失,還原史料的最初真實性。如《隨筆》載:"顔魯公書遠祖《西平靖侯顔含碑》,晋李闡之文也。云:'含爲光禄大夫,馮懷欲爲玉導降禮,君不從,曰:"王公雖重,故是吾家阿龍。"君是王親丈人,故呼王小字。'《晋書》亦載此事,而不書小字。"[1]此種研究歷史之"二重證據法"對後世史學影響深遠。清代錢大昕治史亦注重碑刻文獻,言"竹帛之文,久而易壞,手鈔板刻,輾轉失真。獨金石銘勒,出於千百載以前,猶見古人真面目,其文其事,信而有徵,故可實也"[2]。近代國學大師王國維、陳寅恪諸人均崇尚二重證據法,充分肯定石刻文獻獨特的文獻價值。

(三)版刻异同,比對定善

洪邁注重圖書版刻之异同。《隨筆》載《信陵遺集》一書,邁言:"予因憶少年寓無錫時,從錢伸仲大夫借書,正得信陵遺集,財有詩三十三首,《祈雨文》三首。……乾道二年,歷陽陸同爲望江令,得其詩於汝陰,王廉清爲刊板而致之郡庫,但無《祈雨文》也。"[3]可見洪邁注意區分圖書的不同版本,"建本""蜀本"等宋代流行的版本概念《隨筆》均有提及。如《四筆》提到"建本《蘭畹曲集》"、[4]

1 《容齋隨筆》卷七《王導小名》,第91頁。

2 〔清〕畢沅:《關中金石記》序。

3 《容齋隨筆》,第886頁。

4 《容齋隨筆》,第772頁。

"蜀本石室先生《丹淵集》"[1]。據葉夢得《石林燕語》云:"今天下印書,以杭州爲上,蜀本次之,福建最下。京師比歲印板,殆不減杭州,但紙不佳;蜀與福建多以柔木刻之,取其易成而速售,故不能工;福建本幾遍天下,正以其易成故也。"[2]關於蜀本、建本等版刻特點,洪邁亦已注意區分。此外,洪邁提出"善本"觀念,《隨筆》提道:"《潭州石刻法帖》十卷,蓋錢希白所鐫,最爲善本。……已上所書,今麻沙所刊《大全集志林》中或有之。……此帖今藏予家。"[3]從中看出,洪氏所説的"善本",是建立在各種版本内容比對之基礎上,只有比對方能定"善"。在版本比勘時,尤其注重字句的异同。如《四筆》載:"'楊柳鳴蜩緑暗,荷花落日紅酣。三十六陂春水,白頭想見江南。'荆公《題西太一宫》六言首篇也。今臨川刻本以'楊柳'爲'柳葉',其意欲與荷花爲切對,而語句遂不佳。此猶未足問,至改'三十六陂春水'爲'三十六宫烟水',則極可笑。"[4]可見,洪邁具有很强的圖書版本意識,在整理校讎圖書時,注意彙集各種版本,逐字比勘,以得出一個完善的本子。

以上通過《隨筆》來考察洪邁的藏書活動及思想,旨在引起學界對讀書筆記這種文體的關注。《隨筆》作爲一部隨寫隨編的讀書筆記,不僅反映了洪邁的讀書、藏書狀况,亦是宋代文士大夫藏書、讀書、著書書齋生活的一個縮影。讀書筆記這種文體在宋代的盛行是以宋代尊崇文教、提倡讀書爲其文化背景,亦是以宋代雕版印刷的廣泛使用、大量圖書的流通作爲社會基礎,從藏書文化的角度對宋代讀書筆記進行研究,有待今後進一步展開。

1 《容齋隨筆》,第 739 頁。

2 〔宋〕葉夢得:《石林燕語》卷八,中華書局,1984 年,第 116 頁。

3 《容齋隨筆》,第 727 頁。

4 《容齋隨筆》,第 691 頁。

程大昌《演繁露》考據學成就管窺

上海師範大學古籍整理研究所　劉宇

［**摘　要**］《演繁露》是宋代程大昌所著的一部考據筆記，内容涵蓋了政治、經濟、科學、民族等各個領域，頗具特色。該書考證詳實，邏輯嚴密，極具學術價值。在《演繁露》中，程大昌使用了探源、排比、推理等考據方法。其考據具有考據範圍廣、善於吸收前人成果、不拘泥於經典等特點。《演繁露》不僅在程大昌的學術體系中有着重要地位，在宋代筆記的發展過程中，也起着承上啓下的作用，對後世的學術發展産生了重要影響。

［**關鍵詞**］　程大昌　《演繁露》　筆記　考據學

程大昌(1123—1195)，字泰之，徽州休寧(今安徽休寧)人。高宗紹興二十一年(1151)進士，官至權吏部尚書，卒謚文簡，《宋史》卷四三三《儒林傳》有傳。[1] 程大昌與朱熹時代相近，他一生著述頗豐，學問淵博，孝宗乾道三年(1167)權禮部侍郎職時，"一時文柄舉屬公，其成就人才不可計，凡今老師宿儒，多公門生也"[2]。然自理學在宋代占統治地位後，其學遂不顯。程大昌著作豐富，尤擅考據，除《演繁露》外，尚有《考古編》《易原》《易老通言》《禹貢論》《禹貢山川地理圖》《雍録》《北邊備對》《文簡公詞》等著作。《演繁露》是一部考據筆記，包括《演繁露》十六卷、《續集》六卷，共 722 則，計二十餘萬字。《演繁露》對當時及後世的學術發展産生過重要影響，然學術界對《演繁露》的考據學成就及其學術價值關注不够，迄今未見有專文系統論述。本文不揣淺陋，試就其考據學成就作一探討。

1　程大昌生平可參見趙龍:《宋代徽州程氏家族研究》，上海師範大學碩士學位論文，2007 年。

2　《新安文獻志》卷六八，黄山書社，2004 年，第 1674 頁。

一、《演繁露》的考據内容

《演繁露》卷帙繁複，其中多考據内容。涵蓋了政治、經濟、文化等各個領域，包括了歷史學、自然科學、民俗學等學科。以下分類討論之。

（一）對於前代典制名物的考證

《演繁露》中的不少内容都涉及了宋代以前的典制名物。這些内容旨在"格物"。程大昌平時"間因閲古有見，不問經史、稗説、諧戲"[1]，收集了很多材料。其目的是使讀者瞭解前代的典制，以古知今，從而認識當時之典制，這與他强調學問應與現實事務相結合的主張是一致的。其中不少考證頗爲精彩。如考漢代的"闌出"之法，指出乃關於違禁物越出邊禁的法規，而"闌入"之法則是禁止他人闖入宫廷的法規，兩者有顯著區别（卷三"闌出"條）；又考證古代在祭祀中并没有完全使用純玉的制度（卷三"古用玉非純玉"條）。《演繁露》對於前代宫廷制度的考證尤多，且極精闢，如對"罘罳"的考據尤爲出色。

"罘罳"一詞，在古籍中曾多次出現。《漢書・文帝紀》："（文帝前七年）六月癸酉，未央宫東闕罘罳灾。"[2]《漢書・王莽傳》："（王莽）遣使壞渭陵、延陵園門罘罳，曰：'毋使民復思也。'"[3]罘罳究竟爲何物，竟使得王莽篡漢時要特意毁壞？

我們先看看《漢書》顔師古注對於"罘罳"一詞的解釋。顔師古曰："罘罳，謂連屏曲閣也，以覆重刻垣墉之處，其形罘罳然。一曰屏也。"[4]顔師古的解釋過於簡單，僅僅解釋罘罳爲一種"罘罳然"的屏，對於其具體的構造與作用都没有介紹。這使得後世學者對其作了大量考證，清代顧炎武在《日知録》中考證曰：

> "罘罳"字雖從网，其實屏也。《漢書・文帝紀》："七年六月癸酉，未央宫東闕罘罳灾。"師古曰："罘罳，謂連闕曲閣也，以覆重刻垣墉之處，其形罘罳然。一曰屏也。"崔豹《古今注》曰："罘罳，屏之遺象也。

---

1 〔宋〕程大昌：《演繁露》自序，《全宋筆記》第4編第8册，大象出版社，2008年，第141頁。

2 〔漢〕班固：《漢書》卷四《文帝紀》，中華書局，1975年，第122頁。

3 《漢書》卷九九下《王莽傳下》，中華書局，1975年，第4186頁。

4 《漢書》卷四《文帝紀》注，中華書局，1975年，第122頁。

臣朝君,行至門内、屏外,復應思惟。罘罳,復思也。漢西京,罘罳合板爲之,亦築土爲之,每門闕殿舍前皆有焉,於今郡國廳前亦樹之。"《考工記·匠人》:"宫隅之制七雉,城隅之制九雉。"注:"宫隅城隅,謂角浮思也。"《廣雅》:"罘罳謂之屏。"《越絶書》:"巫門外罘罳者,春申君去吴,假君所思處也。"魚豢《魏略》:"黄初三年,築諸門闕外罘罳。"參考諸書,當從"屏"説。又《五行志》:劉向以爲,東闕所以朝諸侯之門也,罘罳在其外,諸侯之象也。則其爲屏明甚。而或在門内,或在門外,則制各不同耳。《鹽鐵論》:"祠堂屏閣,垣闕罘罳。"《董賢傳》:"外爲徼道,周垣數里,門闕罘罳甚盛。"《王莽傳》:"遣使壞渭陵、延陵園門罘罳,曰:'毋使民復思也。'"《後漢書·靈帝紀》:"中平四年二月己亥,南宫内殿罘罳自壞。"

《酉陽雜俎》曰:"今人多呼殿榱桷護雀網爲罘罳,誤也。《禮記·明堂位》疏:'屏,天子之廟飾也。'注云:'屏謂之樹,今桴思也,刻之爲雲氣、蟲獸,如今之闕上爲矣。'"亦引《廣雅》及劉熙《釋名》爲證。作書者段成式,蓋唐時有呼護雀網爲罘罳之目。故史言甘露之變,宦者扶上升輿,决殿后罘罳,疾趨北出;而温庭筠亦有"罘罳晝卷,閶闔夜開"之句矣。[1]

顧炎武羅列了各種典籍中出現的"罘罳",在各家的考證基礎上提出了"罘罳"就是"屏"。同時他還指出唐代有防護鳥雀的網稱作"罘罳",其中所引段成式的觀點,顧炎武認爲是錯誤的。

顧炎武實際上也没有將"罘罳"解釋清楚。顧氏雖然羅列了大量材料,但僅僅説明"罘罳"是"屏",對於其結構和作用并未作深入分析。若僅僅以屏來解釋王莽焚毁罘罳的行爲,則無法使人信服。

反觀程大昌,關於"罘罳"的見解却頗爲精闢,他在《演繁露》中指出:

前世載罘罳之制,凡五出。鄭康成引漢闕以明古屏,而謂其上刻爲雲氣、蟲獸者,是《禮》疏屏,天子之廟飾也。鄭之釋曰:"屏謂之樹,今浮思也,刻之爲雲氣、蟲獸,如今闕上之爲矣。"此其一也。顔師古正

1 〔清〕顧炎武著,黄汝成集釋:《日知録集釋》卷三二,岳麓出版社,1996年,第1150~1151頁。

本鄭説，兼屏闕言之，而於闕閣加詳。《漢書》："文帝七年未央宮東闕罘罳灾。"顔釋之曰："罘罳，謂連屏曲閣也，以覆重刻垣墉之處，其形罘罳然。一曰屏也。罘音浮。"此其二也。漢人釋罘爲復，釋罳爲思，雖無其制，而特附之義曰："臣朝君，至罘罳下而復思。"至王莽斸去漢陵之罘罳，曰："使人無復思漢也。"此其三也。崔豹《古今注》依仿鄭義，而不能審知其詳，遂析以爲二也，闕自闕，罘罳自罘罳，其言曰："漢西京罘罳，合板爲之，亦築土爲之。"詳豹之意，以築土者爲闕，以合板者爲屏也。至其釋闕，又曰："其上皆丹堊，其下皆畫雲氣、仙靈、奇禽、异獸，以昭示四方。"此其四也。唐蘇鶚謂爲網户，其《演義》之言曰："罘罳，字象形。罘，浮也。罳，絲也。謂織絲之文，輕疏浮虚之貌，蓋宫殿窗户之間網也。"此其五也。凡此五者，雖參差不齊，而其制其義，互相發明，皆不可廢也。罘罳云者，刻鏤物象，着之板上，取其疏通連綴之狀而罘罳然，故曰浮思也。以此刻鏤施於廟屏，則其屏爲疏屏；施諸宫禁之門，則爲某門罘罳；而在屏者爲某屏罘罳；覆諸宫寢闕閣之上，則爲某闕之罘罳。非其别有一物，元無附着，而獨名罘罳也。至其不用合板鏤刻，而結網代之，以蒙冒户牖，使蟲雀不得穿入，則别名絲網。凡此數者，雖施置之地不同，而其罘罳之所以爲罘罳，則未始或异也。……漢人以爲罘罳，其義一也。世有一事絶相類者，夕郎入拜之門名爲青瑣，取其門扉之上刻爲交瑣，以青塗之，事見《王后傳》注，故以爲名，稱謂既熟，後人不綴門闥，單言青瑣，世亦知其爲禁中之門。此正遺屏闕不言而獨取罘罳爲稱，義例同也。……蘇鶚引《子虚賦》"罘網彌山"，因證罘當爲網，且引文宗甘露之變出殿北門，裂斷罘罳而去。又引温庭筠《補陳武帝書》曰："罘罳晝卷，閶闔夜開。"遂斷謂古來罘罳皆爲網，此誤以唐制一編而臆度古事者也。杜寶《大業雜記》："乾陽殿南軒，垂以朱絲網絡，下不至地七尺，以防飛鳥。"則真置網於牖，而可卷可裂也。此唐制所因仿也，非古來屏闕刻鏤之制也。唐雖借古罘罳語以名網户，然罘罳二字，因其借喻，而形狀益以著明也。[1]

1 《演繁露》卷一一，《全宋筆記》第4編第9册，大象出版社，2008年，第81~83頁。

程大昌系統地總結了前人對於“罘罳”二詞的解釋，將其歸納爲五個方面：

1.天子之廟飾，刻雲氣蟲獸者爲之。（鄭玄説）

2.連屏曲閣，以覆重刻垣墉之處，其形罘罳然。（顔師古説）

3.大臣入奏前之闕，因“復思”而稱爲“罘罳”。（漢人説）

4.著土爲之曰闕，合板爲之曰屏。（崔豹説，解釋其構造）

5.宫殿之間網也，罘罳即浮絲。（蘇鶚説）

程大昌以爲“凡此五者雖參差不齊而其制義互相發明，皆不可廢也”。即這五方面的解釋都是合理的。從文字學的角度來看，“罘罳”二字之部首屬於“網部”，則究其最初之義，罘罳本是一種網狀物。這一形態被用在了建築物上，於是其意義引申爲有網狀裝飾的建築物了。這正是由於“稱謂既熟後人不綴”，使用習慣了，“罘罳”就演變爲特定建築物的代稱了。

程大昌的觀點在出土文物上得到了印證。新中國成立以來，陸續出土了一些漢代的文物，其中有陶闕，是漢代的建築模型。經現代學者研究，認爲其中就有“罘罳”這一建築形制。河南博物院的張勇認爲：“滎陽康寨等地出土的瓦壟頂墻體，雖然居於雙闕中間門的位置上，但它没有做出門的樣式，而是做成墻的形制，説明它的寓意是門前的防護性屏墻，亦即古代的‘罘罳’模型。”參見圖一至圖三：[1]

從圖中我們可以看出：其中刻畫有鹿形狀的花紋。這恰恰符合了刻之爲雲氣、蟲獸的罘罳構造。這些罘罳正是在《漢書》中多次出現的“罘罳”，即王莽所毁壞的罘罳，因其規模具有漢朝的象徵意義。

而從前文的考證來看，到了唐代，罘罳多指在建築物中用來防鳥蟲的網狀物品。程大昌認爲“此唐制所因仿也。非古來屏闕刻鏤之制也”，指出在唐代提出的“罘罳”的概念與古代（主要是漢）的屏闕的概念不同，但是我們可以看到，“罘罳”本從网部，其最初很有可能是類似於網的物品。則唐代“罘罳”的概念却可能符合其最初之意義。

從上文可以看出，對於“罘罳”的解釋，程大昌可謂盡善盡美，在諸家之説中，足以執牛耳。朱熹認爲，在《演繁露》一書中，“罘罳”條可以作爲代表。[2] 程

1 張勇：《河南漢代陶闕及相關問題》，《中原文物》2006 年第 5 期，第 55～61 頁。下圖皆引自該文。

2 《朱子語類》卷一三八，中華書局，1986 年，第 3278 頁。

大昌的考據功力，於此可見一斑。

（二）當代史的考據

《演繁露》中除了對前代的典制名物進行考證，還對當代的史事及典章制度進行了考訂，主要有以下幾類：

1.宋代政治制度

程大昌生活的南宋，距離北宋有一定的時間間隔，再加之靖康事變的破壞，此時的宋人，對於當代的政治制度有些説不清了。程大昌由於長期在中央政府任職，并且擔任過秘書少監等職務，有機會看到秘閣中的藏書，因而有條件將當代的政治制度考證清楚。如《續集》卷一"太祖右文"條：

> 五代間，凡爲節度使，皆補親隨爲鎮將。鎮將者，如兩京軍巡、諸州馬步軍判官是也。此等即是武人，又皆有所憑恃，得以肆爲非法，民間甚苦之。太祖微時，深知其弊。建隆二年二月，謂近臣曰："今之武臣，欲盡令讀書，貴知爲治之道。"近臣莫對。史臣李沆表載此事，罪當時之臣不能將順也。其年十月，詔吏部流内銓，鎮將皆注擬選人。又至三年，每縣置尉一員，盜賊鬥訟，不得更委鎮將，復如舊制，并以委尉。蓋趙普之謀也。武人多不知書，案牘、法令、書判、行移悉仰胥吏，民之受病既多，而又果於營私，如親隨

圖一

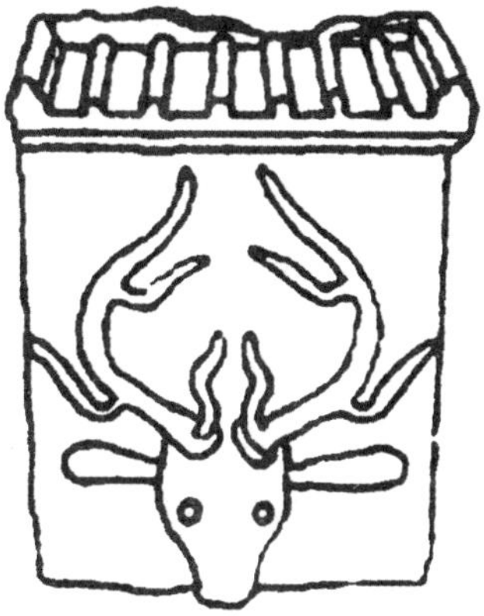

圖二

圖三

悉爲鎮將，其類不止一事。太祖於是州置通判，明詔州事取决焉，而武臣之爲太守者，不得專執。聖見皆出乎此也。[1]

上文記録的是宋初中央收地方節度使人事權的史事。其中建隆二年(961)宋太祖與近臣之語及十月之詔均不見於《宋史》《續資治通鑑長編》，此記載可以補以上諸書的不足。此則筆記的出處可能是程大昌於秘閣中所見李沆之上表，内容真實可信。

又如，續集卷一"政和官制"條：

題云政和官制，因其舊名耳。中載元豐新制與國朝舊制，參列厘革，簡净易見。至大觀二年，以元豐改制有未盡者，如寄禄官不分左右，則叙爵制禄等級希少，人易以及，遂自朝議大夫至金紫光禄大夫，增創新名。於是以光禄大夫代舊右銀青光禄大夫，以宣奉大夫代左光禄大夫，正奉大夫代右光禄大夫，通奉大夫代右正議大夫，中奉大夫代左中散大夫，奉直大夫代右朝議大夫，而又别立武選郎大夫新名，悉换舊某官某使、侍禁三班之類。政和三年，又立選人七階，换舊州縣節察、推判之類，與婦爵封夫人以下，革去郡、縣君之號。五年，又創置貼職。五年，道職視文臣品秩有詔。[2]

該條記載了政和年間官制改革的情況。關於此，《宋史·職官志》中的記載比較粗略，故龔延明《宋代官制辭典》"正奉大夫"條引用了《演繁露》的記載，[3]足見其參考價值。

2. 宋代人物故事

《演繁露》中除了考證宋政府的政事，還考證了宋代的人物故事。如續集卷一"張亢"條：

仁宗時，契丹兵聚幽、涿間，張亢丁母憂，起爲如京使、知安肅軍。亢曰："萬一契丹背約，臣請擐甲爲諸軍先。"既而元昊叛。慶曆元年，亢爲鄜延路都鈐、知鄜州，與部原注：避英宗諱。按當爲"署"字許懷德不相

---

1 《演繁露續集》卷一，《全宋筆記》第4編第9册，大象出版社，2008年，第178頁。

2 《演繁露續集》卷一，《全宋筆記》第4編第9册，大象出版社，2008年，第174頁。

3 龔延明：《宋代官制辭典》，中華書局，1997年，第569頁。

能。上令戒諭,若固爲此,以求内徙,當悉奪官,安置緣邊。既而亢上邊事,乞赴闕面陳:"如臣言狂率不可用,乞重降黜。"不報。本傳言:"令驛奏。"據本傳,亢乃出力多,非避事。[1]

文中所云之"本傳"當是指宋國史中的《張亢傳》,而查閱今《宋史・張亢傳》[2]所記録的内容大致與上文中所述相同,恰無張亢避事之説。可以據此推斷,今《宋史・張亢傳》的史源來自宋國史中的《張亢傳》。通過上文我們可以發現,宋國史中的《張亢傳》對於張亢的事迹是有所飾美的,則抄録自宋國史的《宋史・張亢傳》所記載的内容頗有失真之處。而這一事件却被程大昌辨别澄清,還歷史以本來面目。

3.宋代法制

《演繁露》中還對當時的法律制度進行了考證。如《續集》卷一"饑民强盜人穀米":

舊法:歲饑,强發倉窖皆死。太祖、真宗多因奏讞特許貸配,元不明立爲法。天聖三年,詔:"陝西州軍持仗劫人倉廩非傷主者,減死刺配,非首謀者又減一等。"仍令長吏密以詔書從事。自是諸路災傷,即降不下司敕,而饑民盜取穀食,多蒙活宥。按:此即是矜其迫饑爲之,故特貸其死。然不明立法,亦不明降詔命者,恐人恃此以犯也。寶元二年,西川饑饉。詔:"劫廩穀非傷殺人者,并刺配牢城,爲首者配出川界。"皇祐三年,信州民有劫米傷主者當死,上以其迫饑,故貸死。至和二年,楊安國讀《周禮》:"大荒、大札則薄征緩刑。"楊安國曰:"所謂緩,乃過誤之民耳。今衆持兵仗劫糧廩,一切寬之,恐不足以禁奸。"帝曰:"不然。饑饉不能恤,至爲盜而又殺之,不亦甚乎!"治平四年九月,詔:"災傷州縣持仗强盜,不以財務斛鬥,但同火三人以上,傷人及計贓罪死者,捕獲已嘗爲盜,至徒經斷,不以赦。前後今犯至死者,依元條,不用災傷減等。"則是覺恕貸之不足以戢盜,而改出此令,足爲至當也。[3]

1 《演繁露續集》卷一,《全宋筆記》第4編第9册,大象出版社,2008年,第167頁。

2 參見《宋史》卷三二四《張亢傳》,中華書局,1977年,第10482~10490頁。

3 《演繁露續集》卷一,《全宋筆記》第4編第9册,大象出版社,2008年,第165~166頁。

我國古代的法律,本是以"殺人者死,傷人及盜抵罪"爲根本之法。但是如果遇到饑荒的年份,爲了自己的生存,許多人不得不鋌而走險,觸犯法律。這種情況是情有可原的。但若因此而明文規定的話,那就會使一部分人因有所依仗而肆意違法。面臨這種兩難的抉擇,宋政府采取的就是上文中所提到的方法——采取在暗中赦宥的做法。這樣一來,既可以寬恕那些因爲饑惡鋌而走險的無辜百姓,又可以對那些在灾年中趁火打劫的强盜加以懲治。儘管如此,仍然無法杜絶强盜,因而宋政府於治平四年(1067)九月,又下詔書,不再赦宥灾荒年代的强盜之徒。通過程大昌的考證,我們得以瞭解宋代真實的法制情況。[1]

又如,續集卷一"外人得分同居財産"條:

元豐六年,提舉河北保甲司言:"乞義子孫、舍居婿、隨母子孫、接脚夫等,見爲保甲者,候分居日,比有分親屬給半。"詔著爲令。按今令文,外人與本家同居久者,許給分數,恐立法因此。然深詳此法,是特欲優立科條,使外人肯以它姓代充保甲焉耳。[2]

我國古代的財産繼承制度,原來只允許有血緣關係的親屬繼承,但是到了宋代,却出現了允許同居的無血緣關係的人繼承財産的情況。程大昌指出,宋政府出臺這一法律的深層次原因,是在推行保甲法時能有更多的人來充保甲。宋自熙豐變法後施行的保甲法是與所擁有的財産挂鈎。因而政府將財産分給更多人的同時無疑也得到了更多的勞力,這是宋政府所施展的用意深遠的手段。而程大昌則看出了其中的奥妙。

4.宋代科舉

《演繁露》中還對科舉制度進行了考證。程大昌曾經擔任科考的主考官,對科考的情況十分熟悉,從而記録了宋代科舉的情況,對科舉研究非常有價值。

如續集卷一"殿試不落人"條:

《長編》曰:"嘉祐二年,賜進士章衡等及第出身,共三百八十八人,是歲進士與殿試者始皆不落。李復圭《紀聞》云:'是春,以進士群辱歐

1 戴建國先生之《宋代刑法史研究》在論述宋代司法特殊情況下的從寬原則時就引用了該則史料。參見戴建國:《宋代刑法史研究》,上海人民出版社,2008年,第54~55頁。

2 《演繁露續集》卷一,《全宋筆記》第4編第9册,大象出版社,2008年,第170~171頁。

陽修之故，殿試不落一人。'"案《實録》："試進士李實等四百人，而得第者三百八十八人。"謂之"不落一人"，固舉大約言之耳。特不知禮部奏名實爲幾人，故其留黜之數不容參考。案：皇祐元年，廷試取四百九十八人，五年取五百二十人。至嘉祐四年，所取又止一百六十五人，六年一百八十三人，閲兩舉才共取三百四十八人耳。雖緣其時初制間年一開科舉，故約此意指，似是禮部奏名先減其額，故廷試雖不落人，其得第者少。是亦朝三暮四之比也。又緣其時立制減去諸州解額之半，禮部以半額紐數而取，故奏名已少，及至廷試不用汰黜也。[1]

這則筆記所反映的是宋代殿試中黜落進士的情況。在宋仁宗嘉祐以前，殿試有大幅度的黜落，嘉祐二年(1057)後方免黜落。上條所涉及的，就是嘉祐後殿試不黜落的情況。而程大昌推測"禮部奏名先減其額，故廷試雖不落人，其得第者少。是亦朝三暮四之比也"，揭示了這一現象下深層次的原因。[2]

(三)自然科學的考證

《演繁露》考證涉及面非常廣，除了對歷史進行考證，《演繁露》也有許多條目對自然科學知識進行了考證，[3]分類論説如下：

1.地理學

程大昌在地理學上頗有建樹，有《禹貢論》《禹貢山川地理圖》《雍録》《北邊備對》等地理學著作。在《演繁露》中也收入不少有關地理的内容。如卷二《答人問九江説》一文，是專門討論古代之"九江"問題的，全文計一千餘字。對"九江"問題進行了詳細的討論。在卷八《清河》《汴》兩則中，則考證出隋以前并不存在汴河。

1 《演繁露續集》卷一，《全宋筆記》第4編第9册，大象出版社，2008年，第168~169頁。

2 祝尚書在《宋代科舉與文學考論》中就引用了程大昌的這一説法。參見祝尚書：《宋代科舉與文學考論》，大象出版社，2006年，第94頁。

3 關於《演繁露》涉及的自然科學的内容，有陳勇《〈演繁露〉中的科學史料》(《中國科技史料》1991年第3期)一文。可惜的是，陳勇先生所依據的《演繁露》版本爲上海涵芬樓影印廬江劉氏遠碧樓藏刊宋刊本，即《續古逸叢書》本，該本爲十卷殘本。因而陳勇先生無法得觀《演繁露》全貌。本文試在陳勇先生研究的基礎上加以進一步論述。

《演繁露》對於外國地理也有所探討，如在續集卷一"高麗境望"條中，程大昌根據章僚《海外行程記》的記載，結合高麗南部的氣候與浙江的氣候相似的特徵，推理出高麗（朝鮮半島）的地理形勢相對於明州（寧波）是"其斜直相對，蓋相爲東西而微并西北矣"，即朝鮮半島是西北、東南走向的形勢。程大昌的這種判斷，與我們今日所熟知的朝鮮半島的走向是一致的。

2.天文、曆法

程大昌曾多次參加宋政府的立法活動，有着豐富的天文、曆法知識。《演繁露》中的天文、曆法方面的筆記非常有價值。如卷一"日圓與日説通"條：

> 古謂日輪規環千里，特言其周廣當然者耳，而無有言其如何其圓者也。沈括取銀圜爲喻，曰月如銀圜，本自無光，日耀之乃有光。其圓非圓，乃月與日相望，其光全耳。及其闕也，亦非真闕，乃日之所不及耳。此喻最爲精審，予已詳著之矣。淳熙丙申三月，予爲少蓬，太史局言朔日巳時日食西北隅，食至一分半而復，已而日行加巳，呼臺官即道山下以盆貯油，對日景候之。食既及巳，雲忽驟起，少選雲退，則日輪西北角微有虧缺，約其所欠，殆不及一分，蓋食已而復，非不及一分半也。其年，某人忘其名使虜，自北而回，正當食時，其行適及河北，自北望之，則日輪虧及十分之二。是太史之言，固不能精，亦不全謬也。予因此之見，益知沈括銀圜之説，確與之合也。臨安距河北，則向南二千餘里矣，日食西北，人在東南，故從東南見之，闕處全少，是以十其分而闕僅及一也。至於人在河北，日并東南，故其食處多現，而遂十分虧二，以此見日輪正圓，可驗也。此如東京所鑄渾儀，今在臨安清臺，則於西北兩柱移低兩寸，以順天勢，其痕迹尚在，可驗也。南北异地，於以準望天度，則臨安與汴京自是不同也。[1]

這則筆記反映出許多問題。首先，在對於太陽、月亮性質的認識上，程大昌指出月亮發光是由於反射日光的結果。這一觀點，北宋的沈括已在《夢溪筆談》中提出，在卷八"月受日光"這一節中，程大昌繼續説："用其（指沈括）銀圜之説而思之，則其魄也，是銀圜之背而日暗者也，故暗昧無睹也。其明也，則是其圜

1 《演繁露》卷一，《全宋筆記》第4編第8册，大象出版社，2008年，第148~149頁。

得日而銀彩焕溢者也。月十五日,兩耀相當,銀圜也者,通身皆受日景,故全輪皆白而人以爲滿也。過望則月輪轉與日遠,爲之圜者,但能偏側受照而光彩不全,故其暗處遂名爲魄也。魄者,暗也。究其實致,則是日光所至有全有不全,而月質本無圓缺也。”[1]這一闡釋具體説明了月亮圓缺變化與日照之關係:一是月之圓缺與日光在天空中位置相關;二是月之圓缺輪回是日、月相對運動造成的;三是月之圓缺變化完全是月亮的表面運動,月亮自身并無任何變化。此處程大昌在肯定沈括推斷的前提下加以科學地證明,即通過觀測日食做出結論。我們已知,日食是月球繞地球轉到太陽和地球中間時,如果太陽、月球、地球三者正好排成或接近一條直綫,月球擋住了射到地球上去的太陽光,月球身後的黑影正好落到地球上,這時會發生日食現象。《演繁露》所記載的是古人利用油盆巧妙地觀測日食的方法。并且,在此次觀測中,又同時記録了另一次觀測結果。[2] 根據《演繁露》的記録,兩次觀測所得到的資料不同。在臨安(今杭州)得到的資料是日“十分虧一”,在河北(《演繁露》中的“河北”指代黄河以北)得到的資料是“十分虧二”。程大昌的解釋是:“臨安距河北則向南二千餘里矣,日食西北,人生東南見之,闕處全少,是以十其分而僅及一也。至於人在河北日并東南,故其食處多現,而遂虧十分之二。”按照今天科學的解釋就是因爲緯度的差别所造成觀測角度的不同,從而造成觀測資料的不同。程大昌雖然不能完全弄明白,以爲“太史之言,固不能精”,但是已經給出了答案:“此如東京所鑄渾儀,今在臨安清臺,則於西北兩柱移低兩寸,以順天勢,其痕迹尚在,可驗也。南北异地,於以準望天度,則臨安與汴京自是不同也。”這正是古人已經意識到了不同的緯度對於天文觀測結果的影響,因而需對天文儀器加以調整。

《演繁露》卷七“渾儀渾象”曰:

> 堯世已有渾儀,璿機玉衡是也。晋世陸績始造渾象,其晷度與渾儀同,而形模與渾儀反。沈存中嘗譏世人混兩爲一,而未嘗明著其説,

1 《演繁露》卷八,《全宋筆記》第4編第9册,大象出版社,2008年,第26頁。

2 這次觀測地在臨安,中國天文史整理研究小組所編《中國天文學史》中引用了這則筆記。但是解釋觀測地則作“開封”。按:當時宋的首都已遷到了臨安,故《中國天文學史》誤。參見《中國天文學史》,科學出版社,1981年,第124頁。

故見者未能豁然也。二器之寫天度，皆以渾天家爲主，而古人形容渾天最能明的者，惟葛洪"雞子"之論也。洪之説曰："天形如雞子，地形如雞子中黄。是爲天包地外，而地在天中也。渾儀也者，設爲四游儀，寫日月星宿於天盤之上，而包括乎厚地。正如雞子之殼也。是爲寫肖本形，而順以求之者也。至於渾象也者，設爲圓球，而橅擬天度，以日星傅置球上，球固可轉，而人遂俯觀，則天盤反在人下，是爲殊形詭制而合於理也。若即其狀而詳言之，則權衡之上詳刻銖兩鈞斤，而人遂可俯首以觀者也。是如翻倒天度，傳之於外，而人立天外以行省視者也。儀與象异者，制蓋如此也。[1]

這則文字提出了兩個問題：渾儀與渾天説。首先程大昌肯定了《尚書》所説璿機玉衡就是渾儀，渾儀是中國古代用於測量天體球面坐標的觀測儀器。它是由一重重的同心圓環構成，整體看起來就像一個圓球。有資料表明，在公元前四世紀中葉，中國就已經使用渾儀觀測天象了，比古希臘約早六十年。而其中所説的渾象即是我國古代的"渾天説"。渾天説最初認爲：地球不是孤零零地懸在空中的，而是浮在水上；後來又有發展，認爲地球浮在氣中，因此有可能迴旋浮動，這就是"地有四游"的樸素地動説的先河。渾天説認爲全天恒星都布於一個"天球"上，而日月五星則附麗於"天球"上運行，這與現代天文學的天球概念十分接近。因而渾天説采用球面坐標系，如赤道坐標系，來量度天體的位置，計量天體的運動。在古代，對於恒星的昏旦中天、日月五星的順逆去留，都采用渾天説體系來描述。所以渾天説不只是一種宇宙學説，而且是一種觀測和測量天體視運動的計算體系，類似現代的球面天文學。《演繁露》中所發揚的是葛洪的"雞子模型"。"天形如雞子"，即"天"的形狀是圓的；"地形如雞子中黄"，即"地"的位置處在天之中央。程大昌指出渾儀與渾象的相同與不同之處。不同在於形式，"形模與渾儀反"，渾儀"日月星宿於天盤之上，而包括乎厚地"，渾象"則天盤反在人下"。相同則在於原理一樣，對天的基本認識都是基於渾天説，且"其（渾象）晷度與渾儀同"，"是爲殊形詭制而合於理也"，這一點叙述非常重要。它集中説明了我國古代已經認識到運動的相對性原理。日月星辰轉動而

1　《演繁露》卷七，《全宋筆記》第4編第9册，大象出版社，2008年，第9~10頁。

地不動，亦或地轉而日月星辰不動，對儀器的設計有影響。當古希臘人還在地動或天動問題上争論不休時，中國已把相對性原理用於儀器的製造和觀察之中了。

3.光學

《演繁露》卷九"菩薩石"：

楊文公《談苑》曰："嘉州峨眉山有菩薩石，人多收之，色瑩如白如玉，如上饒水晶之類。日射之有五色，如佛頂圓光。"文公之説信矣。然謂峨眉山有佛，故此石能見此光，則恐未然也。凡雨初霽，或露之未晞，其餘點綴於草木枝葉之末，欲墜不墜，則皆聚爲圓點，光瑩可喜，日光入之，五色具足，閃爍不定，是乃日之光品着色于水，而非雨露有此無色也。峨眉山佛能現此异，則不可得而知，此之五色，無日則不能自見，則非因峨眉有佛所致也。[1]

這是中國光學史上很重要的發現。程氏認爲，水晶、液滴、菩薩石都能現五色异彩，其原因是一樣的，都是因爲太陽照射的緣故——"日射之有五色""無日則不能自見"。所謂"日光品着色于水"即色散。程大昌通過觀察方法論證"五色光"的産生與太陽有本質聯繫，定性説明了色散現象的生成。他以露珠之散射推理出水晶、菩薩石乃至峨眉山佛光都是色散的結果，這一大膽的推論是難能可貴的。[2]

4.氣象學

卷四"梅雨"條：

江南梅子黄熟時，雨常淹久，故目爲梅雨，北方則無矣。襄九年夏四月，晋伐偪陽，宿師久，士匄曰："水潦將降，懼不能歸，請班師。"杜預曰："向夏恐有久雨也。"此之謂夏，即指周之四月而夏之二月也。案時序而言，則此之夏雨自謂春雨，不爲梅雨也。《書》曰："夏暑雨，小民惟曰怨咨。"時既指夏雨，又繫之於暑，故説者亦或指爲梅雨。案：周人都

1 《演繁露》卷九，《全宋筆記》第4編第9册，大象出版社，2008年，第46頁。

2 雖然程大昌云"峨眉山佛能現此异，則不可得而知"，但後文又持否定態度，"此之五色，無日則不能自見，則非因峨眉有佛所致也"。

雍，雍無梅雨也。以周曆數之，斗柄之建卯、建辰、建巳，在周則爲夏也。四月暑氣已盛，故《書》亦通言夏暑。曹操侵吴，孫權謂曰："春水方生，足下當歸。"此之云春，即以建寅及辰爲月，蓋漢曆用夏，則其雨亦春雨也。《孟子》曰："七八月之間旱。"又曰："秋陽以暴之。"周曆之秋，則月建爲午、未、申三月也，炎燠正熾，故七八月之間旱最爲害，而秋陽亦特熾赫也。[1]

在此則筆記中，論述了有關梅雨的問題。我國長江中下游地區，通常每年六月中旬到七月上旬前後，是梅雨季節。這一時間，相當於農曆的四五月間。根據《演繁露》所引用《左傳》的情況，似乎表明在北方也有梅雨。但程大昌根據周、漢時期的曆法不同，指出周曆的四月其實是夏曆（漢以後行夏曆）的二月，《左傳》中所記述的"夏雨"其實是"春雨"。故而北方是不存在梅雨的。南宋時，北方失陷，南方人多不清楚北方的情况，故程大昌是以有此考證。

5.人類學

卷四"佛骨"條：

前史有得古骸者，其脛與齒比常人特大，世遂命爲佛骨也。曰："若非佛骨，安得有指如許之大也？"此固難以口舌辨矣。……杜預曰："鄋瞞，狄國名。防風之後，漆姓也。"防風也者，即禹之所戮，謂身廣九畝，其長三丈，骨節專車是也。《春秋》之謂鄋瞞者，即防風種族也。僑如爲魯所獲，緣斯爲宋所獲，榮如爲齊所獲，簡如爲衛所獲，鄋瞞之族自此遂絶，後世中國不復有此長人也。此四人者，惟緣斯于行爲祖，而它皆兄弟也。魯得僑如，埋其首于魯郭門。齊得簡如，亦埋其首于周之北門。杜預曰："骨節非常，恐後世怪之，故詳記其處也。"當鄋瞞之族尚存，長身之種世傳而有之。自防風至僑如，骨節皆大，不曾減殺也。夫其世世傳種，如此偉大，而不聞嘗有靈怪可以异乎常人，則夫俗傳大脛之號爲佛骨者，安知夷狄中不有一種人物自爾越异，而好佛者遂加誇飾，名之以佛也。《左氏》詳記埋骨之异，以示後世，正防此

1 《演繁露》卷四，《全宋筆記》第4編第8册，大象出版社，2008年，第198~199頁。

類。[1]

而在卷六“佛牙”條中也論述了這一問題：

世之尊佛而主其异者，其説曰：“華夷之人，生理一也。此之牙骨若指，其長大皆能倍常，且其色紅潤，與枯骨异，非佛不能有此也。”予固不嘗見佛，亦不嘗見其指骨。然以古書考之，長狄僑如之死也，屍載于車，眉出軾上。古今中國亦未嘗有此巨人矣，而僑如兄弟，自生及葬，《左氏》皆能詳記。則佛骨之比常人特爲長大，自其種類如此，不得資之以信其怪也。若以骨指紅潤爲异，則有見矣，獸惟自病而死，血不蔭骨，則骨遂槁乾，若非自死，則其久而紅潤者，皆瀝血不盡也。人固不可試矣，試以猪羊骨驗之，其遭烹之骨必且紅潤，而自死者必枯槁，此可驗也。予之立見此也，非爲异也，而舉世信佛，雖又辨正，有不容不辨也。顧有事效見前者，可以予説之非妄也。[2]

這兩段筆記旨在辯證當時出現的所謂“佛骨”之僞。而其中之論頗與今日之人類學相合。其一，程大昌指出：人因爲人種的不同而造成人體骨骼的不同。通過考察《左傳》等文獻，可以發現，在春秋時期，確實存在有鄋瞞一族的“長人”。這樣一來，佛骨長大也就不足爲奇了。[3] 其二，在辯證佛骨紅潤的問題上，程大昌指出：非自然死亡之骨是紅潤的，而自然死亡之骨則是枯槁的。他利用牛羊等牲畜之骨的情況爲例證，由牲畜推理到人，證明佛骨紅潤也是正常的事。這一方法具有一定的科學道理。

6. 生物學

《演繁露》中多有對動植物知識的考證。程大昌在序言中就提出“聖人之教初學，亦期多識鳥獸草木之名也”[4]，因而在生物的考釋上是下了一番功夫的。程大昌往往能通過自己的實際考察而得出科學的結論，如卷八“龍門”條：

秦再思《記异録》曰：“《地志》：‘慈州文成縣搔口，本夏禹鑿山通

---

1 《演繁露》卷四，《全宋筆記》第4編第8册，大象出版社，2008年，第199~200頁。

2 《演繁露》卷六，《全宋筆記》第4編第8册，大象出版社，2008年，第226頁。

3 約公元前1500—1600年，雅利安人侵入印度次大陸。釋迦牟尼作爲雅利安人的後代，其身形較蒙古種長大。程大昌的判斷應當是正確的。參見培倫主編：《印度通史》，黑龍江人民出版社，1990年。

4 《演繁露》自序，《全宋筆記》第4編第8册，大象出版社，2008年，第141頁。

河，年年魚化之地也。'每春，大魚并河西上。唐人嘗敕禁采捕，至仲春後，有點額不化者，傍岸求死，終不過富平津浮梁，孟州歲以致貢。柳宗元嘗爲文，刻置禹廟。"此蓋因地之有是魚，而《禹貢》又有龍門之文，遂從而爲之説曰："過門者爲龍，而其浮死自下者，則是不能變化而遭退者也。"予疑此語久矣，于《禹貢論》不敢辨正者，以龍門之名其來已古，而化龍之説世亦信之，故付之不辨，然終含糊不快也。以《書》類求之，導河自熊耳。熊耳者，地書以爲形似熊耳也。其曰似者，肖之而已，豈其實嘗有熊分耳爲山也乎？砥柱、析城，實皆如柱如城，而何人建爲此柱，析爲此城，無有能言其自者也。并類而言，則夫龍門也者，正以湍峻束狹，意象如門。而又龍者，水行之物，故取象以名，未知真有魚嘗化龍之事也乎。然而其事又有不可究者四：瀆未嘗無魚，何爲此地獨有大魚暴鰓而下，下又不過富平也。以予所見，蓋河魚趁水而上，於湍急處産子，及其困極，故翻腹隨流，不能自主。富平雖爲大河，而有浮梁橫亘津面，魚已困浮，又爲津梁所約，不能潛泳以過，人因得乘困而拾取之耳。其爲點額而浮者，蓋跳躑産子，爲木石所撞拉耳，非有司其黜陟，而點額以記如世傳所云也。天下事大小有异，而理之所在，四海一也。凡魚産子，必并木草根草幹戛刮其腹，子乃得出。出則粘根着莖之上，離離如珠，然後泥不能淹，浪不能漂，其子乃得成魚也。龍門予所不曆，無能驗其爲如何矣。此之所云，乃在吾鄉而親常目擊者，非得之傳聞也。魚之戛腹而子得出也，則已奮躍勞憊，不復能潛泳，則遂仰卧露白，浮水而下，邊岸之人，白手取之，不用器械也。此乃吾鄉之所嘗見，以類明類，則龍門之魚可想矣。吾鄉小溪淺澗，安得試龍之地，而鱗鰓亦遭損暴也。此其事理可以互相發揮者，故詳細記之。[1]

在這則筆記中，程大昌對於"龍門化魚"之説予以了大膽的否定。他通過自己的觀察，指出龍門魚所表現的情況其實是由於産卵所造成的。他對魚類的産卵觀察得非常仔細："凡魚産子，必并木草根草幹戛刮其腹，子乃得出。出則粘

1 《演繁露》卷八，《全宋筆記》第4編第9册，大象出版社，2008年，第32~33頁。

根着莖之上，離離如珠，然後泥不能淹，浪不能漂，其子乃得成魚也。”這些結論是程大昌親自觀察所得，并不是根據傳聞，這種科學態度值得稱道。

7.礦物學

卷七“黄銀”條：

唐太宗賜房玄齡黄銀帶，欲及杜如晦，而如晦已不在。帝曰：“世傳黄銀，鬼神畏之。”更取金帶，譴玄齡送其家。夫不賜黄銀而别賜金帶，則改賜之帶必爲黄金無疑矣。然則先賜之帶命爲黄銀者，果何物也？世有鍮石者，質實爲銅，而色如黄金，特差淡耳，則太宗之謂黄銀者，其殆鍮石也矣。鍮，金屬也，而附石爲字者，爲其不皆天然自生，亦有用爐甘石煮煉而成者，故兼舉兩物而合爲之名也。《説文》無鍮字，《玉篇》《唐韵》《集韵》遂皆有之，豈前乎漢者未知以石煮銅，故其名不附石也耶？諺言：“真鍮不博金。”甚言其可貴也。夫天然自生者既名真鍮，則爐甘石所煮决爲假鍮矣。《元和郡縣志》曰：“太原出赤銅。”夫不直言出銅，而特言赤銅，似是鍮石矣。而史無明據，不敢堅斷。隋高祖時，辛公義守并州，州嘗大水，流出黄銀，以上于朝。此之黄銀，即太宗用以飾帶，而概賜房、杜者矣。今世之言鍮石者，太原所産爲最，而太原即并州也。則公義并州所得，蓋自然之鍮，不經爐甘石煮煉者也。故公義所上，不云赤銅，而云黄銀也。黄銀云者，其貴重可以比銀，而色又特黄也，是故兼銀黄兩名，而命其美也。且又有可驗者，鬼神畏銅，古有傳矣。佩玉之音，其中商律也，皆去之不用，而廟樂之聲爲商者，亦闕之不奏，即是太宗畏鬼之論所從出也。然則黄銀之不爲銀而爲銅，此尤其可證也。[1]

無獨有偶，與程大昌同時代的吴曾也有關於黄銀的考證。在《能改齋漫録》中，吴曾指出黄銀是銀的一種，其有僻邪之作用。[2] 但是，從吴曾所舉出的種種文獻來看，黄銀究竟爲何物，并没有明確的解答。反觀《演繁露》，程大昌給出了

1 《演繁露》卷七，《全宋筆記》第4編第9册，大象出版社，2008年，第8~9頁。

2 〔宋〕吴曾：《能改齋漫録》卷一五，《全宋筆記》第5編第4册，大象出版社，2012年，第158頁。

答案:黄銀是鍮石,即黄銅。[1]

8.古代技術及工藝

《演繁露》中也涉及了不少古代的技術及工藝的内容。如卷三“桔槔水車”一則,對古代的水車進行了考察。卷三“流離”一則對古代的玻璃制作技術進行了考證。卷七“印書”一則專門討論了古代印刷技術的演變。卷九“澄心堂紙”條則記載了南唐時曾經風行過的一種澄心堂紙,這對於我國古代的造紙技術的研究有極大的參考價值。

之所以使用“自然科學考據”的説法,是因爲《演繁露》一書所討論的事物,大多是基於文獻記載的考據,與現在的科學研究方法還是有很大的不同。在古人的概念中,今日自然科學是附庸於史學而存在的。程大昌對於自然科學的態度,與對歷史文獻的考證是一致的。

(四)民俗學的考證

《演繁露》還對民俗進行了考證。如卷二之“石蜜”、卷四之“飴餳”是有關古代糖的探討。卷一五之“不托”,則是對古代食物不托(湯餅古稱,即湯麵)的考證。卷六中,“博”“摴蒱”“采”“盧雉”“五白梟犍”這五則筆記都涉及古代的博彩習俗。

《演繁露》還考證了某些地方的風俗,如卷六“臘鼓”條云:

> 湖州土俗,歲十二月,人家多設鼓亂撾之,晝夜不停,至來年正月半乃止。問其所本,無能知者,但相傳云此名打耗。打耗云者,言警去鬼祟也。《世説》:“禰衡作《漁陽》,踧蹬而前。”正是正月十五,案時而言,此説近之矣。然而其撾擊不待正月,又似不相應也。[2]

在這則筆記中,程大昌記録了宋代湖州地區有十二月擊鼓迎新的習俗。程大昌曾在浙江地區任職,[3]對於湖州的這一土俗當是親見。他根據《世説新語》

1 黄銅主要有鋅黄銅和砷黄銅兩種,鍮是鋅黄銅。參見周嘉華、曾敬民、王揚宗:《中國古代化學史略》,河北科學科技出版社,1992年,第56頁。

2 《演繁露》卷六,《全宋筆記》第4編第8册,大象出版社,2008年,第230頁。

3 程大昌曾任江南東路轉運副使、浙東路提刑。參見周必大:《程公程大昌神道碑》,《新安文獻志》卷六八,黄山書社,2004年,第1674頁。

中的材料,指出古代擊鼓的習俗應當是在正月,與所見十二月擊鼓异,故在此文中提出了疑問。[1]

二、《演繁露》的考據學方法

(一)探源法

探源法是考據最常用的方法,即探查事物的本源。從歷史文獻研究角度來説,就是探查所考證物件的最早出處。在《演繁露》中,探源法是使用比較普遍的一種方法,試觀以下幾例:

晋文公出亡至曹,曹共公聞其駢脅,欲觀其裸浴,薄而觀之。注:"駢脅,合幹也。幹者,脇肋骨也。"駢云者,脅骨之生兩兩相并也。《莊子》駢母枝指。拇,大指也。枝,小指也。駢拇即大拇根而兩歧也,枝是小指兩出也。《左氏》六

……

《韓詩外傳》曰:"越裳來獻白雉,謂周公曰:'久矣,天之不迅風疾雨也,海之不波溢也,中國殆有聖人!'"今人用瀛海無波者,皆本此。《御覽》四百一[2]

在探源法中,一般只需找到考據物件的最早出處即可。因而探源法是一種比較簡單的考據方法。但程大昌往往會先舉出一些當時所通行的觀點,在此基礎上再作進一步深入探討。如:

《通鑑》記周太祖放免租牛。《五代會要》十五晋天福四年户部已申放矣。[3]

---

1 關於此問題,我認爲,程大昌用來解釋擊鼓風俗的文獻有些偏差。首先,在《三國志》的記載中,禰衡作《漁陽三撾》是有特定的歷史條件的,并不是當時的習俗如此。其次,《漁陽三撾》中的"漁陽"在今天的河北,是中國的北方地區,南北的風俗可能存在差异。因而,用《世説新語》中的記載來論證湖州的地方風俗有待商榷。南朝梁宗懔《荆楚歲時記》云:"十二月八日爲臘日,諺言:'臘鼓鳴,春草生。'村人并擊細腰鼓,戴胡頭,乃作金剛力士以逐疫,沐浴,轉除罪障。"所言"臘鼓"擊於十二月中,而《荆楚歲時記》一書是記載江南民俗的。程大昌所見,可能就是這一風俗。

2 《演繁露》卷七,《全宋筆記》第4編第9册,大象出版社,2008年,第12~13頁。

3 《演繁露》卷七,《全宋筆記》第4編第9册,大象出版社,2008年,第12頁。

徐庶母爲人所執,曰:"方寸亂矣。"古今謂方寸爲心,似始乎此。然而《列子》已嘗曰:"吾見子之心矣,方寸之地虚矣。"《御覽》四百一[1]

程大昌這樣做的長處,使讀者可以瞭解到當時學術的發展情況。傳統的學術觀點和程大昌個人的觀點一目瞭然,便於讀者梳理學術研究的脉絡。

(二)排比法

利用探源法可以找到考據物件的最早出處,但是對於考據物件的解釋問題有時則無法解决。在這種情况下則要依靠排比法來解决,即將前人的各種解釋排列在一起,并對這些解釋進行辯證分析,從而得出自己的觀點。這種排比法是《演繁露》比較常用的方法。試觀以下一條:

《隋志》:宋、齊之間,天子宴私着白高帽,士庶以烏。太子在上省則帽以烏紗,在永福省則白紗。隋時以白帢通爲慶吊之服,國子生服白紗巾。晋人着白接羅。竇蘋《酒譜》:"白接羅,巾也。"南齊垣崇祖守壽春,着白紗帽,肩輿上城。今人必以爲怪,古未以白色爲忌也。郭林宗遇雨墊巾,李賢注云:"周遷《輿服雜事》曰:'巾以葛爲之,形如帢。帢,口洽反。本居士野人所服。魏武造帢,其巾乃廢。今國子學生服焉,以白紗爲之。'"是其制皆不忌白也。樂府《白紵歌》:"質如輕雲色如銀,制以爲袍餘作巾,袍以光軀巾拂塵。"吴兢《樂府要解》案舊史:白紵,吴地所出。則誠今之白紵。《列子》所謂阿錫,而西子之舞所謂"白紵紛紛鶴翎亂"者是也。今世人麗粧,必不肯以白紵爲衣,古今之變不同如此。《唐六典》:天子服有白紗帽,其下服如裙、襦、襪皆以白,視朝、聽訟、燕見賓客皆以進御。則尤存古制也。然其下注云亦用烏紗,則知古制尤存,未必肯用,多以烏紗代之,則習見忌白久矣。世傳《明皇幸蜀圖》,山谷間,老叟出望駕,有着白巾者,釋者曰:"服諸葛武侯也。"此知古人不忌白。[2]

在這則筆記中,程大昌利用了正史、政書、諸子書、文學作品乃至於圖畫來

1 《演繁露》卷七,《全宋筆記》第4編第9册,大象出版社,2008年,第13頁。

2 《演繁露》卷一三,《全宋筆記》第4編第9册,大象出版社,2008年,第107~108頁。

作爲“古服不忌白”的佐證。這種考據方法不拘一格，更有説服力。

（三）推理法

雖然用排比法能够將所要考據的物件解釋清楚，但是如果遇到没有前人的研究成果或者没有相應的文獻來作爲解釋的證據的話，排比法就無用武之地了。在遇到這類問題的時候，就需要以縝密的推理來解釋了。這對作者的邏輯思維和文獻學基礎都有很高的要求。程大昌在《演繁露》中運用了不少推理法，做出了極爲精彩的考證。試觀下文：

> 官者，管也。一職皆立一官，使之典管也，故官舍所在，皆名爲官。其曰學官者，學舍也。五帝官天下，以天下爲公，而使仕者任之，是爲官矣。三王家天下，則以天下爲己有者也。然則學官之義可想矣。渭口有船官，餘杭有鹽官，成都有錦官，齊出三服有工官，其爲官一也。[1]

在這則筆記中，關於“學官”缺乏相應的文獻證明。程大昌利用文獻記載中存在的船官、鹽官、錦官、工官等官，推斷應當有學官之職務。

又如：

> 凡行禮太廟，執事、行事官皆未登階，先于陛下望西再拜，雖人主親祠，亦與群臣同拜。相傳此禮名爲參神。案：徐鍇《歲時廣記》記東漢人主上陵禮曰：“乘輿自東厢下，太常導出，西向拜山陵，旋升阼階。”引《謝承書》曰：“蔡邕爲司徒掾，從公到陵，問上陵之禮。或曰：‘昔京師在長安時，其禮不可盡聞也。光武即是始葬，乃創是禮。’”……故明帝之上光武陵也，必先望西致敬，乃敢次及光武。此説差有禮耳。然《唐會要》載太祖拜陵，亦先向西兩拜。案：太宗時，唐家方有五陵，獻、懿皆葬趙州，趙州自在長安東北，固不應向西拜矣。景帝、神堯葬于三原，三原，漢池陽地，又在長安正北，亦不應西拜也。獨元帝陵在咸陽，咸陽亦在長安西北，固不爲正西矣。且使尊此而先之，凡此五陵其四在北，其一在西，何由獨尊其一耶？然則太宗西拜，其不獨向元陵，亦已明矣。予案《漢·郊祀志》：“東方神明之舍，西方神明之墓也。”故

---

1 《演繁露》卷一，《全宋筆記》第4編第8册，大象出版社，2008年，第150頁。

凡事鬼必以西爲尊也。太祖之廟獨爲東向,蓋據西以臨東,即其事也。向西之拜,其殆謂神墓在西也,不專爲一代之陵而設也。[1]

在這則筆記中,程大昌提出了宋代太廟祭祠時先要向西拜的禮儀。由於在當時的禮儀制度中没有相關的解釋,只有從前代禮儀制度中尋找。程大昌考察了東漢的上陵禮儀,蔡邕認爲:東漢上陵時必須先西向拜,因爲西漢諸帝的陵墓葬在位於東漢首都市洛陽以西的故都長安,在上陵前必須向先祖致禮。但是,這種説法放到唐代就不能成立了,程大昌通過對唐代諸帝陵墓位置的考察,指出了致禮祖先説的錯誤,并且在《漢書·郊祀志》中找出了正確的解釋。

最能體現程大昌邏輯性、科學性的莫過於對自然科學所作的推斷了。在卷六"佛牙"一文章中,程大昌利用對動物骨骼的觀測結果類推至人骨骼,從而進一步推論出"佛牙"的虚僞。在"菩薩石"一文中通過對一般的色散現象的觀測,得出峨眉山的佛光也是因色散造成的結論。

三、《演繁露》的考據特點

《演繁露》的考據特點可以歸納爲以下幾點:

第一,考據範圍廣。《演繁露》一書的考據并不只局限於經史,從諸子書、文集到民間習俗、衣食住行無所不考,還兼考自然科學的内容。這與宋代的整個學術風氣不無關係。

第二,善於吸收前人成果,在考據時,不盲從權威説法,敢於思考,提出自己的見解。在《演繁露》中,程大昌多有借鑒前人的成果,在利用前人成果時,程大昌往往加以自己的辨析,采納正確的觀點,對於錯誤的觀點加以辨證。同時,程大昌也敢於懷疑經典的説法,不迷信古人。正是由於他的科學嚴謹的治學態度,纔使得他證實了峨眉山佛光、佛骨、佛牙的虚妄,這是非常難能可貴的。

第三,在考據時,不拘泥於經典,而是盡可能采用各種有用的文獻來證明自己的觀點。正如在第一條所言,程大昌的考據内容不拘一格,其用來考據的材料也可謂五花八門,除了運用經典、史書中的内容進行考證,甚至包括了書畫等藝術文獻。在考證中,程大昌還注重出土文物和實地考察。如在卷三"古用玉

---

1 《演繁露》卷四,《全宋筆記》第4編第8册,大象出版社,2008年,第193頁。

非純玉”條目中,程大昌利用當時在會稽禹廟中出土的古人祭祀用的仿真玉,來證明古代的禮儀用玉并非完全純玉。在卷五“辱井”條中,作者通過對傳説中的陳後主藏身之井的實地考察,證實了傳聞的謬誤。程大昌的這些考據,可以稱得上是實證,這種方法非常科學。

四、結語

在程大昌的諸多著作中,《演繁露》的學術地位非常突出,因爲此書不僅是程大昌個人學術的集大成之作品,同時在程大昌的著作中,還起着承上啓下的聯繫作用。我們可以看到,《演繁露》的不少條目是對於先前學術成果的補充,如其中涉及《易》等經典的,是對《易原》的進一步探討。而涉及地理問題的,則是對《禹貢論》的補充。一些在《演繁露》中所討論的内容,程大昌於後來的《雍録》《北邊備對》等著作中進一步加以探討。而另一部重要的筆記體著作——《考古編》則是與《演繁露》相輔相成、互爲補充的姐妹篇。程大昌的一系列著作,構成了程大昌個人學術演進的一條脉絡,而《演繁露》正是其中重要的一環。

程大昌所在的宋代,正是我國古代學術積極發展的時代,理學、考據學均在這一時期興起,涌現出了不少有價值的考據筆記,著名的有《夢溪筆談》《容齋隨筆》《困學紀聞》等。[1] 而程大昌所著之《演繁露》也正是在這樣的歷史條件下成書的,《演繁露》在宋代的筆記發展中扮演了重要的角色。

《演繁露》吸收了前代筆記中的許多學術成果,如對《夢溪筆談》所討論的問題能作出自己的分析,吸收其正確的結論,否定其錯誤的觀點,并加以發揚光大。尤其對於自然科學的討論,深得《夢溪筆談》之精華,并且又有自己的新發現。《演繁露》問世伊始,就獲得世人肯定。朱熹曾評價《演繁露》“其零碎小議論,亦多可取”[2]。而《演繁露》又對其後宋代的筆記寫作産生了積極影響,如高似孫的《緯略》就是受《演繁露》一書的影響而作的。

《演繁露》對宋以後的學術研究也起到了一定的影響。後世諸多學者甚至將《演繁露》與考據筆記相提并論,并以《演繁露》爲尺規,評判其他筆記之優

---

1 參見劉宇:《略論宋代的考據筆記》,《江西社會科學》2011 年第 12 期。

2 《朱子語類》卷一三八,中華書局,1986 年,第 3278 頁。

劣。而《演繁露》中所記載的史料及考據成果也多爲後世學者所引用,并引起進一步討論。《四庫總目》就評價《演繁露》的考據"精深明確,足爲典據"[1]。可以説,《演繁露》是宋代考據筆記中的佼佼者。

1 《欽定四庫全書總目》子部二十八,中華書局,第1583頁。

有關《裔夷謀夏録》諸問題的新考索

北京大學中國古代史研究中心　苗潤博

［摘　要］《裔夷謀夏録》是一部記載兩宋之際女真興起的重要文獻。今存諸本皆題劉忠恕撰，而前代著録則稱汪藻作有此書，論者多以二者爲同名异書。通過將《長編紀事本末》所引汪藻《金盟本末》（即《裔夷謀夏録》）與今本加以對比，筆者發現二者多所契合，今本《裔夷謀夏録》實即汪藻之書，而與劉忠恕無涉。在此基礎上，本文對此書的來龍去脉作了一番新的考索：此書最初係汪藻奉敕爲官修日曆所備素材的一部分，成書於紹興九年（1139），原名《金人請盟背盟本末》，全本當爲七卷；現存版本系統形成於明末清初，誤題爲劉忠恕撰；汪氏編纂此書時大段機械抄取《亡遼録》等原始材料，也使其具有了不可忽視的史料價值。

［關鍵詞］《裔夷謀夏録》　汪藻　兩宋之際　日曆　《亡遼録》

一、問題緣起：傳本所題作者與前代著録之矛盾

十二世紀初葉，女真勃興，吞遼滅宋，對中國歷史影響深遠。有關這一重大變局，兩宋之際的人們曾有過爲數衆多的記載，但其中歷經千年，流傳至今者却寥寥無幾，本文所要討論的《裔夷謀夏録》就是這些幸存者之一。

是書今僅存殘抄本數種，皆出同一系統（説詳後文），題宋劉忠恕撰。然而此傳本所題作者與前代書目著録存在着嚴重抵牾，不能不令人心生疑竇。故自晚清以降，不少藏書家與研究者皆對此有所論及。

最早提到傳本與著録間矛盾的是陸心源，他在《皕宋樓藏書志》中著録所藏"《裔夷謀夏録》一卷，舊抄本，宋劉忠恕著"，并加按語云："案《書録解題》：《裔夷謀夏録》一卷，翰林學士新安汪藻彦章撰，此本題劉忠恕著，未知孰是。"[1] 陸

1　《皕宋樓藏書志》上册卷二八載記類，中華書局影印本，1990年，第324~325頁。按此皕宋樓藏本今歸日本静嘉堂，實爲兩卷，陸氏著録有誤；又《直齋書録解題》著録《裔夷謀夏録》爲七卷，此引作一卷，亦誤。

氏注意到陳振孫《直齋書録解題》著録《夻夷謀夏録》作者爲汪藻，而非自家藏本所題之劉忠恕，但并未對此作更多探究。幾乎與陸氏同時的另一位大藏書家丁丙亦藏有《夻夷謀夏録》一部，其在所編藏書目録中也談到了這一問題："按《直齋書録解題》是書作七卷，且署翰林學士新安汪藻彦章撰，未知孰是，豈一名而兩書耶？"[1] 丁氏所據材料與陸心源完全相同，却更進一步猜測傳本《夻夷謀夏録》并非汪藻所撰，而是另外一部同名之書。丁丙歿後，藏書在民國時歸於江南圖書館，其中這部《夻夷謀夏録》曾爲胡玉縉所寓目。胡氏對此寫有一段簡單的考證："《夻夷謀夏録》三卷，宋劉忠恕撰。忠恕字里未詳。……爲江南圖書館所藏鈔本。陳振孫《書録解題》載是書，作'七卷，翰林學士新安汪藻彦章撰'，卷數撰人俱异，《絳雲樓書目》同，蓋别一書也。"[2] 除據《直齊書録解題》外，又稱錢謙益《絳雲樓書目》著録與陳振孫相同，因而得出了與丁丙完全相同的結論——同名异書。

與藏書家和目録學家的簡單猜想不同，當今的史學研究者對上述問題有過詳細論述。虞雲國先生《静嘉堂藏〈夻夷謀夏録〉考略》（以下簡稱虞文）是迄今爲止僅有的一篇關於《夻夷謀夏録》的專題研究，[3] 此文根據静嘉堂文庫所藏版本，對該書的作者、成書年代、卷數、史料價值等問題進行了考證。關於作者問題，虞文的主要論據有二：其一，《宋史·藝文志》"傳記類"著録兩種卷數不同的《夻夷謀夏録》，一題汪藻著，另一則未詳作者，虞文認爲後者即劉忠恕之書；其二，徐夢莘《三朝北盟會編》所引汪藻《謀夏録》中的一條記載不見於今本的相關部分。據此，虞先生得出結論，現存《夻夷謀夏録》確爲劉忠恕所著，絶非汪藻之書。顯然，該文的基本觀點與上引丁丙、胡玉縉完全相同，只是在此基礎上作了更爲具體的論證。自虞文發表至今已二十餘年，後來的研究者們對此皆無异辭，同名异書之説似乎已成定論。[4]

1　《善本書室藏書志》卷一〇史部八，中華書局影印光緒辛丑丁氏刻本，1990 年，第 516 頁下欄。

2　《四庫未收書目提要續編》，收入《續四庫提要三種》，上海書店出版社，2002 年，第 60 頁。

3　原刊（臺北）《書目季刊》1995 年第 29 卷第 3 期，此據其著《兩宋歷史文化叢稿》，上海人民出版社，2011 年，第 487~498 頁。

4　參見《夻夷謀夏録》"點校説明"，黄寶華整理，《全宋筆記》第 5 編第 1 册，大象出版社，2012 年，第 71 頁；馬玲莉：《汪藻史學成就探究》，上海師範大學碩士學位論文，2012 年。

對於縈繞《裔夷謀夏録》的疑雲，除上述主流説法外，清末民國的學者還曾有過另外一種意見。王國維在爲蔣汝藻的藏書編寫目録時稱："《裔夷謀夏録》二卷（鈔本）。宋劉忠恕撰，胡潛序。知不足齋鈔本。案《直齋書録解題》：《裔夷謀夏録》七卷，翰林學士新安汪藻彦章撰。此本卷數與撰人均不合，且多記遼亡事，亦覺名實不符，疑後人依托爲之也。"[1] 除前人都已注意到的傳本與著録的矛盾外，王觀堂還提出了傳本的另外一個問題——"名實不符"，即他認爲汪藻《裔夷謀夏録》理應主要記載金人滅宋之事，而此傳世之書則多記遼朝滅亡之事，内容與標題不合。據此，王氏不僅認爲其并非汪藻之書，更進一步對此書的真實性提出了質疑。

綜合諸家論斷可知，針對《裔夷謀夏録》傳本與書目著録作者的歧异，無論是同名异書説，還是後人僞托説，以往的研究者皆認爲今本《裔夷謀夏録》并非汪藻所著。[2] 然而，通過全面檢核史料，筆者發現上述判斷存在嚴重偏差，而這一偏差又直接影響到我們對於此書的定位與利用，實有必要予以辨明。在明確作者的基礎上，本文擬對該書的來歷、成書時間、卷數、版本、史源、編纂特點等諸多問題加以重新檢討，力圖較爲徹底地弄清這部文獻的來龍去脉，以便相關研究者能够更好地利用其中的珍貴史料。

二、再論今本《裔夷謀夏録》與汪藻之關係

正如前人所指出的，根據汪藻墓志銘及《直齋書録解題》等多處記載可知，汪藻確曾撰有一部《裔夷謀夏録》，這是毫無疑問的，而此書在宋代即爲其他史書所徵引。那麽，要確定今本《裔夷謀夏録》是否爲汪藻所著，最有效、直接的方法自然是將今本的内容與其他文獻所徵引的汪藻之書進行比較。虞雲國先生已經意識到了這一點，并指出《三朝北盟會編》中有兩段記載明確標注出處爲

1　《傳書堂善本書志·上·史部二》，《王國維全集》第九卷，浙江教育出版社、廣東教育出版社，2009年，第202~203頁。

2　法國漢學家伯希和在注釋《馬可波羅行紀》中"Ciorcia"（意爲女真）一詞時，曾論及《裔夷謀夏録》（P. Pelliot, *Notes on Marco Polo*, I, Paris, 1959, pp373~374）。伯氏當時未見此傳本，僅根據前代著録及他人轉引進行研究，結論多非確實，但其對作者之謎却提出了一點頗堪重視的判斷："在宋代絶不可能存在兩部不同的書都冠以'裔夷謀夏録'這樣罕見的書名，汪藻或劉忠恕必有一誤（或二者皆誤）。"

"汪藻《謀夏録》",其中一條逸出今存殘本的時間範圍,遂將另外一條,即宣和四年(1122)九月十一日所引汪藻《裔夷謀夏録》與今本所記宣和四年八月及九月之事作了對比,發現《三朝北盟會編》所引之文完全不見於今本,據此稱"故可斷言,静嘉堂藏鈔本《裔夷謀夏録》絶非汪藻所著,而是劉忠恕所撰的同名之异書"。

虞先生的研究路徑無疑是正確的,但僅根據一條記載的不同,就斷定今本《裔夷謀夏録》并非汪藻所作,未免證據不足。如果將視野放寬,我們可以發現,宋代文獻中徵引汪藻《裔夷謀夏録》者遠不限於《三朝北盟會編》中的兩條,將這些引文與今本加以全面對比,纔有可能得出更爲確當的結論。

徐夢莘在《三朝北盟會編》卷首列有引用書目,其中稱:"《裔夷謀夏録》,一云《金人請盟叛盟本末》,汪藻。"[1]可知汪藻《裔夷謀夏録》又名《金人請盟叛盟本末》。而《續資治通鑑長編》(以下簡稱《長編》)卷三二二元豐五年(1082)正月丙午記載神宗降詔,允許女真假道高麗到宋朝賣馬,結果是"後女真卒不至",對此李燾有小注云:"女真卒不至,據汪藻《金盟本末》增入。"[2]從作者和書名推斷,其中的《金盟本末》很可能就是《金人請盟叛盟本末》的簡稱,也就是《裔夷謀夏録》的另一種名稱。這一推斷可以在史料的對讀中得到證實。《三朝北盟會編》卷九云:"汪藻《謀夏録》烏歇辭,聖旨諭使人:'燕中無主,止是四軍領兵爲邊患,及挾女主猖獗,豈金國可容,早擒之爲佳。'烏歇、慶裔曰:'四軍夔離不爾,汝何人,敢爾哉?回本國當奏陳。'時朝廷屢以勝契丹欺虜人,而有一四軍不能制,反仗虜人擒之,自相矛盾矣。"[3]而與此幾乎完全相同的記載見於楊仲良《資治通鑑長編紀事本末》(以下簡稱《長編紀事本末》)宣和四年九月甲戌:"烏歇等入辭於崇政殿。上諭曰:'燕人無主,止是四軍領兵爲邊患,乃挾女主猖獗,豈金國可容?早擒之爲佳。'烏歇、慶裔曰:'四軍夔離不耳,彼何人,敢爾?到本國當即奏陳。'時朝廷方以屢勝欺女真,而有一四軍不能制,反令女真禽之,自相矛盾矣。"其後有小注稱"以上并據《詔旨》《金盟本末》"。[4] 衆所周知,楊仲良

1 《三朝北盟會編》第1册卷首,上海古籍出版社影印許涵度刻本,1987年,第4頁上欄。

2 《續資治通鑑長編》第13册,中華書局,2004年,第7768頁。

3 《三朝北盟會編》上册,第63頁下欄。

4 《徽宗皇帝·金盟下》,《通鑑長編紀事本末》第8册,《宋史資料萃編》第二輯影印廣雅書局本,臺北文海出版社,1967年,第4312、4322頁。

此書乃據李燾《長編》改編而成，故上引文字當皆出自李燾之手。李氏所稱《詔旨》即汪藻《元符庚辰以來詔旨》，由注文可知上述記載并見於《金盟本末》及《元符以來詔旨》。對比徐夢莘所引《謀夏録》與李燾所引《金盟本末》，若合符節，可以確定二者爲同一部文獻，亦即汪藻《裔夷謀夏録》在李燾筆下被稱作《金盟本末》。

明確以上問題之後，我們不難發現，《長編紀事本末》卷一四二、一四三《金盟》一門中大量徵引《金盟本末》（即《裔夷謀夏録》），其中不少記載與今存殘本《裔夷謀夏録》的時間範圍相合，對此加以系統對比，自然有助於我們判斷二者之間的關係。經過全面檢討，筆者發現兩書中至少有九段史料可以一一對應，爲避繁冗，此處僅舉三例略加説明，其餘列表附於文末。[1]

李燾徵引《金盟本末》大致有兩種形式，其一是直接引用，其二是參合此書及其他記載，兩者皆可在今本《裔夷謀夏録》中找到對應的段落。如《長編紀事本末》卷一四二直接引用《金盟本末》云：

> 宣和二年正月，呼慶至自女真。女真留之半年，責以中輟，且言登州移文之非，持其書來云："契丹修好不成，請別遣人通好。"時童貫受密旨，欲倚之復燕。二月，詔遣趙良嗣。[2]

而這段文字在今本《裔夷謀夏録》宣和二年（1120）正月可以找到基本相同的記載：

> 宣和二年正月，呼延慶至自女真。女真留之半年，責以中輟，且言登州移文之非，持其書來云："契丹修好不成，請別遣人通好。"時童貫受密旨，欲倚之復燕。二月，詔中奉大夫、右文殿修撰趙良嗣由登州往使。[3]

很明顯，除了呼延慶作呼慶，末句略有不同外，李燾所引《金盟本末》與今本《裔夷謀夏録》完全一致。

1　前引馬玲莉《汪藻史學成就探究》一文（第87~91頁）亦認爲《長編紀事本末》所引《金盟本末》汪藻《裔夷謀夏録》（未加論證），并將其輯出。然其所據《長編紀事本末》爲宛委別藏本，故所輯容有遺漏，更要緊的是，因其認定此書與今本《裔夷謀夏録》爲同名异書，故而并未對二者的内容加以對比。

2　《通鑑長編紀事本末》第8册，第4293~4294頁。

3　《裔夷謀夏録》卷一，第88頁。

又如《長編紀事本末》宣和三年(1121)十一月云:

> 十一月,金國使副曷魯、大迪烏自海上歸至其國。阿骨打得書,意朝廷絶之,乃命其弟固論國相勃及烈并黏罕、兀室等悉師渡遼而西,用降將余覩爲前鋒趨中京。(原注:此據《金盟本末》)[1]

李燾小注明確稱此段源自《金盟本末》,而今本《裔夷謀夏録》中恰好有一段大同小异的文字:"十一月,習魯自海上歸。阿骨打得書,意朝廷絶之,乃命其弟兀魯、國相勃極烈并粘罕、兀室等悉師渡遼而西,用降將余覩爲前鋒。"[2]其中兀魯與固論當爲同名异譯,其餘文字基本契合。

除了直接引用,李燾往往會將《金盟本末》與其他史料相參合,形成一種新的文本,而在這樣的文本中也很容易找到與今本《裔夷謀夏録》相對應的部分。如《長編紀事本末》宣和三年十月末條云:

> 三年二月壬午,金國使錫刺曷魯并大迪烏高隨至登州。先是,女真往來議論,皆主童貫,以趙良嗣上京阿骨打之約,欲便舉兵應之,故選西京宿將會京師。又詔環慶、鄜延軍與河北禁軍更戍。會方臘叛,貫以西京討賊,朝廷罷更戍指揮。登州守臣以童貫未回,留曷魯等不遣。曷魯狷忿,屢出館,欲徒步入京師。尋詔馬政、王瓌引之詣闕。
>
> 五月丙午,金國使曷魯、大迪烏入國門,詔國子司業權邦彦、觀察使童師禮館之。未幾,師禮傳旨邦彦等曰:"大遼已知金人海上往還,難以復如前議論。曷魯、大迪烏令歸。"邦彦驚曰:"如此則失其歡心,曲在朝廷矣。"師禮入奏,復傳旨:"候童貫回,徐議之。"曷魯、大迪烏留闕下凡三月餘。
>
> 八月壬子,金國使曷魯、大迪烏辭,遣呼慶送歸,國書止付曷魯等,不復遣使,用王黼之議也。書辭曰:"遠勤專使,薦示華緘。具承契好之修,深悉疆封之諭。維夙惇於大信,已備載於前書。所有漢地等事,并如初議。俟聞舉軍到西京的期,以憑夾攻……"(原注:此據《金盟本

1 《通鑑長編紀事本末》第8册,第4306頁。

2 《裔夷謀夏録》卷一,第93頁。

末》并《華夷直筆》及《詔旨》)[1]

此段記載亦見於今本《裔夷謀夏録》,絶大部分文字差异甚微,唯其中畫綫部分在今本《裔夷謀夏録》中作:"邦彦慮失歡,令師禮入奏,復得旨:候童貫回。曷魯凡留三月餘。八月二十八日,王黼議復國書,止付習魯等還,不遣使。"[2]二者出入略大。據作者小注可知,《長編紀事本末》之文字當爲李燾以《金盟本末》爲藍本,參考《華夷直筆》及《詔旨》寫成的,故大同而小异。綜合附表所列七段記載來看,相比於上面提到的直接引用,以《金盟本末》爲藍本,參合其他文字的情况在李燾的筆下顯然更爲普遍,且多爲大段徵引。此種參合此書及其他記載的引用值得我們格外重視。

通過列表、考證,我們已經清楚地看到,李燾所引《金盟本末》的大量文字皆見於今存殘本《裔夷謀夏録》的相應部分,而如上所述,《金盟本末》就是汪藻《裔夷謀夏録》的另一名稱,由此不難得出如下結論:今本《裔夷謀夏録》當即汪藻之書。

在《長編》的大量徵引之外,宋人尚有零星引用此書者,亦可佐證上述判斷。如趙彦衛《雲麓漫鈔》云:"《請盟録》載女直用兵之法:戈爲前行,號曰硬軍,人馬皆全甲,刃棓自副,弓矢在後,非在五十步内,不射;弓力不過七斗,箭鏃至六七寸,形如鑿,入不可出,人携不過百枚。其法,什伍百皆有長,伍長擊柝,什長執旗,百長挾鼓,千人將則旗幟金鼓悉備。伍長戰死,四人皆斬,什長戰死,伍長皆斬,百長戰死,什長皆斬;能同負戰没之尸以歸者,則得其家資。凡將軍皆自執旗,衆視所向而趨之,自軍帥至步卒,皆自馭,無從者。軍行大會,使人獻策,主帥聽之,有中者爲特奬其事。師還,又會,問有功者,隨高下與之金,人以爲薄,復增之。"[3]其中所謂《請盟録》者,應該是《金人請盟叛盟本末》的另一簡稱,而這段文字亦見於今本《裔夷謀夏録》,[4]僅個别字句有出入。這一例證同樣説明今本《裔夷謀夏録》的作者當爲汪藻,而與劉忠恕無涉。

---

1 《通鑑長編紀事本末》第8册,第4304~4305頁。

2 《裔夷謀夏録》卷一,第92頁。

3 〔宋〕趙彦衛撰,傅根清點校:《雲麓漫鈔》卷六,中華書局,1996年,第108頁。

4 《裔夷謀夏録》卷一,第75~76頁。

有了上述基本判斷之後，我們還有必要對上引虞雲國先生有關今本《裔夷謀夏録》非汪藻所著的兩條主要論據進行回應。第一條是《宋史·藝文志》"傳記類"關於"兩部"《裔夷謀夏録》的記載。兹先徵引相關内容如下：

> 《南北歡盟録》一卷，《裔夷謀夏録》二卷并不知作者……張九成《無垢心傳録》十二卷……汪藻《裔夷謀夏録》三卷，又《青唐録》三卷……右傳記類四百一部，一千九百六十四卷張九成《無垢心傳録》以下不著録二十一部三百十二卷。[1]

對於這段史料，虞文稱："元修《宋史》之粗疏舛誤是久有定評的，但在同一傳記類中相隔幾頁將同書再列，其疏誤似還不至於這等程度。顯而易見，《宋史·藝文志》作者應是見到兩位不同作者所撰著的書名相同、内容相近的兩種書的……故而在同一傳記類中分别予以著録。"[2] 顯然，虞先生將《宋史·藝文志》作爲一部體例統一的實藏書目來看待，這纔有了上述判斷，但實際情况却并非如此。從《宋史·藝文志序》即可看出，元人修撰此志，實效法《新唐書》之體例，分兩部分完成，其一是將宋朝四部國史（即《三朝國史》《兩朝國史》《四朝國史》及《中興四朝國史》）的《藝文志》删乂重複，合爲一志；其二是根據各種記載補充前者所未備。[3] 這樣的編纂體例在志文的形式上也有明確的體現：《宋史·藝文志》在著録每一小類書籍之後，都會總結此類書籍一共多少部多少卷，然後會有小注稱某某書以下多少部"不著録"云云，其中所謂不著録的這一部分就是指宋國史藝文志未曾著録，而爲元人所補。解讀上面所引這段史料正好需要用到這一通例，其中小注稱"張九成《無垢心傳録》以下不著録二十一部三百十二卷"即指在《無垢心傳録》以上的書籍爲宋國史藝文志所著録，以下則爲元人所增。我們看到，所謂兩部《裔夷謀夏録》正好一個在《無垢心傳録》之前，一個在其後。《裔夷謀夏録》作於南宋，顯然前者出自《中興四朝國史·藝文志》，著録之依據應該就是宋寧宗朝修史時所實藏的汪藻《裔夷謀夏録》，只不過它可能是一部脱去作者的殘本；而後者則爲元末修史時據其他材料所補。按《汪藻墓志

1 《宋史》卷二〇三《藝文志二》，中華書局點校本，1977 年，第 5117~5124 頁。

2 《静嘉堂藏〈裔夷謀夏録〉考略》，第 488 頁。

3 《宋史》卷二〇二《藝文志序》，第 5033~5034 頁。

銘》記載其著作有“《青唐録》三卷、《裔夷謀夏録》三卷”，[1] 其中關於此書三卷的説法在宋代文獻并不多見(詳見下文)，由此推斷，元朝史官很可能是據汪藻的碑傳資料進行了補充，恐非當時實有其書。[2] 而史臣在倉促抄撮之間未及對不同來源的材料加以統一，這纔造成了同一小類中一書重出的現象。[3] 因此，《宋史・藝文志》的記載并不能證明宋代存在過兩部不同的《裔夷謀夏録》，更不宜作爲今本并非汪藻所著的論據。

關於虞文的第二條論據，即《三朝北盟會編》所引汪藻《裔夷謀夏録》中的一條記載不見於今本的相關部分，其實也還有進一步探討的餘地。筆者認爲，這條記載之所以不見於今存殘本，是由汪藻《裔夷謀夏録》的史源情況及編纂特點造成的，此問題較爲複雜，筆者將在第四節的相關部分予以辨析，此處不贅。

三、《裔夷謀夏録》來歷、流傳問題探賾

通過上節正反兩方面的論證，我們可以確定，題名劉忠恕著的殘本《裔夷謀夏録》實際上出自兩宋之際著名史家汪藻(1079—1154)之手，這一認識的轉變意味着我們需要對有關這部文獻的諸多問題加以重新審視。此書究竟爲何而作？成書於何時？其原本面貌(書名、卷數)是什麽樣的？是怎樣流傳至今的？現存諸本的系統形成於何時？又在何時被題爲劉忠恕所撰？本節即擬對此作一番探究。

關於《裔夷謀夏録》一書的來歷，前人均未論及。筆者注意到，《歷代名臣奏議》中收有汪藻進書札子一封，爲現存文獻所僅見，對於研究《裔夷謀夏録》的來

---

1 〔宋〕孫覿：《鴻慶居士集》卷三四《宋故顯謨閣學士左大中大夫汪公墓志銘》，《景印文淵閣四庫全書本》第 1135 册，臺灣商務印書館，1983—1986 年，第 363 頁。

2 關於《宋史・藝文志》“不著録”部分的來源，以往學界關注不足，僅陳樂素《宋史藝文志考證》(廣東人民出版社，2002 年，第 694 頁)曾猜測其爲元末史官所見之書，而未給出證據。筆者初步檢核後發現，此部分關於書名、卷數的記載，往往與作者碑傳資料一致，而與宋代實藏書目所載不盡相合，未可遽斷其爲史官所親見者。

3 類似情況在《宋史・藝文志》中十分普遍，當然其具體成因不盡相同。相關條目參見沈治宏：《宋史藝文志集部重複條目考》，《圖書館雜志》1989 年第 2 期；《宋史藝文志經部重複條目考》，《圖書館雜志》1989 年第 5 期，第 62 頁；《宋史藝文志子部著録圖書重複考》，《宋代文化研究》第 2 集，四川大學出版社，1992 年，第 218~219 頁。

歷至關重要，兹摘引相關部分如下：

……自乘輿南渡以來，史官無一字之傳，當時大臣時政記既不可復得，而諸司所謂案牘者，盡委於兵火……故臣於紹興二年待罪湖州日，力具奏陳，以爲及今聞見尚新，宜亟加搜訪，失今不輯，後必悔之。蒙恩即以委臣，臣伏思一代館典，權輿於此……故設爲四類以求之。一曰年表，二曰官閥，三曰政迹，四曰凡例……臣自紹興二年承指揮編次，字字綴緝，七年於兹，本欲畢區區之愚，每類各爲一書，以備史官采擇，既功力浩渺，非歲月可成；又恭聞近開史院修《徽宗皇帝實録》，事體宏大，非臣踈外敢爲。今於每類各修成一門。除凡例一門，已具《重修元符庚辰以後三（十）年詔旨》節次進呈訖。今修到年表門，具元符、建中、崇寧年臣僚旁通，六册；官閥門，具宰相十三人、執政三十三人，累歷十册；政迹門具《青唐弃地復地本末》《金人請盟背盟本末》，十二册；共二十八册投進，通前總八百册。伏乞聖慈特賜省覽，庶知臣所編歲月時日皆多方訂正，務得其真，未嘗一字無據也。[1]

結合相關史料，可以考見汪藻此次所進之書爲何，以及此札子究竟作於何時。紹興二年（1132）十一月，汪藻時知湖州，奏請將"本州所有御筆、手詔、賞功罰罪文字，截自元符庚辰至建炎己酉三十年間，分年編類"，"以備修日曆官采擇"，獲得高宗首肯，[2] 即此札子中"紹興二年待罪湖州日，力具奏陳""自紹興二年承指揮編次"之所指，可見汪氏所修者實乃徽、欽兩朝至高宗初年的事迹類編，是爲官修日曆準備的基礎材料。[3] 至紹興八年（1138）十一月，其中的主體

1 《歷代名臣奏議》第4册卷二七七"國史"，上海古籍出版社影印永樂十四年（1416）刻本，1989年，第3612～3613頁。

2 《歷代名臣奏議》卷二七七"國史"，第3612頁，又見汪藻《浮溪集》卷二。年月據李心傳：《建炎以來繫年要録》卷六〇，中華書局，2013年，第1204～1205頁。

3 包括汪藻墓志銘、《建炎以來繫年要録》在内的衆多後人記載，皆稱汪氏此次所修的就是宋朝官方日曆，但從汪藻自己的説法來看，他所纂修的并非日曆本身，而只是爲官修日曆所準備的素材，即所謂"備修日曆官采擇"者。另外從體例上看，宋代日曆有其固定程式，詳見陳騤《南宋館閣録》卷四《修纂下·修日曆式》（張富祥點校，中華書局，1998年，第39～40頁），與此處汪藻自創"設爲四類以求之"者迥然不同。

部分《元符庚辰至宣和乙巳詔旨》最終成書進呈,凡六百六十五卷,[1]即札子中所稱四門之一的凡例門,“已具《重修元符庚辰以後三(十)年詔旨》節次進呈訖”。關於這部事迹類編的成書時間,汪藻墓志銘稱“書成,凡八百册,上之。上遣使賜茶藥二銀合,進官二等,加中大夫,除顯謨閣學士,知徽州”。而羅願《新安志》則明確記載了汪氏此次知徽州的時間是“(紹興)九年十二月二十九日”[2],説明此書當成於紹興九年(1139),正好與札子所謂自紹興二年奉旨編集後“七年於兹”的説法若合符契,當時此書的另外三門修成,一并進呈,與之前所進凡例門合爲八百册。

值得注意的是,此次進呈的“政迹門”是由《青唐弃地復地本末》《金人請盟背盟本末》兩部分組成的,而後者竟與《三朝北盟會編》卷首引用書目所見《裔夷謀夏録》之别名《金人請盟叛盟本末》僅有一字之差,顯然就是同一著作。由此可知,《裔夷謀夏録》最初實際上是汪藻奉敕爲官修日曆所備素材的一部分,而這封札子的寫作時間紹興九年也可以大致看作此書的成書時間,明白這一來歷對我們研究和利用此書顯然意義重大,後文還會對此作進一步闡發。

從這道札子還可獲知,《裔夷謀夏録》在剛剛修成進呈之時,題名爲《金人請盟背盟本末》,而這很有可能是此書的原名。那麽,今本所題之名是何時出現的?兩種名字在當時和後世的使用情况如何?按此書之名在宋代著録中即分爲兩個不同的系統。如上所述,《金人請盟背盟本末》一名,在《三朝北盟會編》引用書目作《金人請盟叛盟本末》,《朱子語類》稱《女真請盟背盟録》,[3]《長編》引作《金盟本末》,《遂初堂書目》作《背盟本末》,[4]《郡齋讀書志》《玉海》作《金

1　〔宋〕李心傳:《建炎以來繫年要録》卷一二三,第2305頁。

2　〔宋〕羅願:《新安志》卷九《叙牧守》,《宋元珍稀地方志叢刊甲編》第8册,四川大學出版社,2007年,第329頁。

3　〔宋〕黎靖德編,王星賢點校:《朱子語類》卷一三八“雜類”,中華書局,1994年,第3278頁。

4　〔宋〕尤袤:《遂初堂書目·本朝雜史》第1册,《宋元明清書目題跋叢刊》影印《海山仙館叢書本》,第482頁上欄。

人背盟録》,[1]《建炎以來繫年要録》作"汪藻《背盟録》",[2]《雲麓漫鈔》則作《請盟録》,這些書名顯然都是《金人請盟背盟本末》的簡稱。而《裔夷謀夏録》一名在當時亦不乏其例,此名見於作者自稱,汪藻所著另一部史書《靖康要録》中引用此書即稱《謀夏録》,[3]當爲《裔夷謀夏録》之簡稱。而上文所引汪藻墓志銘、《三朝北盟會編》《直齋書録解題》及《宋史·藝文志》(當抄自《中興四朝國史·藝文志》及汪藻墓志銘)皆著録《裔夷謀夏録》之名,《錦綉萬花谷》則引作《謀夏録》,[4]筆者推測,《裔夷謀夏録》之名或係汪氏在此書單行於世時所改。兩相比較,前一系統的書名在宋代似乎更爲普遍,或許皆出自官方文獻系統,而後一系統則相對流傳較少。[5]

不過,伴隨着宋元鼎革,典籍流散,這種情況發生了重大變化,《金人請盟背盟本末》的題名系統不再見諸史乘,而《裔夷謀夏録》一系則幸存下來,成爲後世通用之名。元人袁桷《修遼金宋史搜訪遺書條列事狀》中即列有《裔夷謀夏録》,[6]可見此書在當時流傳已少。至明朝前期《裔夷謀夏録》出現在宫廷秘閣,修《永樂大典》時即用一整卷的篇幅來抄録此書,[7]正統年間所編《文淵閣書目》著録明代宫廷藏有"《謀夏録》一部一册"[8],或即修《永樂大典》據以抄入者。此

1 衢本《郡齋讀書志》卷六雜史類,見《郡齋讀書志校證》,上海古籍出版社,1990年,第273頁;王應麟:《玉海》卷四七"雜史",廣陵書社影印浙江書局本,2003年,第887頁。按《玉海》此條下原當有解題,然今存諸本皆脱,僅餘書名、卷數。

2 《建炎以來繫年要録》卷一宣和七年小注,第10頁。

3 〔宋〕汪藻著,汪智勇箋注:《靖康要録》卷二,四川大學出版社,2008年,第246頁。

4 《錦綉萬花谷》第73册,卷一五"金虜"條,北京圖書館古籍珍本叢刊影印宋刻本,書目文獻出版社,1999年,第226~227頁。

5 宋代典籍流傳過程中,同一部書在官私兩種系統有不同名稱的情況并不罕見,另外一個典型的例子是《三朝北盟會編》。此書徐夢莘家藏本系統題作《三朝北盟集編》,而進呈之後的實録院抄本系統則作《三朝北盟會編》。參見鄧廣銘、劉浦江:《〈三朝北盟會編〉研究》,《文獻》1998年第1期,第98頁。

6 〔元〕袁桷:《清容居士集》卷四一,《四部叢刊》影印元刊本,葉33b。

7 《永樂大典目録》卷二五載該書卷九五〇二内容爲《裔夷謀夏録》(《永樂大典》第10册,中華書局影印本,第286頁上欄)。

8 〔明〕楊士奇:《文淵閣書目》卷六"史雜",《宋元明清書目題跋叢刊》影印《讀畫齋叢書》本,第66頁上欄。按是本此條下著録"闕"字,係後人所加,與明初内閣實際藏書情況無關。

後之明代書目著録此書者極少，[1] 萬曆年間張萱所編《内閣藏書目録》亦不見其名，直至明末方復見於絳雲樓、汲古閣之著録，皆稱《裔夷謀夏録》。其中汲古閣本乃明中期名臣吴寬（1435—1504）叢書堂所抄。[2] 入清以後，著録、傳本漸多，全部題作此名。從這一大致的流傳過程來看，源出官方文獻的《金人請盟背盟本末》系統很可能入元以後即已失傳，而題名《裔夷謀夏録》的系統雖流傳亦鮮，但總算得以保全一綫，致使後人只知此名，對其原本之名反倒不甚瞭然了。

考察書名著録的變化，不僅可以看出《裔夷謀夏録》兩種題名系統的演變，更重要的是可以藉此觀察此書流傳、存佚的大致狀況。當然，如果要進一步弄清此書的流傳過程，還需對此書的另一個重要方面——卷數問題稍作考證。

上引汪藻進書札子僅稱《金人請盟背盟本末》（《裔夷謀夏録》）與《青唐弃地復地本末》（當即汪藻另一部著作《青唐録》的本名）合計十二册，而未言其具體卷數。關於此書的卷數，衢本《郡齋讀書志》卷六著録"《金人背盟録》七卷"，[3]《直齋書録解題》則稱"《裔夷謀夏録》七卷"，[4] 前者成書於宋孝宗淳熙十四年（1187）以前，後者則成於理宗淳祐年間（1241—1252），二者均爲實藏書目，且所題書名來自不同系統，却皆著録其爲七卷，可見此書在宋時的通行傳本爲七卷，當爲全本。但前引孫覿所撰汪藻墓志銘則稱此書爲三卷，羅願《新安志》汪藻本傳及前引《宋史・藝文志》同。[5] 按汪氏卒於紹興二十四年（1154），墓志銘當作於此後不久，羅願《新安志》則成書於淳熙二年（1175），從資料來源上看，所據恐即墓志銘，而上節已經指出，《宋史・藝文志》"三卷"的著録很可能也是采自此墓志銘。可見，有關此書三卷的説法在宋代皆出於碑傳文字，與晁、陳二目有關當時傳本的著録差异較大，或許别有一本作三卷，但流傳不廣，抑或係孫覿撰寫墓志時未見其書，而所據材料又存在差誤。除七卷、三卷兩種外，上文對

---

1 按〔明〕錢溥《秘閣書目》及〔明〕葉盛《菉竹堂書目》著録"《謀夏録》一册"，當皆抄自《文淵閣書目》，而非實藏。

2 《汲古閣珍藏秘本書目・史部》著録云："《裔夷謀夏録》一本，叢書堂抄本，三錢（《海王村古籍書目題跋叢刊》第 1 册，中國書店，2008 年，第 204 頁上欄）。"

3 〔宋〕晁公武：《郡齋讀書志》卷六雜史類，第 273 頁。袁本著録爲一卷。

4 〔宋〕陳振孫撰，徐小蠻、顧美華點校：《直齋書録解題》卷五，上海古籍出版社，1987 年，第 153 頁。

5 《新安志》卷七《汪内翰傳》，第 230 頁。

《宋史·藝文志》的分析已指出,《中興四朝國史·藝文志》著録有一部兩卷本《裔夷謀夏録》,《中興四朝國史》成書於寶祐二年(1254),從其不著録此書作者的情況推測,此本當時可能已有殘闕。

如上所述,宋亡以後,《裔夷謀夏録》流傳已稀,其七卷本亦不再見於實藏著録。此書至明初内府僅存一册,當已非復完帙,至明末錢謙益、毛晋亦僅著録一册,未詳卷數。[1] 不過,錢氏歿後,絳雲樓餘燼多歸其族曾孫錢曾所有,後者在藏書目録中著録有"《裔夷謀夏録》三卷",[2] 可能就是絳雲樓的舊藏。據説,與錢曾同時的徐乾學傳是樓亦藏有一部三卷本,[3] 未詳其所出。這兩部三卷本是否全本今已不可盡知,或許是孫覿墓志銘所記録之本流傳了下來,更有可能是後來有所散逸,而根據前代著録調整爲三卷。

無論是宋代通行的七卷本,還是清初藏書家所著録的三卷本,現在都已不可得見,歷經千年流傳至今者只剩下幾部一卷有餘的殘本,有關這些殘本的若干問題值得我們深入探討。

就管見所及,《裔夷謀夏録》現存六個抄本,分别藏於日本静嘉堂文庫、南京圖書館、上海圖書館(兩部)、臺北圖書館及北京師範大學圖書館。[4] 經一一驗看,筆者發現,六者具備三個共同特徵:其一,前有胡潛序文;其二,題劉忠恕著;其三,内容分爲兩卷,第一卷完整,而第二卷至"百官謁殿稱賀",以下皆闕佚。顯然,當出於同一版本系統。那麽,這一版本系統形成於何時呢?對於這一問題,我們可以從序文和傳本的形成時間兩方面進行追索。

---

1 前引胡玉縉《四庫未收書目提要續編》稱《絳雲樓書目》著録《裔夷謀夏録》七卷,虞雲國先生亦引此説,據以論證此書七卷本至明末尚存。按《絳雲樓書目》傳本衆多,早期抄本均未見七卷之説(如黄永年舊藏順治年間抄本,見《中國著名藏書家書目彙刊》第14册,商務印書館,第52頁)。惟通行之《粤雅堂叢書》本此書下有小注云"七卷、汪藻撰",然此本小注乃康乾時人陳景雲所作,"七卷"云云乃據前代書目抄補,不能視作絳雲樓當年的實藏情況。

2 《述古堂藏書目》卷一雜史類,《海王村古籍書目題跋叢刊》第1册,第79頁上欄。

3 〔清〕徐乾學《傳是樓書目·蠻夷》,國家圖書館藏道光八年(1828)味經書屋抄本,葉71a。

4 除這些殘本外,以往廣爲金史學界徵引的《北風揚沙録》實際上也是《裔夷謀夏録》的一個節録本。此書凡一千一百餘字,始見引於元末陶宗儀所編《説郛》,不著撰人,至陶珽重編《説郛》時改題宋陳准著,後人多襲其説。其實,該書全文見於今本《裔夷謀夏録》開首部分,當係宋元時人據傳本所節録,只不過對書名稍加改换罷了。

首先來看諸本共有序文的形成時間。序的作者胡潛,伯希和猜測其可能爲宋人;[1]虞雲國先生則更將其比定爲北宋末年的元祐黨人,并就此分析了其寫作序文的背景。然夷考序文,其中有"昔文起山所以有言曰:'妾婦生何益,男兒死未死'"云云,而"妾婦生何益,男兒死未死"一語實出自文天祥《虎頭山》詩,惟天祥自號文山,此處誤作起山,下半句末字原作"休",此誤作"死"。據此可知,序文當作於宋亡之後,其作者絶不可能是元祐黨人胡潛。從其中激烈的華夷之辨來看,作者很可能是明中葉以後之人。由此可知,今存諸本的這一系統的形成不會早於明朝後期。

接下來,再看現存諸本的關係及抄成時間。今存六抄本中抄成最早者爲上海圖書館所藏清抄本(典藏號:綫善 21450),此本鈐有"道羲讀過""廷式印信""掃塵齋積書記""禮培私印"諸印,前兩者爲晚清文廷式(1856—1904)藏印,後兩者則爲民國時王禮培(1864—1943)之印。此本不避乾隆、道光諱,揆其抄法,當爲清初抄本,其中并無題記、序跋記其來源。不過幸運的是,在臺北圖書館所藏抄本中却保留了關於此本來歷的綫索。臺圖本爲李文田舊藏,首葉天頭有李氏題記云:"光緒戊子(1888)十一月予典試江南回京遇萍鄉文芸閣孝廉云:頃自杭州來時,在杭肆見此書,問索錢若干,書賈云此乃殘缺不全之書,不用錢也。如愛之,且□去可耳。文欣然收之。尋諸家書目,罕有此書。亟假歸鈔一分,手校訖,記於卷端。五千卷室主人。"其中文芸閣即文廷式,五千卷室主人則是李文田自號,可知李氏此本實抄自文廷式藏本。[2] 無獨有偶,北師大圖書館亦藏有一部清抄本,[3]卷末有硃筆跋云:"光緒己丑三月從文芸閣借抄校閲一過,留刻入叢書中,以備一種。孔昭熙校訖并記。"可見此本亦從文廷式藏本抄出,孔氏稱欲刻入叢書,但今未見此書有刻本,當未付梓。結合以上兩條題跋可以推知,

1 P.Pelliot, *Notes on Marco Polo*, I, p373.

2 與其他抄本不同,此本正文首葉首行未題著者,或爲抄手所遺漏。封面題"宋胡潛撰",下有小注云:"胡潛序耳,以《三朝北盟會編》考之,則劉忠恕撰也。"序文首葉天頭又云:"考之《三朝北盟會編》此録乃汪藻撰也。"三者似皆爲李文田手迹,反映出李氏先後對此書作者有過截然不同的判斷。又李氏此本封面書名下有墨筆小注,殘存"據浙中明鈔"五字,似謂其所據文廷式藏本爲明抄本,未知何據。

3 典藏號:0560。鄧之誠曾批閲此本,并寫有筆記。參見鄧瑞整理:《鄧之誠文史札記》上册,1949 年 11 月 8 日,鳳凰出版社,2012 年,第 491 頁。

文廷式於光緒十四年(1888)在杭州得到一部《裔夷謀夏録》殘本,先後借予李文田、孔昭熙抄録。將上圖所藏文廷式本與臺圖本、北師大本進行對比,上圖本誤者,其餘二本亦誤,而上圖本不誤者,其餘二本則間有訛誤,由此可知,上圖清抄本當即臺圖本、北師大本之祖本,其至晚在清初已經抄成。

與以上三個存在明確源流關係的本子略有不同,其餘三者的卷末皆有"《謀夏録》卷第三終"字樣,[1]即静嘉堂文庫藏清抄本、南京圖書館藏清抄本及上海圖書館藏民國抄本。前兩者皆避乾隆諱,而不避道光諱,當成於乾嘉時期,後者則晚至民國,三者當源出同一祖本。該祖本的抄成時間,目前尚無法確知,或許亦與上圖藏清初抄本有所淵源。

綜合以上序文及傳本的情况,我們可以獲知,現存《裔夷謀夏録》的版本系統應當大致形成於明末清初。揆諸情理,作爲該版本系統的共有要素之一,作者題爲"劉忠恕"的錯訛也很可能是在這一時期伴隨着胡潛序文一同出現的。就管見所及,在傳本之外最早將此書作者歸於劉忠恕的是乾隆四十二年(1777)至四十八年間四庫館奉敕撰修的《滿洲源流考》,此書有"宋劉忠恕稱金之姓爲朱里真"云云,[2]按今本《裔夷謀夏録》正文首句即稱"金國本名朱里真",[3]可知負責撰修《滿洲源流考》的館臣參考過《裔夷謀夏録》,且其所見之本當即題作劉氏所著。[4] 這表明,最晚至乾隆年間,這一誤説已流行於世。經過乾嘉時期的傳抄、轉引,以訛傳訛,後屢經傳抄,遂成通行之説,貽誤深遠。至於爲何會誤題作此人,囿於材料,目前尚不可知,只能留諸來日。[5]

1　静嘉堂文庫本典藏號:760/1/9 48,鈐有"歸安陸/樹聲藏/書之記""静嘉堂藏書"等印,陸心源舊藏,即前引《皕宋樓書目》所著録者;南圖本典藏號:65119606,鈐有"錢塘丁氏藏書印"及"江南圖書館"等印,丁丙舊藏,即《善本書室藏書志》所著録者;上圖民國抄本典藏號:綫普565650。

2　《滿洲源流考》卷一"肅慎",臺灣商務印書館影印《文淵閣四庫全書》本,1986年,第499册,第472頁上欄。

3　《裔夷謀夏録》卷一,第74頁。

4　由此亦可推知,修纂《四庫全書》時,《裔夷謀夏録》當存於翰苑,惟因其從書名到内容皆深爲館臣所忌,故未抄入全書,甚至未入存目。

5　元人陸友撰《墨史》卷下"宋":"劉忠恕,吴中人,家有墨一挺,形制甚大,止曰'劉忠恕'三字。紋理剥落,試之,色澤如新(《景印文淵閣四庫全書》第843册,臺灣商務印書館,1983—1986年,第672頁下欄)。"這是筆者目前找到的唯一一條關於此人的記載,從中似乎亦無法看出其與《裔夷謀夏録》有何關聯。

四、今本《裔夷謀夏録》的史料來源與編纂特點

上節的分析已經基本搞清了汪藻《裔夷謀夏録》一書的來龍去脉，在此基礎上，筆者還想對今存殘本的内容的史料來源略加考索，藉以揭示其編纂特點與史料價值。

上文指出，《裔夷謀夏録》實際上是汪藻爲朝廷修纂日曆所備素材的一部分，成書於紹興九年。當時宋廷南渡不久，關於北宋末年的史事缺乏實録、國史這樣系統的史料可資利用，那麽，汪氏究竟是用什麽材料修撰此書的呢？

虞雲國先生在論述《裔夷謀夏録》的史料價值時，曾將此書與《契丹國志》天祚帝紀部分進行比勘，發現兩者有十餘段文字完全雷同，就此稱："顯而易見的結論是，葉隆禮編著《契丹國志》時不但參考了劉忠恕的著作，而且大段大段地襲用了劉書的成文。"[1]虞文發現的文字雷同的確存在，不過其對此現象作出的解釋似乎還有商榷的空間。

首先，二者相關文字雖大部分雷同，但并非完全一致，而是互有參差，且《契丹國志》的文字往往較《裔夷謀夏録》更爲詳細。如天慶八年（1118）正月記載女真占天象一事，《裔夷謀夏録》云："初，女真入寇，多占天象，如白氣經天、白虹貫日之類，契丹輒敗。是夕，有氣若火光，起東北，赫然如晝，軍中皆無鬥志。"[2]而《契丹國志》則作："初，女真入攻前後多見天象，或白氣經天，或白虹貫日，或天狗夜墜，或彗掃西南，赤氣滿空，遼兵輒敗。是夕，有赤氣若火光，自東起，往來紛亂，移時而散。軍中以謂凶兆，皆無鬥志。"[3]顯然這兩段記載詳略互見，相對而言後者更爲豐滿，顯然不會是出於前者。這樣的例子十分普遍，都説明此二書并非直接的源流關係，應該是有着共同的史源，只是各自采摭有所不同。

其次，結合宋代書目著録可以考知二者的共同史源。袁本《郡齋讀書志》著録《金人背盟録》，下有解題云："右皇朝汪藻編，記金人叛契丹，迄於宣和乙巳犯

1　虞雲國：《静嘉堂藏〈裔夷謀夏録〉考略》，第496頁。

2　《裔夷謀夏録》卷一，第84~85頁。

3　〔宋〕葉隆禮撰，賈敬顔點校：《契丹國志》卷一〇《天祚皇帝上》，上海古籍出版社，1985年，第111頁。

京城,多采《北遼遺事》。”[1] 前文已述,《金人背盟録》即《裔夷謀夏録》之别稱,在解題的最後一句中,晁公武點出《裔夷謀夏録》内容多源出《北遼遺事》。按《北遼遺事》一書,又名《亡遼録》,遼末進士史願歸宋後所著,記載女真滅遼之事,是關於這段歷史的一手材料,今已亡佚。不過,此書在南宋流傳較廣,晁氏《郡齋讀書志》中即著録其爲二卷,[2] 并摘録其序言,可見晁公武當時是有條件也極有可能將《裔夷謀夏録》與《北遼遺事》進行過對比,這纔看出了二者内容的源流關係。從成書時間看,《北遼遺事》成書於紹興初年,汪藻紹興二年至九年寫作《裔夷謀夏録》時剛好可以利用此書。至於元朝書賈所作僞書《契丹國志》中天祚帝紀的史源,遼史學界其實早有確論。二十世紀四十年代,傅樂焕先生通過對比《三朝北盟會編》所引《亡遼録》與《契丹國志》相關文字,精闢地指出:“關於遼末年事,《亡遼録》實爲《國志》最要藍本。”[3] 兩相印證可知,《裔夷謀夏録》與《契丹國志》大段大段的雷同文字彼此間并非源流關係,而是共同源出於史願的《亡遼録》(《北遼遺事》),只不過節録詳略不同,互有參差罷了。换句話説,凡是《裔夷謀夏録》中與《契丹國志》存在文字雷同的部分當均采自《亡遼録》。對這些部分進行全面檢核,可以發現,它們涵蓋了《裔夷謀夏録》有關遼朝史事的絶大部分記載,散見在全書各個部分,占到殘本將近一半的篇幅,益可見晁公武“多采《北遼遺事》”所言不虚。[4]

細察《裔夷謀夏録》所抄《亡遼録》與前後文的銜接之處,可以進一步揭示汪藻編纂此書時對於原始史料的處理方式。此書開首是一段關於女真總體情況的介紹(至“自相魚肉,争爲長雄”止),之後簡單交代岩版、楊割、阿骨打的家族傳承,而後開始記載女真與遼朝的交往歷史。值得注意的是,這些記載均用

1 袁本《郡齋讀書志》前志卷二上,《郡齋讀書志校正》,第 273 頁。衢本無最後一語。

2 衢本《郡齋讀書志》卷七僞史類,《郡齋讀書志校正》,第 285 頁。

3 傅樂焕:《遼代四時捺鉢考五篇 · 論〈遼史天祚帝紀〉來源》,原刊《“中研院”歷史語言研究所集刊》10 本 2 分,1948 年;此據其著《遼史叢考》,中華書局,1986 年,第 171 頁。關於《亡遼録》成書時間的考證,見同書第 170 頁。高宇博士曾對《契丹國志》相關記載源出《亡遼録》作過更爲全面、詳細的考證,參見其著《〈契丹國志〉研究》,北京大學歷史學系博士學位論文,2012 年,第 31~37 頁。

4 前引王國維《傳書堂善本書志》質疑傳本《裔夷謀夏録》“多記遼亡事,亦覺名實不符,疑後人依托爲之”,這實際上正是汪藻編纂此書時多抄《亡遼録》所致。

遼朝年號。如始自"契丹壽昌二年(1096)"云云,記載楊割、阿骨打與遼朝結怨之緣起,其下繼稱"逮本朝建中靖國元年,耶律延禧即位,號天祚,改壽昌七年爲乾統元年"云云,記載阿骨打因海東青等事欲叛契丹,繼而又稱"天祚改乾統十一年爲天慶元年,時政和元年也,其二年春,天祚如混同江鈞魚",此下行文皆使用遼朝年號,直至天慶七年(1117)阿骨打用楊樸之策稱帝爲止。[1] 上述記載皆大略見於《契丹國志》,文字雷同,可以斷定抄自《亡遼録》。不消説,一定是《亡遼録》一書全以遼朝年號記事,爲了抄取方便,汪藻這纔在書中大量采用遼朝年號,而用北宋年號與之對應。在天慶七年阿骨打稱帝的記載之後,此書開始記述女真與宋朝的交往之事,叙事主體變爲宋,開始使用宋朝政和七年(1117)、重和元年(1119)的年號,自馬政出使,直至李善慶出使金朝返回。[2] 這段記載自然與《亡遼録》無關,而應源自宋朝使臣出使後的語録或報告。不過,紀年很快又回到遼朝系統——"天慶八年八月",記載阿骨打請求遼朝册封之事,直至雙方談判破裂,"天祚雖復請和皆不報"爲止,[3] 相關記載見《契丹國志》,亦出自《亡遼録》。此後,以"宣和二年正月呼延慶至自女真"爲標志,叙事又回到宋方系統,開始大量記載趙良嗣出使等事,至宣和三年(1121)八月二十日"再遣呼延慶送歸"爲止,當取自趙良嗣《燕雲奉使行程録》等宋朝使臣的記載。[4] 其下從"金人自破上京,終歲不出師,契丹屯防如故",又進入遼方系統,主要記載耶律余覩叛遼、耶律淳自立等事,直至卷一結束、卷二開首一句"天祚見在夾山,燕王安得自立",[5] 皆大略見於《契丹國志》,出自《亡遼録》,其中有"是歲天祚改天慶十一年爲保大元年""以保大三年(1123)爲建福元年"等明確的年號標識。

以上論證以《裔夷謀夏録》對《亡遼録》的抄録作爲突破口及典型例證,對此書卷一的史料來源進行了辨析,由此我們可以清楚地看出此書的編纂特點:汪藻在編纂此書時,實際上是對不同的史料作了較爲機械的剪裁與拼接。即將

---

1 《裔夷謀夏録》卷一,第 76~85 頁。

2 《裔夷謀夏録》卷一,第 85~86 頁。

3 《裔夷謀夏録》卷一,第 87~88 頁。

4 《裔夷謀夏録》卷一,第 88~92 頁。

5 《裔夷謀夏録》卷一,第 92~98 頁。在這一大段取自《亡遼録》的文字中,插入一小段宣和三年十一月至四年正月有關女真與宋的關係,當出自宋方記載。

《亡遼録》中有關遼朝的記載與使臣語録、出使報告這樣有關宋方的記載成段地抄録下來，并大致按照時間順序穿插在一起，中間榫接之處往往用年號的變化或者"是歲""先是""初"這樣提示時間的詞語進行簡單的轉换。這樣的處理方式就導致該書行文并不是嚴格按照年月順序排列，特别是如果在同一時間宋、遼雙方不同史料都有記載，行文只是遷就原始史料各自的敘述順序，出現"花開兩朵，各表一枝"的現象，而不是將其有機地融合在一起。[1]

必須指出的是，上述分析是將《亡遼録》以外的文獻視作一個整體，或者説一個系統，以此與《亡遼録》進行比較。這樣做的出發點在於，其一，《亡遼録》出自本爲遼人的史願之手，多記遼朝之事，與大多數宋方記載的敘述主體（表現爲年號等方面）有所不同；其二，源出《亡遼録》的文字可以通過《契丹國志》中雷同部分得到確證。這兩點都利於辨别、分析。這樣的分析方法可能會造成一種錯覺，汪藻似乎僅僅是將宋、遼兩個系統的文獻進行拼合。但實際情况顯然并非如此，《亡遼録》對於汪藻而言，只是所用衆多原始材料中的一部，他處理其他史料的方式與《亡遼録》不會有什麽差别。也就是説，即便在《亡遼録》以外的其他文獻之間，汪藻的編纂辦法也是一樣大段抄録、簡單連綴，而并未對所有材料加以真正的整合，用自己較爲統一的文字將其呈現出來。筆者對書中的這些内容也逐一進行了檢核，發現其中大部分亦分别見引於《三朝北盟會編》《宋會要輯稿》《文獻通考》等書，只不過它們所依據的原始史料已不存於世，而諸書徵引時又未注明出處，致使我們已無法一一確考其源了。

《裔夷謀夏録》之所以采用上述編纂方式，顯然與汪藻編纂此書的背景有關。此書乃紹興初年所編，汪氏寫作此書時，根本没有系統的典籍可資參考，面對的都是各種零碎的原始材料。如上所述，此書是爲官方編纂日曆所準備的基礎材料，理應盡可能保留原始文獻，同時或許也出於編纂時間的考慮，汪藻最終

1 前引虞文所提的問題，即《三朝北盟會編》所引"汪藻《謀夏録》"中一條記載爲何不見於今本的相關部分，就需要從這個角度進行解釋。《三朝北盟會編》所引材料爲宣和四年九月女真遣烏歇使宋之事，而今本卷二雖有"是年九月"之記載，但内容則爲郭藥師叛遼之事，兩者顯然出自不同的原始史料。原本《裔夷謀夏録》應該是在敘述完遼朝方面的事情之後，再回過頭來寫烏歇使宋之事，但今本在郭藥師叛遼事之後，僅剩下另外一段關於契丹的記載，其餘文字皆已亡佚，自然無法和《三朝北盟會編》所引契合。

采取了雜糅抄撮,而非融會貫通、自爲一書的編纂方式,這纔使該書呈現出如今的面貌。

如果着眼於歷史編纂學,汪藻的上述做法自然無甚可取。不過,如果着眼於史料學,這樣相對機械的編纂方式剛好可以保持史料的原始面貌。除《亡遼録》以外,通過與其他文獻所引進行對比,目前可以確定汪藻抄撮的文獻至少還有馬擴《茆齋自序》、趙良嗣《燕雲奉使總録》、蔡絛《北征紀實》等書。在這些原始材料多已亡佚的今天,成書於紹興九年的《裔夷謀夏録》可以稱得上現存有關女真興起的最早記載之一,因而此書顯然具有不容忽視的史料價值;同时,此書又可與《三朝北盟會編》《遼史》等書中的相關文字相互校勘,對於進一步整理、研究這些基本文獻亦具有重要意義;故《裔夷謀夏録》值得遼宋金史研究者予以充分重視。[1]

附:《長編紀事本末》引《金盟本末》與今本《裔夷謀夏録》對照表

	《長編紀事本末》	《裔夷謀夏録》
1	《金盟本末》:宣和二年正月,呼慶至自女真。女真留之半年,責以中輟,且言登州移文之非,持其書來云:"契丹修好不成,請别遣人通好。"時童貫受密旨,欲倚之復燕。二月,詔遣趙良嗣。	宣和二年正月,呼延慶至自女真。女真留之半年,責以中輟,且言登州移文之非,持其書來云:"契丹修好不成,請别遣人通好。"時童貫受密旨,欲倚之復燕。二月,詔中奉大夫、右文殿修撰趙良嗣由登州往使。
2	十一月,金國使副曷魯、大迪烏自海上歸至其國。阿骨打得書,意朝廷絶之,乃命其弟固論國相勃及烈并粘罕、兀室等悉師渡遼而西,用降將余睹爲前鋒趨中京。(原注:此據《金盟本末》)	十一月,習魯自海上歸。阿骨打得書,意朝廷絶之,乃命其弟兀魯、國相勃極烈并粘罕、兀室等悉師渡遼而西,用降將余睹爲前鋒。

1 如在中華書局點校本《遼史》的修訂過程中,筆者即曾以《裔夷謀夏録》系統校勘《遼史》,補正原點校本失校、誤校之處頗多,更藉此對元修《遼史》的史源問題取得了一些新的認識。具體情況較爲複雜,容另文詳述。

	《長編紀事本末》	《裔夷謀夏録》
3	建中靖國元年女真楊割死,阿骨打立。(原注:此據《金盟本末》《華夷直筆》《北遼事》《亡遼録》增入。後此十一年爲政和元年,天祚改乾統十一年爲天慶元年,末附天祚荒淫,阿骨打與諸國謀叛事)	逮本朝建中靖國元年,耶律延禧即位,號天祚,改壽昌七年爲乾統元年。楊割死,阿骨打立。因天祚不道,賞刑僭差,色禽俱荒……如是,諸部皆潛附阿骨打,欲叛契丹。 天祚改乾統十一年爲天慶元年,時政和元年也……
4	政和七年七月。先是,建隆以來,熟女真嘗由蓟州泛海至登州賣馬,故道雖存,久閉不通。於是女真蘇州漢兒高藥師、曹孝才及僧郎榮等,率其親屬二百餘人,以大舟浮海,欲趨高麗避亂,爲風漂達我界馳基島,備言:"女真既斬高永昌,渤海漢兒群聚爲盗,契丹不能制。女真攻契丹累年,奪其地,已過遼河之西。"知登州王師中具奏其事。朝廷固欲因之以圖契丹,聞之甚喜,乃詔蔡京及童貫等共議,即共奏:"國初時……"(七月四日庚寅)詔師中選差將校七人,各藉以官,用平海指揮兵船載高藥師等賫市馬。詔泛海以往(八月三日)。高藥師等兵船至海北,見女真邏者,不敢前,復回青州(八月二十二日),稱已入蘇州界,女真不納,幾爲邏者所殺。青州安撫使崔直躬具奏其事……(原注:此據《金盟本末》,稍增以《北征紀實》)	先是,建隆以來,熟女真嘗由蓟州泛海至登州賣馬,故道猶存。政和七年秋,女真蘇州漢兒高藥師、曹孝才及僧法榮等,率其親屬二百餘人,以大舟浮海來登州,具言女真攻契丹,數奪其地,已過遼河之西。登州守臣王師中以聞,詔蔡京、童貫議遣人偵其實,委師中選將校七人,各藉以官,用平海指揮兵船載高藥師等同往。兵船至海北,見女真邏者,不敢前,復回青州。青州安撫使崔直躬具奏其事。

（續表）

	《長編紀事本末》	《裔夷謀夏録》
5	二年二月乙亥(四日),遣中奉大夫右文殿修撰趙良嗣、忠訓郎王瓌使金國。先是,呼慶以正月至自登州……仍以買馬爲名,其實約阿骨打夾攻契丹,取燕雲舊地,面約不賫國書。夾攻之約,蓋始乎此。(原注:此據《金盟本末》及《華夷直筆》,稍增以《封氏編年》及馬擴《自序》。……《本末》不載遣良嗣等日月耳)	二月,詔中奉大夫右文殿修撰趙良嗣由登州往使,忠訓郎王瓌副之,用祖宗故事,以買馬爲名,因約夾攻,取燕雲舊地,面約不賫書。
6	五月壬子,趙良嗣、王瓌等以四月甲申至蘇州,守臣高國寶迎勞甚恭。會阿骨打已出,分三路趨上京,以是月壬子會青牛山議所向。翌日,良嗣等至青牛山。阿骨打令從軍,每行數十里,輒鳴角吹笛,鞭馬疾馳,比明,行六百五十里至上京。引良嗣觀攻城,不旋踵而破。(原注:此據《金盟本末》及《華夷直筆》)	四月十四日至蘇州,守臣高國寶迎勞甚恭。會女真已出師,分三路趨上京,以五月十五日會青牛山議所向。良嗣等五月十三日至青牛山,阿骨打令從軍,每行數十里,輒鳴角吹笛,鞭馬疾馳,比明,行六百五十里至上京。引良嗣觀攻城,不旋踵而破。
7	九月壬寅金國遣錫剌曷魯大迪烏高隨來。詔衛尉少卿董耘館之,止作新羅人使引見。後三日對於崇政殿,上臨軒,剌曷魯等捧書以進,禮畢而退。初趙良嗣在上京,出御筆與阿骨打議,約以燕京一帶本漢舊地,約夾攻契丹取之。阿骨打命譯者曰:“契丹無道,其土疆皆我有,尚何言。顧南朝方通歡,且燕京皆漢地,當特與南朝。”良嗣曰:“今日約定,不可與契丹復和也。”阿骨打曰:“有如契丹乞和,亦須以燕京與爾家方許和。”遂議歲賜。良嗣初許三十萬,辨論久之,卒與契丹舊數。良嗣	良嗣出御筆與阿骨打議約,大抵以燕京一帶本漢舊地,約夾攻契丹取之。阿骨打命譯者曰:“契丹無道,其土疆皆我有,尚何言。顧南朝方通歡,且燕京皆漢地,當特與南朝。”良嗣曰:“今日約定,不可與契丹復和也。”阿骨打曰:“有如契丹乞和,亦須有燕京與爾家方許。”遂議歲賜。良嗣初許三十萬,辨論久之,卒與契丹舊數。良嗣問阿骨打:“比議燕京一帶舊漢地,漢州則并西京是也。”阿骨打曰:“西京我安用,止爲拏阿适,須一臨。(阿适,天祚小字也)事竟亦與汝家。”良嗣又言:“平營本燕

	《長編紀事本末》	《裔夷謀夏録》
7	問阿骨打："比議燕京一帶舊漢地，漢地則并西京是也。"阿骨打曰："西京我安用，止爲拏阿适，須一臨耳。(阿适，天祚小字也)事竟亦與汝家。"良嗣又言：平營本燕京地，高慶裔曰："平灤非一路。"阿骨打："此不須議。"又曰："吾軍已行，九月至西京，汝等到南朝請發兵相應。"以手札付良嗣等回，約以女真兵徑自平地松林趨古北口，南朝兵自雄州趨白溝夾攻，不如約即難依已許之約。"阿骨打至松林，會大暑，馬牛疫，遽還，遣馹追良嗣，已過鐵州，且登舟矣。七月辛丑，回女真所居，阿骨打易國書，約來年同舉，黏罕、兀室曰：使副至南朝奏皇帝，勿如前時中絶也。留良嗣飲食數日，及令契丹吴王妃歌舞。妃初配吴王，天祚私納之，復與其下通，遂囚於上京，女真破上京得之。謂良嗣曰："此契丹兒婦也，今作奴婢，爲使人歡。"甲辰命女真錫剌曷魯勃堇爲大使，勃海大迪烏高隨爲副使，并人從二十餘人，持其國書來，其書云云。丙辰，詔遣武義大夫登州鈐轄馬政，借武顯大夫、文州團練使聘金國。是日錫剌曷魯等入辭於崇政殿，賜宴於顯静寺，命趙良嗣押宴，王瓌送伴。馬政持國書及事目隨曷魯等行。書曰："大宋皇帝謹致書於大金皇帝，遠承信介，持示函書，具聆啓處之詳，殊副瞻懷之素。契丹逆天賊義，干紀亂常，肆害忠良，恣爲暴虐。知	京地。高慶裔曰：平灤非一路。"阿骨打曰："吾軍已卜九月至西京，汝等到南朝請發兵相應。以手札付良嗣等回，約以女真兵徑自平地松林趨古北口，南朝兵自雄州趨白溝夾攻，不如約則難依已許之約。阿骨打兵至松林，會大暑，馬牛疫，遽還，遣馹追良嗣，良嗣已過鐵州，且登州(舟)矣。七月初三日，回女真所居，阿骨打易國書，約來年同舉，粘罕、兀室曰：使副至南朝奏皇帝，勿如前時中絶也。留良嗣飲食數日，及令契丹吴王妃歌舞。妃初配吴王，天祚私納之，復與其下通，囚於上京，女真破上京得之。女真謂良嗣曰："此契丹兒婦也，今作奴婢，爲使人歡。"十八日，女真錫剌習魯勃堇爲大使，勃海大迪烏高隨爲副使，并人從二十餘人，持其國書來云："奉御筆……仍置榷場。"乃以所獲契丹……六人付良嗣。 　　九月四日入國門，詔衛尉少卿董耘館之，止作新羅人使引見。初七日見於崇政殿，上臨軒，引習魯等捧書以進，見訖而退。十八日入辭於崇政殿，仍名王瓌送伴，及就差遣登州鈐轄、武義大夫馬政持書及事目，隨習魯報聘。書曰："大宋皇帝謹致書於大金皇帝，遠承信介，持示函書，具聆啓處之詳，殊副瞻懷之素。契丹逆天賊義，干紀亂常，肆害忠良，恣爲暴虐。知夙嚴於軍旅，用綏集於人民，致罰有詞，逖

	《長編紀事本末》	《裔夷謀夏録》
7	夙嚴於軍旅,用綏集於人民,致罰有詞,逖聞爲慰。今者確示同心之好,共圖問罪之師。念彼群黎,舊爲赤子,既久淪於塗炭,思永靖於方陲。誠意不渝,義當如約。已差太傅、知樞密院事童貫勒兵相應,使回請示舉軍的日,以憑夾攻。所有五代以後陷没幽、薊等州舊漢地及漢民并居庸、古北、松亭、榆關,已議收復,所有兵馬彼此不得過關。外據諸色人及貴朝舉兵之後背散到彼飲(餘)處人户,不在收留之數。絹銀依與契丹數目歲交,仍置榷場計議。之後契丹請和聽命,各無允從。”乃别降樞密院札目付馬政,差馬政之子擴從行,事目曰:“一、昨趙良嗣等到上京計議,燕京所統州城,自是包括西京在内,面得大金皇帝指揮言:‘我本不須西京,止爲就彼拏阿适,將來悉與南朝。’趙良嗣又言:‘欲先取蔚、應、朔三州,乃言候再三整會。’今國書内所言,五代以後陷没幽、薊等舊漢地及漢民,即是幽、薊、涿、易、檀、順、營、平,山後雲、寰、應、朔、蔚、媯、儒、新武,皆漢地也。(内雲州改爲西京,新州改爲奉勝州,武州改爲歸化州)除山前已定外,其西京、歸化州、奉勝、媯、儒等,恐妨大金夾攻道路,候將來師還計議。蔚、應、朔三州,則正兩朝出兵夾攻之地,今議先次取復。一、今來國書内已盡許舊日所與契丹五十萬銀絹之數,本謂五代以後陷没幽薊一帶	聞爲慰。今者確示同心之好,共圖問罪之師。念彼群黎,舊爲赤子,既久淪於塗炭,思永靖於方陲。誠意不渝,義當如約。已差太、知樞密院事童貫勒兵相應,使回請示舉兵的日,以憑夾攻。所有五代以後陷没幽、薊等州舊漢地及漢民,并居庸、古北、松亭、榆關,已議收復,所有兵馬彼此不得過關。外據諸色人及貴朝舉兵之後背散到彼餘處人户,不在收留之數。絹銀依與契丹數目歲交,仍置榷場計議。之後契丹請和聽命,各無允從。”仍别降樞密院札目付馬政,差馬政之子擴從行。事目:“一、昨趙良嗣等到上京計議,燕京所統州城,自是包括西京在内,面得大金皇帝指揮言:‘我本不須西京,止爲就彼拏阿适,將來悉與南朝。’趙良嗣又言:‘欲先取蔚、應、朔三州,乃言候再來整會。’今國書内所言,五代以後陷没幽、薊等舊漢地及漢民,即是幽、薊、涿、易、檀、順、營、平,并山後雲、寰、應、朔、蔚、媯、儒、新武,皆漢地也。(内雲州改爲西京,新州改爲奉勝州,武州改爲歸化州)除山前已定外,其西京、歸化州、奉勝、媯、儒等州,恐妨大金夾攻道路,候將來[師]還計議。蔚、應、朔三州,則正南朝出兵夾攻之地,合議先次取復。一、今國書内已盡許舊日所與契丹五十萬銀絹之數,本爲五代以後陷没幽薊一帶舊漢地及漢民,即并西京在内,不然安

	《長編紀事本末》	《裔夷謀夏録》
7	舊漢地及漢民,即并西京在内,不然安得許與銀絹如是之多。一、今所約應期夾攻,須大金軍至西京,大宋軍自燕京、應、朔以入,如此方應今來之約。其馬政回於國書内明示的至西京月日,賫憑相應。(原注:此據《金盟本末》及《華夷直筆》)	得許與銀絹如是之多。一、今所約應期夾攻,須大金軍至西京,大宋軍至燕京、應、朔以入,如此方應今來之約。其馬政回於國書内明示的至西京月日,賫憑相應。"
8	十月末,馬政等達來流河虜帳前。留月餘,議論不决。虜以朝廷欲全還山前後故地、故民,意皆疑吝。以南朝無兵武之備,止以已與契丹銀絹坐邀漢地,且北朝所以雄盛之邁古者,緣得燕地漢人。今一旦割還南朝,不唯國勢微削,兼退守五關之北,無以臨制南方,坐受其弊。若我將來滅契丹,盡有其地,則南朝何敢不奉我幣帛,不厚我歡盟。設若我欲南拓土疆,彼以何力拒我,又何必跨海講好。俟平契丹,仍據燕地,與宋爲鄰。至時以兵壓境,更南展提封,有何不可。徐議未遲。唯黏罕云:"南朝四面被邊,若無兵力,安能立國强大如此?未可輕之,當且良圖,少留人使。"阿骨打遂將馬擴隨行射獵。每晨,阿骨打坐一虎皮,雪上縱騎打圍。嘗曰:"此吾國中最樂事也。"既還,令諸酋具飲食,遞邀南使。十餘日始草國書,差大使曷魯、副使大迪烏與馬政等來回聘。書中大略云:"前日趙良嗣等回,許燕京東路州鎮,已載國書。若不夾攻,應難已許。今若更欲西京,請就便計度收取。若難果	十一月末,馬政等達淶流河虜帳前。留月餘,論不决。虜以朝廷欲全還山前山後故地、故民,意皆疑吝。以爲南朝無兵武之備,止以已與契丹銀絹坐邀漢地,且北朝所以雄盛之過古者,緣得燕地漢人。今一旦割還南朝,不唯國勢微削,兼退守五關之地,無以臨制南方,以受其弊。若我將來滅契丹,盡有其地,則南朝何敢不奉我幣帛,不厚我歡盟。設若我欲南拓土疆,彼以何力拒我,又何必跨海請好。俟平契丹,仍據燕地,與南爲鄰。至時以兵壓境,更南展提封,有何不可。徐議未遲。唯粘罕云:"南朝四面被邊,若無兵力,安能立國强大如此?未可輕之,當且良圖,少留人使。"阿骨打遂將馬擴隨行射獵,每晨,阿骨打坐一虎皮,雪上縱騎打圍。嘗曰:"此吾國中最樂事也。"既還,諸酋具飲食,遞邀南使。十餘日始草國書,差大使曷魯、副使大迪烏與馬政等來回聘。書中大略云:"前日趙良嗣等回,許燕京東路州鎮。書載若不夾攻,難應已許。今若更欲西京,請就便計度收取。若難果意,冀爲

（續表）

	《長編紀事本末》	《裔夷謀夏録》
8	意,冀爲報示。"（原注:此據《金盟本末》及《華夷直筆》。蓋此二書,皆因馬擴《自序》稍删潤之。《封氏編年》同此,但以十一月末爲十月二十九日丙申,既有的日,恐封氏得之。今改十一月末作十月末,仍并附初遣時。趙良嗣《總録》亦云十一月,當考）	報示。"

表注:

1.表中先列《長編紀事本末》直接引用《金盟本末》者,后依次列出參合引用之例。

2.所引《長編紀事本末》係據廣雅書局本,宛委别藏本多有諱改,且無第3條記載。

3.所引《裔夷謀夏録》爲大象出版社點校本,其中間有誤校,今依諸抄本回改。

《碧雲騢》作者新探

上海師範大學古籍研究所　戴建國

［**摘　要**］《碧雲騢》一書歷史上影響甚大。關於作者，自宋人王銍指爲魏泰假名於梅堯臣後，衆説紛紜，仁智各見，莫衷一是。《碧雲騢》詆毀的主要是活動於北宋仁宗朝的官員，與梅堯臣晚年的仕途生涯都有交集，梅堯臣完全有條件來撰寫《碧雲騢》。《東軒筆録》共有九條記載范仲淹的故事，條條都是正面形象，與《碧雲騢》中被詆毀的范仲淹形象有着天壤之别。魏泰對范仲淹是極爲崇敬的。《東軒筆録》最早成書於神宗時期，而范仲淹卒於仁宗朝，魏泰其後與范仲淹不會因仕途生涯引發出如梅堯臣與范仲淹那些不愉快的事情，故不可能寫出對待范仲淹態度截然相反、相互抵觸的兩本著作來。

［**關鍵詞**］《碧雲騢》《東軒筆録》　梅堯臣　魏泰

《碧雲騢》一卷，舊題宋梅堯臣撰。梅堯臣（1002—1060），字聖俞，宣州宣城（今屬安徽）人。賜同進士出身，任國子監直講，官至都官員外郎，爲當時的著名文人，世稱宛陵先生。是書記北宋仁宗時期名公巨卿攀附後宫、中官以進等暗昧事。流行的版本有1935年上海商務印書館影印《顧氏文房小説》本、《百川學海》本和“叢書集成初編”。2003年《全宋筆記》第一編出版，收有儲玲玲點校的本子。

該書篇幅不長，然影響甚大，其中最爲人詬病的是對當時的名臣范仲淹和文彦博肆行詆毁。宋以後，多有轉引論述。關於此書作者，宋代不少人認爲并非梅堯臣，而是《東軒筆録》的作者魏泰，乃魏泰假名於梅堯臣。但也有人指出作者就是梅堯臣。四庫館臣曰：“《碧雲騢》一書，誣謗文彦博、范仲淹諸人，晁公武以爲真出梅堯臣，王銍以爲出自魏泰，邵博又證其真出堯臣，可謂聚訟。李燾卒參互而辨定之，至今遂無异説。”[1] 其言李燾辨定爲魏泰撰後，“至今遂無异説”并不屬實。明代就有兩人認爲《碧雲騢》爲梅堯臣撰。[2] 孫猛先生《郡齋讀書志校證》對歷史上的聚訟作了梳理：“按此書或以爲實魏泰所作，托之堯臣。見邵博《聞見後録》卷十六引王銍《跋范仲尹墓志》；或先信後疑，見葉夢得《石林遺書》卷九、《避暑録話》卷二；或半信半疑，見周煇《清波雜志》卷四；或確信出堯臣之手，亦見《聞見後録》。公武所記梅氏後人語，似亦以爲此書乃堯臣所撰。”[3]

今人對此書的作者也有不同看法。劉子健先生斷定“《碧雲騢》不是梅寫的”。他認爲“邵博的异議，純由於誤解了梅挽誼詩的意思”。[4] 而劉永翔、孫雲清、方健認爲是梅堯臣所撰。[5] 學者們主要是從梅堯臣與范仲淹的關係、梅堯臣的人品，以及從梅堯臣文集的解讀中得出結論的，對於魏泰的《東軒筆録》和梅堯臣的《碧雲騢》這兩本書重視不够，而這兩書實爲解開《碧雲騢》作者之謎的重要材料。本文不揣淺陋，在學界已有成果的基礎上再作些補充論述。

一

《碧雲騢》整部書不到三千字，爲便於論述，兹引述如下：

> 碧雲騢者，厩馬也。莊憲太后臨朝，以賜荆王，王惡其旋毛。太后知之，曰：“旋毛能害人耶？吾不信。留以備上閑。”遂爲御馬第一。以

1 《欽定四庫全書總目》卷四五《史部總叙》，中華書局，1997 年，第 611 頁。

2 唐錦：《龍江夢餘録》卷二曰：“聖俞又素號謹厚，與六一公爲友，乃所見若此，豈其知果販夫牧竪之不若哉？縱與二公或有隙，亦不宜爲是叛道之言，以自取罪於名教也。”朱國禎：《涌幢小品》卷十八《碧雲騢》：“聖俞書意言旋毛世所醜而見貴，以刺范文正、文彦博諸公，官雖貴而行可醜也，其毁文正尤甚。”

3 〔宋〕晁公武撰，孫猛校證：《郡齋讀書志校證》卷六，上海古籍出版社，1990 年，第 268 頁。

4 劉子健：《梅堯臣〈碧雲騢〉與慶曆政争中的士風》，《兩宋史研究彙編》，臺北聯經出版事業股份有限公司，2005 年，第 103～116 頁。

5 參見周煇撰，劉永翔校注：《清波雜志校注》卷四。劉永翔先生引諸家之説，云：“（李）心傳固以《碧雲騢》一書爲堯臣作也。要之，邵博之疑不爲無據，而他家之代爲辯護，實萬難勝訴也。”中華書局，1994 年，第 146～147 頁。孫雲清：《〈碧雲騢〉新考》，《宋史研究集刊》，浙江古籍出版社，1988 年，第 341～367 頁。方健先生曰：“梅對范的攻訐，宋人和後人均不理解，故斷爲僞作，實際上《碧雲騢》當爲梅撰無疑。”方健：《北宋士人交游録》，上海書店出版社，2013 年，第 291 頁。

其吻肉色碧如霞片,故號之。世以旋毛爲醜,此以旋毛爲貴,雖貴矣,病可去乎? 噫吁哉!

吕夷簡引用醫官陳巽,雜亂士人始也。

張士遜以二女入侍,諫官將言,乃出之。

盛度以久任,泣於上前,遂參知政事。王博文倣度泣,遂自龍圖學士爲樞密副使。時蕭定基爲殿中侍御史,有士人匿名以《河滿子》嘲之。一日奏事,上曰:"聞外有《河滿子》。"定基曰:"臣知之。"上令定基自歌於殿上,既而貶之。時有語曰:"殿院一聲《河滿子》,龍圖雙泪落君前。"

趙稹納賄中官羅崇勳,而引爲樞密副使。任布援稹之迹,又因見宰相,曰:"布昨知魏府,經南郊賞給,軍人平帖無言。前知府狄樂以南郊賞賜不時,軍人喧噪,樂歸,今爲美職。某不合使軍人平帖,歸守給事中。"班人多哂之。遂亦緣此爲樞密副使。

鄭戩結中官黄元吉。吉左遷外補。戩同列戲曰:"天休走却爺矣。"戩笑曰:"君不知我更有一爺在。"其不知羞愧如此。

范仲淹收群小,皷扇聲勢,又籠有名者爲羽翼,故虚譽日馳,而至參知政事。上自即位,視群臣多矣,知仲淹無所有,厭之,而密試以策,觀其所藴。策進,果無所有。上笑曰:"老生常談耳。"因喻令求出,遂爲河東陝西宣撫使。因不復用。後爲鄧、青、杭三州,專務燕游,其政大可笑。自謂已作執政,又知上厭之,不復收群小、籠名士,故底裏盡露也。仲淹微時甚貧,常結中吏人范仲尹爲族弟。仲淹及第時,姓朱名説,自朱改范姓,遂與仲尹連名。及爲諫官,攻吕許公而得罪,仲尹亦遭逐。仲尹自中書録事出,合爲供奉,許公怒仲尹刺探事令仲淹知,故祇與三班借職。自此家破,曩大有貲蓄已爲仲淹取給盡矣。仲尹貧,范仲淹略不撫其家。

賈昌朝娶陳堯咨女,女嘗逐母夫人入宫,遂識朱夫人。昌朝既貴,又因朱夫人而識賈夫人,謂之賈婆婆。昌朝在府,政事多内相關應,故主恩甚隆。昌朝與吴育論事,不平而出,因賈婆婆獲厚賜。然遭新相於上前言賈婆婆,上稍厭之。

文彦博相,因張貴妃也。貴妃父堯封,嘗爲文彦博父洎門客。貴妃認堯佐爲伯父,又欲士大夫爲助,於是誘進彦博。彦博知成都,貴妃以近上元,令織异色錦。彦博逐令工人織金綫燈籠,載蓮花,中爲錦紋。又爲秋遷,以備寒食。貴妃始衣之,上驚曰:"何處有此錦?"妃曰:"昨令成都文彦博織來,以嘗與妾父有舊。然妾安能使之?蓋彦博奉陛下耳。"上色怡,自爾屬意彦博。彦博自成都歸,不久參知政事。貝州王則叛,朝廷以明鎬往取之,賊將破,上以近京,甚憂之。一日宫中語曰:"執政大臣,無一人爲國家了事者。日日上殿,無有取賊意。何益?"貴妃密令人語彦博。明日上殿,乞身往破賊。上大喜,以彦博往統軍,至則鎬已破,賊擒矣。捷書至,遂就路拜彦博同平章事。後因監察御史唐介拜疏,召彦博殿上面條奇錦事數件,質於上,皆實事。彦博守本官出知許州。明年上元,中官有詩曰:"無人更進燈籠錦,紅粉宫中憶佞臣。"上聞此句亦笑。

高若訥母兄楊若拙官宫中,因之附中官進也。

夏竦雖因中官楊懷敏,然自東宫,主深知矣。龐籍與文彦博爲婚姻,遂得譽。後爲悍妻因貪而敗,遂出,守本官知鄆州。孫沔緣籍親,又因中官石全彬而進,至樞密副使。沔與妻邊氏俱淫濫,世人言沔已爲穢矣。籍欲與之地,令取南蠻。沔至嶺下,稱疾不敢進,後因狄青破賊有功。初,沔受秦州,而怨諫官彈其穢迹,稱疾,泊舟南京,上章求徐州。實以觀朝廷意,陰結中官與龐籍相助。於是上遣尚醫視疾,令中使押往。沔厚賂中使及醫官,曰實病。既聞儂賊擾南方,乃入京,去赴秦州。龐籍上言,南方非沔不能成功。乃南征。未行,沔在大佛寺安下,其妻曉夕在籍家,沔曉夕在南省前陳家,通陳之妻。陳氏,沔之外生,既受沔奏爲齋郎,沔又奏陳子掌南行機宜,歸又奏爲職官。南方效力有考第者,不過得縣令,人甚嗟恨之。

狄青與文彦博同鄉人。青在定州,彦博令門客往游索,青遺之薄。客歸,彦博以書責青,再遣客往謁,青於是厚遺之。明年,青建節知延州,彦博又令客請青,曰:"延州之行,我有力焉。合奏异姓一人,當以客爲請。"青遂奏客爲試校書郎。會伐蠻賊,驚走歸洞,乃除青爲樞密使。

劉沆亦因張貴妃而進。

參知政事張觀,嘗知開封府。府有犯夜,巡者捕致之。觀據案訊之,曰:"有證見乎?"巡者曰:"若有證見,亦是犯夜。"左右無不大笑,於是京師知其謬。時赴上才五日,朝廷知之,亟罷觀,落知制誥守杭州。杭州苦其謬政,曰:"舍人文字似政事者也。"

梁適始與蘇紳有奸邪之迹,時號"草頭木脚",隱語其姓也。既同附中官得秉政,豪視朝士,自三司使楊察而下皆受其慢罵。而貨賂公行,甚於李林甫,除改輕重欺昧又過之。殿中侍御史馬遵、吴中復、吕景初極言其過。群閹於左右或扆後揚言:御史掇拾宰相,自此誰敢當者。中官傳宣閤門,明日隔御史。遵曰:"昨日閤門進名,已許上殿,今日班次至而止之,必有蒙蔽聖聽,而爲梁適者。請中官奏,臣不敢退。"中官曰:"只知傳宣,不管附奏。"遵等曰:"某不退。"閤門人已喧,上亦稍知,令宰相召御史即廬舍,問所言何遽?遵曰:"御史言宰相過,前時不具陳根抵者,非謂不知始末,蓋言之則宰相不可須臾施面目,况此處乎?所以未暴露,蓋爲朝廷惜體,不可使四方聞宰相犯贓。今若須陳述根源,乞歸臺作文字,明日上進。"於是遵等歸,條具日月、姓名及物多少。適守本官知鄭州。左右中官尚復揚言,主上不聽,然猶恐遵等窮極其事。於是亦出御史,遵知宣州,景初通判江寧府,吴中復通判虔州。俄而,適又營求内降,爲觀文學士知秦州。内降既出,丞相未見,而堂吏李曰宣、張永壽切開其緘,於是泄漏人知,知適之除觀文内降矣。丞相惡之,黜曰宣湖南縣令、永壽判司。御史皆移官,遵京西轉運使,景初知衡州,中復知池州。初,三御史之出也,中復裏行不可帶出外,欲令落裏行字,守主客員外郎。知制誥蔡襄封回詞頭,以中復等出無名,不可撰詞,乞付他舍人,必料亦襄執正無敢當。遵以熟狀出敕而除之。[1]

此書皆爲揭人之短的負面内容,并無其他文字。受到詆毁的全是北宋官

1 《全宋筆記》第1編第5册,大象出版社,2003年,第78~81頁。

員,分别是吕夷簡、張士遜、盛度、王博文、蕭定基、趙稹、任布、鄭戬、范仲淹、賈昌朝、文彦博、高若訥、夏竦、龐籍、孫沔、狄青、劉沆、張觀、梁適,計 19 人,其中除蕭定基外,都擔任過宰相和樞密使、樞密副使,即宋人所謂的"執政"。吕夷簡字坦夫,天聖七年(1029)拜相。張士遜字順之,天聖六年(1028)拜相。盛度字公量,景祐四年(1037)知樞密院。王博文字仲明,官至同知樞密院事。趙稹字表微,官至樞密副使。任布字應之,官至樞密副使。鄭戬字天休,官至樞密副使。賈昌朝字子明,慶曆五年(1045)爲相。高若訥字敏之,官至樞密使。夏竦字子喬,官至樞密使。龐籍字醇之,皇祐三年(1051)爲相。孫沔字會稽,官至樞密副使。狄青字漢臣,官至樞密使。劉沆字冲之,至和元年(1054)爲相。張觀字思正,寶元元年(1038)爲同知樞密院事。梁適字仲賢,至和元年爲相。

除文彦博外,這些人主要都是活動於仁宗朝的大臣。梅堯臣生於咸平五年(1002),卒於嘉祐五年(1060),終其一生,政治生涯都在仁宗朝。這與《碧雲騢》詆毁的上述宋人後期仕途在時間節點上頗爲一致。即使書中所言文彦博與張貴妃的故事,也是發生在仁宗朝皇祐三年,[1] 换言之,發生在梅堯臣生前。我們再看這些被詆毁的高官中任宰相(包括副相參知政事)和樞密使(包括樞密副使)的最後時間:夏竦任樞密副使至明道二年(1033);王博文任同知樞密院事至寶元元年(1038)卒;張士遜任相至康定元年(1040);鄭戬任樞密副使至慶曆元年(1041);吕夷簡任相至慶曆三年(1043);劉沆任相至嘉祐元年(1056);梁適任相至至和元年;龐籍任相至皇祐五年(1053);高若訥皇祐元年(1049)任參知政事,皇祐三年爲樞密使;賈昌朝任相至慶曆七年(1047),嘉祐元年爲樞密使,至嘉祐三年(1058)出判許州;[2] 孫沔任樞密副使至至和元年;狄青爲樞密使至嘉祐元年,二年去世。這些人與梅堯臣晚年的仕途生涯都有交集,梅堯臣與他們不是隔代的關係,對這些人的仕宦活動應該是熟悉的。因此從年代來分析,梅堯臣完全有條件來撰寫《碧雲騢》。

---

1 《宋史》卷二一一《宰輔年表》,第 5473 頁;〔宋〕徐自明撰,王瑞來校補:《宋宰輔編年録校補》卷五,中華書局,1986 年,第 288~289 頁。

2 《宋史》卷二一一《宰輔年表》,第 5478 頁;《宋史》卷二八五《賈昌朝傳》,第 9620 頁。

史載梅堯臣"詼嘲譏刺托於詩,晚益工"[1]。在梅堯臣的骨子裏有一股憤世嫉俗的品性,這一品性正是他寫作《碧雲騢》的原動力。不過梅堯臣畢竟是當時的著名文人,與士大夫有着廣泛的交往,是以《碧雲騢》所載也并非盡是捏造,除范仲淹外,其所記事亦見諸其他文獻。孫雲清指出:"《碧雲騢》的記事,或有宋人記載可證,或與《宋史》所載相同。"[2]例如梁適,史載:"梁適之得政也,中官有力焉。……御史中丞孫抃言:'今梁適内恃私邪,外恃勢力,重輕高下,皆在其手,嗟怨之聲,沸騰中外。'"[3]《宋史》亦載曰:"多挾智數,不爲清議所許,御史馬遵、吴中復極論其貪黷怙權。"[4]

《碧雲騢》所言張觀的迂腐,《東都事略》也有記載,云其"爲人寬厚長者,然於吏事非所長,有犯夜者,觀乃問'有人見否?'犯夜者曰:'固無人見也。'人傳以爲笑"[5]。這一記載與《碧雲騢》是吻合的。

又關於高若訥附中官以進,不見他書記載。高若訥事入《碧雲騢》,或許與歐陽修有關。慶曆行新政期間,范仲淹罷知睦州,余靖、尹洙論救范仲淹相繼被貶斥。高若訥時爲知諫院,未有舉措救范仲淹。歐陽修乃移書責高若訥"爲諫官不能辨,猶以面目見士大夫,出入朝廷,是不復知人間有羞耻事耶! 今而後,决知足下非君子"。高若訥忿,以其書奏上,遂貶歐陽修爲夷陵令。[6] 而歐陽修與梅堯臣爲至交,可能由於此關係,高若訥遭梅《碧雲騢》譏誚。

關於鄭戩結中官,或許與其嚴於用刑,得罪既得利益者有關。有史書評論其曰:"戩遇事果敢必行,然憑氣近俠,用刑峻深,士民多怨之。"[7]

至於《碧雲騢》所言文彦博進燈籠錦事,《宋史》卷三一三《文彦博傳》和卷三一六《唐介傳》有記載,并云:"梅堯臣、李師中皆賦詩激美,由是直聲動天

1 《宋史》卷四四三《梅堯臣傳》,第 13092 頁。

2 孫雲清:《〈碧雲騢〉新考》,《宋史研究集刊》,浙江古籍出版社,1988 年,第 367 頁。

3 〔宋〕李燾:《續資治通鑑長編》卷一七六"至和元年七月己巳",第 4265 頁。

4 《宋史》卷二八五《梁適傳》,第 9624 頁。

5 〔宋〕王稱:《東都事略》卷五五《張觀傳》,影印文淵閣《四庫全書》。

6 《宋史》卷二八八《高若訥傳》,第 9684~9685 頁。

7 《續資治通鑑長編》卷一六七"仁宗皇祐元年十一月壬寅",第 4022 頁。

下。”[1]關於此，邵博曾指出梅堯臣作詩，“著文公燈籠錦事，則又與《書窻》詩合矣”[2]。可見梅堯臣早有詩作譏諷文彦博，《碧雲騢》只不過沿襲了其先前的做法而已。

《碧雲騢》云“劉沆亦因張貴妃而進”，此事史書頗有記載。[3] 然梅堯臣在劉沆卒後有挽詞悼之，似乎不當作《碧雲騢》諷之，這怎麼解釋呢？此事當稍作考辨以明之。梅堯臣《贈僕射侍中劉相公挽詞》曰：

> 處外諸侯重，居朝聖主知，袄逢庚子日，夢昇武丁時。歸櫬關山遠，凝笳道路悲，欲傳千古迹，佐世本無爲。
>
> 古今皆可見，富貴不常存，歌者未離席，弔賓俄在門。朱輪空返轍，緑酒尚盈樽，人事固如此，令名貽後昆。
>
> 歎此微末迹，見公三十年，貴爲天子相，能擇大夫賢。東第門闌在，南州隴隧延，立碑思叔子，墮泪峴山前。[4]

挽詞并無敬重之意，所言“欲傳千古迹，佐世本無爲”，頗有譏誚之味。有此挽詞，便不奇怪其在《碧雲騢》所言劉沆云云。

同樣是梅堯臣爲他人所作挽詞，我們試舉四列與其爲劉沆卒作的挽詞作一比較。

其爲杜衍作《太師杜公挽詞五首》，内一首曰：

> 言爲當代法，行不古人慙，天子貴元老，史官傳美談。名高漢亚相，學嗣晋征南，有子即家寶，未嘗金玉貪。[5]

杜衍字世昌，慶曆四年（1044）拜相，嘉祐二年（1057）去世。挽詞對杜衍的政績和人品道德極爲贊美。

其爲程琳作《程文簡公挽詞三首》：

> 嘗預巖廊政，終爲社稷臣，作藩安舊俗，飲酒得賢人。葬禮鐃蕭咽，明儀幣馬陳，泉堂一經掩，原上只麒麟。

1 《宋史》卷三一六《唐介傳》，第10327頁。

2 邵博：《邵氏聞見後録》卷一六，《全宋筆記》第4編第6册，大象出版社，2008年，第113~114頁。

3 《續資治通鑑長編》卷一七〇“皇祐三年二月戊申”，第4083頁。

4 〔宋〕梅堯臣著，朱東潤校注：《梅堯臣集編年校注》卷三〇，上海古籍出版社，1980年，第1145頁。

5 《梅堯臣集編年校注》卷二七《太師杜公挽詞五首》，第938頁。

將相榮難及，唐虞世已遭，名將官愈大，節固位同高。哀悼王朝輟，鐫埋史筆操，空山伊水外，松栢冷蕭騷。

關塞秋雲冷，伊川苦霧陰，薤歌金鐸碎，蒿里石宫深。燃漆爲長夜，栽松作茂林，空留舊冠劍，家廟四時心。[1]

程琳字天球，皇祐元年除同中書門下平章事，嘉祐元年卒。挽詞情真意切，對程琳的功績給予了充分肯定。

其爲陳執中作《司徒陳公挽詞二首》：

位至三公有，恩加賜謚無，再調金鉉鼎，屢剖玉麟符。已歎鸞同穴，還嗟鳳欠雛，擁途看鹵部，誰爲畢三虞。

公在中書日，朝廷百事崇，王官多不喜，天子以爲忠。富貴人間少，恩榮殁更隆，若非笳鼓咽，寂寞奈秋風。[2]

陳執中字昭譽，事仁宗，曾兩度爲相，嘉祐四年（1059）卒。挽詞對其功績作了充分肯定。

其爲吴育作《吴資政挽詞二首》：

天下文章老，爲公地底銘，平生懷道德，鋪寫若丹青。蒲市一朝罷，洛人皆泪零，嗟嗟廟堂貴，今以栢爲庭。峩峩陘土厚，自古葬賢人，百尺不逢水，千年空閉春。夜臺埋琬琰，隴道刻騏驎，西望緣纓泪，曾無幕府賓。[3]

吴育字春卿，慶曆五年（1045）任參知政事，嘉祐三年卒。梅堯臣的挽詞"懷道德""皆泪零"飽含着其無限的感念。

上述四人，皆是與梅堯臣同時期的著名大臣，官拜宰相或副宰相。從梅所作挽詞看，梅堯臣對他們是充滿敬意的，與所作劉沆挽詞的輕薄有着很大的區别。這四人都没有入《碧雲騢》受譏諷。這從一個側面反襯出《碧雲騢》與梅堯臣有着密切關聯。

1 《梅堯臣集編年校注》卷二七《程文簡公挽詞三首》，第 969 頁。

2 《梅堯臣集編年校注》卷二九《司徒陳公挽詞二首》，第 1112 頁。

3 《梅堯臣集編年校注》卷二九《吴資政挽詞二首》，第 1118～1119 頁。

二

我們再看魏泰有無可能撰寫《碧雲騢》。魏泰字道輔，襄陽人，號臨漢隱居，生活於北宋中後期的神宗、哲宗、徽宗時期。魏泰是曾布的妻弟，與《碧雲騢》所譏諷的諸位官員基本無生活年代上的交集。其傳世的著作有《東軒筆録》《臨漢隱居詩話》。《東軒筆録》是反映魏泰人生價值觀的重要著作，我們試作分析《東軒筆録》共有九條記載范仲淹的故事，條條都是正面形象，對此，孫雲清已撰文論及之，[1] 唯過於簡略，未予展開。以下我們舉兩例以爲佐證。

《東軒筆録》卷三：

> 五代任官不權輕重，凡曹、椽、簿、尉有齷齪無能，以至昏耄不任驅策者，始注爲縣令。故天下之邑，率皆不治，甚者誅求刻剥，猥迹萬狀，至今優諢之言，多以長官爲笑。及范文正公仲淹乞令天下選人，用三員保任，方得爲縣令，當時推行其言，自是縣令得人，民政稍稍舉矣。[2]

范仲淹對縣令選任制度的建議對於基層政務改革無疑起到了重要作用，魏泰對此是極爲贊賞的。

《東軒筆録》卷三：

> 范文正公仲淹少貧悴，依睢陽朱氏家，常與一術者游。會術者病篤，使人呼文正而告曰："吾善煉水銀爲白金，吾兒幼不足以付，今以付子。"即以其方與所成白金一斤封志，内文正懷中。文正方辭避，而術者已絶。後十餘年文正爲諫官，術者之子長，呼而告之曰："而父有神術，昔之死也，以汝尚幼，故俾我收之。今汝成立，當以還汝。"出其方并白金授之，封識宛然。[3]

從這則故事我們看到的范仲淹是一個不貪財利的正人君子，與《碧雲騢》中被詆毁的范仲淹形象有着天壤之别。

1　孫雲清：《〈碧雲騢〉新考》，杭州大學歷史系宋史研究室編：《宋史研究集刊》，浙江古籍出版社，1988年，第341~367頁。

2　〔宋〕魏泰著，李裕民點校：《東軒筆録》卷三，中華書局，1983年，第32頁。

3　《東軒筆録》卷三，第33~34頁。

通過上述《東軒筆録》記載，可知魏泰對范仲淹是極爲崇敬的。《東軒筆録》所記事從太祖朝至神宗朝，换言之，此書最早也是成於神宗時期，而范仲淹早在仁宗皇祐四年（1052）就已去世，魏泰與之不可能會因仕途生涯再引發出如梅堯臣與范仲淹那些不愉快的事情，他怎麽會假名梅堯臣著《碧雲騢》，用另一本書去詆毁其在《東軒筆録》中極爲推崇的范仲淹呢？這在邏輯上根本説不通，站不住脚。

另外《東軒筆録》有多條是記述吕夷簡的，亦完全是正面積極的形象。如其中一條載：

> 吕許公夷簡爲郡守，上言乞不税農器，真宗知其可爲宰相，記名殿壁，後果正台席。……所謂仁人之言，其利博也。[1]

魏泰的記事對吕夷簡實施仁政是十分贊許的。又一條載曰：

> 章懿太后之葬也，明肅方聽政，有旨令鑿内城垣以出柩。是時吕文靖公夷簡當國，遽求對，而明肅已揣知其意，止令入内都知羅崇勳問有何事。文靖具奏鑿垣非禮，宜開西華門以出神柩。明肅使崇勳報曰："向夷簡道，豈意卿亦如此也。"文靖答曰："臣備位宰相，朝廷大事當廷争，太后不允，臣終不退。"崇勳三返而太后之意不回。文靖正色謂崇勳曰："宸妃誕育聖主，而送終之禮如此，异時治今日之事，莫道夷簡不争。太尉日侍太后左右，不能開述諷導，當爲罪魁矣。"崇勳大懼，馳告明肅，於是始允所請。[2]

這裏暫且不論吕夷簡當時的動機是什麽，魏泰的記載把吕夷簡作爲宰相勇於擔當的形象表述得十分清晰。上述記載與《碧雲騢》抨擊吕夷簡引用醫官陳巽、雜亂士人的記載形成鮮明的對比。

《東軒筆録》亦有記劉沆事，但并未涉及張貴妃。魏泰曰："劉丞相沆鎮陳州日，鄭獬經由陳，劉公爲啓宴於外庭，使妓樂迎引至通衢。有朱衣樂人誤旨，公性卞急，遽杖于馬前。既即席酒數行而公得疾，舁還府衙而終。先是張侍讀環

1 《東軒筆録》卷三，第32頁。

2 《東軒筆録》卷四，第43頁。

夢公馬前有一朱衣人,被血而立,至是果有此變。”[1] 所記事并無詆毁劉沆之意,與《碧雲騢》所載亦相异。

總之,從情理上説,魏泰不可能寫出對待范仲淹、吕夷簡態度截然相反、相互抵觸的兩本著作來。

魏泰的政治生涯要晚於梅堯臣。史載其於哲宗“元祐中,紀其少時公卿間所聞”成《東軒筆録》一書。[2] 如果魏泰想要借他人之名詆毁他所憎恨的高官達人,不可能將詆毁的人僅限於仁宗朝的 19 人。例如吕惠卿就極有可能成爲其詆毁的重要對象。魏泰是曾布的妻弟,而曾布與吕惠卿是水火不容的冤家。史云:“惠卿參大政,置獄舉劾,黜(曾)布知饒州。”[3] 對吕惠卿的小人行爲,《東軒筆録》卷五就有記載曰:

> 王荆公秉政,更新天下之務,……及惠卿入參政,有射羿之意。而一時之士見其得君,謂可以傾奪荆公矣,遂更朋附之。既而鄧綰、鄧潤甫枉狀廢王安國,而李逢之獄又挾李士寧以撼荆公,又言《熙寧編敕》不便,乞重編修,及令百姓手實供家財,以造簿,又欲給田募役以破役法,其他夤緣事故非議前宰相者甚衆,而朝廷綱紀幾於煩紊,天下之人復思荆公,天子斷意,再召秉政。……於是惠卿自知不安,乃條列荆公兄弟之失數事面奏,意欲上意有貳。上封惠卿所言以示荆公,故荆公表有“忠不足以取信,故事事欲其自明,義不足以勝姦,故人人與之立敵”。蓋謂是也。[4]

然而《碧雲騢》并無吕惠卿的記事。因此僅局限於叙述仁宗朝人物的《碧雲騢》與《東軒筆録》叙事的時限存在着很大差异,如若魏泰作僞,大可不必假名梅堯臣,將叙事人物僅限於仁宗朝。

關於《碧雲騢》的作者,其實宋代的晁公武已有結論,他曾就此詢問過梅堯臣的後人。他記載説:

---

1 《東軒筆録》卷一二,第 142 頁。

2 《郡齋讀書志校證》卷一三《東軒筆録》,第 587 頁。

3 《宋史》卷四七一《奸臣・曾布傳》,第 13715 頁。

4 《東軒筆録》卷三,第 57~58 頁。

頃年獲拜趙氏姑於恭南,因質此事之誕信。答曰:"异哉!聖俞作謗書以誣盛德,蓋誅絶之罪也。[1]

梅氏後人説得很清楚,實際上是承認了《碧雲騢》爲梅堯臣所撰。然則梅堯臣爲何要這樣做呢?宋人邵博分析説:"聖俞蚤接諸公,名聲相上下,獨窮老不振,中不能無躁。其《聞范公訃詩》:'一出屢更郡,人皆望酒壺。俗情難可學,奏記向來無。貧賤常甘分,崇高不解諛。雖然門館隔,泣與衆人俱。'夫爲郡而以酒悦人,樂奏記,納諛佞,豈所以論范公者,聖俞之意,真有所不足邪!"進而曰:"予疑此書實出於聖俞也。"[2] 今有方健先生,進一步解析論述了梅堯臣與范仲淹後期關係惡化的原因,認爲范仲淹被貶,梅堯臣大力支持他;范仲淹顯用,一心秉公未援引梅堯臣,而至其"惱羞成怒"。[3] 又王瑞來先生就梅堯臣贈范仲淹《靈烏賦》及范仲淹酬和《靈烏賦》問題也剖析過兩人之間的關係,指出因范仲淹没有提拔梅堯臣,"期待值過高的梅堯臣不禁心懷怨望,又寫下《後靈烏賦》來攻擊范仲淹"[4]。這些研究成果都證明了梅堯臣對范仲淹確實有怨望,這是梅堯臣著《碧雲騢》詆毁范仲淹的根本動機。

魏泰假名梅堯臣撰《碧雲騢》以污圣人之説,最早出於王銍。王銍《跋范仲尹墓志》云:

近時襄陽魏泰者,場屋不得志,喜僞作他人著書,如《志怪集》《括异志》《倦游録》盡假名武人張師正。又不能自抑,出其姓名作《東軒筆録》,皆用私喜怒誣衊前人,最後作《碧雲騢》,假名梅聖俞,毁及范文正公,而天下駭然不服矣。……僕猶及識泰,知其從來最詳,張而明之,使百世之下文正公不蒙其謬焉。[5]

王銍爲曾布第四子曾紆之婿,而魏泰爲曾布妻弟,故人們認爲既然王銍十分熟悉魏泰,那麼王銍的話當不會錯,是以魏泰假名梅堯臣撰《碧雲騢》之説頗

---

1 《郡齋讀書志校證》卷六,第 268 頁。

2 《邵氏聞見後録》卷一六,第 113 頁。

3 方健:《北宋士人交游録》,上海書店出版社,2013 年,第 291 頁。

4 王瑞來:《寧鳴而死,不默而生:范仲淹〈靈烏賦〉發覆》,《天地間氣:范仲淹研究》,山西教育出版社,2015 年,第 50~63 頁。

5 《邵氏聞見後録》卷一六,第 113 頁。

爲後人所采信，影響甚廣。四庫館臣就深受其影響。《四庫提要》載：

泰字道輔，襄陽人。曾布之婦弟也。……王銍跋《范仲尹墓志》，稱其"場屋不得志，喜僞作他人著書，如《志怪集》《括异志》《倦游録》盡假名武人張師正。又不能自抑，作《東軒筆録》，用私喜怒誣衊前人。最後作《碧雲騢》假作梅堯臣，毁及范仲淹。[1]

四庫館臣又於《括异志》評曰：

舊本題宋張師正撰。師正字不疑，熙寧中爲辰州帥。《文獻通考》載：師正擢甲科後，宦游四十年不得志，於是推變怪之理，參見聞之异，得二百五十篇，魏泰爲之序。此本不載魏序，蓋傳寫佚之。然王銍《默記》以是書即魏泰作。蓋泰爲曾布之婦兄，而銍則曾紆之婿，猶及識泰，其言當不誣也。[2]

關於《括异志》的作者，《文獻通考》記載得清清楚楚，但四庫館臣弃之不顧而信王銍之説，可見王銍之説謬誤流傳之深。

清人張宗泰《魯岩所學集》卷一一有一則考證：

文瑩《玉壺清話》卷五云："文瑩丙午歲訪辰帥張不疑師正"云云，"不疑晚學亦深，經史沿革講摩縱横，文章詩歌舉筆則就，著《括异志》數萬言，《倦游録》八卷，觀其餘藴，尚盤錯於胸中。與余武陵之别，慨然口占二詩"云云。文瑩與師正熟習，言皆得之目睹，則志怪等書實皆師正所自著，又疑王銍之言爲未可盡憑也。

文瑩除《玉壺清話》外，尚著有《湘山野録》，向爲史家所重。張宗泰引文瑩史料考證張師正正是《括异志》《倦游録》和《志怪集》的作者，與《文獻通考》所載可以相互印證。王銍所言魏泰"喜僞作他人著書，如《志怪集》《括异志》《倦游録》盡假名武人張師正"顯然是信口雌黄，胡説八道，其云魏泰假名梅堯臣撰《碧雲騢》之説自然也不足以爲信。

然而不少後人囿於成見，不願相信此書爲梅堯臣所撰。魏泰《東軒筆録》有一條記事很能説明問題，他説："唐小説載韓退之嘗登華山，攀緣極峻而不能下，

---

1 影印文淵閣《四庫全書》卷一四三《東軒筆録·提要》。

2 影印文淵閣《四庫全書》卷一四四《括异志·提要》。

發狂大哭，投書與家人别。華陰令百計取，始得下。沈顔作《聱書》辨之，以爲無此事，豈有賢者而輕命如此。予見退之答《張徹詩》，叙及游華山事句，有‘磴蘚澾拳跼，梯飇颭伶俜，悔狂已咋指，垂誡仍鐫銘’。則知小説爲信，而沈顔爲妄辨也。”[1]書中所舉因個人的主觀願望而致謬誤的例子，在我們的現實生活中并不少見。此可用來反觀世人對《碧雲騢》作者的成見，這些成見給《碧雲騢》一書作者的辨定增添了重重迷霧。

1 《東軒筆録》卷一五，第167頁。

吕頤浩《燕魏雜記》初探

上海師範大學古籍整理研究所　燕永成

《燕魏雜記》是南宋初丞相吕頤浩撰寫的一部雜記古代燕魏之地史事古迹的筆記,原有三卷,今見的"函海""藝海珠塵"和"叢書集成初編"諸本均作一卷。據《四庫全書總目提要》卷一五六爲《忠穆集》所作提要稱,今只存二十九條。然今存各本皆僅有二十條,不審何故。

《燕魏雜記》原是吕頤浩《忠穆集》中的一部分,宋陳振孫在《直齋書録解題》卷十八該集解題中指出:"《吕忠穆集》十五卷,丞相濟南吕頤浩元直撰。後三卷爲《燕魏録》,雜記古今事,卷末言金人敗盟始末甚詳。"今仍見於四庫本《忠穆集》的第八卷。又陸游在《老學庵筆記》卷十有關保壽禪師作臨濟塔銘的記事中,稱:"近見吕元直丞相《燕魏録》載:'真定安業坊臨濟院,乃昭憲杜太后故宅。'"以上二書俱稱吕頤浩所撰者爲《燕魏録》,可知南宋時該書原名《燕魏録》,而非《燕魏雜記》。由於《燕魏録》本是作爲《忠穆集》的一部分刊行,故未見宋人單獨著録。此外,《宋史》卷二〇八《藝文志》中有吕頤浩《忠穆文集》十五卷,而不見著録《燕魏録》。

《忠穆集》附有吕頤浩之子吕摺的謝表一篇,知該集在孝宗時當付兩浙漕司鏤版,故《燕魏録》即於此時面世。據《鐵琴銅劍樓藏書目》卷十六,記載陸游之子陸遹爲《老學庵筆記》所作跋語稱:"《老學庵筆記》,先太史淳熙、紹熙間所著也。"淳熙爲孝宗年號,陸游時已退居故鄉山陰(今浙江紹興)鏡湖,撰寫《老學庵筆記》的時間地點,與兩浙漕司鏤版《忠穆集》的時間地點相近。則陸游所引《燕魏録》,亦當出自兩浙漕司鏤版的《忠穆集》中,故其稱"近見吕元直丞相《燕魏録》"云云,"近"者,以其行世不久也。綜上所述,似可表明,《燕魏録》從起始就不曾單獨刊行過,而僅是作爲《忠穆集》的一部分問世的。

《燕魏雜記》的作者吕頤浩,滄州樂陵(今屬山東)人,遷齊州(今濟南),字元直。哲宗元祐時舉進士,累官至太府少卿、直龍圖閣,河北轉運副使,升徽猷閣待制、河北都轉運使。當伐燕之役,爲燕山府路轉運使,隨軍轉輸,因上疏奏

“開邊極遠,其勢難守,雖窮力竭財,無以善後”,而被削職貶官,不久復職。金人入燕,郭藥師劫吕頤浩與蔡靖等以降。敵退得歸。南宋高宗即位,知揚州,後改江東安撫制置使兼知江寧府。建炎三年(1129),苗劉之變,曾與張浚一起倡議勤王。高宗復辟,置爲右相。金軍過江,建議高宗航海避難。次年,罷相。紹興元年(1131),與秦檜分任左、右相。明年,力傾秦檜,使之去位,獨秉大權,屢請興師恢復中原。然而因不能秉公用人,并且排斥李綱、趙鼎等抗戰派,遂未能有大作爲。紹興三年(1133)再次罷相,歷任地方官。紹興九年(1139),卒於台州。封秦國公,謚忠穆。

吕頤浩於北宋末期歷官河北,熟知河北古迹,故書中所記,多爲河北地理沿革、寺廟故宅、前人軼事。四庫館臣據此認爲“蓋頤浩在河北時所作”。然觀書中第六條,記燕山府良鄉縣李邕所書《雲麾將軍李公神道碑》事,稱其“筆勢豪放,尤可愛重。金人不學書,不知碑之存亡,可惜也”。第十九條,記御河及大河事,叙述了御河及黄河的改道情况後,寫道:“自中原陷没,堤防圮壞,大河自滑州入曹州廣濟軍、濟州,注梁山泊,至南清河趨入海,今南河故地變爲桑田。《詩》云:‘高岸爲穀,深谷爲陵。’可嘆也。”既稱“自中原陷没”,又擔心在金人統治下,李邕所書之碑不知存亡與否,則書中所記,當不全是他在河北歷官時所作,而有成於南渡之後者,或爲南渡後增益者。

再具體就該書現存紀事條目詳加分析,可知其内容至少包含有:一是偏重記述具有典型紀念意義的歷史遺址。其間述及當時存留的祠廟有相州梨園鎮的西門豹祠、真定府井陘縣的淮陰侯廟和趙王陳餘廟及涿州蜀先主廟等,他如長安西的茂陵、朝歌城及真定府趙普故宅等。二是注重對重要地域的辨析、評述。如他認爲韓愈《送温造序》言“伯樂一過冀北之野,馬群遂空”中的冀北,“疑今秦州是也”。他進而論述道:“今秦州接連熙、河州及青唐羌界,乃自古産良馬之地。宋朝以茶易馬,于秦州置提舉茶馬司,凡中國戰馬,皆自此路得之,豈其地耶?”可見他極爲看重秦州的區域貿易優勢。又如他先徵引杜牧《罪言》以謂:“山東之地,王者不得不爲王,霸者不得不爲霸;猾賊得之,足以致天下不安。”此後他明確指出:“所謂山東者,蓋指太行山言之,今河北路州軍,皆山東之地也。”在該紀事條末,他又有意徵引皇甫湜之言:“昔者神堯以一旅取天下,而後世子孫不能以天下取河北。”并由此感嘆道:“蓋痛憤之辭也。”再如他在述及幽薊之地及石敬瑭割讓燕雲十六州之事後，接着論述道："至本朝太宗皇帝時，易州又陷於契丹。環地千餘里，淪於絶漠，不復爲王民，可勝嘆哉！"由此表達了無限惋惜之情。三是偏重記述時人時事。如對於李師中，不僅述及他有"經濟才"，而且認爲他"文章外，詩什尤高"。又如記述有康州知州趙師旦英勇抗擊儂智高而被害事。再如還記有賈昌朝判大名府及隨後官宦仕歷。四是雜記有碑志、題壁等。此如燕山府李邕所書《雲麾將軍李公神道碑》、大名府何公（進滔）德政碑、中山府北嶽廟李克用題名，以及祁州清風樓李洪與吕頤浩之父題壁詩。總之，我們雖無法得知該書内容全貌，尤其是陳振孫所言的該書卷末詳記金人敗盟始末，但通過以上史事内容分析，大體可知該書紀事内容的確有偏重，作者還時而因事抒發個人感情。

《燕魏録》之改稱《燕魏雜記》，見於清乾隆年間。因《忠穆集》舊本久佚，其後三卷的《燕魏録》亦不見流傳。清修《四庫全書》時，將《忠穆集》包括《燕魏録》的遺文，從《永樂大典》中輯出，得文一百三十七篇，詩詞五十八首，重爲排輯，勒成八卷，此即今本的《忠穆集》，其第八卷即稱《燕魏雜記》，四庫館臣并在提要中説："《書録解題》又稱集後三卷皆《燕魏雜記》。"則《燕魏雜記》之名，實爲四庫館臣所改。

《燕魏雜記》之獨立成書，則是清乾隆年間的事。今收入各叢書的《燕魏雜記》單行本有："函海"（乾隆本、道光本）第九函、"藝海珠塵"革集、"函海"（光緒本）第十一函、"叢書集成初編"，而"叢書集成初編"本係據"藝海珠塵""函海"本排印者。上述諸本皆爲一卷，其排序和文字，除個别文字外，均同於四庫本《忠穆集》第八卷。收入各叢書中的《燕魏雜記》單行本，與四庫本《忠穆集》第八卷的《燕魏雜記》，二者有無傳抄因襲的關係，或是單行本《燕魏雜記》另有所宗，這是一個應予澄清的問題。乾隆三十七年（1772），清政府開始編纂《四庫全書》，經十年左右，大體修成。"函海"開雕於乾隆四十六年（1781）秋，完成於乾隆四十七年（1782）冬，"藝海珠塵"大致成書於相近時期。從時間上看，單行本《燕魏雜記》與四庫本《忠穆集》第八卷之間，似不可能存在傳抄因襲關係。然我們考察了"函海"與"藝海珠塵"輯刊者的身份後，便不難解開其間的奥秘。"函海"的刊輯者李調元，字南邨，號墨莊，四川綿竹人。乾隆二十八年（1763）進士。由廣東學政，監司畿輔，正值《四庫全書》初開搜采遺書之日。其弟李鼎元參與了“函海”的校證，他又以翰林院檢討而任四庫館繕書處的分校官。“藝海珠塵”的輯刊者吴省蘭，字泉之，一字稷堂，江蘇南匯（今屬上海）人。乾隆四十三年（1778）欽賜進士。歷官翰林院編修、禮部侍郎，曾任四庫館之校勘《永樂大典》纂修兼分校官。《四庫全書》編成後，其藏于江浙的文宗、文匯、文瀾三閣者，曾有上諭准許士子赴閣檢視抄録。作爲纂修、分校官的李鼎元、吴省蘭，更可因工作之便，在編纂工作的過程中，將《忠穆集》中的《燕魏雜記》抄出，并作爲單行本收入各自的叢書之中。《叢書集成初編目録》中的《叢書百部提要》已經指出，李調元“與往年翰院同館諸人，尺素相通，因得借觀内府藏書副本，雇胥抄録”，從而輯入其所編《函海》叢書中。故今見《燕魏雜記》單行本，實皆爲自四庫本《忠穆集》第八卷析出者。

後記

2015 年 8 月 22 日由上海師範大學古籍研究所主辦的“宋代筆記國際學術研討會”在上海師範大學徐匯校區召開。來自北京大學、復旦大學、南京大學、浙江大學、浙江工業大學、華東師範大學、陝西師範大學、厦門大學、河南大學、河北大學、首都師範大學、揚州大學、上海財經大學、河北經貿大學、上海師範大學、香港大學、日本學習院大學和島根大學的 30 多位學者出席了會議。河南大學宋史研習班的 11 名學生全程旁聽了會議。

此次學術研討會是上海師範大學“《全宋筆記》整理與研究”課題組爲進一步促進宋代筆記整理研究而舉辦的。會議共收到論文 33 篇,從研究的内容看大致可以分爲兩類:一是有關宋代筆記文獻本身的研究,學者們運用新理論、新方法從新的視角解讀宋人筆記文獻,多有創見;二是以筆記爲主要研究材料的專題研究論文,論文的作者運用宋人筆記對宋代社會文化史、政治經濟史、語言學史及文學史諸領域,作了多維度的探討。來自國内外的學者們各抒己見,暢所欲言,討論商榷,積極交流研究心得,取得了有益的成效。

本文集是在參會論文基礎上編輯完成的,有些參會論文因各種原因没有收入。學界有關專家學者對這次會議的舉辦給與了鼎力支持,劉宇、趙龍、彭鋒爲此次會議的籌辦多有付出,在此謹致謝忱!

宋士大夫公餘閑暇,在信筆札録所見所聞的同時,也記録或創作一些趣味性的故事,這就使得瑣言、佚事、典制、雜記、傳奇、故事、宗教信仰常雜集於一書中。這就爲我們保存了豐富的宋代社會資料。